16

ECKHARD HENSCHEID

GEHT IN ORDNUNG – SOWIESO – –

GENAU – – –

**Ein Tripelroman über zwei Schwestern,
den ANO-Teppichladen und den Heimgang
des Alfred Leobold**

Zweitausendeins

1. Auflage als Zweitausendeins-Taschenbuch Nr. 16, April 2010.

Lektorat: Ekkehard Kunze und Martin Weinmann, Wiesbaden.
Foto auf der Umschlagseite 3 von Isolde Ohlbaum.
Umschlaggestaltung: Heine/Lenz/Zizka Projekte GmbH, Frankfurt.
Satz und Herstellung: Dieter Kohler GmbH, Wallerstein.
Druck und Bindung: CPI – Clausen & Bosse, Leck.
Printed in Germany.

Dieses Buch gibt es nur bei Zweitausendeins im Versand, Postfach,
D-60381 Frankfurt am Main, Telefon 069-420 8000, Fax 069-415 003.
Internet www.Zweitausendeins.de. E-Mail Service@Zweitausendeins.de.
Oder in den Zweitausendeins-Läden 2x in Berlin, Düsseldorf, Frankfurt am Main,
Freiburg, 2x in Hamburg, Hannover, Köln, Leipzig, Mannheim, München,
Nürnberg und Stuttgart.
Oder in den Zweitausendeins-Shops in Aachen, Augsburg, Bamberg, Bochum,
Bonn, Braunschweig, Bremen, Darmstadt, Dortmund, Dresden, Duisburg, Erfurt, Essen,
Gelsenkirchen, Göttingen, Gütersloh, Herford, Karlsruhe, Kiel, Koblenz, Konstanz,
Ludwigsburg, Marburg, Mönchengladbach, Münster, Neustadt an der Weinstraße,
Oldenburg, Osnabrück, Speyer, Trier, Tübingen, Ulm, Wuppertal und Würzburg.

In der Schweiz über buch 2000, Postfach 89, CH-8910 Affoltern a. A.

ISBN 978-3-86150-916-5

Geht in Ordnung –
sowieso – –
genau – – –

*Ein Tripelroman über zwei Schwestern,
den ANO-Teppichladen und den Heimgang
des Alfred Leobold*

»Schaurig rühren sich die Bäume«
(Eichendorff)

»... rücksichtslos zu Wegen in verschiedene
Gasthäuser um verschiedene Schnäpse...«
(Thomas Bernhard)

»Alles ist zaubrisch-verworren«
(Jean Paul)

Für Nina W., der ich nächst Gott alles verdanke

1. Teil

> »Der alte Mann machte die Entdeckung,
> daß der Jugend auf dieser Welt etwas
> fehlte, durch das die Jugend noch
> schöner werden würde: gesunde
> alte Menschen, die sie lieben und ihr
> beistehen.«
> (Svevo, Vom guten alten Herrn
> und vom schönen Mädchen)

I

So. D. h. der erste Teil dieser Romanhandlung hat eigentlich nichts mit dem zweiten und dritten im Sinn, aber irgendwie werde ich, der ich mich immer auf meine Ahnungen verlassen habe und nicht schlecht dabei gefahren bin, irgendwie werde ich das Gefühl nicht los, daß alles Seiende geheimnisvoll miteinander verbunden ist, eins mehr, eins weniger, immerhin − − − aber das kann der Leser dann im nachhinein wohl selber besser beurteilen, jedenfalls habe ich mich vor einer halben Stunde, als mir eine der beiden Titel-Schwestern über den Weg lief und dämlich-eilig »Hallo!« über die Straße kreischte, die ich fast regelmäßig am Nachmittag zu durchbummeln pflege, entschlossen, beide mit in die Haupthandlung hineinzupferchen und ihnen so gewissermaßen die Ehre zu erweisen, gleichsam von einem höheren Standpunkt gelassener Meisterschaft herunter die absolut unverdiente Ehre zu erweisen, vielleicht ist es doch zu etwas gut, und so kann die Spur von ihren Erdentagen jedenfalls nicht in Äonen untergehn, jawohl, das ist doch schon mal was.

Außerdem soll ein Roman auf Totalität bedacht sein, mit Georg Lukács zu reden, dem alten Fuchs unter den Theoretikern, der nun auch schon gestorben ist ...

Andererseits, fällt mir grad ein, hat der erste Teil meiner Geschichte doch wirklich und insofern mit dem zweiten und dritten zu tun, als der schon im Untertitel herausgestrichene Alfred Leobold seinerzeit aus heiterem Himmel mit Sabine, einer der beiden glorreichen Schwestern, nach Afrika ausbrechen wollte, übrigens unter dem Vorwand, ihr diesen bemerkenswerten Kontinent zu zeigen. Ich finde das schon erstaunlich, daß jemand mit einer jungen Dame nach Afrika fahren muß, nur um ihr dort unter den Augen der Eingeborenen seine sexuelle Aufwartung zu machen, was aber aller Voraussicht nach sowieso nicht klappt, schon weil der Dämon Alkohol allzu unnachgiebig und brutal seine Fittiche über das saubere Pärchen spannt … Andererseits: warum eigentlich nicht? Die Welt ist klein, und wenn es nach Alfred Leobold gegangen wäre, so hätte er zu allerletzt noch ganz hinreißende Reisen unternommen: Afrika – – Seattle – – Monterosso – – Prag – – Campill – – Emhof – – Offenbach – – Pertisau – genau, wie zauberische Lichtbahnen ziehen diese Schlüsselstädte aus dem Leben des Alfred Leobold an meiner schriftstellerischen Vision vorbei, Fixsterne in einem Spiralnebel von Sechsämtertropfen, haarsträubenden Weibern und den allergreulichsten Teppichen, doch davon später.

Inzwischen ist ja Alfred Leobold gewissermaßen wirklich in Afrika angelangt, im Schwarzen Erdteil sozusagen, wenn dieses fast alberne Scherzchen erlaubt ist; und ein Neger soll es auch indirekt gewesen sein, der ihn dorthin befördert hat. D. h. man weiß es heute immer noch nicht genau, wen letzten Endes die Verantwortung trifft, aber immerhin, diese geheime, nur dem dichterischen Auge wahrnehmbare Symbolik, tief wie das Mittelmeer, das ja nun zweifellos zornig aufgerauscht hätte, wären Sabine und Alfred über seine hehren Fluten gesegelt…

2

Meine Rolle im Zusammenhang der beiden Schwestern war übrigens äußerst schmählich. Das schönste war, daß ich sie anfangs verwechselte. Ich wollte nämlich die eine, die sich später als Sabine herausstellte, zu einer kleinen abendlichen Spazierfahrt kreuz und quer durch unsere Heimat, das Gebiet um die Stadt Seelburg, abholen – an der Wohnungstür geöffnet wurde mir aber von der anderen, der etwas älteren Schwester, die, wie ich bald darauf erfuhr, auf den Namen Susanne hörte. Ich begrüßte sie aber heiter und quasi schon als die Meine, spitzte – peinlich, peinlich – gleichsam verständnisinnig mein Mündchen zu einem angedeuteten Küßchen in die Frühlingsabendluft und fragte keck, ob sie schon fertig wäre. Sofort lächelte diese junge Dame sozusagen allesverzeihend, gleich als ob mein Debakel dem fortgeschrittenen Dunkel unter der Eingangspforte des gräßlichen Einfamilienhäuschens zugeschrieben werden müßte, wovon leider keine Rede sein konnte, sondern ich erkläre das gleich – – und jedenfalls die junge Dame stellte sich nun, ununterbrochen fortlächelnd, als »Ich bin die Susanne, komm nur rein« vor. Leider verstand ich aber in der inneren Hektik und Erregung nun statt »Susanne« »Tante« und ich schäkerte also, inzwischen im Wohnungsflur angelangt, flott drauflos und mich weiter ins Unglück hinein, indem ich dieser, wie ich rasch begriff, erlesen schönen jungen Frau ins Madonnengesicht hineinschalmeite, ich würde auch gern einmal »eine solch über die Maßen schätzenswerte Tante« besitzen, ich habe dergleichen mattschimmernde Redensarten von einem Frankfurter Altjournalisten namens Rösselmann abgestaubt. Susanne kapierte zwar buchstäblich in Bruchteilen von Sekunden meinen damit eingeleiteten erotischen Antrag, korrigierte mich aber, allzu überschwänglich lachend und so meine Misere vergrößernd: sie heiße Susanne und sei die Schwester (mich wundert nachträglich, daß ich jetzt nicht »Esther« verstanden und den nächstbesten biblischen Witz gerissen hatte). Und Sabine werde gleich kommen.

Ab sofort vermochte ich die beiden tatsächlich und mühelos auseinanderzuhalten.

Zumal Sabine gleich darauf ins wohl sogenannte Wohnzimmer schwirrte, ja geradezu lärmte und meinen flink hochschwellenden Gram bestätigte, leider die weit weniger schöne der beiden Schwestern kennengelernt zu haben und künftig beturteln zu sollen – was mich (eigentlich sofort, das muß ich sagen) an einen gewissen italienischen Roman erinnerte, zumal die Koinzidenz der Initialen auch dort schon vorkommt. Allerdings sind es dort vier Schwestern, die allesamt mit A beginnen, und ich erinnerte mich, daß der männliche Held lange darüber reflektiert, wie merkwürdig es doch sei, daß seine Angebetete mit dem ersten Buchstaben des Alphabets ausgestattet sei, sein Vorname aber mit dem letzten, Z. Und das geht natürlich grausam schief. Wie war es aber bei mir? Wer immer mir vergönnt sein würde, Sabine oder Susanne, zusammen mit meinem Eckhard ergäbe das in jedem Fall ein ES. Nun, und dabei konnte man natürlich ebensogut an Sigmund Freud denken wie an ein Kindchen, schwer zu entscheiden ad hoc, wohin es hier ausschlüge. Aber ich wiederhole es: es (überallhin verfolgt mich schon dieses Wörtchen) ist alles wie eine große, undurchschaubare Symbolik, vermutlich werde ich noch einmal wahnsinnig davon ...

Nun, dort waren es vier Schwestern, aber vielleicht würde mir dieser Gottessegen ja auch noch ins Haus stehen, jetzt war schon alles eins – vermeiden wollte ich (das überlegte ich eine Viertelstunde später) auf alle Fälle den verheerenden Fehler jenes Triestiner Romanmenschen, zuerst alle anderen Schwestern zu umschleichen, um zuletzt bei der häßlichsten zu landen. Das trichterte ich mir sofort ein, obgleich ein Nebengedanke dazwischenglitt: wieviel besser doch jener Zeno dann mit seiner Augusta gefahren war als mit der schönen Ada. Ach was! Sofort richtete ich alle meine Gedanken und Wünsche zielstrebig auf die schöne Susanne und ihren Erwerb, und wenn ich dann zusätzlich Sabine vorher noch besitzen würde, auch gut. Insgesamt, so fühlte ich rasch und zuverlässig, hatte ich mich da in ein sehr warmes Nest für den nächsten Winter gesetzt. Zumal jeden Augenblick die Tür aufgehen konnte und irgend so eine 14jährige – na sagen wir Sonja oder Sylvia oder Silke – herein und im Lauf der Zeit an meine Brust fliegen möchte.

Weiß man's, welches Maß an Glück und Vergnügen die Natur in ihrer ganzen Unlogik gerade uns 35jährigen vielleicht noch zugedacht hat?

Es kam aber gleich drauf nur noch ein etwa 16jähriger, fast zwei Meter langer und ungeheuer dünner Bruder ins Zimmer gestrichen, der mich eigenartigerweise mit »Aha!« begrüßte, was anscheinend heißen sollte, daß er, so jung und dumm er war, erstens den erotischen Grundcharakter meines Vormarsches in seine werte Familie klar erkannte und zweitens in jugendlicher Abgebrühtheit dergleichen voll gewohnt sei. Dieser merkwürdige Bruder Eduard drehte nun schlagartig den Fernseher auf und erwies sich im Romanfortgang als nahezu überflüssig. Allerdings brachte er mich einmal, viele Monate später, durch seine unselige jugendliche Einfalt, in eine äußerst unangenehme und schwierige Situation, ja vermutlich sogar um jenes erstrebenswerte Glück, um das es hier schon andauernd geht.

Das ganze ulkige Hauswesen aber gehörte einem Karl Morlock, einem pensionierten Förster oder vielmehr Forstingenieur (was immer das Famoses sein mag), sowie seiner grotesk in die Breite gegangenen Gemahlin, die dennoch der Meinung war, Bluejeans die Ehre geben zu müssen. Diese beiden Alten lernte ich aber an diesem Abend noch nicht kennen, ich kann den Herrschaften aber immerhin hier schon den Vorwurf nicht ersparen, in der Namenswahl ihrer Töchter bizarr danebengegriffen zu haben. Denn dümmere Namen als Sabine und Susanne kann ich mir schwer vorstellen! Dergleichen Stumpfsinn vermochte wohl allein der sog. Pioniergeist der deutschen Nachkriegszeit und des Wiederaufbaus sich auszudenken, um seine unschuldigen Kinder damit zu bemäkeln. Was denn! Bei uns hat es doch ein strammes altdeutsches »Eckhard« auch noch getan – und angeblich bin ich sogar gerade noch um den »Siegfried« herumgekommen! Zumal der Abstieg von der immerhin an Mozart gemahnenden Susanne zur vollends tauben Sabine auf eine fortschreitende Intellektualkatastrophe dieser bravourösen Eltern schließen läßt. Und so was mutete dieser saubere Forstingenieur jetzt *mir* zu, und die arme Kleine hatte praktisch meine andauernde Verdrossenheit auszubaden! Ich möchte wirklich wissen, wie dieser Waldmensch, sollte sie ihm noch vergönnt sein, seine nächste Tochter nennt! Fehlen nur noch die erwähnten Sylvia und Sonja! Pfui Teufel! Im übrigen hatte die Ältere, Susanne, wie ich sofort erkannte, keinerlei Affinität mit Mozarts wunderbarer Oper – eine zusätzliche Unverschämtheit also! Kein Vergleich zu der unvergleichlichen Edith Mathis, die dieser Partie den ganzen Charme des unverdorbenen Bürgerkinds verleiht, an dessen liedhaften Gesängen flüchtig ein Moment der Humanität aufgeht, das die entzweite Menschheit selber zu versöhnen scheint, ach Gott – – sondern diese Susanne gemahnte, und dies allerdings, wie sich rasch zeigen sollte, in gefährlicher Weise, an Puccinis Mimi in der unsterblichen Darstellung durch Mirella Freni – zu meiner weiblichen Idealgestalt par excellence, ahimè, e finita, o mia vita, ahimè, morir! – – – meinem weiblichen Lieblingsidol, soweit ich dieses zauberhafte Gestaltenpanorama von Antigone über Madame Arnoux, die reizende Witwe Strunz-Zitzelsberger bis zu einer gewissen Monika Viel aus Frankfurt überhaupt noch kritisch genug überblicke. »Sabine« aber finde ich so ziemlich den Gipfel der neueren deutschen Geschmack- und Instinktlosigkeit, niederschmetternder ist allenfalls noch Gabi oder Gaby – sehr erotisierend dagegen, das muß ich zugeben, empfinde ich gleichzeitig Gabriele. Nun, so geht eben die Dialektik der Aufklärung. Ich bitte aber an dieser Stelle alle meine Leserinnen, die zufällig Träger einer der von mir attackierten Namen sind, um Nachsicht. Sie können ja schließlich auch nichts dafür – und ich wäre durchaus geneigt, mit ihnen in ernsthafte Verbindung zu treten, wenn sonst alles stimmt, so wie mich ja auch »Sabine« keineswegs davon abgehalten hat. Ich würde aber allen Müttern und künftigen Müttern bei der Gelegenheit empfehlen, daraus die unerbittlichen Konsequenzen zu ziehen und potentielle Töchter Laurenza oder gleich Lauretta zu taufen. Das ist das Größte!

Doch wie auch immer, diese Sabine war ja wohl nun, leider Gottes, mir zugeteilt. Und außerdem, meine leichte Verärgerung verflog bald, denn auch Sabine erwies sich im Dämmerlicht einer Waldschenke, in die mich ein paar Tage vorher der Teppichverkäufer Hans Duschke eingeführt hatte, als durchaus hübsches,

frisches Kind mit zudem einem nahezu vollendet schlanken, ger-
tengleichen Körperchen, diesmal zu Recht in Bluejeans gefesselt,
ja wie in sie hineingeboren – und schlagartig und dröhnend erlebte
ich die nicht zu unterschätzenden Vergnügungen im voraus, die
mir sein Genuß demnächst bereiten würde, wenn nichts mehr
dazwischenkäme, an Alfred Leobold dachte ich damals freilich am
allerwenigsten …

Übrigens hatte ich, um diese noch offen stehende Frage schnell
zu klären, Sabine zum Ausklang eines sehr anstrengenden Früh-
lingsfestchens in einem unserer neueren Seelburger Tanz- und
Whisky-Schuppen kennengelernt, einem jener erbarmungslos un-
übersichtlichen Etablissements, in denen die Jugend heute bevorzugt herumlümmelt, und wir Alten müssen dann halt auch hin-
tappen, um den Anschluß nicht ganz zu verpassen, obgleich mir
persönlich der Typ des gediegenen Ratskellers Lutterscher Prägung
weit mehr zusagt.

In einem solchen gemütlichen Lokal, dem »Seelburger Hof«,
hatte ich übrigens an jenem Nachmittag vor einer größeren Zu-
hörerschaft Klavier gespielt, die »Rhapsodie in Blue«, so gut es
ging, und später, als die Fingerchen steif getrunken waren, allerlei
Folkloristisches – und zu schlechter Letzt hatte es eine Gruppe von
uns älteren Herren eben doch noch in jenen Tanzschuppen, zum
Mythos der Jugend, gezogen, und da war ich ganz plötzlich mit
dieser Sabine zusammen an einem Tisch gesessen. Daß ich mit ihr
an dem fraglichen Abend für den nächsten Tag ein Telefonat vereinbart hatte, ahnte ich noch schwach bzw. erfuhr es am nächsten
Tag aus meiner Jackett-Tasche, aus der ich nämlich neugierig
ein Zettelchen herausklaubte, auf dem eine mir noch unvertraute
und geheimnisvolle Telefonnummer zu lesen war – jetzt kehrte
auch mählich die Erinnerung wieder und krabbelte ins Hirn –, ich
hatte, noch immer gedämpften Verstands, die Nummer gewählt
und war sofort glücklich zum Stelldichein beordert worden. Ich
weiß nicht und habe es auch nie mehr erfahren, wie Sabine und
ich uns überhaupt in dem elenden Tanzkabinett nähergekommen
waren, ich erinnere mich nur eines traumblauen, fast frisch blit-

zenden Augenpaars und fürchte im übrigen, ein paar unbeschreib-
lich geistlose Komplimente hatten genügt, das junge Weib in meinen Bann zu zwingen oder doch wenigstens in meine Gefolgschaft.
Ja, ich hege sogar den grauenhaften Verdacht (und es wäre mir
lieber, ich hätte das lediglich geträumt), daß ich es mit der ge-
summten Butterfly-Schnulze »Mädchen, in deinen Augen liegt ein
Zauber« bewältigt habe. Ich neige ja nicht zum Selbsthaß, aber
dämlicher, unqualifizierter geht es ja nicht mehr! Und nichts be-
zeichnet meiner Meinung nach die allgemeine gesamtgesellschaft-
liche Niedergangstendenz des neueren Deutschland und möglicherweise der gesamten europäischen Gemeinschaft brutaler als
die Geschwindigkeit, die Rapidität und Eilfertigkeit, mit der unsere 15- bis 45jährigen Damen wahllos und schon beim allerersten
Vorpreschen uns Herren ihre Adressen und Telefonnummern
überantworten.

Dies ist meine feste Überzeugung!

Noch eine Erinnerung flirrt in diesem Augenblick zurück, wahrhaftig! Sabines erste Rede an mich handelte davon, daß sie mich
schon vor ein paar Wochen im Auto vorbeifahren habe sehen.
Wie ich später erfahren sollte, war der Auto-Komplex bei diesem
Fräulein die weitaus bevorzugte, ja nahezu einzige Möglichkeit
des Kommunizierens: Jedwedem Menschen mitzuteilen (und dies
in krähender Fröhlichkeit), sie habe ihn/sie da und dort im Auto
vorbeifahren sehen, dieser und jener habe aber umgekehrt nichts
gesehen (sinnleeres Lachen) – bzw. die Variante: dieser und jener
hatte ein andermal Sabine gesehen, diese habe aber diesmal nichts
gesehen (bedauerndes Lachen). Aber meistens hatte sie gesehen.
Wir leben halt in einem optischen Zeitalter.

Übrigens, daran erinnerte ich mich anderentags wieder deutlicher, waren zum krönenden Abschluß meiner Cour d'amour,
und nachdem schon alles unter Dach und Fach gewesen war,
auch noch der Kerzenhändler Giesbert (»Amigo«) Lattern und
der Gymnasiast Hans Binklmayr zu unserer Tischgruppe gestoßen,
den Glanz des Ereignisses zu vervollkommnen, beide in durchaus
merkwürdigem Zustand. Der Gymnasiast hatte sofort und grund-

los und unangenehm lallend von den großen historischen Leistungen der Medizin angefangen zu salbadern: ob ich auch der Meinung sei bzw. ihm konzediere, daß der Sinn des Lebens darin bestünde, die Schranken der alltäglichen Ratio in einem genialen Akt der Erkenntnis niederzureißen?

»Das ist«, grunzte der hochgestimmte Jüngling, »wie wenn du in deinem Zimmer daheim hockst, verstehst?, in deinem Zimmer daheim hockst, und plötzlich«, der Gymnasiast verdrehte die wasserblauen Augen, »plötzlich weicht die Zimmerdecke und du tust mit deiner Hand einen Griff in die Wolken, jawohl! Das sind die Sternstunden der Medizin.« Ich hatte eben dazu angesetzt, Hans Binklmayr die unerträgliche Trivialität seiner Metapher vor Augen zu führen, indem ich ihm unterbreiten wollte, ich kennte das Ganze nur in der Version vom »Griff nach den Sternen«, und das sei ja wohl entschieden sinnfälliger – da hatte dieser wolkige Mann seinen strohblonden Kopf kurzerhand gegen meine Schulter gelegt und war eingeschlafen.

Listiger und ergiebiger hatte inzwischen der Kerzenhändler Lattern gearbeitet, kaum hatte er Sabine und mithin junges Blut geschnuffelt. »Wer bist dann du?« hatte Lattern, der mit dem Revolutionär Lenin eine bestürzende Ähnlichkeit aufwies, eröffnet und sein hübsches, wenngleich nahezu haarloses Köpfchen hart gegen das blondlockige Sabinens gehalten und diese gleichzeitig an beiden Armen ergriffen, worauf meine Braut mit unglaublicher Freude aufgewiehert hatte. Diese verdammte törichte Munterkeit unserer 18jährigen! »Du Frischling!« hatte Lattern fortgesetzt, »ich bin nämlich der Marquis von Challot!«, einer seiner ältesten Sprüche, der aber von Sabine hervorragend aufgenommen wurde. Und Lattern, der sich übrigens selber auf der zweiten Silbe seines Namens betonte, während alle übrige Welt rücksichtslos die erste akzentuierte, fuhr heftig fort: »Du Frischling du, wem immer du angehören mögest, der Marquis von Challot genieße gebietend deine Achtung, du dummer junger Mensch, in meinen Adern fließt es blau und entzückend dahin wie damals auf unserem Schloß …«

Usw. Im Fortgang war es dann zu allerlei finsterem Gezärtel zwi-

schen Sabine und Lattern, der außer wie Lenin wie ein ungewa-
schener Teufel aussah und manch Klebriges in den Mundwinkeln
mit sich schleppte, gekommen – was mir gar nicht unlieb war, erhöhte und sublimierte es doch gleichsam meine eigene taufrische
Innigkeitsposition, indem ich quasi gnädig gewähren ließ ... jedenfalls – und dies Bild nimmt jetzt vor meinen Augen recht klare
Konturen an – war dann Lattern dazu übergegangen, Sabine diese
und jene Artigkeiten und sonstige Zaubertricks vorzumachen,
welche allesamt in die sexuelle Richtung verliefen und gleichzeitig
das Eingeständnis völliger sexueller Hilflosigkeit recht charmant
zum Ausdruck brachten. Immer wieder hatte Lattern seine beiden
Ärmchen erhoben und, während der Gymnasiast an meiner Schulter schnaubte, wie ein verliebter Täuberich auf und nieder gewedelt, bei Konrad Lorenz kann man den ganzen Bedeutungs-
gehalt ja leicht nachlesen. Zuletzt, ermüdet, hatte Lattern – und
da riß auch der Gymnasiast wieder seine erstaunten Augen auf –
nur mehr die Kraft zu allerlei dunklen Redensarten, von denen ich
mir zwei besonders schwerblütige gemerkt habe: »Du Frischling«,
hatte Lattern gejault, »der Motor allen Seins bin ich«; sowie, nach
einem verblüffend grimmigen Blick auf mich: »Wir sind verdammt
zur Ewigkeit der Blödl.«

Sabine hatte sich auch darüber kreischend gefreut.

Damit ist auch die Exposition meiner Liebe eigentlich abgeschlossen, der Leser hat fürs erste die Übersicht, jedenfalls der
Teufel Lattern hatte es nicht geschafft. Im nachhinein muß ich
aber jetzt eine kleine Notlüge gestehen. Denn alles, was bisher zu
lesen war, ist schon uralt und verdankt seine Niederschrift keineswegs, wie oben behauptet, meiner flüchtigen Begegnung mit Sabine heute nachmittag. Die habe ich vielmehr nur nachträglich und
schnell eingeschleust, damit alles rasanter klingt und wie im Überschwang bzw. im rückblickenden Zorn der vergangenen Liebe,
temps perdu oder was immer Glorioses, denn der Leser ahnt ja
längst, daß alles barbarisch schief ging. Das mit Sabine war sogar
eine doppelte Lüge. Denn keineswegs sie, sondern vielmehr eine
reizende junge Witwe habe ich heute nachmittag getroffen und mit

ihr Kaffee getrunken, eine gewisse Christine Strunz-Zitzelsberger, und vor dieser hochlasziven »s«- und »z«-Folge geht ja selbst der Bischof in die Knie, und insofern bin ich Herrn Strunz schon dankbar, daß er sie seinerzeit geheiratet und so die Vielzahl der s- und z-Laute erhöht hat. Noch dankbarer bin ich ihm allerdings dafür, daß er vor einem Jahr beim »Wellenreiten« ums Leben gekommen ist, jedenfalls habe ich für diese nunmehrige entzückende Witwe seit Jahren eine kleine Schwäche, ja noch zu Herrn Strunz' Lebtagen bin ich einmal mächtig hinter ihr hergerannt, und ihr war's recht – damals nämlich, als ich die beiden Schwestern schon verloren hatte und also natürlich aus dem letzten Loch pfiff, und diese meine damaligen niederen Beweggründe muß diese Christine Strunz-Zitzelsberger wohl klar erkannt haben. Nun aber, da alles vergessen ist und den Tiefen der Zeit überantwortet, war die Witwe Strunz-Zitzelsberger (ich werde noch wahnsinnig bei der Niederschrift!) heute wieder überaus lieblich und entgegenkommend in all ihrer hinreißenden Witwenschaft, und sie löffelte sehr anmutig ihre Kirschtorte und ließ ihre rosa Zehen in den Sandalen spielen und kreisen. Und da ließ ich mich denn, beim dritten Espresso, dazu hinreißen, ihr von meiner bevorstehenden literarischen Karriere zu schwätzen, ich log sozusagen das Blaue vom Himmel –

– und plötzlich saß ich in der Klemme. Denn nun galt es, der erwartungsfrohen Witwe die Beweise vorzulegen. Und da kam mir die meiner Ansicht nach glänzende Idee, meine schon lange in der Schublade herumliegende Exposition des Romans über die beiden Schwestern, irgendwann einmal in einer schon aberwitzig müßigen Stunde zusammengestoppelt, wieder hervorzukramen, daran weiterzukritzeln und das ganz moderne Werk später einmal als eine Art Huldigungsgedicht an diese wunderbare Witwe zu veröffentlichen. Wobei mir nicht nur der erwartbare Ruhm die Witwe endgültig zuspielen dürfte, sondern vor allem die feinen seelischen Fäden und Verschlingungen, die ich noch darin auszubreiten gedenke. Ich finde überhaupt, der wichtigste Impuls beim Romanschreiben ist die Idee oder der Hintergrund der Huldigung und

Übereignung an schöne Weiber. Das spornt an, das läßt die Finger tanzen.

Andererseits bringt dergleichen natürlich auch massive Probleme mit sich, die ich im Moment noch nicht einmal ganz überschaue. Noch bin ich mir z. B. nicht ganz sicher, ob ich nicht die letzten beiden Absätze dieses Kapitels in meinem späteren Huldigungsexemplar an die wundersame Witwe einschwärzen soll. Denn sonst erführe sie ja den ganzen Krampf. Aber noch geschickter wäre es vielleicht sogar, sie wie in schon selbstmörderischer Offenheit stehen zu lassen in aller psychoanalytischen Tiefe und Brisanz. Aber dann müßte ich wohl zumindest diese letzten Sätze einschwärzen lassen, sonst kommt ja wieder alles auf und war umsonst! Und ob überhaupt die Witwe dergleichen hauchzarte Delikatessen zu würdigen weiß, diese prickelnde Pikanterie, die ich schon selber kaum mehr verstehe ...?

Nun, ich denke, der Romanfortgang selber, der schöpferische Prozeß, dieser Horror tremens, mag das Problem auf der Basis seiner eigenen Logik lösen, und ich fahre wohl vorerst einmal schön langsam fort.

3

Bevor ich zu den ersten Höhepunkten in der Schilderung meiner Liebe zu den beiden Schwestern komme, hier noch etwas Grundsätzliches vorab. Ich würde nämlich dem Leser strikt empfehlen, mich keineswegs für einen ganz ordinären Lüstling zu erachten, wie es vielleicht bisher naheläge, habe ich doch immerhin schon auf engstem Raum drei Damen untergebuttert, und alle drei mehr oder weniger sexuell motiviert, und mit Frau Monika Viel sind es sogar vier. Sondern ich habe vielmehr, mit unregelmäßigen Erfolgen, zuerst Jus, dann Amerikanistik und zuletzt Musik studiert; ein Todesfall in meiner Familie machte es indessen vor drei Jahren erforderlich, diese meine Studien abzubrechen und mich der sozusagen finanzwirtschaftlichen Seite der Verhältnisse meiner auf zwei Personen geschrumpften Familie zuzuwenden. (Wenn man will, kann man natürlich auch Edith Mathis und Mirella Freni, die ja beide noch leben, zu den genannten vier Damen zählen.) So daß ich heute praktisch als Jung-Hausbesitzer lebe, eine Position, die mich zwar bequem ernährt und auch genügend lokales Prestige impliziert; ja, es gelang mir sogar, meine absolute Untätigkeit durch einen schönen, ausladenden Schreibtisch aus Eichenholz sowie durch ein rotes Telefon samt absolut nichtsnutzigem Telefonadapter zu verschleiern. Aber die Alltäglichkeit, die Vulgarität dieser mürben Hausbesitzerexistenz verlangt doch eben nach dem Ausgleich durch anderweitige Erlebnisse und Sensationen. Und so entschloß ich mich denn vor zwei Jahren, mit meinen 35 Jahren mich schon jenem savoir vivre, jenem gewissen »gewußt wie« hinzugeben – ja, ich mußte es gewissermaßen notgedrungen, das normalerweise erst unseren 65jährigen und, bedingt durch die dynamische Rentenreform, die ich selber noch im legendären Wahlkampf 1969 als Jungsozialist mit durchgedrückt hatte, vielleicht bestenfalls den 55jährigen zusteht.

Mit anderen Worten: Ich führe mit wechselndem Vergnügen ein Leben des Müßiggangs und der Kurzweil, oft mühsam kaschiert durch allerlei Hokuspokus wie Kontrolle der Mieteingänge, Eintragungen in ein völlig systemloses Haushaltsbuch und, was meine Frau Mutter besonders befriedigt, die Beobachtung von Reparaturarbeiten an den Gebäudlichkeiten meiner Familie. Aber meistens sitze ich natürlich im italienischen Eiscafé, Teenager beobachten.

Zweitens aber befand ich mich zu der Zeit, als die beiden Schwestern und auch bereits Alfred Leobold mit Nachdruck in meine gemütliche Existenz einbrachen, in einer merkwürdigen und höchst unerfreulichen Geistesverfassung, ohne daß ich doch präzis den Grund oder die Ursache anzugeben vermocht hätte. War es die abgrundtiefe Verlogenheit unserer Kleriker und sogenannten Wissenschaftler im Fernsehen, die mich in einer geradezu metaphysischen Weise verdroß und zu tagelanger Untätigkeit verdammte? War es die hartnäckige Existenz von allgegenwärtigen Mythen wie Dietrich Genscher, Franz Josef Strauß und – allen voran – Georg Leber, die mich oft buchstäblich zu Boden warf, von wo nur das Aroma der anbetungswürdigen Stimme Carlo Bergonzis mich immer wieder hochpäppelte? War es die lokale Ärzteschaft, die mir die Gefühle von Hoffnungslosigkeit und ebenso globaler wie säkularer Gottesferne einjagte und mich nur in aufgelesenen Sätzen wie dem folgenden einen gewissen Trost finden ließ: »Kaum haben sie den Doktorgrad, sind sie nichts als eine rücksichtslos in Gemeinheit und Niedertracht dampfende Geldmaschine im Ärztekittel.«

Viel mochte hier sich an unguten Stimmungen zusammenfinden, vor allem aber, daran erinnere ich mich bestens, eine fast unbeschreibliche, durch nichts zu lindernde Niedergeschlagenheit darüber, welche Unmenge kostbarsten Samens tagtäglich, ja minütlich in diesem unserem Lande verspritzt und ausgetauscht wurde – und zwar total für die Katz! Ohne daß irgendetwas in dieser gottverdammten Nation zum Besseren, sei's zum Sozialismus, sei's auch nur zu einem edleren Berufsethos hin, sich jemals änderte! Willy Brandt war eine Hoffnung – vertan. Kein Freund, kein Buch, kein Sportkampf vermochte mir meinen Gram über dieses eklatante Mißverhältnis hinwegzuzaubern, über das ich seinerzeit monatelang und ohne die geringfügigste erhellende Einsicht grübelte.

Kein sehr appetitliches Leben: Die beiden Schwestern sollten es mir verschönern helfen.

Der erste Höhepunkt in meiner nun zügig fortschreitenden Beziehung zu Sabine ereignete sich nach knapp zwei Wochen. Ich schloß gerade wieder einmal diese 18jährige Dame in die Arme und registrierte verärgert, daß ich dabei nicht das geringste fühlte, nicht einmal die geläufigen täppischen Sensationen. Erstaunt dachte ich auf meinem Autoführersitz einen Moment lang darüber nach, was in solch einem Fall wohl zu tun sei, da hatte ich es. Nahm mir ein Herz und sagte in selbstmörderischer Banalität, ihr durchs langabfallende Blondhaar streichend: »Sabine, du ... hm ... ich liebe dich« – eine gleißende Lüge, und erwartete, daß diese Vertreterin der jungen sachlichen Generation mir hellauf ins Greisengesicht lachen würde. Weit gefehlt! Eine Blondsträhne rauschte über ihr

Gesicht. »Ich dich auch«, flüsterte sie, soweit ihre angeborene Krächzstimme das gestattete, und sie ließ eigenartigerweise das Wörtchen »Liebe« aus, »ich dich auch«, päng, rums, zisch! Und suchte mit ihrem Köpfchen instinktiv Deckung an meiner breiten Brust. Darauf Stille – Gelegenheit für mich, zu begreifen, wie Liebe heutzutage auf den Plan tritt und Worte findet. Eigentlich aber dachte ich an Susanne. Wie würde ihr mütterlich brummelndes Organ diesen Satz herausbringen?

Am andern Tag, auf einer Alleebank, der Frühling zog ein mit neckischen Lichteffekten, ergriff dann Sabine von sich aus die Initiative. Sie fuhr mir, keck, am Oberschenkel auf und ab, wohl zu demonstrieren, daß sie schon eine richtige Frau sei, warf plötzlich mit einer ihrer nervösen Bewegungen das Haar diesmal nicht ins Gesicht, sondern, gewissermaßen ihr Ich bloßlegend, über Stirn und Schulter, sah mich dann von unten gleichsam prüfend und ewigkeitsschwanger an und sagte bahnbrecherisch: »Ich liebe dich, Moppel.«

Moppel, das wäre noch nachzutragen, ist in meinem hiesigen Wirkungskreis mein Spitzname, den ich mir vor tausend Jahren, im Alter von 13, in der vollen Dummheit der Pubertät selber verpaßt hatte, als ich eine Religionsschulaufgabe, den Geistlichen zu brüskieren, mit »Eckhard Moppel« überschrieb. Das erwies sich dann als Selbstschutz und Volltreffer – der Name hat sich bis tief in mein 35. Lebensjahr hinein (unglaublich, ich war fast doppelt so alt wie Sabine!) tadellos gehalten, und ich bin auch recht zufrieden damit, obgleich mir nun die Kombination »Ich liebe dich, Moppel« nicht eben als der kultivierteste Ausdruck von Zuneigung erscheinen wollte. Doch wie auch immer, 14 Tage später, in einer Pension in Tirol, war es dann soweit, und Sabine gab an, es habe ihr schon gefallen (vermutlich eine Lüge, ich hatte zuviel getrunken) – und sie habe übrigens auch schon eine Abtreibung hinter sich, das sei damals in Florenz im Urlaub passiert, nämlich keins hatte von Tuten und Blasen eine Ahnung gehabt; aber in der Klinik in London sei alles wieder tadellos rückgängig gemacht worden. Und bezahlt.

Respekt. –

Und so gingen die nächsten Wochen ins Land, vergleichsweise sehr angenehm, und ich war bereits geläufiger und irgendwie sogar geschätzter Gast der Forstfamilie Morlock, und der alte Waldingenieur schien ebenso zufrieden zu sein mit dem Kerl, den seine Tochter für sich eingenommen hatte, wie die hartnäckig in Bluejeans auf der Veranda herumkugelnde Mutter. Wie sehr sich beide täuschten! Es gelang mir zwar, gleichbleibend lieb zu Sabine zu tun, aber längst war mein ganzes zähes Trachten auf Susanne gerichtet, die es auch vermutlich bereits klar erkannte, die fast immer bei meinen praktisch allabendlichen Kurzbesuchen (anschließend ging es flott in den Wald) entweder im Wohnzimmersessel lagerte oder fernsah oder über irgendwelchen Chemie- und Apothekerbüchern hockte – anscheinend studierte sie das Zeug. Über diesen Strang ermittelte ich auch, daß sie dieses Fach irgendwo da drunten im Allgäu erlernen wollte und eben dort – das ging aus allerlei Andeutungen hervor – auch einen sogenannten Freund sitzen hatte, dem sie, so meine ersten vagen Eindrücke, wohl ein Leben lang treu ergeben sein wollte.

Na, wir würden schon sehen...

Sabine, das hatte ich auch bald heraus, war Dekorateuse. Und dekorativ war sie auch. Das genügte fürs erste.

4

In dieser Zeit, in diesen heiter dahinplätschernden Frühlingstagen, lernte ich aber auch noch einen anderen Menschen kennen, nämlich Herrn Alfred Leobold, den neuen Geschäftsführer des ANO-Teppichladens von Seelburg, in dem seit kurzem auch mein alter 59jähriger Freund Hans Duschke tätig war. Der ANO-Laden befand sich in der Seelburger Schlachthausstraße (wieder diese verdammte Symbolik!), war eine Art Großbaracke und vollgepfropft mit mächtigen Ballen, Rollen und sonstigem Teppichbodenzeug – dem letzten Humbug, wie ich schon beim Betrachten der Schaufensterauslage erkannte, als ich Hans Duschke eines regnerischen Nachmittags, mir die Zeit zu vertreiben, besuchen und ein Schwätzchen halten wollte, um mich von dort gleich zu den Morlocks weiter zu trollen.

Über der Eingangstür des Ladens war ein Plakat angeklebt: DER UNGLAUBLICHE ANO-TEPPICHBODEN IST DA!

– im Geschäftsraum gewahrte ich zunächst keine Menschenseele, aber hinter einem baumlangen Teppich hervor hörte ich plötzlich die kreuzfidel krähende Stimme von Hans Duschke:

»Prost, Herr Leobold!« bzw. es hörte sich an wie »Prost, Herr Läääwool« oder auch »Prost, Herr Lebe wohl«.

Ich schlich mich näher und erkannte, daß zwei Herren, Duschke und offensichtlich Leobold, beide eingekleidet in adrette weiße Kittelchen, am Tisch eines kleinen Teppichnebenzimmers hockten und gerade ein Fläschchen sogenannten Sechsämtertropfen zum Munde führten, wobei sie beide die Augen schlossen, synchron. Nach Abschluß der Prozedur aber verzog Herr Leobold im Unterschied zu Herrn Duschke angewidert sein Gesicht und spuckte einen kleinen Teil des Getränks wieder aus. »Schmeckt doch Klasse, Herr Läääwool!« schrie Hans Duschke, worauf Herr Leobold – beide hatten mich noch immer nicht bemerkt – sofort seine Geldbörse zückte, etwas zitternd einen grasgrünen 20-Mark-Schein hervorzog und zu dem alten, im Glanz wohligster Selbstzufriedenheit auf seinem Stühlchen herumlungernden Duschke sagte:

»Sie, Herr Duschke, wären S' so gut und kaufen in dem kleinen Laden am Eck nochmals einen Sechsämter da, einen Sechsämter, gell?, soviel wie S' kriegen können.«

»Jawohl, Herr Läääwool!« rief Hans Duschke feurig, sprang auf und stürzte holterdipolter aus dem Teppichnebenzimmer, wobei er nun mich Lauernden gewahrte, mir fast liebend in die Arme flog und mich mächtig laut willkommen hieß: »Mensch, Moppel, prima, ehrlich!« – und das sei schön und Klasse, daß ich auch da sei und ihn einmal an seinem Arbeitsplatz besuchen komme. Doch während Hans Duschke noch immer in fast tumultuarischer

Freude auf mich eindröhnte, hatte Leobold die Situation schon wieder unter Kontrolle: »Da, Herr Duschke, da haben S' noch einen Zehner, da bringen S' dann für Ihren Freund da auch noch gleich einen Sechsämter, gell? Das geht dann in Ordnung.«

So war ich denn rasch und ohne Komplikationen in die waltende Teppichgemeinschaft aufgenommen – ein folgenschweres Ereignis, wie ich aber noch nicht im geringsten ahnte. Herr Leobold, ein knapp 40jähriges gestaltlos hageres Männlein mit den leicht tapsigen Bewegungen eines Menschen, welcher der Gesundheit zeitlebens nicht allzuviel Aufmerksamkeit geschenkt hatte, begrüßte mich nun offiziell mit Handschlag und überaus freundlich, ja mit einem geradezu verschmitzten Ausdruck kameradschaftlicher Verständnisinnigkeit in den Augen, in denen sich eine gewisse reife Lebenslust und allesverzeihende Güte aufs lieblichste mischten – das Ganze eingelagert in ein bleiches, schmächtiges Gesichtchen mit leicht geröteten Backen.

Er, sagte Leobold, kenne mich ja »praktisch schon als Kind«, und meine Schwester sei ja auch beim Reitverein, und früher sei sie auch immer mit dem Geigenkasten in der Hand an seinem Fenster vorbeigegangen. Aber die sei ja jetzt gut verheiratet, wußte Alfred Leobold, mit dem Dr. Hirsch, nachdem es mit dem Studenten da, dem Refle Hans, ausgewesen sei, das sei ja nicht schön von dem gewesen, ihr davonzulaufen – zeigte sich Alfred Leobold hervorragend informiert und steckte ein Zigarettchen in Glut. Ich hatte inzwischen an dem Teppichnebenzimmertischchen Platz genommen, der Zufall richtete meinen Blick in den nebenstehenden Papierkorb, und ich gewahrte darin im Verein mit einem Fischskelett und ein paar Brotresten acht ausgetrunkene Sechsämterfläschchen, vom Fassungsvermögen eines großen Schnapsglases.

Im Fortgang dieses ersten Gesprächs mit Alfred Leobold, der sich dabei einmal kurz und schmerzlich an den Magen griff, stellte sich heraus, daß er selber als Geschäftsführer und Hans Duschke als Verkäufer bereits seit drei Wochen tadellos zusammenarbeiteten – »geht in Ordnung«, sagte Herr Leobold mehrfach und wie resümierend zu mir, gleich als ob ich eine Kontrollinstanz wäre, die sich danach erkundigte, ob Hans Duschke auch zufriedenstellend eingeschlagen habe, – und wenn ich wollte, könnte ich hier auch »jederzeit anfangen«, als Geschäftsführer könnte er, Leobold, mich sogar übertariflich bezahlen, der Betrieb weite sich »sowieso« unglaublich aus, »das haut schon hin«, sagte Herr Leobold und wäre um ein Haar dabei umgefallen, »genau«.

Gesprochen »gé-nau«. Und ob ich einstweilen ein Bier möchte, der Duschke müsse ja schon lang wieder da sein, »wo er nur bleibt?« fragte Herr Leobold. Noch immer hatte ich keinen Kunden durch den Teppichvorrat schleichen sehen.

Ich erwiderte Herrn Leobold, obgleich mir die Idee, »jederzeit hier anzufangen«, spontan ausgezeichnet gefiel, etwas kokett, das lasse sich wohl schlecht machen, ich hätte ja meine Geschäftsunterlagen nebst Schreibmaschine und sonstigen Büroutensilien bei mir zuhause. »Geht in Ordnung«, beharrte Herr Leobold generös, ich könne ja »das ganze Gelump« hierherschleppen, er, Leobold, stelle mir auch gern den Firmen-Kombi dabei zur Verfügung, und ich könne jedenfalls »einwandfrei« hier im Nebenzimmer arbeiten, am Tisch müsse nur ab und zu wegen der Auslieferung von Teppichrollen »und solche Krämpf'« telefoniert werden. Und der Herr Zier, der Ausfahrer und Verleger des Teppichunternehmens, sei auch in Ordnung – jedenfalls hätte ich hier am Tisch (Herr Leobold wackelte ein paarmal mit dem Kopf gegen diesen) einen sicheren Arbeitsplatz, »die Kassenzettel und den anderen Scheißdreck da« könne ich wegräumen (Herr Leobold machte die Gebärde des Vom-Tisch-runter-Wischens) – und einen zusätzlichen Stuhl könne ich dann vom Baumann Heiner besorgen, ich bräuchte nur zu sagen, daß ich »vom Alfredl« käme, »dann gibt er dir alles, ein ganz prima Kerl, der Baumann Heiner«, schwärmte Herr Leobold, der habe »sowieso« zu viele in seinem Nebenzimmer in der Glückauf-Wirtschaft herumstehen.

Und plötzlich und unvermittelt erhob sich Herr Leobold vom Stuhl, trat zum Eisschrank des ANO-Nebengemachs und zauberte eine Flasche Champagner heraus. »Da, trink«, flüsterte Herr Leobold in reizender Gastfreundlichkeit, »den kannst ganz austrinken, das Zeug da, ich bin froh, wenn's weg ist. Ich trink einen Sechsämter«, sagte Herr Leobold, »genau«, und da turnte auch schon, federnden Schritts, der Untergebene Hans Duschke zurück, in der Hand schaukelte ein prallvolles Plastiksäcklein, aus dem Duschke sofort genau 25 Fläschchen Sechsämter auf meinen künftigen Bürotisch kullern ließ. »Mensch!« lärmte Duschke mich nun freudestrahlend und ein wenig atemlos an, »das find ich gut, das find ich echt gut, daß du mich in der Arbeit besuchst, Moppel, bleiben wir alte Freunde, ja? Ehrlich!« toste Hans Duschke im Vollglück und wollte mich danach wiederholt Herrn Leobold vorstellen, bis er endlich begriffen hatte, daß Herr Leobold und ich uns nicht nur schon optimal kannten, zumal Herr Leobold auch ihm nun mitteilte, daß er und ich auch bereits gewisse Strategien in Richtung auf meinen neuen Arbeitsplatz eröffnet hatten.

Hans Duschke ist übrigens ein ehemaliger Schauspieler und Regieassistent, der seit nunmehr vier Jahren in Seelburg wieder sein Wesen treibt, nachdem er vorher in der Stadt Schwandorf als Gastwirt wegen gewisser Unregelmäßigkeiten in der Buchhaltung gescheitert war, daraufhin im Versicherungswesen sein Glück versucht hatte, anschließend im Pfälzischen als Holzbockjäger herumgestrichen war und deshalb noch heute von XY-Zimmermann gesucht wird; dann war ihm der Fremdenverkehr Heidelbergs anvertraut worden, dem hatte sich eine kurze Karriere als Nürnberger Kellertheater-Direktor und später als Hosenverkäufer der Firmen Horten, Quelle und Bachmeier angefügt, bevor Hans Duschke mit Beginn des neuen Jahres ins Teppichfach übergewechselt war. Dieser gefährlich muntere und lebhafte Alte, den man sich am einfachsten als eine stark verknitterte und von der Härte des Lebens verhutzelte, aber mindestens doppelt agile und durstige Ausgabe des Bundespräsidenten Scheel vorstellt, will zu seiner Zeit, in den roaring Twenties, auch schlesischer Jugendmeister im Tischtennis sowie, zusammen mit einer Frau Maulwurf aus Kattowitz, Meister im Mixed-Doppel gewesen sein, hat angeblich unter Max Reinhardt, Gustaf Gründgens und Kortner gleichzeitig gedient, nebenbei noch der werdenden Mutter Magda

Schneider von ihrer kommenden Tochter Romy abgeraten (was, zu meinem Bedauern, nicht geklappt hat, denn ich käme sogar sehr gut ohne diese Person aus, mein Interesse richtet sich mehr in Richtung auf Laura Antonelli), – ferner will Duschke mehrfach an die Koloratursopranistin Maria Cebotari Handküsse verteilt haben, in Schillers »Räubern« will er der beste Spiegelberg aller Zeiten gewesen sein, Duschke hat auch nach seinen Angaben als erster, »während all die anderen Arschgesichter noch immer mit der Klappe herumgefuchtelt haben«, die Tiefendimension der Shake-speareschen Narren erkannt und voll ausgespielt, anschließend ein seinerzeit sehr gewagtes Stück namens »Ehe in Dosen« inszeniert – – und jedenfalls jetzt verkaufte er halt im Einvernehmen mit Herrn Leobold Teppichböden.

Und jetzt schien auch tatsächlich ein Kunde anzutreten, es war dies ein steinalter, respekterheischender, fast würdig aussehen-der und einherschreitender bebrillter Herr im Trachtenanzug mit Spazierstock und angemessenen Bewegungen – es stellte sich aber nach Hans Duschkes entzücktem Aufschrei »Hah! Der Malitz! Malitz, komm rein, magst du auch einen Schnaps, Malitz?« heraus, daß dieser scheinbar ehrwürdige Greis nur der ehemalige höhere Beamte Karl Malitz, der Schwager Hans Duschkes, war, der, wie ich aus gewissen Erzählungen Duschkes schon wußte, angeblich nach 1945 die Frankfurter Bahnhofspolizei reorganisiert hatte und sich heute fest einbildet, die Aktienmehrheit der Kaufhof A.G. in den Händen zu haben bzw. in seinem grasgrünen Rucksack, den Malitz, wie ich heute weiß, ständig auf seinem Rücken trägt. »Stell deinen Rucksack ab, Malitz!« schrie unerbittlich Hans Duschke auf seinen Schwager ein und tätschelte den kleinen, knüppligen Mann ohne Unterlaß an den Schultern, »magst auch einen Schnaps, Ma-litz? Gell, ja. Moppel, kennst du den Malitz? Das ist der Malitz …«

»Herr Leobold, ich begrüße Sie«, sagte Herr Malitz humorvoll und reichte diesem artig die Hand.

»… der Malitz! Sie kennen ihn ja schon, Herr Läääwool, da hast einen Schnaps, Malitz!« fuhrwerkte Duschke unerschrocken wei-ter. Die netteste kleine Hölle, die man sich vorstellen kann.

Herr Malitz, der, jetzt sah ich es, am Jackenrevers ein feuerrotes »Reichsbund«-Abzeichen trug, bekam sein Fläschchen ab und schien, leis schnaubend oder sogar schnurrend wie ein Katzentier, Gefallen an dem Empfang zu finden, verstand es aber doch einigermaßen effektvoll, den ehemaligen Dirigenten des Frankfurter Bahnhofswesens selbst in der wenig überzeugenden Teppich-Umgebung durchschimmern zu lassen. Denn während nun Hans Duschke in merkwürdig fallenden und taumelnden Körperfiguren ein inzwischen tatsächlich eingetroffenes Kundschafts-Ehepaar kurz und schneidig grunzend abservierte (»Gnädige Frau, Ihr Herr Gemahl wird mir zustimmen, wenn ich Ihnen auf die Hand verspreche, daß dieser Teppich…«, wehte es ins Nebengemach herein), berichtete Herr Malitz dem irgendwie matt an seinem Stuhle hängenden Herrn Leobold und mir, er, Malitz, habe schon alle Staatsformen durcherlebt: das Kaiserreich, die Weimarer Republik, das Dritte Reich und schließlich die demokratische Staatsform – und alle vier hätten ihre Vorzüge und Nachteile gehabt, das Kaiserreich – »genau«, kommentierte Herr Leobold – die Weimarer Republik – »genau«, sagte Herr Leobold – das Dritte Reich – »sowieso«, variierte Herr Leobold – und zuletzt den Sozialismus. Hier hatte sich Malitz offenbar vertan, Herr Leobold bestätigte aber gleichwohl: »genau«. Und nach jeder der vier Perioden segelte des alten Malitz Stimme gleichsam glissando zum Himmel, schauerlich, es war gerade wie der berühmte Strawberry-Song aus »Porgy and Bess«.

»Genau, Herr Malitz«, sagte Herr Leobold, diesmal betont »genáu« – wie ich im Lauf der Zeit erfahren sollte, wechselte Alfred Leobold fast regelmäßig die Betonung, ohne daß ich das Gesetz der Alternierung je ganz durchschaut hätte, – aber, wie ich meine, ein sehr netter Zug, dem Gesprächspartner etwas gleichsam musikalische Unterhaltung zu verschaffen – –

»Der Sozialismus…«, begann Malitz erneut. Auf seiner Stirn glänzten jetzt kleine Schweißperlen.

»Sie, Herr Malitz«, unterbrach plötzlich Alfred Leobold gleichwie erwachend dessen Ödigkeiten, »Sie, Herr Malitz« – und während Malitz rasch und gehorsam aufhorchte, schien Alfred Leobold vergessen zu haben, was er sagen wollte, und er fuhr, indem er den Zeigefinger gegen das Schnaps-Depot auf dem Tisch richtete, fort: »Trinken S' nur, gell, Herr Malitz!« Worauf Malitz tief durchatmete, drei-viermal mit seinem Spazierstecken hin- und herwedelte und dann losschnarrte, die ideale Staatsverfassung sei eine Einheit aus all den vier genannten, wenn ich den Alten richtig verstanden hatte. »Ich habe erlebt«, tobte Malitz und wackelte nun stärker mit dem Spazierstecken, »das Kaiserreich, die national-sozialistische Verfassung und die? die? die?« (sang Malitz spannend) »die?« (und jetzt ließ er es heraus) »die Demokratie seit 45. Ich habe damals zusammen mit dem tapferen General Initzer, dem Kardinal Initzer und dem damaligen Domprobst Metz...«

»Sowieso«, bestätigte Alfred Leobold, da stolperte Hans Duschke, von der Kundenbetreuung erneut in Durst geraten, in unsere gemütliche ANO-Nebenstelle zurück und kippte sofort eins der Fläschchen mit dem köstlichen braunen Getränk weg. »Kommt aus dem Fichtelgebirge«, murmelte Herr Leobold und deutete versonnen auf den verbliebenen Sechsämterhaufen. Zwei hatte ich auch schon im Leib. Alfred Leobold, das fiel mir nun auf, stellte keine Frage nach dem Verkaufserfolg seines Mitarbeiters, sondern stand auf, trat an den Kühlschrank, öffnete endgültig die Flasche Champagner und postierte sie wortlos auf den Tisch.

»In der Luft, da gibt's kein Puff, da gibt's kein Telefon...«, sang und heulte im gleichen Moment, offenbar von dem neuen Getränkeangebot vollends verzaubert, Hans Duschke los, und während Alfred Leobold eine müd beschwichtigende Handbewegung ausführte, jauchzte dieser popige Alte immer hemmungsloser auf seinen Schwager ein: »Mensch, Malitz, Karl, du bist der Größte, ehrlich, Prost, Karl!« – worauf Malitz huldreich lächelte und aus dem ihm von Leobold dargereichten Zahnputzglas den Champagner sog, zum anderen aber mußte er doch als Kaufhof-Aktionär natürlich auf Würde achten und er wandte sich deshalb erneut an Alfred Leobold, den er wohl für den politisch substantiellsten Kopf der Runde hielt: »Und alle Staatsformen waren in ihrer Art gut,

in sich abgerundet und dienten dem Volkswohl und dem Volks-
ganzen!«

»Aber der Hitler«, versuchte Duschke, der den Quark wohl
schon tausendmal gehört hatte, seinen Schwager gemütlich zu locken, »der Hitler hat doch die schönsten Autobahnen gebaut, und
den Berliner Funkturm hat er doch auch gebaut, oder nit? Karl?«

»Mein lieber Hans«, behielt Malitz klar die Übersicht, »der
Beamtenstaat, die Beamtenversorgung der damaligen Verantwortlichen in Bund und Ländern …«

Bis zum hohen H surrte Karl Malitz' Stimme empor, während
Hans Duschke, mit der anderen Hand sein Sektglas haltend,
seinem Verwandten auf den leicht zusammensackenden, ohnedies
rucksackbeschwerten Rücken schlug. »Sie, Herr Duschke«, versuchte sich das matte Organ Alfred Leobolds erneut in Szene zu
setzen, wurde aber von Hans Duschke brutal niedergeknüppelt.
»Ehrlich, Moppel, Klasse!« wandte der entflammte Greis sich behend an mich, und ich müsse doch zugeben, daß man es hier aushalten könne, »kein Vergleich zu Quelle!« Und was ich heute
abend machte?

Es stellte sich nämlich heraus, daß die Herren Leobold und
Duschke für heute abend eine Landpartie vorbereitet hatten bzw.
Alfred Leobold hatte bei einer Wette ein Schwein verloren, und
das sollte heute abend in der Gastwirtschaft Blödt in Schmidgaden
gemeinschaftlich verzehrt werden, »der Mogger Arthur, der Adolf,
der Hümmer Heinz, die Karin, der Adolf, die Wacker Mathild
und ihr Mann und der Willfurtner Charly kommen auch und der
Leber Heini sowieso und die ganze Mannschaft«, erläuterte emsig
Alfred Leobold – und wenn ich auch mit hinwollte, jederzeit, er
kenne den Wirt gut, der mache die Sau exzellent zurecht, darauf
könne ich mich garantiert verlassen, und ich könne also selbstverständlich mit bzw. »freilich kommst mit, einwandfrei«.

Hans Duschke, gut informiert, wies nun Alfred Leobold – Karl
Maliz schüttete gerade selbstvergessen den dritten oder vierten
Schnaps in den greisen Leib und sagte plötzlich wie zu sich selber:
»Gemeinnutz geht vor Eigennutz« – Duschke wies Leobold darauf

hin, »der da« (das war ich) »macht doch heute abend mit seiner Sabine oder wie die Büchs heißt, die kleine Büchs, da rum«, doch geistesgegenwärtig erfand Alfred Leobold sofort den rettenden Ausweg: »Die kann jederzeit mitkommen, freilich, sowieso« (das »genau« ließ Leobold diesmal aus unerfindlichen Gründen aus), »die kriegt dann auch einen Schweinebraten.« Ich hatte eigentlich für diesen Abend mit Sabine Glanzvolleres eingeplant, ja, ich muß sagen, gerade zu dieser Zeit hatte sich meine Zuneigung zu ihr auf eine merkwürdige Weise etwas veredelt, irgendwie schien sie mir, seit meine Persönlichkeit in ihr junges Leben eingegriffen hatte, langsam fraulicher, ja gewissermaßen menschlicher zu werden (O wie sollte ich mich täuschen!), vielleicht auch einfach deshalb, weil sie so schön »Ich liebe dich, Moppel« zu mir gesagt hatte – eine Kühnheit, die ja nun heutzutage wirklich Gegenliebe verdient bzw. es gehört ja nun zweifellos allerhand, eine bezaubernde Naivität, eine gewisse selbstwegwerferische Frechheit und Tiefe der Empfindung dazu, mir altem Esel einen solch schönen Spruch zu widmen, und sei's mit noch so schrill krächzender Stimme. Sabines niedliche Brust hatte mich übrigens für dieses organische Manko bestens entschädigt – jedenfalls schien es, Susanne hin und ihre Eroberung her, gewissermaßen am Horizont zu tagen, ich sah wieder Land, ja sogar ein existentielles Ziel vor mir – und nun also ein gemeinsames Schweinebratenessen unter der Ägide von Alfred Leobold! Ach was! Alfred Leobolds Bedürfnis, die neu auf den Plan getretene Freundschaft mit mir zu vertiefen, war ganz offenkundig, warum sollte man diesem Teppichmenschen nicht eine kleine Freude machen, und schließlich hatte mich plötzlich eine geradezu brausende Lust nach einem Schweinebraten überfallen. Ich sagte also zu. Abfahrt halb acht am ANO-Laden.

Im Anschluß an die Gastwirtschaft Blödt könne man dann ja, verbreitete Alfred Leobold seine Vorstellungen, noch ein wenig in das Nachtlokal »Eichenmühle« in Wolfring fahren bzw., wie Leobold sagte, »hinbrummen«, da finde heute – wie jeden Mittwoch und Samstag-Sonntag – eine Light-Show für die Amis statt, da stifte er, Leobold, dann eine Flasche Calvados, den Wirt kenne

er gut, da zahle er für die Flasche nur 27 Mark, so etwas Gutes
habe er, Duschke, wandte er sich an diesen, noch nie getrunken,
»o mei«, beschloß Leobold vorerst seine Vorankündigung des großen Glücks. Ich solle also um sieben Uhr (hieß es jetzt plötzlich)
wieder zum ANO kommen und »die Sabine da oder wie« gleich
mitbringen, der Hümmer Heinz fahre uns alle »raus und wieder
rein, wird prima«, bekräftigte erneut Herr Leobold.

»Und du, Malitz«, fiel es Hans Duschke plötzlich ein, »fahrst
auch mit!« Eine Überraschung: Unvermerkt war der alte Malitz
auf seinem Stühlchen eingeschlafen, ganz eindeutig überwältigt
von den Schnäpsen. »Laß ihn schlafen«, sagte Alfred Leobold mild,
»um sieben Uhr legen wir ihn dann ins Auto und nehmen ihn
mit, und wenn wir dann draußen sind, geben wir ihm einen
Schnaps, dann wird er schon wieder wach, jjaah!« Es klang wie
der Laut eines Esels, der seine Eselin davon überzeugen wollte, daß
dies schon die beste aller möglichen Welten sei.

Wir saßen dann noch ein halbes Stündchen im ANO-Neben-
zimmer herum, und damit Alfred Leobold die Flasche Champagner morgen früh nicht mehr störte, nahm ich hin und wieder ein
Schlückchen, bald war sie denn auch leer, und ich wäre beinahe
gleich Malitz, der linkerhand von der Kaufhof-Mehrheit träumte,
eingenickt. Keine Kundschaft störte den waltenden Seelenfrieden
inmitten der Welt des Hochkapitalismus, der scharfen Konkur-
renz-Situation gerade auch auf dem Teppichsektor, sieh an, es ging
auch so, und am Monatsende hatten doch sowohl Herr ANO als
auch seine Seelburger Mitarbeiter Leobold und Duschke ihr Heu
heimgebracht, das nenne ich die Humanisierung der Arbeitswelt
jenseits der Vorstellungen des DGB, die Vision einer menschenfreundlichen Geldzirkulation im Rahmen der freien Marktw...

»Geht Ihnen das auch so, Herr Duschke?« hörte ich auf einmal
Herrn Leobold würgen, »ich vertrag den nimmer so, den Sechsämter. Furchtbar. Ich weiß gar nicht, was das ist.«

»Häh?« Der jetzt gleichfalls in sich versunkene Hans Duschke
fuhr hoch, schüttelte ein paarmal den Kopf aus und stellte dann
überraschend das Radiogerät auf dem Eisschrank an.

»Sie, Herr Duschke«, bat Alfred Leobold zart und doch mit der rüstigen Durchsetzungskraft des Vorgesetzten, »holen S' noch vier Underberg, gell?«, dann werde es ihm, Leobold, »garantiert wieder besser«. Der Moppel, ich, möge sicher garantiert auch einen, sowieso. Flink und einsatzfreudig sprang Hans Duschke zu Leobold, ließ sich Geld geben und verschwand wiederum hinter Teppichrollen – gleich darauf hörte man eine Art Dialog: Duschkes mächtig durchtrainierte Spiegelberg-Stimme und dazwischen ein fast hilfloses Wimmern. Vorsichtig lugte ich um die Ecke und gewahrte, wie Hans Duschke, mit beiden Armen flackernd, auf ein altes Mütterchen eintrompetete: für heute sei leider geschlossen, man mache hier Vorinventur, und sie solle morgen wieder kommen, jawohl, das Angebot an billigen Teppichfliesen in allen Farben sei momentan besonders reichhaltig. Das Mütterchen greinte nun, es sei extra mit dem Bus hierhergefahren, weil ihr das ANO-Geschäft vom Herrn Betz empfohlen worden sei, es habe hier auch schon seit zwanzig Minuten gewartet, es sei aber keine Menschenseele zum Bedienen gekommen. »Alles klar!« grunzte Duschke, warf Herrn Leobolds Underberg-Fünfmarkstück spielerisch in die Luft und fing es wieder auf, »aber Sie müssen verstehen, liebe Frau, daß wir einmal im Jahr auch die Nase von der Kundschaft vollhaben, ja? Alles klar.« Der Selbstmord eines Teppichverkäufers? War der Mann total übergeschnappt? Nun, mich sollten im ANO-Laden noch viel größere Sensationen erwarten … Gnadenlos schob Duschke die alte Frau zur Tür hinaus, verschwand selber und kam mit drei Underberg wieder, den seinen habe er schon unterwegs getrunken, »weil die Ampel gerade auf Rot war.« Ich kippte den meinen, bedankte mich etwas verschwommen für den reizenden Nachmittag und trollte mich aus dem ANO-Haus. Jetzt erst sah ich, daß es lindgrün gestrichen war. Bis heute abend also.

Warum sollte ich die beiden aktuellen Genüsse – Sabine und Alfred Leobold – nicht unter einen Hut bringen?

So vielverheißend mein Debut im ANO-Laden – leider geriet der Abend für mich recht konfus. Und dies, obgleich Herr Leobold mit großer Verve und Umsicht seiner Gastgeberschaft nachkam, und ich eine Reihe neuer und teilweise sogar erregender Menschen kennenlernte, so z. B. den bereits angekündigten Kaufmann Arthur Mogger, den Schreiner Adolf Wellner, der außerdem »King-Kong« hieß, Wellners Liebchen, das sie nur »Franz Gans« nannten, angeblich nach einer Mickymaus-Figur, wogegen sie aber anscheinend nichts hatte – ferner die Gastwirtin Wacker Mathild, die später eine so zentrale Rolle in Alfred Leobolds und wohl auch meinem Leben spielen sollte, eine gewisse Grete und gleich zwei Karins, eine formidabler als die andere, und schließlich und am Rande auch eine Frau Ilona Sommer, die mich insofern interessierte, als sie wohl damals sexuell irgendwie an Alfred Leobold hing, was dieser aber nach besten Kräften zu verschleiern und zu unterspielen suchte, gewissermaßen um wenigstens von dieser Seite her keine unangenehme Entartung aufkommen zu lassen.

Und noch andere Gäste mehr. An dieser Stelle fällt mir aber noch ein Motiv ein, das damals entschieden zu meinem vorne angedeuteten sozusagen existentiellen Mißmut beigetragen hat. Ich verstand auf einmal, möglicherweise gefördert durch mein Bummelantendasein, nicht mehr, daß zwar in diesem merkwürdigen Land jeder halbwegs Gebildete um den allgemeinen Niedergang weiß, daß zwar jeder wache Mensch die Verkümmerung aller Dinge tagtäglich am eigenen Leib verspürt, ja daß sich das Volk gleichsam schon damit abgefunden hat – daß aber trotzdem im nächsten Moment der Bundesbankpräsident oder – noch dreister! – der Arbeitsamtpräsident Stingl im Fernsehen dominierend und festlich ihre Schnäbel aufreißen dürfen! Auch heute kann ich es noch nicht recht begreifen, mühe mich aber um eine konstruktivere Sicht der Dinge. Denn im Ernst: als ob da noch irgendwas zu retten wäre! In dieser Nation, auf diesem Globus! Ich bitte, das ist doch ein Widerspruch!

Mindestens ebenso tragisch freilich der Aberglaube, daß gelungene Nachmittage beliebig in die Nacht hinein zu verlängern seien. Ja, der Abend nahm einen recht zweischneidigen Verlauf, auch wenn Sabine erstaunlich wendig den Zweck des Unternehmens begriffen und noch schneller ihr Vergnügen über dies ländliche Divertimento zum Ausdruck gebracht hatte (War ich ihr als Einzelliebhaber schon nicht mehr Mann genug?) – ja, eingangs war sogar noch etwas höchst Förderliches geschehen. Sabine hatte, auf mein Hupsignal hin, ganz überraschend die schöne Susanne mit zum Auto geschleppt, ohne daß sie und die Schwester irgend hätten wissen können, wo hinaus es gehe! Ich hätte also, wäre die strohdumme Landpartie nicht gewesen, einen prächtigen Trioabend mit den beiden inszenieren können, wie immer das ausgesehen hätte! So ein Pech! Immerhin, auch diese Situation war prickelnd und die Erkenntnis angenehm: Susanne wagte sich also erstmals, allgäuischer Verlobter hin und her, unter die Leute. Ein echter Fortschritt.

Auch sie war übrigens mit meiner Programmplanung sehr einverstanden, zuckte wie in seliger Überrumpelung mehrmals mit den Augenbrauen und glitt in mein Auto. So daß ich gleich darauf unter der Pforte der Firma ANO stolz zwei hübsche Weiber präsentieren konnte. Tatsächlich überrieselte mich eine Art fröhlicher Vorahnung: Voilà, die Herren, gehen wir an die Waffen des laufenden Balz-Kampfes!

Leider sollte ich mich überschätzen.

Formvollendet, nahezu graziös und mit der gelassenen Pranke des weltläufigen Kaufmanns erleichterte Alfred Leobold, nunmehr in einem chicen, fast schnittigen Sportanzug, den Frauen den Einstieg in eine auch mir noch weithin unbekannte Gesellschaft, die, wie ich erfuhr, wohl so etwas wie die Kerntruppe der Gastwirtschaft Wacker Mathild bildete. Indessen der fraglos noch betrunkene Hans Duschke, vom Anblick der frischen und erwartungsvollen Frauen auf eine leider ungesunde Art aufgemöbelt, mir schon jetzt zu allerlei Sorgen Anlaß gab. Ich vernahm, wie er, scheinbar verstohlen, aber in Wirklichkeit so laut, daß jeder es bequem hören konnte, auf unseren vierten Mann, der wohl der Fahrer Hümmer Heinz sein mußte, sofort Anzügliches einquallte, wobei sich immer wieder aggressive Brocken wie das Wort »Büchsen« und einmal sogar »vogelwilde Büchsen« abschälten – und kaum waren wir alle richtig im Wagen verstaut, passierte es schon.

Ich war mit Leobold noch schnell Zigaretten holen gegangen, Hümmer saß mit laufendem Motor wartend am Steuerrad, – in der Zwischenzeit mußten sich der Alte und die Morlock-Mädchen rasch nähergekommen sein, denn als ich zu den dreien nach hinten krabbelte, schwallte es mir schon irgendwie obszön entgegen. In der Hektik des Aufbruchs hörte ich nur halb hin, wahrscheinlich erzählte der alkoholbefeuerte Greis, linksaußen bumsfidel hingelagert, den vertrauensseligen Schwestern erotische Schnurren aus seinem »Ehe in Dosen«-Repertoire, es klang wie wollüstiges Grunzen und Nuckeln aus seiner Ecke, vor allem Sabine fand das wohl sehr zum Kichern – und so, aufgeputscht durch Beifall und die zahllosen ANO-Schnäpse, schreckte, kaum war Hümmer gestartet, der zwiefach Berauschte vor dem Äußersten an Gemeinheit nicht länger zurück:

»Warum laßt ihr euch eigentlich vom Moppel ficken? Der Moppel ist kein guter Ficker. Ihr müßt euch vom Winter Erich ficken lassen. Der Moppel ist kein guter Ficker. Niemals! Ich weiß es doch. Der alte Duschke weiß es, ah!«

Was war das? Das Ende der Welt. Das war doch... Ich schaute, den Skandal gleichsam überhörend, geradeaus. Dieser Mann, der sich seit Jahren als mein Freund ausgab, konnte mir, das erkannte ich hier erstmals, zu einem äußerst gefährlichen Quertreiber werden. Der Wille zur Zerstörung bei gleichzeitigem Wissen um die eigene sexuelle Ohnmacht beschwingte ihn, riß ihn hin:

»Oder der Mogger Arthur. Aber nicht der Moppel. Der Moppel kann schön reden, ich kenne ihn doch. Aber ficken...?«

So etwas hatte ich noch nie gehört. Tatsächlich nachdenklich kratzte ich mich am Kopf. Die beiden Schwestern aber, auch das war wunderlich und schummelig wie die ganze Situation, kicherten. Gehorsam und vorsichtig, wie mir schien. Sabine (das würde ich ihr heimzahlen) fast bestätigend – Susanne (das machte sie mir noch lieber) eher schnurrend-gutmütig, freilich, fast möchte ich sagen: mit einem Hauch von Neugier betreffs des Wahrheitsgehalts der Duschkeschen Ungezogenheiten. Und noch seltsamer: Vielleicht hatte auch ich am Nachmittag zu viel getrunken, aber wenn ich ehrlich bin, gefiel mir der ganze bestürzende Vorfall auf einmal, und das damit in Gang gesetzte unterirdische Brodeln stimmte mich auf fast musikalische Art heiter, es war wie die Fanfare einer großen Erwartung, einer lustigen Libertinage ... So oder so: Ungewollt hatte Hans Duschke mit seinen Altherrenredensarten und Schweinigeleien die Bahn gebrochen, hatte mein heimliches Susanne-Programm, das er keineswegs erahnte, ungewollt befördert. Das Thema war nun einmal unleugbar auf dem Tisch – und Duschkes kruder Ton verschaffte mir sogar eine Position kultivierter Distanz und Distinktion. Den Schwestern, besonders der einen, würden so die Augen geöffnet für das doch immer wieder verblüffende Humanitätsgefälle in unserer Gesellschaft ...

»Heinz, du fährst gut. Echt gut. Fährst du schon lange? Echt gut. Hast du selber ein Auto?« Damit wechselte Duschke, der jetzt einen rostbraunen Sakko und eine olivfarbene Hose trug, schon Sekunden nach dem Eklat das Thema. Die nächsten Minuten fauchte er, nach vorne gelümmelt, auf den Fahrer ein.

Übrigens war, gleich mir, auch Alfred Leobold auf Duschkes Ausfall mit keinem Wort eingegangen, wie in vornehmem Einverständnis, so daß ich ihn jetzt unbelastet nach dem Verbleib des Greises Malitz fragen konnte. Es stellte sich heraus, daß man Duschkes Schwager nun doch habe heimtun müssen, nachdem dieser, erwachend, aber wohl noch verwirrt, gejammert habe, Einbrecher seien in seiner Wohnung.

»O mei o mei«, rundete Alfred Leobold seinen Bericht vom Nachmittagsausklang mit verhaltenem Humor ab.

Das Auto, in dem wir uns zur Stadt hinausschwangen, war ein beiger, nicht mehr ganz appetitlicher Opel Kapitän SEBG L 295, eine Nummer, von der ich noch träumen sollte. Hümmer Heinz, der Fahrer, war mir als Chemiestudent bzw. als »einer von den Chemiestudenten von der Wacker Mathild« vorgestellt worden – wie sich später erweisen sollte, gab es davon einen ganzen Haufen. Der Mann, der im Profil irgendwie einem Ameisenbären glich, saß sehr einsatzfreudig am Steuer, während Alfred Leobold auf dem Beifahrersitz jetzt still und ergeben auf die nebligmilde Mittelgebirgslandschaft unserer Heimat hinauslugte, sichtlich vollkommen interesselos. Wir huschten dahin. »Da schau«, sagte Leobold einmal und beugte sich kurz zu mir zurück, der ich in ziemlicher Erregung Schulter an Schulter mit Susanne saß, als ein Hase die Bundesstraße überquerte, »prima«. Er zeigte auf den Hasen, drehte noch einmal den Kopf herum und lächelte gewinnend die Mädchen an. »Paßt alles? Ja? Prima.« Dann schwieg er erneut, entfachte eine Zigarette und blies den Rauch weltmännisch durch das kleine Seitenfenster hinaus. Gelassen stieg die Nacht an Land. Die zwei Schwestern hatten irgendeinen unwichtigen Plausch begonnen, und Duschke? Allzu gut gelaunt schien er noch immer, einmal pfiff er stillvergnügt vor sich hin, ein andermal suchte er mit viel Pomp etwas in seiner Jackentasche und ab und zu formte er Behaglichkeitslaute wie »Aah« und »Häh«. Womöglich träumte er von den erotischen Künsten des Erich Winter. Winter ist einer der Unseren und, wie ich seit langem weiß, Hans Duschkes Ich-Ideal für die eigene verblichene und verklärte Triebhaftigkeit. Die Erinnerung des Greisen an sie mußte heute ganz vehement sein, unvermittelt auf der Höhe von Lintach mündete sie in einen Gesang:

»Es waren zwei Königskinder«, krähte der Alte so hingebend wie humoristisch, vielleicht sogar ironisch anspielend auf mich, »die hatten einander so lieb, die konnten zusammen nicht kommen, das Wasser war viel zu tief.«

Wild und zügellos durchfurchte die alte Stimme die Tonskala. Ich kannte die Nummer schon.

»Herr Duschke, Sie, das müssen S' heut abend in der Wirtschaft auch singen.« Anerkennend nickte Herr Leobold seinem Mitarbeiter zu.

»Alles klar, Herr Lääwohl!«

Die Schwestern kicherten, wie wissend, was mir plötzlich ganz reizend erschien. Die erwachende Lust auf die große unbekannte Welt der Männer ...

Im Gasthaus Blödt in Schmidgaden kam es dann zum großen Schweinebratenessen. Alfred Leobold ließ einleitend 21 doppelte

Sechsämter herumreichen, die Gesamtzahl der Gäste, wie Hümmer Heinz in Leobolds Auftrag flink nachgezählt hatte. Ein wahrhaft königlicher Herr, die minderen Aufgaben ließ er durch Dienstbolzen erledigen, genau. Und mit feinem Gespür dafür, daß nach dieser schönen Ouvertüre noch mehr getan werden müsse, die Unterhaltung zu schüren, bestellte Leobold das gleiche noch einmal, anschließend ging er, als das Schwein aufgetragen wurde, zierlich von Tisch zu Tisch, jeden Teilnehmer einzeln zu fragen, ob das Schwein schmecke, ob es richtig angemacht und gewürzt sei, und besonders inständig kümmerte sich dieser vorbildliche Veranstalter darum, daß den Damen immer wieder die köstlichsten Brocken auf die Teller nachgeschoben wurden. Wohl zu diesem Zeitpunkt fing ich an, Alfred Leobold zu verehren.

Er selbst, hörte ich ihn einmal anmutig lächelnd sagen, er selbst esse nichts, er könne »das Zeug nimmer packen«, er versuche aber dann in der Küche der Frau Blödt, ob er ein bißchen Gulaschsuppe »hinunterbringe«, die Frau Blödt richte es ihm her. Und bei dem Wort »Gulaschsuppe« würgte es Herrn Leobold so heftig im Schlund, daß er sich hochwand und, die Hand vor den Mund gehalten, sofort und mit eigenartig stochrigen und doch lieblichen Beinbewegungen dem Saalausgang zueilte.

Wir befanden uns in einer Art Nebenzimmer für kleinere vereinsmäßige Veranstaltungen, wohl auch für Fasching, jedenfalls gab es auch eine Behelfstheke – zum Essen aber waren die Teilnehmer an einem einzigen langen Tisch untergebracht. An seinem entfernten Ende sah man eine kleine Schar junger Männer, die sich nach meinem ersten flüchtigen Eindruck alle sehr ähnlich waren. Das mußten wohl die Chemiestudenten sein.

Jetzt erschien Alfred Leobold wieder, ziemlich bleich und erschöpft, aber vielleicht gerade deshalb listig schmunzelnd. Er trat an mich heran, der ich diesen Abend anscheinend sein Ehren- und Lieblingsgast war, und fragte, ob ich einen Cognac mittrinke. »Genau«, kam Leobold meiner Entscheidung zuvor, »also dann vier Cognac, Frau Blödt«, sagte er zu der mit an den Tisch gebrachten Wirtin, die er dabei auch gleichzeitig wie ängstlich am

Arm festhielt. Und noch einmal, fast flehend, rief er der Frau »vier!« nach. Die beiden anderen Gläser, stellte sich heraus, waren für die Morlock-Mädels gedacht. Ein Kavalier, ein Galantuomo. Der rechte Freund und Begleiter für mich, eine hervorragende Assistenzkraft beim kommenden Weiberaushalten – –

Inzwischen hatte das Fest über das bloße Essen hinaus schon ein wenig zu fluten begonnen, zu beobachten war vor allem eine gewisse Bewegung zwischen Tisch und Behelfs-Büffet, und einmal pendelte Hans Duschke mit grußartig vorgestrecktem rechtem Arm quer durch den Saal auf eine Türe im Hintergrund zu, rüttelte mehrfach an der Klinke, rief »Halt! Stop! Hans Duschke hat sich geirrt!« und fand dann den richtigen Ausgang zur Toilette.

Mehr oder weniger waren die Gäste inzwischen auch einander vorgestellt worden. Ich saß am äußersten linken Tischende, mir gegenüber hatten vorerst Sabine und Susanne Platz genommen, noch weiter rechts der etwa 38jährige Schreiner Wellner, dessen wie abwartende Wucht tatsächlich gewisse Erinnerungen an »King-Kong« weckte, die still-ergebene Frau an seiner Seite war »Franz Gans«. Rechts neben mir befand sich meist Alfred Leobold, zuerst auch Frau Sommer, es folgte das mexikanische Ehepaar Felix und Grete del Torro, dann kam wohl Hans Duschke und neben ihm eine alte Frau mit anhaltend mürrischem Aussehen, das war die Wirtin Wacker Mathild. An der mir entfernten Tischflanke schließlich steckte Heinz Hümmer mit vier anderen die Köpfe zusammen, einer davon hieß wohl Leber Heini, und innerhalb dieser Teilgruppe, die in sich recht stabil schien, sah man noch, fast unauffällig, zwei Mädchen, die beide Karin hießen. Diese Chemiestudentengruppe begann übrigens nach etwa einer Stunde ein Kartenspiel, hörte aber bald wieder damit auf und fiel weiter nicht sehr ins Gewicht.

Pendeln zwischen ihr und fast allen anderen Teilnehmern sah man den mir noch neuen, bulligen und backenbärtigen Kaufmann Arthur Mogger, einen etwa 40jährigen allseits respektvoll behandelten Mann, der vor mühsam beherrschter Lebenslust dauernd zu bersten drohte. Entfernt bekannt schließlich war mir schon ein

junger, sehr dicker Fuhrunternehmer, ein gewisser Willi Schießlmüller, der sich gleichfalls vorerst lose im Saal herumtrieb und
dabei immer wieder durch wahre Lachsalven auffiel. Nur hin und
wieder rieb er sich im Haar und brütete ein wenig vor sich hin, als
ob es ihm entfallen sei, warum er so lachte.

»Der Moppel ist kein guter Ficker…« Jetzt fiel es mir wieder
ein. Ob die beiden Mädels mir gegenüber es dem Alten abgekauft
hatten? Naja, Sabine hatte sich ja schon ziemlich ein Urteil bilden
können … Und die andere? … Adrett sahen sie aus, nebenein-
andersitzend, ununterbrochen Zigaretten schmauchend, die un-
schuldigsten erotischen Ströme aussendend, saugend die Faszination des schillernden Lebens…

Ein doppeltes Gottesgeschenk aus dem Försterhaus!

Bittere Erfahrung, wie rasch gerade die beiden mir den größten
Kummer bereiten sollten; aus unterschiedlichen Gründen. Sabine,
dieser junge Grashüpfer, trank plötzlich, sehr verärgert beobachtete ich es, mehrere Schnäpse hintereinander, in eiliger Folge
kredenzt von dem Fuhrunternehmer Schießlmüller – den vierten
gar im Duo an der Behelfstheke, und machtvoll drangen die Lach-
kadenzen dieses Mannes von dorther an mein Ohr. Daß Alfred
Leobold Sabine sofort darauf noch einen fünften Sechsämtertropfen aufschwätzte, versöhnte mich ein wenig – überhaupt schien
der Mann an dem Kind einen Narren gefressen zu haben, ganz
eindeutig deshalb, um mich so zu ehren, gewissermaßen unsere
neue Freundschaft durch ein Drittes, Synthetisches zu sanktionieren und noch mehr aufzupäppeln, durch den in Sabine bildhaft
gewordenen Geist der immerwährenden Jugendkraft auch gerade
für uns alte Narren, eine verschworene Gemeinschaft all derer, die
es irgendwie gut meinen – – –

Mit solchen Gedanken tröstete ich mich eine Weile und führte
nebenher jetzt scheinbar herzhafte Gespräche mit Grete und Felix
del Torro, die mich wohl beide, vielleicht mit dem Schweinebraten als Katalysator, liebgewonnen hatten, bezwungen vielleicht
auch vom Charme der Leoboldschen Festgestaltung. Das Ehepaar
erzählte mir dies und jenes aus dem hiesigen Offiziersleben, ins-

geheim aber beobachtete ich mit großem Mißbehagen, wie der Fuhrunternehmer Schießlmüller an der Theke schon wieder und mit jetzt schon brutal besitzergreiferischer Freizeitmiene auf mein Bräutchen einbalzte und einrumorte, zusehends rücksichtsloser, was sie, die blöde Gans, nicht nur zu trostlos blindem Gelächter, sondern sogar zu den nervösesten Körperzuckungen veranlaßte. Und wie sich ihr Leib bog! Das dumme Ding muß sogar selber gespürt haben, daß ihr Wiehern zu weit gegangen war: denn plötzlich flitzte sie von ihrem Simpelsfranz weg zu mir an den Tisch zurück und fuhr mir gleichsam aufmunternd durchs Haar – wie um zu sagen, das Leben sei doch schön bzw. das sei nun mal der Welten Lauf.

O Rindvieh, junges!

Was meinen Ärger in Gram vorantrieb, war aber niemand anderer als die unschuldige Susanne, die mir schräg gegenüber saß und seit einiger Zeit von dem sogenannten Kaufmann Arthur Mogger auf sehr lästige Weise umzingelt wurde. So daß ich irgendwie vollends auf dem Trockenen saß, ich, der vorher noch so stattlich zwei Weiber ausgepackt hatte! Mogger saß geduckt neben der Schönen, leierte anscheinend ein paar Anekdoten aus der Kaufmannspraxis herunter – sie hörte fast andächtig mit leicht gefalteten Händen zu und lächelte so beifällig wie keusch, kaum wandte sie den Kopf zu dem lauernden Kaufmann, kein Vergleich zu ihrer öden Schwester! Sicher, auch sie, Susanne, nahm zwei-, dreimal ein Schnäpschen, angedient aus des Kaufmanns Gier, dankbar und huldreich lächelnd entgegen, aber – wunderbar, ich wurde darüber fast schwermütig! – welch eine unnahbare Würde, welch jungmädchenhafte Contenance, welch eine kühle, uns gewöhnlichen Sterblichen unerreichbare Bellezza im zitronengelben Hosenanzug! Und mir war dieses tollwütig herumhüpfende Nichts an Sabine zugeteilt worden, Sabine, wenn ich den Namen bloß schon hörte! Sabine, die mir jetzt plötzlich, da ich doch ihre Schwester im Auge hatte, so töricht und gedankenlos am Schenkel herumstrich, ja und dann wollte sie gar noch einen Kuß oder dergleichen. Es war die bekannte klebrige Verliebtheit angetrunkener Frauen.

Mit grämlicher Miene gelang mir, dem auszuweichen. Sie muß meine Gereiztheit gespürt haben: »Was ist? Hm?«

Diese kurzen Gedanken! »Nichts«, schmollte ich weiter und gewann augenblicklich Kraft aus dem Genuß.

»Du?« Wie ein Uhrpendel schüttelte sie den Kopf, so daß die Haare hin und her flogen, wahrscheinlich hatte sie das im Werbe-fernsehen gelernt: »Sehen wir uns morgen?«

Eine kuriose Frage. Und zum ungeeignetsten Zeitpunkt! »Wie-so? Natürlich.« Ich geriet ins Schwimmen. War das nicht sogar echte Wärme, die aus ihr redete?

»Naja nur so. Ich will dich morgen sehen.« Sie biß sich in die Lippe, malte einen Kreisel auf meinem Knie und äugte dabei fast fromm, wie mondverklärt zur Zimmerdecke: »Ich will dich mor-gen unbedingt sehen.« Sie trällerte geradezu.

»Einwandfrei«, hörte ich in diesem Augenblick hinter meinem Rücken Alfred Leobold smart zu Felix del Torro sagen, und in der nächsten Sekunde einen kurzen heftigen Lustschrei aus dem Sektor der Chemiestudenten. Da stand für mich fest, und gerade Sabines anschmiegendes Verhalten war es, was jetzt meinen Ent-schluß gegen eine bösartige weiche Weinerlichkeit durchsetzte: Bei nächster Gelegenheit, koste es, was es wolle, und unter Wahrung aller Formen würde ich mich auf die Seite der braunen Schwester schlagen und die Geliebte wechseln, dieses kostbare junge Weib mußte her, dieses Naturtalent an lässig aufreizender Laszivität, dieses elementare Försterskind, dessen schlummernde Energien unermeßlicher Wollust ja praktisch nur noch durch geschickte Anleitung zum Erwachen gebracht, angestupst werden mußten – bereit, den Bräutigam zu empfangen, saß dies hoch-holde Wesen ja bereits faustdick vor mir und zupfte sich ab und zu, während Arthur Moggers dunkel lodernder Blick sich minutenlang in ihre enganliegenden Hosen bohrte, in entzückender Verspieltheit, in der süßen Befangenheit der Jugend am lockig herabperlenden Braunhaar – –

Welch ein merkwürdiger Abend! Alfred Leobold hangelte sich jetzt – frisch gestärkt sah ich genau zu – von der Schulter Grete del

Torros, auf die er wie gewichtlos seine Hände gestützt hatte, weiter zur Schulter der alten Mathild Wacker, um auf deren Buckel abermals von hinten seine Hände gleiten zu lassen. In dieser Stellung sah man die beiden eine Weile in vertrautem Gespräch, vor ihnen konnte man Duschke und den Schreiner Wellner erkennen, die über den Tisch ein scheinbar ruhiges und sachliches Gespräch hatten – auffiel mir, abgesehen von seiner zart abgeklärten Lautlosigkeit, nur, daß Duschke sein Bierglas immer wieder bis zum Mund führte und es doch im letzten Augenblick wieder sinken ließ, weil ihm ein neuer Gedanke einfiel. Schön, wie der Wille zum Gespräch vorübergehend sogar den Durst in die Schranken wies! Einmal lüftete Duschke sein Glas gar zwölfmal, ohne zu trinken.

Ja, das Fest war inzwischen zügig fortgeschritten und wohl ein allseitiger Erfolg. Die Bratenreste wurden weggetragen, bei welcher Gelegenheit sich Alfred Leobold nochmals überall und vor allem bei allen Damen erkundigte, ob das Fleisch auch gelangt habe. Dabei mußte er sich eines ziemlich täppischen Zärtlichkeitsversuchs von Frau Sommer erwehren, einer nicht unbedingt einnehmenden, schwer parfümierten und schwarzaufgemachten Person, die Leobold aber letztlich doch mit einem Schnaps kühl abspeiste. Im nächsten Moment vergaß er auch die beiden Karins nicht, bevor er schließlich eine offene Flasche Champagner vor mich hinstellte und schwer lächelnd neben mich rückte. Da begann er eine Geschichte zu erzählen, offenbar seine Pointe des Abends und ein Geschenk an mich, Sabine und Susanne persönlich, was vorübergehend sogar den Nichtsnutz Mogger zum Schweigen zwang.

Es habe da nämlich, begann Leobold und ließ seinen Zeigefinger heiter gegen ein Sektglas schnellen, – es habe da kürzlich eine Stammtischrunde namens »D'Gipfelstürmer« aus der »Glückauf«-Wirtschaft des Baumann Heiner eine Expedition in das Dorf Pursruck unternommen, nämlich »der Käsewitter Otto, der Widder Franz und der Bauer Franz«, und dort sei also – »o mei, o mei«, versinnlichte Alfred Leobold mehrfach die Gewalt des Einbruchs dieser Gipfelstürmer – tüchtig, ja »unglaublich« gezecht worden, nämlich zusammen 63 Maß Bier (»unglaublich!« wunderte sich hier auch Mogger und patschte mit der flachen Hand leicht gegen die Tischkante) – 63 Maß Bier, wiederholte Leobold mehrfach und zwinkerte allen fast listig zu, und auf der Heimfahrt hätten dann die Gipfelstürmer also das Kommando über das Fahrzeug verloren und man sei alle Mann hoch in einen Acker gerauscht, wo sich das Auto auch überschlagen habe – das Ganze, steuerte Leobold emsig dem Höhepunkt seiner Geschichte zu, sei dann vor Gericht ausgetragen worden, und dort habe dann Käsewitter Otto, ein pensionierter Polizist, zum Richter, auf dessen Frage, wie denn das alles habe passieren können, gesagt: »Sie, Herr Richter«, habe Käsewitter gesagt, »Sie, Herr Richter, da hätten S' dabeisein müssen, da ist's vielleicht rundgegangen!« – er, Leobold, habe bei ANO freigenommen, »weil mich das interessiert hat«, sei er, Leobold, hingegangen. »O mei, Herr Richter«, habe Otto Käsewitter gesagt, wiederholte Alfred Leobold noch zweimal die Pointe seiner gelungenen Anekdote, »da hätten S' dabeisein müssen, Herr Richter«, beharrte Leobold und schmunzelte uns Zuhörer verständnisinnig an, »da ist's vielleicht rundgegangen! Genau.«

Mir fällt auf, daß Herr Leobold zu dieser Geschichte seinerzeit etwa 20 Minuten gebraucht hatte, während ich sogar bei der Niederschrift in 7 Minuten fertig bin. Jedenfalls sei dieser Käsewitter heute 65 Jahre alt und »ein ganz prima Kerl«, erläuterte Leobold warm, und er sei im übrigen auch der gewesen, der ihn, Leobold, bei seinem damaligen Prozeß gegen seine erste Frau, »die Drecksau«, wechselte Leobold erstmals und recht überraschend die Tonart, lächelte aber gleichbleibend grazil, entlastet habe.

»Alfred!« bellte hier plötzlich Arthur Mogger hart dazwischen, »ich sage dir, Alfredl, da hast ein unwahrscheinliches Glück gehabt, Alfred, daß der Käsewitter Otto damals zu deinen Gunsten ausgesagt hat, sonst hättest kein Land mehr gesehen, Alfred, das sag ich dir auf den Kopf zu, Alfred!«

»Genau, Arthur«, antwortete Alfred Leobold nachdenklich und nippte, sichtbar von seinem Vortrag ermüdet, an seinem Sechsämter.

Von Hans Duschke erfuhr ich ein paar Tage später in der »Gradl-Wirtschaft« den Verlauf dieses seinerzeit fast sensationellen Prozesses zwischen Herrn und Frau Leobold und seine Hintergründe, die auch für den Fortgang meines Romans und seine psychologische Ausleuchtung von erheblicher Bedeutung sein sollten: Alfred Leobold hatte also bis vor zwei Jahren, damals noch als Abteilungsleiter auf dem Gardinensektor der Firma Meßmann in Seelburg, eine wunderschöne Frau gehabt (»Klasse-Büchs, ehrlich!«, wie Duschke es umriß), diese aber im Zuge eines sehr freien, ja ausschweifenden Nachtlebens so sehr von sich entfremdet, daß es schließlich irgendwie zur Scheidung gekommen war, obwohl schon zwei Töchter im Alter von sechs und neun Jahren dagewesen waren. Vom Zeitpunkt aber der Ehescheidung an hatte Leobold erst, immer nach Duschkes Angaben, seine eigentliche Liebe zu dieser »Drecksau« entdeckt, hatte sie wohl auch verschiedentlich zur Wiederverheiratung aufgefordert, aber, obgleich sich nun Leobold rührend (»rührend, rührend!« schrie Duschke hingebungsvoll) um die beiden Kinder gekümmert hatte, war nun diese Erika hart geblieben, so daß ihr wohl (flüsterte Duschke bedenklich) Alfred Leobold verschiedentlich aufgelauert und dies und jenes gedroht hatte. Die Frau war dann, berichtete Duschke und gab ein neues Weizenbier in Auftrag, in eine andere Wohnung und Wohngegend gezogen, und eines Tags war ihr vor dem Haus geparktes Personenauto von fremder Hand angezündet worden. Der Verdacht hatte sich naturgemäß gegen Alfred Leobold gerichtet, das ganze unerklärliche Geschehen war auf Anzeige der Gattin hin vor Gericht aufgerollt worden, und obgleich mehr als genug für die Täterschaft Leobolds gesprochen hatte, war dieser – in dubio pro reo – freigesprochen worden: weil er nämlich zur Tatzeit in der Gaststätte »Glückauf« gewesen sei und somit ein Alibi hatte. Nun konnte zwar vor Gericht nicht verschwiegen werden, daß Leobold gerade zur Tatzeit die »Glückauf«-Wirtschaft »kurz« verlassen hatte, und hier nun waren die Aussagen der Zeugen weit auseinandergegangen: Während der frühere Fußball-Amateurnationalspieler Rudolf Zeitler der Meinung war, es könnte vielleicht eine Viertelstunde gewesen sein, und außerdem erinnere er, Zeitler, sich, mit Leobold auf dem Klosett sogar eine Unterhaltung über die derzeitige Misere des FC Seelburg geführt zu haben, konnte die Wirtin, Bettl Baumann, nicht ausschließen, daß Herr Leobold vielleicht doch eine halbe Stunde weggewesen sei. So daß alles an einem seidenen Faden gehangen hatte, und allein die Aussage des gut beleumdeten ehemaligen Polizisten Otto Käsewitter Alfred Leobold seinerzeit vor den Gefängnismauern bewahrt hatte. Dieser Käsewitter hatte aber unter Eid bezeugt, daß Alfred Leobold höchstens fünf Minuten »draußen« gewesen sei, weil er, Käsewitter, nämlich genau so lange für ihn beim Kartenspielen »aufgehoben« habe, er sei, wie Käsewitter sogar gesagt haben soll, an diesem Abend »nur Brunzkarter« gewesen, – und jedenfalls in fünf Minuten konnte ja Alfred Leobold unmöglich in einen ganz anderen Seelburger Stadtteil gefahren sein und dabei auch noch ein Auto angezündet haben, so daß die Aussage des Gipfelstürmers Käsewitter Herrn Leobold aufs angenehmste entlastet und das gewünschte Alibi verschafft hatte.

Dies alles, wie gesagt, erfuhr ich erst Tage später aus dem Mund von Hans Duschke, der mir auch mit einem schon übertreibend listigen Grinsen zu verstehen gab, wen er, trotz Käsewitter, hier für den einwandfreien Täter hielt bzw. für den, der hier »Scheiße gebaut« hatte. Und frei herauslachend bestellte der tückische Greis von der Bedienung Uschi der Gradl-Wirtschaft »ein Zwetschgenwasser, Engel, aber bitte nicht zu pflaumig!« – –

Immerhin bildete Leobolds Bericht über die letzte Glanzleistung des Käsewitter den mir bisher angenehmsten Teil des Fests. Dessen Rest geriet leider wieder reichlich unübersichtlich. Hans Duschke, der nun schon seit fast einer Stunde ganz manierlich auf seinem Stuhl gesessen und nur ein paarmal leidenschaftlich mit seinem Hintern hin und her gewedelt war, sprang auf einmal auf, säbelte mit den Armen in die Luft, als ob er gleich Rumpelstilzchen sich selber zerreißen wolle, und brüllte glühend:

»Und ich schwöre dir, Adolf, wenn Strauß Bundeskanzler wird, ich schwöre dir, dann gehe ich hin, da geht Hans Duschke eigenhändig hin und schießt ihn eigenhändig tot. Der Strauß ist eine politische Sau, eine Sau ist das! Ehrlich!«

Duschke stand noch immer, röchelte wie asthmatisch und setzte sich dann wieder hin, fuchtelte aber nochmals drohend mit dem Zeigefinger. Gleichzeitig vollzog der bei Duschkes Rede mit verschränkten Armen trotzig vor sich hinstarrende Schreiner Wellner eine wohl abwehrende und Lächerlichkeit signalisierende Handbewegung:

»Ach was!«

»Was: Ach was? Adolf!«

»Der Strauß ist für mich … du hast ja keine …«

Der furiose Alte sprang erneut ein wenig hoch, ließ sich aber wieder zurückfallen und ballte statt dessen die Faust:

»Was? Ich frage dich. Was bist du? Eine Sau! Halt! Hans Duschke berichtigt sich. Du nicht! Der Strauß ist eine Sau!«

Sogar in der Ecke der Chemiestudenten wurde jetzt ein gewisses heiteres Interesse wach, und eine der Karins nahm ihre Hand von der schmalen Schulter Leber Heinis. Der Schreiner aber machte ebenso nervöse wie angewiderte Gesten des Zahlen- und Heimgehwollens und tupfte deshalb »Franz Gans« auf den Kopf.

»Ein Mörder!« fuhr Duschke bebend fort und wartete, außer Atem, die Wirkung seines Wortes ab. Ab jetzt machte der Schreiner den Eindruck, als ob er die größten Hoffnungen in seine Fäuste setzte:

»Weißt du, was du für mich bist? Für mich bist du blöd. Blöd bist du. Mörder? Blöd.« Der Schreiner, mindestens so erregt wie Duschke, zudem unsicher in der schwierigen Materie, auf die er sich da eingelassen hatte und die wohl seine Kräfte überstieg, nahm einen symbolischen Schluck Verachtung in sich auf. »Franz Gans« lächelte neutral, vielleicht leis schauernd, und trank dann ruhig gleichfalls vom Bier.

»Jawohl, ein Mörder, ein Mörder!« beharrte Hans Duschke mit noch immer tödlichem Feuer, »ein Mörder!« Vernehmlich klammerte er sich jetzt, wie an einen rettenden Halm, an sein eigenes Gewäsch: »In Deutschland gibt es pro Jahr 500000 oder wegen mir 18 000 Selbstmörder, ist ja scheißegal, die alle der Strauß auf dem Gewissen hat. Jawohl!«

»Wieso?« wunderte sich aufrichtig der Schreiner Wellner, »inwiefern?« Und er verlieh seinen holzgeschnitzten Gesichtszügen sorgsam den Ausdruck politischer Wachsamkeit.

»Weil, weil«, schwappte Duschkes Stimme mit brechender Kraft noch einmal über und verlor sich ins Rauchige, »weil der Strauß die Arbeitslosigkeit will, weil er die Rezion, die Rezession, die Rezion will, weil er alle Leute kaputtmacht, Hans Duschke weiß es, du Arsch! Adolf!«

Das Rauschen des Lebens auf dem Lande. Schnaps und noch immer Schweinebratensoße geisterten durch die brühwarme Luft. Ich wollte gerade dazu ansetzen, Duschkes verwegenen, wenn auch wohl nicht ganz dummen Gedankengang zu modifizieren, doch behend kam mir Alfred Leobold zuvor:

»Sie, Herr Duschke, geht in Ordnung, haben jetzt Sie vorgestern eigentlich die Lieferung nach Schwend fertig gemacht?«

»Ääh?«

»Die Lieferung nach Schwend.« In Leobold Stimme lag nun tatsächlich etwas wie graziöser Spott. »Zum Storg. Die 8 Meter 50. Sie, Herr Duschke, kommen S', trinken wir einen Schnaps an der Theke, gell!«

»Ah, Herr Leobold!« Wie erwachend und freudestrahlend flutete der Greis aus der politischen Dimension wieder ins Alltagsleben zurück, vielleicht auch beim Anblick Leobolds die Gefahr möglicher Arbeitslosigkeit vergessend. »Jawohl, Herr Leobold! Ehrlich!« Und fast innig führten sich die beiden Teppichhändler wechselseitig vom Tisch weg, und gleich drauf hörte ich wie aus raunender Ferne abermals und mehrfach jene drei klassischen Vokabeln, die ich vom ANO-Laden her schon so gut kannte und die mir während der nächsten 14 Monate so unerklärlich viel Freude bereiten sollten: »Prost, Herr Lääwool!«

Sehr schön. Und Zeit und Muße für mich, erneut und jetzt beinahe gelöst Susanne zu betrachten und zu studieren. Sehr sehr schön. Es mußte einfach gelingen.

Kurze Zeit später fand ich mich gleichfalls an der Theke der Blödt-Wirtschaft wieder. Hier erfuhr ich von Duschke und Leobold, daß der Name der Teppichfirma ANO von einem Augsburger namens Alfred Nock herrühre, dem nämlich eine ganze (»mußt dir vorstellen«, erläuterte Herr Leobold apart) Kette von ANO-Teppichläden in der gesamten Bundesrepublik gehöre, »bis rauf nach Fulda, o mei«, sagte Herr Leobold, irgendwie andächtig und abschätzig zugleich. Ich erinnere mich ganz genau, daß mir in diesem Augenblick sofort eingeleuchtet hatte, warum Alfred Nock ausgerechnet Alfred Leobold als Seelburger Vasall engagiert hatte. Die pure Namenssympathie! Solche Erstaunlichkeiten sind ja in unserem angeblich so durchrationalisierten Wirtschaftsgeschehen nicht außergewöhnlich, ja gewissermaßen die Würze, und sie widerlegen meiner Ansicht nach schlüssig das Schauermärchen vom unmenschlichen Unternehmer...

Später trat auch noch der Kaufmann Arthur Mogger zu unserer Thekengruppe, und genau im gleichen Augenblick saß auch bereits Schießlmüller bei Susanne, während Sabine überhaupt nicht mehr zu sehen war – und Mogger wandte sich sofort und mit schneidender Ernsthaftigkeit an Alfred Leobold: Das Geschäft mit den von ihm aufgekauften und renovierten »Bauernschränken für die Blödl aus Baden-Württemberg« laufe gegenwärtig so »exzellent, ehrlich, Alfred, ehrlich«, daß er mit dem Gedanken spiele, zusammen mit ihm, Leobold, alte (»Bauernseufzer nach El Salvador«, dachte ich in Sekundenbruchteilen träumerisch, aber nein:) Spinnräder und Webstühle aufzukaufen »für ins Ruhrgebiet«, nur müßte er, Mogger, dazu morgen (und an dieser Stelle des Satzes steckte sich Mogger grandios eine Virginia-Zigarre in Brand) das Telefon des ANO-Teppichladens benützen dürfen und ob er, Alfredl, ihm, Arthur, für eine Geschäftsreise seinen Opel Kapitän leihen könne, wenn er »die Ganoven da droben« besuche, »damit es besser ausschaut«.

»Sowieso, Arthur.« Plötzlich und eilig taperte Leobold von der Theke weg und kam mit Susanne und dem Fuhrunternehmer Schießlmüller wieder, geradezu strahlend. Die beiden sollten auch

»einen Schnaps noch mittrinken« oder Sekt, soviel sie möchten, »jederzeit«.

War es mir eigentlich vorbestimmt gewesen, daß ich einst meine Jus- und Musikstudien abbrechen mußte? Da ich ja doch eines Tages mit den Kaufleuten Leobold, Mogger und Schießlmüller an der ordinärsten Theke der Welt landen würde? Im Sog des universalen, vor nichts haltmachenden, tollwütigen Trinkzwangs?

Ich leugne es nicht, mir gefiel's.

Schießlmüller deutete wortlos auf ein Schnapsglas, anscheinend hatte ihn seine sinnlose Balz erschöpft, selbst das Lachen fiel dem schwitzenden Mann jetzt schwerer. Nicht ohne Ranküne zerrte ich ihn in ein Gespräch, fast souverän, wie ich mich wieder fühlte. Ein »prima Abend« sei das heute gewesen, zitierte ich wohl erstmals Alfred Leobold.

»Ja. Prima.« Schießlmüller dachte nach und schnitt eine kleine Grimasse des Ekels. Dann hatte er's: »Ich geh überall hin, wo was ist.«

Ich ließ ihn weiter zappeln.

»Wenn ich Durst hab, trink ich. Sicherlich.«

Deutlich versuchte er von seiner Einmischung in meine erotische Sphäre abzulenken. Sabine war noch immer nicht zu sehen.

»Sicherlich …« Erneut suchte er nach Worten.

Ich blieb hart. Dem Tölpel fiel partout nichts mehr ein. Selbst die wenigen Gedanken, die dieser dicke Schädel zu erzeugen vermochte, waren für heute zur Ruhe gelegt. Witterte das der Veranstalter?

Mit einer eleganten Körperwendung gesellte sich Alfred Leobold zu unserer Unterhaltung und erlöste den Fuhrmann:

»Alles in Ordnung, Willi? Was macht dann dein Ausfahrer, der Zebrowski Paul? Mensch, du schwitzt ja, Willi!«

Tatsächlich mußte sich Schießlmüller aufstützen. Nein, jammerte er stiernackig, es sei dies nur ein vorübergehender »Gehirnschwurbel«, das vergehe wieder, er lege sich nur ein wenig in sein Auto draußen, »das vergeht wieder, sicherlich«. Und noch während sich der Kranke aus dem Hause tastete, muß es den alten

Unhold Duschke erneut überkommen haben. Abermals, ein zweites Mal an diesem Tag, ließ er alle Schranken sausen – wie weggeblasen Strauß und Arbeitslosigkeit:

»Hör mal, du!« krähte er plötzlich Susanne, mit der er sich wohl schon ein Weilchen unterhalten hatte, an und patschte sie gegen ihr Ärmchen, »hör mal, du bist eine wunderbare Sau!«, und jetzt wurde sein Ton sogar ein wenig jaulend, »weißt du das eigentlich, daß du eine wunderbare Sau bist? Ich frage dich! Ehrlich!«

Hart trieb der Kopf in Richtung auf die Frau, der Körper Duschkes lagerte dabei irgendwie schief. Von der Seite her sah Herr Leobold zart und traurig an seinem Untergebenen vorbei, klug zog er es wohl vor, zu resignieren: Duschke hatte sich nun mal offensichtlich vorgenommen, heute seiner Alterswildheit freien Lauf zu lassen.

»Ich meine es gut«, der Ton des greisen Teppichmanns glitt noch mehr ins Weiche und Winselnde, hörbar versuchte er die Kurve ins Menschlich-Anmutige zurückzufinden: »Deine Schwester nicht so. Aber du bist eine wunderbare Büchs. Eine wunderbare Sau!«

Von der Sau kam er einfach nicht los. Sie fiel schlicht und psychologisch reizvoll vom Abendessen auf Franz Josef Strauß und von dort auf Susanne, die, jetzt sah ich es, gleich wie symbolisch nur ein winziges Stück von Duschke zurückwich, ein wenig erstaunt, aber kaum vorwurfsvoll lächelnd – während Duschke sich doch tatsächlich die Lippen leckte! Arthur Mogger, auch dies vielleicht nicht unwichtig, wirkte wie ein neugieriger, verständnisvoller Zuschauer.

»Ehrlich, du …« Duschke drohte erneut auszuholen.

Wenn mich nicht alles täuschte, befand ich mich hier immerhin in einer Art Beschützerrolle:

»Hör mal, Hans«, ich ging einen Schritt auf ihn zu und nahm wahr, wie Susanne geradezu enervierend ihr flaches Bäuchlein nach vorne schob, »du bist ja wohl nicht mehr ganz richtig, du kannst doch nicht fremde …«

Hier nickte auch Mogger. In der Ferne lachte eine Karin auf.

»Eine wunderbare Sau!« Jetzt rief es der Alte entschlossen, quasi definitiv. Blind sog er drei Schluck Bier in den grauen Kopf. Wieviele Stunden trank der Teppichgreis eigentlich schon vor sich hin?

»Hör mal, Hans«, hob ich erneut und schon etwas hoffnungslos an; ich versuchte mir sogar ein drohendes Aussehen zu geben: So gehe es doch einfach nicht, er, Duschke, glaube wohl, als alter Mann im Rausch genieße er die volle Narrenfreiheit, so aber hätte es Shakespeare sicher nicht gemeint usw. – aber Duschke hatte die Zügel längst wieder in der Hand:

»Moppel«, raunte er plötzlich mit der abgeschattet umflorten Stimme, wie sie nur unseren erhabensten Weisen zu Gebote steht, »Moppel«, und jetzt tastete er sogar mit seinen Fingern an meinen Puls und führte mich einen Schritt zur Seite, »wir sind gute Freunde. Du mußt verstehen – und die Büchs versteht mich«, deutete der Alte auf Susanne und tippte mit der anderen Hand sein Ohr, »du mußt verstehen, ich habe als alter Mann auch meine Probleme. Ah! Eine wunderbare Büchs-Sau. Ich habe Probleme«, flüsterte Duschke fast andachterheischend leise, »Probleme!« wiederholte er nun gellend, »verstehst du mich bitte!«

Blitzartig tätschelte er Susanne drei- viermal an der Schulter – das erstemal meines Wissens, daß einer es wagte! »Hah!« schnaubte er dann zufrieden durch, »der alte Duschke macht das schon.«

Was meinte er damit? Gleich darauf streunte Sabine in den Festsaal zurück, hinter ihr aber wackelte der große dicke Transportunternehmer her und wischte sich mit der Hand über die verschlafenen und verklebten Augen. Sabine steuerte sofort an meine Seite, gleich als ob sie genau wüßte, wohin sie letztlich doch gehöre. Auch der Transportunternehmer gesellte sich wieder zu uns und wußte wohl für den Augenblick nicht genau, wo er war. Er habe im Auto »ein Gesetzl« schlafen wollen, sabberte er und schüttelte den giftblonden Kopf, aber es sei nicht gegangen, »wegen dem Schwurbel im Kopf, im Hirn oder wo«. Sein vorher so entschlossener Blick auf die kleine Morlock war gebrochen, belästigte mich nicht länger.

»Arthur, Prost!« Das war Leobold, munter und kalmierend zugleich. Töricht, wie ich gelegentlich bin, fühlte ich jetzt einen Haufen von dämlicher Rührung auf mich einbranden. Über Hans Duschke, Sabine, Susanne und Alfred Leobold sowieso. O Gott, warum umhalste ich nicht gleich auch noch in einem Aufwasch den Kaufmann Mogger?

Ein großer Tag. Über allem lagerte gleichsam und noch immer die menschliche Wärme und Sonnigkeit Alfred Leobolds, die ich heute hatte kennenlernen dürfen, von der ich bereits bezaubert, wenn nicht verzaubert war. Welch ein Tag! Und dies mitten in der Woche, während alle Welt vor dem Fernseher darbte! ... Etwas anheimelnd Fettiges, Schweißiges auch fesselte diese heitere Gesellschaft zusammen, diese Kaufleute, diese hinreißend geschlechtsreifen Frauen, diese Chemiestudenten, welche letzteren mir schon von dieser ersten lockeren Begegnung her als eine besonders verhärmte und verquollene und dabei unheimlich ruhige Gattung in der Erinnerung haftenblieben, etwas faszinierend Beseligendes und zugleich auch Bedrohliches ging von dem allen aus ... Alles war so ambitionslos ... oder war ich nur kräftig betrunken?

Genug fürs erste! Ich machte den beiden Schwestern klar, daß ich nun nach Hause wollte. Alfred Leobold brachte hier erneut, wenngleich mit wohl auch schon schwindender Kraft, die »Eichenmühle« samt Ami-Lightshow ins Gespräch. Sabine, daran erinnere ich mich, jauchzte buchstäblich auf, und ich wäre wohl auf verlorenem Posten gestanden, hätte sich nicht Susanne vom Gravitationsreiz der Nacht gelöst und an meine Seite geschlagen – o Himmel, was für ein Metaphernsalat! Jedenfalls stand dann plötzlich ein Taxi bereit, offenbar hatte ich es selber bestellt. Mit letztem Einsatz kredenzte Alfred Leobold drei neue Piccolo-Sektchen, seine Abschiedsreverenz vor meiner Person und dem Schwesternanhang an diesem Tag. Ein Herr.

»Paß auf, Moppel«, hörte ich ihn halb im Traum sagen, »kommst morgen wieder zum ANO, da machen wir dann alles wegen dem Billardspielen in Köfering...«

»Geht in Ordnung, Alfred«, antwortete ich tadellos.

Im Hof der Gastwirtschaft lauerte das Taxi. Irgendwie war aber der Fahrer nun noch nicht da, sondern kurz in der Küche verschwunden. Wir mußten warten. Der Märznacht lindes Wellenschlagen trug zitterndes Grauen mit sich. Die beiden Schwestern davor zu beschützen, stellte ich mich malerisch zwischen sie. Fern bellte ein Hund auf, tatsächlich antwortete mit drei verwegenen Schlägen die Kirchuhr. Meine Heimat.

»Mensch, Arthur!« hörte man die Stimme Hans Duschkes aus dem offenen Pissoir-Fenster seitwärts jammern, »ihr habt immer die Büchsen. Und ich alter Mann hab nichts. Was?« Der Greis atmete rauh auf. Was Mogger antwortete, war nicht zu enträtseln.

»Arthur! Verstehst du mich bitte! Nichts. Chrrn. Gebt doch mir altem Mann auch mal was zum Ficken! Arthur!«

5

Im Geist eines noch jungen Mannes aus gutbürgerlicher Familie fällt die Vorstellung des im Marcuseschen Verstand befriedeten Lebens weitgehend mit der Vorstellung einer sinnvollen, nicht unbedingt revolutionären, aber doch gesellschaftlich nützlichen und fortschrittlichen Tätigkeit zusammen. Daran gebricht es mir bis heute, seit meine erhoffte juristische oder musikwissenschaftliche Karriere vernichtet wurde – die Zusammenhänge habe ich vorne angedeutet. Die Melodie meines Lebens, bis dahin ein wahres Mozart-Allegro, ist seither die der – nein, eben nicht so sehr der Langeweile, sondern vielmehr einer Verdrossenheit, einer Hypochondrie, besser: einer Idiosynkrasie, aber auch das stimmt nicht ganz im wissenschaftlichen Wortsinn. Hans Duschke bezeichnete es einmal nicht übel als das »Uuaaääh-Gefühl« (so etwa seine lautmalerische Darstellung) – ich möchte es an einem Beispiel erklären:

Ich meine, wenn ein Politiker, der Fraktionsführer Carstens, sich vor dem Bundestag dafür einsetzt, daß jetzt wieder öfter das Deutschlandlied gesungen wird, und er dann – wörtlich! – sagt, wir sollten »offen und geschlossen« zu den Brüdern in der DDR stehen; wenn andererseits ein Reporter bei der Fußballweltmeisterschaft rügt, das Spiel unserer Mannschaft sei »zu eng, zu weit«; wenn drittens ein Kindskopf wie die liedersingende Frohnatur Scheel plötzlich Bundespräsident wird; wenn all dies und ähnliches tagtäglich dick und feist auf uns einlärmt und einqualmt – dann kann ich nicht umhin, der These der Baader-Meinhof-Gruppe, dieser Staat weise eine »menschenvernichtende Tendenz« auf, gewisse Sympathien einzuräumen. Ich weiß, daß ich mich damit bereits heute straffällig mache, deshalb gehe ich lieber (ja, ich glaube, so kann man es sagen) zu den Weibern. »Trotzdem« gewissermaßen. Und zu Alfred Leobold natürlich. Bzw. ich ging. Ach, ich wollte, ich könnte es heute noch! Verloren, verloren, Annabel Lee...

Sicherlich überschattete schon damals, zu Zeiten der beiden Schwestern, dieser Zustand, diese, heideggerisch gesprochen, »Befindlichkeit«, mein Gemüt. Heute, mit fortgeschrittener, freilich nicht gereifter Erkenntnis, versuche ich dem mit einem Roman Herr zu werden, um so gleichzeitig der Gesellschaft zu nützlichen Diensten zu sein.

Wobei ich übrigens nicht einmal genau weiß, ob ich zur großen Prosa befähigt genug bin. Wie denn auch? 20 Jahre alt, habe ich zwar schon einmal mit einer Reihe, glücklicherweise unveröffentlicht gebliebener, Aphorismen und Maximen die Welt in Erstaunen versetzen wollen – und mein letztes größeres Werk war ein Aufsatz »Bürgerliche Rechtsgeschichte – pro und contra« für die Zeitschrift »Progressive Justiz«, der damals in Freiburger Kommilitonenkreisen recht beifällig aufgenommen worden war und nur leider nicht allzu viel Honorar abgeworfen hatte. Lediglich zum besseren Zeitvertreib habe ich in den letzten Jahren hin und wieder ein Gedicht gekritzelt, in der Art von Benn oder Montale, Dinge, die eigentlich einem Pennäler anstünden – aber was tut man nicht alles, die gräßlich dämmernden, nach Sinngebung lechzenden Stunden vor dem Fernsehapparat totzuschlagen? Zumal ich ja auch damals Hans Duschke kaum und Alfred Leobold überhaupt nicht kannte und die Gelegenheit sich ja leider nicht jeden Tag bietet, hinter den Röcken herzuhetzen. Ach was – »Röcken«! In dieser hoffnungslosen Bluejeans-Ära! Natürlich sind sie hübsch, diese himmelblauen Fetzen der Unruhe und der unaufhörlichen Einladung, und wenn ich ins Eiscafé gehe, trage ich alter Kasper ja meist selber eine. Aber ich habe guten Grund zu der Annahme, daß diese Bluejeans und niemand anderer wenn nicht die Hauptursache, so doch der zentrale symbolische Ausdruck unserer Zeit sind, ihrer Tendenz zu Konformismus und Nivellierung und der Bankrotterklärung jeden tieferen Lebensgehalts überhaupt und darüber hinaus! In Frankreich ist jetzt mit dem »Gesetz vom 31.12.75 – den Gebrauch der französischen Sprache betreffend« der Versuch unternommen worden, dem Unwesen wenigstens sprachlich beizukommen – ob die so erzwungene Umwandlung von Bluejeans zu »bleus pantalons« geeignet ist, das Übel an der Wurzel zu bekämpfen, wage ich freilich sehr zu bezweifeln. Bluejeans! Schon diese unwägbaren Doppelvokale, die den Teufel gesehen haben!

Gewiß, sie greifen sich, vor allem an jungen Schenkeln, nicht übel, ja sogar irgendwie hedonistisch an – aber wie klingt das schon: »hinter den Bluejeans herhetzen«? Oder »sich hinter den Bluejeans der Mutter verstecken«? Kein Vergleich zu den guten alte Röcken! Es fehlt doch einfach das Rauschende, das Nachtfalterhafte, Vibratorische…

O Gott! Doch was soll's? Frischer Mut gehört einfach dazu und frisches, unverbrauchtes episches Blut! Möge also mein Roman vorwärtsstürmen. In diesem Zusammenhang: heute vormittag habe ich die reizende Witwe Christine Strunz-Zitzelsberger wiedergesehen, übrigens in einem kessen karierten Glockenröckchen, und sie ließ sich auch gern ins »Eduscho« zu einem Täßchen Kaffee einladen und fragte doch auch tatsächlich (ich bin richtig zusammengeschauert) nach dem Fortschreiten und Gelingen des Romanprojekts. Ich erwiderte möglichst kühl und professionell abgeklärt, ich sei gestern auf S. 35 angelangt, es laufe alles planmäßig, es gebe nur noch hin und wieder »kleine Probleme der

Form und der Erzählerebene«, jawohl, genau diesen imposanten Stumpfsinn, wie aus dem Kulturteil der »Süddeutschen Zeitung«, gaukelte ich der aufhorchenden Witwe vor. Und daß mir die Position des Erzählers noch nicht ganz transparent sei, habe ich mit langem Blick ins Leere ergänzt, und das stimmt ja, jetzt, wo ich dasitze, kann ich es bestätigen, sogar. Die liebliche Witwe hat mich daraufhin kurz getröstet, ja einmal sogar, wie unabsichtlich, über die Hand gestreichelt – ich bin nicht sicher, ob ich dabei die wünschenswert dichterische Haltung bewahrt habe. Und schließlich hat mich die blaublinzende Witwe mehr oder weniger dazu eingeladen, mit ihr am Wochenende ein Starkbierfest zu besuchen, es seien dort auch einige von ihrer Clique – der alte Wassersportkreis des verstorbenen Gatten – mit dabei (das dämpfte meine Begeisterung natürlich ein wenig), und ich solle übermorgen, Freitag, vorher bei ihr anrufen. Ihre neue Nummer sei...

Da hatten wir es wieder! Diese reizend-lockere Unbeschwertheit, diese emanzipatorische Selbstverständlichkeit, mit der unsere jungen Witwen die Telefonnummern herausrücken! Geradezu elektrisierend! Und mit welcher Kühnheit, frei von jeglicher falschen Scham und kleinbürgerlichen Ideologie, gerade die graziösesten Frauen sich vom Zwang des Kaffeehauses freimachen und zu Bockbierfesten marschieren! Ich kann nur sagen: wunderbar!

Sabine dagegen, so scheint mir im nachhinein, war schon mit 18 Jahren allzusehr dem würdigen und zivilisierten Kaffeehausleben entfremdet, sicherlich lag das auch an ihrer eher wäldlerischen Herkunft, – jedenfalls erwischte ich sie im Fasching einmal in einem sogenannten »Ritterkeller«, unangemessen aufgekratzt und in einem Kreis von einem Dutzend mächtig junger Leute, die mir alle nicht den besten Eindruck machten, und einer davon war sogar betrunken, wie mir schien. Sabine verteidigte sich dann halbwegs geschickt, dies sei eine Betriebsfeier wegen einer Beförderung in der Kostümabteilung ihrer Firma, und all dies seien Kollegen, von denen sie weiter nichts wolle – sagte sie, verdächtig überflüssig, und erklärte, noch verdächtiger, wie mir heute scheint, sich überaus schnell bereit, den von Stumpfsinn geradezu unappetitlich überschwemmten Kollegenkreis zu verlassen und mir schleunigst in mein Gartenhaus zu folgen. Dort wanderten meine Gedanken um Susanne.

Wann würde sie mir zufallen? Irgendwie vertraute ich damals, so glaube ich mich zu entsinnen, einfach dem schwesterlichen Magnetismus, der gruppendynamischen Magie oder wie man dergleichen nennen soll, irgend so einer Variante der Volksweisheit, daß der Weg zum Herzen der Tochter über die Mutter führt. Bzw. umgekehrt oder was immer – jedenfalls, der erste reale Fortschritt in Richtung auf die schöne Schwester gelang ein paar Tage später anläßlich einer samstagnachmittäglichen Spazierfahrt, zu der Sabine – eigenartig genug – schon wieder wie selbstverständlich Susanne mitanschleppte, ein durchaus gemischtes Vergnügen, denn nun hatte ich sie zwar präsent, aber letztendlich doch keine von beiden Schwestern zur Verfügung! Immerhin, das Glück fügte es, daß Susanne gerade die ersten Stunden im Führerscheinkurs hinter sich hatte und meiner Einladung, auf einem stillen Waldweg doch ein bißchen zu trainieren, geradezu enthusiasmiert nachkam.

»Prima!« Nahezu Seligkeit schimmerte über ihre braunen Wangen, und der Mund stand flackernd offen, als der Gashebel nachgab. Los! Die Sache wurde dann zwar äußerst prekär, weil Susanne – Sabine schüttelte sich hinten vor sinnlosem Vergnügen – wie geisteskrank durch den Wald rauschte, – aber wie wunderbar fügte sich dieser Mimi die Musetten- oder Grisettentollheit, wie freiheitlich unbeschwert von überschüssigem Intellekt waren diese Jugendlichen heutzutage! Wie lieblich schaukelte unterm Pulli diese neckische Andeutung einer Brust hin und her!

Ich mußte als erfahrener Beifahrer auch ein paarmal eingreifen und nutzte behutsam die Chance, bei besonders taumeligen Gefahrenpunkten das schöne Kind da und dort an der Hüfte zu betappen – den unter diesmal ockerfarbenen Jeans strotzenden Schenkel verbot mir die gute Erziehung. Sabine im Heckteil freute sich gluckernd mit. Ja, sah sie denn nicht, was ihr Freier da Tastendes veranstaltete? Am Abend, als ich sie liebte, umgaukelte mich das befriedigende sichere Gefühl, der Schwester endlich einen Schritt nähergekommen zu sein. Der Herr Verlobte aus dem Allgäu würde sich vorsehen müssen vor meinen Alterstricks!

»Die lange Wimper hüllte sich über große Augen«, heißt es in Stifters empfindsamer Erklärung »Zwei Schwestern« an entscheidender Stelle, »in welchen wirklich, wie in einem Spiegel, Schwärmerei, wo nicht gar Schwermut und Leiden lag« (Ich lese diese Stelle, auf die ich im Zuge meiner Roman-Veredlungen gestoßen bin, gerade nach). »Maria hatte dieselben Wangen und aus denselben großen spiegelnden Augen, wie sie Camilla hatte, sah der Glanz der Ruhe oder der der Zufriedenheit und Ehrlichkeit.«

Naja, ganz so stifterisch-vornehm ging es bei mir nicht gerade zu, aber ich konnte auch ehrlich zufrieden sein und machte noch ein paar Dias der beiden unter einem Feldkruzifix. O Tücke der abermaligen und ungeahnten Symbolik! Die beiden Schwestern ahnten auch nichts, sondern strahlten und kicherten. Doppelte Jugendanmut, die ich jetzt wieder neugierig aus meiner Fotokiste klaube und anhimmle…

Allerdings, ich muß es gestehen – wie soll ich mich ausdrücken? – es ist ja auch schwer zu erklären –, zu diesem Zeitpunkt schien mir Sabine als Gefährtin schon irgendwie unentbehrlich, d. h. ich hätte nimmermehr auf sie verzichten mögen, auch dann nicht, wenn Susanne sich stante pede bereit erklärt hätte, für sie einzuspringen. Zugespitzt gesagt, ich hatte zu dieser Zeit – und, ich ahne fast, auch vorher schon – überhaupt kein oder jedenfalls kaum ein körperliches Verlangen nach dieser hehren Frau, noch verschärfter gesagt: ich wollte sie gewissermaßen »vorerst« aus Prestigegründen besitzen, zum Nachweis dessen wohl auch hin und wieder mit ihr schlafen – im wesentlichen aber über Sabine und nur Sabine weiter verfügen dürfen. Mit Susanne hatte ich irgend etwas Dunkles, Exponiertes, Zauberhaftes vor – was, das entzieht sich bis heute meiner Kenntnis. Ganz allgemein, und obgleich es in dieser Allgemeinheit auch wieder nicht ganz wahr ist: Ich wollte sie beide – wie auch immer das hätte praktisch aussehen sollen, weiß der Teufel. So etwas Affiges! Wenn ich es heute, hoffentlich gereift, bedenke, kommen mir solche achtklassigen abgestandenen Don-Juanismen wahrhaft unter meinem Anspruch und unverständlich vor, aber ich habe das sichere Gefühl, daß die Witwe Strunz-Zitzelsberger gerade an der Lektüre solcher Leckerbissen und archetypischer Konflikte interessiert ist, und darum geht es ja letztlich.

6

Zunächst aber erlitt ich bei Sabine einen Rückschlag, keinen sexuellen, jedenfalls keinen unmittelbar sexuellen, aber doch einen unleugbar intellektuell-psychologischen. Es war da plötzlich eine gleichfalls 18jährige Schulfreundin namens – unglaublich! – schon wieder Karin aufgetaucht, in Seelburg ihre Eltern zu suchen und dann zu besuchen oder jedenfalls etwas derartiges Undurchschaubares – und diese in jeder Hinsicht ziemlich reizlose Karin hatte nun für einen wertvollen Samstagnachmittag Sabine für sich in Beschlag genommen, während mir eigentlich an einer Geist und Sinn erfrischenden Spazierfahrt gelegen war, allzu einfallsreich war ich zu dieser Zeit wohl auch nicht.

Um mich nicht zu vergrätzen, kam Sabine auf die glänzende Idee, mich mit ins Elternhaus und Zimmer dieser wertlosen Freundin zu verschleppen. Heute darf ich sagen, ich habe noch nie und auch seither nie mehr so etwas erlebt, wie diese beiden jungen Damen, die gerade das Wahlalter erreicht hatten, ohne Unterlaß, wahllos, völlig widerstandslos, glühend, ja geradezu sengend am hellen Nachmittag Schnaps in sich hineinschmetterten, – und ich, der alte Rechtswissenschaftler, saß wehrlos und ohne jede Autorität dazwischen und mußte auch mittrinken! Und dabei waren die zwei in einem Grade aufgeregt, daß sie keine zwei Minuten ruhig sitzen konnten, ja jene unsägliche Karin, das beobachtete ich genau, sprang vom Sofa hoch, einfach, um sich im nächsten Moment wieder niederplumpsen zu lassen. Das Schnapszeug auf dem elterlichen Wohnzimmertisch – Whisky, sogenannter Bärwurz-Gesundheitsschnaps und irgend etwas himbeerig Süßes – diente dabei meiner Analyse nach sowohl der Bekämpfung als auch der gleichzeitigen Anfeuerung der herrschenden Aufgeregtheit, deren zentrale Ursache ich lange Zeit nicht begriff, bevor sie mir, der ich nun gleichfalls schon etwas dämmrig im Kopf geworden war, auf den übrigens mit einem lila Deckchen geschmückten Tisch plaziert wurde. Nämlich das Foto eines schnauzbärtigen jungen Mannes, der eine entfernte Ähnlichkeit mit dem Schwimmer Mark Spitz hatte, und dieser Schnösel wurde mir nun also breit und laut und im Duett als ein junger Metzger erläutert, den jene Karin wohl am vergangenen Wochenende in Nürnberg kennengelernt hatte, und nun galt es also zu entscheiden, ob sie ihm ein weiteres Rendezvous gewähren sollte usw. bzw. ihre Entscheidung war, das bewies ihre geradezu wahnwitzige Aufgeregtheit, längst getroffen, die Gans wollte wohl nur durch Sabine (und am Rande vielleicht auch noch durch mich) nochmals goutieren und sich beglückwünschen lassen oder so etwas – jedenfalls, draußen funkelte die schönste Aprilsonne, Frühlingslaszivität zitterte in allen Fluren und Zweigen, und wir, die junge Generation, taumelten hier herum und tranken das blanke Gift in uns hinein! Was aber meine Wut noch zur Hoffnungslosigkeit hochtrieb, war, daß auch Sabine, vom Schnaps anmutig gerötet, an diesem lächerlichen Jung-Metzger offensichtlich weit größeren Anteil nahm als an mir; so daß ich es schließlich zur Entscheidung kommen ließ: Ich ginge jetzt, stellte ich sie auf die Probe, ob sie mitkommen wolle. Und siehe, sie blieb. Drängte mir noch quasi verzeihungerheischend einen Himbeerschnaps auf und tätschelte mir beim Abgang wie einem Großvater auf dem Bäuchlein herum.

Die erste glatte Niederlage. –

Vor ein paar Tagen habe ich, die eigene Produktion anzuregen, wieder einmal im geliebten alten Tschechow gelesen – diese Russen sind ja doch die tollsten! – und ich bin dabei auch auf eine Stelle gestoßen, die mir zu denken gab, gerade auch im Hinblick auf mein eigenes Schaffen. Ein alter Professor, fragil wie nur eine Tschechow-Figur, läßt sich nämlich darüber aus, »daß in den neuen Werken der schönen Literatur die Helden viel zuviel Schnaps trinken, die Heldinnen dagegen leider nicht genügend keusch sind«.

Wenn es das nur wäre! Anscheinend besteht der ganze Fortschritt seit Tschechow darin, daß die Heldinnen, und besonders
die allerjüngsten, jetzt auch noch wie unter dem Bann von Geistes-
abwesenheit dem Schnaps zusprechen, um dann ihre Metzger
besser betrachten zu können, ja vielleicht sogar aus unbewußtem
Willen zu noch mehr Unkeuschheit!

Man sollte das einmal genauer erforschen, weiß Gott! – Wie
recht allerdings Tschechow und sein Professor mit ihrer ersten
Analyse, über die Helden, hatten, das erfuhr ich noch in der gleichen Stunde, als ich von Sabine und ihrer unsäglichen Freundin
davonstürzte. Ausgelaugt und aufgepeitscht von der eigenen Hilflosigkeit einem 18jährigen Fratz gegenüber, unfähig, nach Hause
zu gehen, schlich ich mich in eine Restauration mit Namen »Seelburger Hof«, übrigens eine Lokalität von einer recht merkwürdigen, wenn man genauer hinsah doch zwielichtigen, unglaubwürdigen Vornehmheit, in der auch bereits mein langjähriger guter
Bekannter Oskar Zirngiebl, ein 42jähriger Bonvivant, beim sams-
täglichen Sportschau-Fernsehen in einem eigenen kleinen Fernseh-Abteil hockte und andächtig auf die bunten Bilder vor sich
sah. Außerdem sahen die beiden halbwüchsigen Wirts-Söhne zu,
die praktisch seit ihrer Kindheit überhaupt nichts anderes taten als
fernsehen.

»Höhö, Moppel?« lachte Zirngiebl breit, geheimnisvoll und
zutraulich, war aber ganz augenscheinlich dem Fußball momentan
nicht zu entreißen.

Nebenan im sogenannten Bräustüberl befanden sich nur vier
Menschen. Ein älterer Herr, der dem Kardinal Frings sehr ähnlich
sah und einen fast distinguierten, vornehmen Eindruck gemacht
hätte, wenn er statt einem prallvollen Literkrug Bier nur einen
Halbeliterkrug vor sich stehen gehabt hätte – ferner aber vereint
an einem Tisch: der alte verfallene Hausknecht Menzel, ein offenbar fremder, gleichfalls älterer Herr mit dem Air eines unnachgiebigen Altersheimwärters, als dritter aber der bereits einmal
erwähnte »Teufel« Giesbert Lattern, jener erotisch so wahllos
operierende Kerzenhändler, dessen kahle hohe Stirn jetzt wunder-

bar im hereinfallenden Nachmittagslicht fluoreszierte – der Friede aber trog, vielmehr teufelte jener Lattern gerade so inständig, ja brünstig auf den vermutlichen Altersheimwärter ein, daß ich mich betont distanziert an den Nachbartisch setzte und scheinbar unberührt in einer Illustrierten blätterte.

Dieses demonstrative Abrücken brachte nun freilich den Kerzenmenschen völlig aus dem Häuschen: »Du bist ja ein ganz ganz blöder Sauhund, du!« fiel er über mich her und sprang, den beabsichtigten Schock zu verstärken, auf. »Ich sage dir in aller Ernst und Würze, du...«

Ich war zwar nun zweifellos von meinem Sabine-Erlebnis her noch recht maladig, aber diesen Herrn würde ich schon noch parieren können.

»Halt dein Maul, du blödganzganze Sausau, dich!« antwortete ich kühl lächelnd und registrierte erstaunt, daß noch im gleichen Augenblick der fast körperliche Druck der Enttäuschung über Sabine ein wenig zu weichen begann.

»Dududu, ganzganz...!« kreischte Lattern und brach für einen Augenblick buchstäblich über der Resopalplatte des Tisches zusammen, das Gesicht in die Hände vergrabend. Braune kleine Schnapspfützen umlagerten das Idyll.

»Maulmaulmaul!« Ich wurde richtig frech. Das war doch Leben! Der Sabine-Krampf verflog. Unglaublich!

Jetzt hob Lattern wieder den Kopf, richtete ihn grimmig gegen mich und starrte mich blöde an. Gekonnt lächelte ich zurück. Lattern überlegte. Dann kapitulierte er fürs erste und verzog den irgendwie verklebten Mund zu einem breiten, brüderlichen Grinsen, hinter dem freilich, einem Kenner wie mir unübersehbar, Niedertracht lauerte. Dachte erneut nach und wechselte dann die Strategie: »Toni, einen doppelten Sechsämter! Nein, halt, Toni! Einen dreifachen Sechsämter! Einen dreifachen Sechsämter, Toni, alter Hühnermauser, gell, dreifach!«

»Dreifacher Sechsämter«, murmelte der steinalte Ober Anton, der gerade an seinem Kellnertischchen ein wenig gedämmert oder phantasiert hatte, und verschwand.

Lattern, Arme verschränkt, Oberkörper gleichsam einsatzbereit gekrümmt, ließ die satanischen Augen rollen, suchte neue Wirkungsziele. Da hatte er's schon: »Und das gilt auch für dich, Menzel! Menzel!«

Verständnisinnig lächelte mich der völlig verlumpte, stoppelbärtige Hausknecht Menzel an, als wolle er sich von seinem Tischgesellen distanzieren und mich gleichzeitig auf dessen Reize aufmerksam machen, und paffte an seinem Zigarettchen, indessen der Vertreter des Altersheims, kühlen Kopfs und vollkommen ausdruckslosen Gesichts, gegen die Wand des »Seelburger Hofs« starrte, die u. a. mit einer Imitation von Rembrandts Mann mit dem Goldhut dekoriert war. Dann nahm er einen Schluck schalen Biers.

Der Ober Anton, ein eisgraues Männlein von unleugbarer Heruntergekommenheit, auffallend durch eine schwarze Fliege, ein weißes Jackett und einen weit durchhängenden Hosenboden, geadelt dennoch durch eine gewisse Ähnlichkeit mit Münchens Polizeipräsident Schreiber und Vittorio de Sica zugleich, wackelte nun den dreifachen Sechsämter an, nicht ohne einen kleinen Teil zu verschütten. »So, Amigo, da!« Und schlich zurück zu seinem Kellnertischchen und bohrte kalt in der Nase, fernhin sinnend. Anton, der einst als Eisbär bei Volksfesten seinen Mann gestanden hatte, galt im »Seelburger Hof« vor allem als Meister der Kunst des Verhörens. Als seine besten Leistungen auf diesem Gebiet wurden die Falschbedienungen »Asbach« statt »Hackbraten«, »Leberkäse mit Ei« statt »Libella«, »Tee mit Rum« statt »ein Bier, aber erst in zehn Minuten« und vor allem »Karpfen« statt »Kaffee« kolportiert, und gerade der letzte Lapsus Antons hatte seinerzeit viel Staub aufgewirbelt, und der durch den Karpfen geschädigte Gast, ein Vertreter, hatte vier Wochen lang im Zorn das Lokal nicht mehr betreten.

Um so verwunderlicher, daß Anton die Bestellung Latterns »Dreifacher Sechsämter« ohne Rückfrage sofort und richtig ausgeführt hatte. Dreifacher Sechsämter! So etwas hatte es meines Wissens in Seelburg noch nicht gegeben, auch Herr Leobold, soweit ich ihn bis dato kannte, hatte sich immer mit »einem« oder »einem doppelten« beschieden. Auf den Gedanken mußte erst einmal einer kommen! Und tatsächlich verfehlte der Dreifache seine Wirkung nicht. Lattern, der ihn in einem Zug verzehrt hatte, erhob sich erneut von der Bank, blickte der Reihe nach den Altersheimler, Menzel und mich etwas entfernt Sitzenden ernst und durchdringend an, als ob er uns dreien als Feldherr den nächsten Schlachtplan einrichtern wolle, dann flatterte er mit den in einen marineblauen Pullover eingekleideten Ärmchen, einem Engelchen gleich, das sich verabschieden und emporschwingen möchte, sagte kurz und beschwörend »Hou hou hou«, dachte nach, lächelte uns verschämt an, setzte sich erneut und ratlos, griff an den Kopf, dachte nochmals, verzog dann den Mund zum breitesten und abscheulichsten Grinsen und begann:

»Es ist alles so wundersam, ehrlich, wundersam und wundersam – stimmt's, Menzel? – wundersam!«, und Latterns Antlitz schimmerte fast verklärt, und einzelne Haarbüschel sträubten sich gleich betenden Händen verzweifelt in die Höhe und jedenfalls irgendwie vom Kopf weg – – und nun begab sich Lattern zu dem unsicher abwehrenden Ober Anton ans Kellnertischchen, streichelte ihn übers flott geschwungene Silberhaar und sagte, es werde hier in diesem Lokal »alles noch wundersamer und ich möchte sagen überirdischer«, wenn er, Anton, sich »jetzt sofort in den Arsch treten« lasse, er, Anton, gluckste Lattern beinahe orgiastisch, kriege auch 10 Mark dafür – und hier begann sich in des greisen Kellners soignierter Miene Aufmerksamkeit abzuzeichnen: »Zehn Mark? Zeigen.«

Schon hatte Giesbert Lattern einen Zehnmarkschein aus seiner Hosentasche gerissen und hielt ihn dem Opfer unter die Nase: »Da! Da!«

Anton warf einen prüfenden und verlangenden Blick auf den fahlblauen Schein, verfertigte mit einer halbkreisförmigen Armbewegung die Gebärde widerwilligen Einverständnisses und stellte sich zum Tritt bereit. »Na?« beugte er das Haupt zurück, als Lattern nicht gleich zuschlug.

»Sofort!« rief Lattern, holte tatsächlich aus, trat Anton in den schwarzen und trotz nach vorn gebückter Haltung noch immer herunterhängenden Hintern und fiel anschließlich, bedingt durch den Rückpralleffekt, um.

Der greise Ober beugte sich über den Täter, sagte »so, jetzt her damit!«, nahm, in der andern Hand schon wieder das Getränketablett pendelnd, Lattern noch am Boden den Zehnmarkschein aus der Hand und schob ihn in die blütenweiße Jackettasche. Lattern erhob sich langsam, sah sich verwundert um, hatte anscheinend das Vorgefallene schon fast wieder vergessen, sagte aus Verlegenheit »hou hou hou« und setzte sich artig zurück an seinen Platz. Der Hausknecht Menzel nahm gelassen einen winzigen Schluck Bier, der Altersheimwärter hatte, wie ich zu wissen meine, das Ereignis überhaupt nicht registriert und knabberte sorglos eine Zigarre an.

Ich blätterte wieder in meiner Zeitschrift herum. Zauber des vergehenden Tags. Aus der Fernsehkammer heraus hörte man jetzt Oskar Zirngiebl leidenschaftlich auflachen. Anscheinend war ein besonders drolliges Tor gefallen. Sabine, die dumme Nuß! Überall trank man heute nachmittag Schnaps. Wo trieb sich eigentlich Susanne rum? War diese Kuh – erstmals seit meiner Überwachung! – zum Verlobten ins Allgäu gereist? Zum Schnapstrinken? Wann würde dieses elende Nachkriegs-Wirtschaftswundersystem donnernd zusammenkrachen und 60 Millionen Imbezille unter sich begraben? Was trieb eigentlich Alfred Leobold an Samstagnachmittagen fern von ANO? Sollte ich mich auch an Wochenenden mehr mit ihm, dem distinguierten Kaufmann, zusammentun? Hätte ich Lattern zusammenschlagen sollen, als er für Geld den Proleten Anton in den Hintern trat?

»Merk dir das, junger Mensch!« hörte ich am Nebentisch jetzt Giesbert Lattern sozusagen hautnah auf den etwa 55jährigen Altersheimaufpasser plötzlich und ohne jede Ouvertüre einknistern, »merk dir das, junger Mensch, ich bin der Marquis von Challot, und ich hab nicht nötig, daß ich dich mit so blödsinnigen Leuten auseinandersetze. Ich werde den Minister Jaumann festnageln

wegen dem Donau-Main-Kanal. Das Abendland, halt!, das Alt-
mühltal wird mir nicht dargebracht. Da werd ich Marquis zum
Partisan. Ich schieße aus jeder Situation. Das ist wichtiger als alle
Liebelei und Mauserei. Ich lasse mir die Täler nicht entnerven!«

»Dann wirst du erschossen«, konterte der Altersheim-Mensch
leidenschaftslos. Offenbar vertrat er hier die Interessen des Wirt-
schaftsministeriums.

»So dumm bist *du!*« brüllte Lattern, »ich ändere die Geschichte
nach meinem Bild und Gleichnisse!« Lattern war, wie mir jetzt
erst klar wird, früher einmal Pfadfinder.

»Diplomatie mußt du machen«, sagte der Ministerialbeamte.

»Der Minister«, Lattern variierte den Tonfall ins mehr Boh-
rende, »der Minister ist so fest in meinem Fadenkreuz wie das
Altmühltal, und der Streibl wird jetzt erschossen.« Hier verwechselte Lattern offenbar die Ressorts.

»So.« Der Ober Anton schob Lattern einen neuen, diesmal ein-
fachen Sechsämter hin.

»Aber wie verhalten sich die NATO-Partner, das ist die Frage?«
fuhr der Ministerielle überraschend fort. Doch Lattern hatte aufgepaßt:

»Das ist nicht die Frage, sondern die Situation. Ullah lach mi
al hadal!«, so änderte er die Taktik – ich hoffe, ich habe die
Wörtchen, die wohl arabisch sein sollten, halbwegs richtig geschrieben.

Darauf gab der Alte vorerst klein bei und schwieg, Menzel aber
bestellte ein neues Bier, als Hausknecht hatte er, wie ich wußte,
fünf Liter pro Tag gratis. Zwei Minuten später fand Lattern die
Kraft zu einem wohl als Bilanz gedachten Schlußsatz: »Sieh dich
vor!« rief er und bohrte seinen Blick in den Widersacher, »meine
Situation besteht darin, die allgemeine Situation, die heute auf
dem Markt herrscht, auszunutzen! Jawohl!« schrie Lattern. Die
nächsten Minuten starrten die Herren erschöpft vor sich in.

Vorsichtig brach ich auf. Mich verlangte nach einem Bad oder
zumindest einem Bett. Beim Hinausgehen holten mich noch ein
paar Kläffer Latterns ein:

»Hau doch du nicht so aufs Blech!« schrie er mir tapfer nach, »mit deiner Gans da, mit deiner After-Gattin, mit dieser staatsmännischen Hinterrückigkeit. Deine Situation …«

Gemeint war vermutlich Sabine. Meine Situation war damals gar nicht so schlecht.

7

Meine Situation war damals, wenn ich es heute, an meinem Schreibtisch, eingepfercht in hektischen Zigarettenqualm, überdenke, eine durchaus vage, schon leicht verrottete. Meine doppelte Schwesternliebe nahm in dieser Zeit einen Verlauf ins leicht Schematische und befriedigte insofern jene gutbürgerlichen Instinkte in mir, die nun einmal jedem Menschen eingegraben sind: das Doppelverlangen nach dem Ideal und der Geborgenheit. Naja, ganz so war es damals auch wieder nicht, sondern irgendwie war mir schon alles gleich, auch das Ideal, und die Geborgenheit paßte mir schon gleich zweimal nicht, vielleicht fühlte ich mich damals schon am stärksten zu einem Dritten, Höheren, Dialektischen hingezogen, mit einem Wort zum ANO-Teppichladen, um Herrn Leobold zuzuschauen … aber zurück zu den Schwestern.

Während der Woche – Susanne trieb sich da kurzzeitig bei einer Art Kurs im Allgäu herum – suchte ich Trost, Zuspruch und die kleinen albernen Freuden bei Sabine, die Samstage und Sonntage aber wurden von der älteren Försterstochter beherrscht, deren dunkle Glut, deren schönes, ebenmäßiges, glanzumflossenes, wenn auch neuerdings ein wenig heftig bemaltes Gesicht eine Verheißung von ungeahnter Wollust, das Feuer und den Rausch des sengenden Südens, il mio solo pensiero – – ach Gott, was rede ich da! Beim Schreiben, registriere ich, trügen abgründig die Gefühle. Diese Zeilen schreibe ich fast in Emphase und weiß gar nicht genau, ob das wirklich gerade damals so toll war. Ein andermal formuliere ich kühl und besonnen – und wie litt ich in Wirklichkeit!

Aber wahrscheinlich habe ich vor einer Stunde einfach zu viel italienischen Burkhof-Kaffee in mich hineingefeuert …

Immerhin: Etwas wie die Vision einer besseren Welt, eines geadelten Daseins, eines mit Max Horkheimer zu reden »Anderen« war es, was die ältere Morlock nicht nur über mich ersten Anwärter, sondern, uneingestanden, damals wohl schon über unsere gesamte trostlose Gesellschaft verströmte, sofern man bei dieser Rabaukenbande überhaupt noch den soziologisch sowieso umstrittenen Begriff der Gesellschaft verwenden darf.

Den Herrn Verlobten glaubte ich Susanne übrigens damals schon nicht mehr recht. Ahnung flüsterte mir ein, daß dieser Herr nur ein Vorwand sei, in uns gewöhnlichen Herren noch mehr Feuer zu entfachen, und irgendwo hatte ich damit, wie sich bald zeigen sollte, leider recht.

Indessen, sehr wohlwollend geurteilt, Sabine neben ihr sich sozusagen wie Zerlina ausnahm, neben ihr, weniger Helena als Blanziflor, obgleich ich mir im Moment von Blanziflor gar kein genaues Bild machen kann, sie, an die sich, nach meiner Beobachtung, noch immer keiner unserer Herren herangewagt hatte, trotz allerlei erster und lächerlicher Tastversuche von seiten dieses Zigeunerpacks, wie ich zu wissen meine.

Aber, wie gesagt, auch ich hielt immer noch Abstand, vorwiegend aus Delikatesse, in zweiter Linie aus Angst, drittens aber vielleicht sogar aus etwas wie Trotz gegen mich selbst. War es gar eine freiwillige Askese?

Sabine: Wenn ich aufrichtig bin, es war nicht mehr als plattes Sexualgeplänkel, was wir seinerzeit veranstalteten. Etwas Würgendes lag in der Luft, etwas der Mutlosigkeit jedenfalls Verwandtes. Eines Tages entschloß ich mich zu einem kleinen Test (oder wie immer man das traurige Spektakel bezeichnen will, das ich da hervorzauberte). Ich spielte Sabine das Beethoven-Violinkonzert vor, den ersten Satz. Er war ihr gänzlich unbekannt. Sie sollte, bat ich, sagen, was sie dabei empfinde.

Sabine hörte tapfer zu und nestelte verlegen an Haar und Bluse.

»Was ich da empfinde?« Sie fragte es gedehnt und ängstlich.

»Ja. Was du empfindest.« Das Wort »empfinden« klang völlig exotisch aus ihrem Mund, aus meinem häßlich professoral. Aber ich wollte nicht die wohl noch albernere Frage stellen: Was ist der Gehalt dieser Musik?

»Die Musik ist ... naja: fröhlich!«

»Musik kann nach Schubert nie fröhlich sein«, entfuhr es mir leider.

»Warum nicht?« Sie sah einen Rettungsast.

»Weil, hör mal ...« Die neue Richtung der Ausfragerei paßte mir nicht, ganz und gar nicht.

»Du empfindest also ... hm: Fröhlichkeit?«

Jetzt hatte sie es, unwiderlegbar: »Ja! Ja, die Musik macht mich fröhlich. Genau!«

Vermutlich bin ich zusammengezuckt. Hatte sie das Wort von Alfred Leobold übernommen? Sekunden war ich ganz verwirrt und sogar ein bißchen »fröhlich«. Sie bestand darauf:

»Fröhlich. Ja ... Und froh!« Gewissermaßen trotzig knabberte sie an ihrer Halskette aus bunten Bommeln.

Na gut, froh. Sie kam nicht darauf. Die Lösung wäre »Liebe« gewesen. Oder meinetwegen »Glück«. Vergrätzt stützte ich das Kinn in die Hand und starrte meine Bücherwand an. Alles für die Katz! Naja freilich, konnte man ihr's verdenken, daß ihr Gefühls-leben nicht so ausgefeilt sein konnte wie meins, wenn sie täglich sechs Stunden Schaufenster zu verunstalten hatte?

»Und du?«

»Ich empfinde«, traurig und pfiffig äugte ich zur Zimmerdecke, »D-Dur-Dämonien.«

Ein Scherz, auf den ich nicht sehr stolz sein kann. Sabine mußte lachen und fuhr mir sichtlich erlöst über den alten Rücken. Zuerst fand ich selber meine vollends improvisierte Antwort lustig, dann schämte ich mich ein wenig. Ohne Zweifel: Von der Liebe verstand sie nicht die Bohne, aber daß ich so, mit dem Kerzenhändler Lattern zu reden, aufs Blech haute, hätte nicht zu sein brauchen, verdammt!

»Dämonien?« echote sie jetzt fast tröstend, »du Dummer!« Nein, von der Liebe verstand sie nichts, wie denn auch? Aber »du Dummer« hatte sie schön, vielleicht sogar geistreich gesagt. Viel-

leicht gab es in diesem jungen Menschen etwas der Liebe Benach-
bartes? Etwas Moderneres, Positiveres, das wir alten Humanisten
nicht mehr recht kapierten? Und kräftig rührte ich sofort einen
Klumpen Sanftheit und Sentiment in meine langsam enervierende
Situation, abermals mit dem Kerzenhändler zu reden. Sabine war
schon die Rechte! Jetzt war ein Kuß fällig.

Man glaubt, wenn man jemand fest umarmt, könne man das
Gute zwingen, doppelt gar durch zwei Körper hindurch. Albern-
heit und Metaphysik! Es gelingt nie.

Am Palmsonntag holte ich trotzdem zu einem gewaltigen Streich
aus. Ein Rudel von zu allem entschlossenen Wochenendlern war
am Nachmittag unter dem Vorwand einer Wanderung ins Grüne
und sofort ins nächstbeste Dorfgasthaus hineingeflegelt, verbissen der Meinung, hier wäre so etwas wie ein farbiger Nachmittag
zu inszenieren. Duschke, Lattern, der Gymnasiast Binklmayr,
Schießlmüller, Adolf Wellner neuerdings mit pechschwarzem
Spitzbart, aber ohne »Franz Gans« diesmal, Duschkes erotisches
Idol Erich Winter – die Morlock-Mädels markierten zweifellos die
Hauptattraktion dieser staubigen Gesellschaft.

Es drohten die ersten verfrühten und völlig unnötigen Schnäpse,
bald wurde mitten im Gastzimmer ein Tischfußballgerät traktiert,
Lärm und abgestandener Tabak schwelten durch die niedere Stube
– mit einem Wort, mir war nach einem Spaziergang zumute, ja ich
bestand geradezu auf dem ursprünglich ja geplanten Spaziergang.
Lud locker Sabine, mir die bereits flackernden Händchen zu
halten, dazu ein – und erfuhr meine zweite schwere Niederlage,
coram publico, mitten ins Gesicht hinein.

»Ach nein, nicht. Du … Nein …« Sie zog eine Schnute. Es sei
doch »alles so prima hier«, der Schießlmüller Willi wolle ihr gerade das Tischfußballspiel beibringen, das mache ihr doch so viel
Spaß. Nein, sie wolle lieber hierbleiben, sagte Sabine jetzt eindeutig kategorisch, »bleib doch auch da!«

Das letzte ebenso unleugbar wurstig.

Ein kleiner Fieberzorn flog mir ins belämmerte Gesicht. Trübe
Gedanken wischten im Kopf herum: Sollte ich ihr den Herrn und

Meister zeigen, bevor »alles zu spät« war – ja, genau dieses »alles zu spät« flog mir zu, und auch dies: war nicht schon »alles eins«? Irgend etwas Irres durchstrich in diesen Sekunden die Gaststube.

»Gehst du mit?« fragte ich mutig und sinnlos Susanne, die gerade zufällig, ja geradezu fällig, im Weg stand.

Sie wollte mit, und sofort. Jetzt entschied sich etwas, das war mir klar. Entzücken war es mit Sicherheit nicht, was ich empfand – eher ein helles Grauen, ein Blinzeln von Ahnung und Morgenröte, aber auch von Dunst und Nebel. Uneingeschränkt banal war mein Gedanke: Jetzt oder nie mehr! Fahrig, fast befehlend drängte ich zum Aufbruch.

»Wo wollt ihr hin?« Der tückische Greis Duschke sah mich durchdringend an.

»Wandern«, sagte ich so fest es ging.

»Wandern, Hans«, bestätigte, anmutig wie ein Neugeborenes, Susanne.

Eine winzige Lärmpause entstand. In Duschkes anhaltend langen Blick hinein äußerten nun plötzlich noch drei weitere Herren Interesse. Waren sich aber gleich darauf wieder uneins, wohl auch darüber, ob denn vier Herren bei einer einzigen Frau viel auszurichten hätten. Also nichts wie weg. So oder so saß ich prächtig in der Vorderhand.

Die drei erotischen Brüder wollten nachkommen. Wir träfen uns dann.

Es regnete ein wenig. Das Klappern von Susannes Holzschuhen über die geteerte Dorfstraße habe ich noch heute im Ohr. Das also war die Liebe. Dazu mußte man 35 Jahre alt werden. In steifer und leicht eckiger Anmut, hochgewachsen und von einer, wie ich wahrnahm, schon ätherischen Schlankheit, der da und dort prickelnde Knöchelchen durch das krause Blusen- und Jeanszeug lugten, bewegte sich dieses Zaubermädel vorwärts, das Gesicht fast krampfhaft nach vorne in die Zukunft geschnellt, der volle rosarot eingeschminkte Mund, wie mir schien, von jenem immerwährenden unaufhörlichen Lächeln umzüngelt, das das Signal von Unnahbarkeit und einem Eigentlich-hat-es-niemand-verdient-Gewährenlassen zugleich ist, o Himmel! Welch eine Schicksalsstunde! Wer weiß, ob ich ausreichend vorbereitet war! Wie würde sich alles entscheiden?

Ich habe keine Ahnung mehr, über was wir auf diesem himmelblauen Kreuzweg gesprochen haben. Wahrscheinlich mimte ich schlecht genug den künftigen Schwager, den Naturliebhaber und den charmanten Unterhalter zugleich, wissend, daß sie mir sowieso kein Wort abkaufte. Bis ich es, plötzlich in einer Weise erregt, die ich heute als schlankweg mystisch bezeichnen würde, nicht mehr ertrug und kurzentschlossen meinen rechten Arm um Susannes wesenlose und doch so kernig-knochige Hüfte schwang. Sie tat mit dem linken Arm desgleichen, und zwar sofort. Bravo. Damit war die Entscheidung gefallen. In schwachköpfiger Euphorie redete ich irgend etwas Geschwätziges über Hans Duschke und vor allem Alfred Leobold daher und wie gern ich ihn mögen würde. Susanne, stellte sich heraus, mochte ihn auch, und so vollzog ich denn im Weiterschreiten einigermaßen routiniert, keineswegs mehr mystisch, mit der Schlankhüftigen all jene Zaubertricks, mit denen Mann und Frau auch beim Marschieren einander ihre sexuelle Gegenwart gut spürbar unterjubeln, weiß der Satan, wie und warum das so allüberall funktioniert, jedenfalls hielten und stemmten wir plötzlich die braunen Lockenköpfe gegeneinander und tollpatschten in dieser verkommenen Haltung wohl einen Kilometer auf der Landstraße weiter.

Das muß für die drei nachkommenden Herren schon ein ebenso kurioser wie erregender Anblick gewesen sein – wir bemerkten sie, als plötzlich jemand hinter uns »Höhöh!« herschrie. Fünfhundert Meter hinter uns Traumverlorenen kamen sie dahergestiefelt, drei Mann, in ihrer Mitte der bullige Schreiner »King-Kong« Wellner, der sogar aus der Ferne einen wildentschlossenen, ja rächenden Eindruck machte, beidseitig flankiert von dem Elektriker Erich Winter und dem schwefelblonden Gymnasiasten Hans Binklmayr, das Ganze machte irgendwie einen sehr bedrohlichen Eindruck, als ob die Herren Zucht, Law und Order sogar auf unseren heimischen Fluren wiederherzustellen ausgeschickt worden wären – es sah so herzig aus, daß ich für Sekunden sogar meine Liebe vergaß und innerlich heftig lachen mußte.

Auf die drei zu warten, hätte wohl letztlich meiner Würde geschadet. Ich bog Susanne in einen Feldweg ein, der zu einem kleinen Weiher führte, den wir, weil mir nichts Erotischeres einfiel, einmal umwandelten, penetrant ineinander verschränkt. Wasser, fiel mir beim Wandeln ein, hatte mich Hans Duschke einmal belehrt, mache »bei Weibern die Hosen feucht, Wasser und die A-dur-Polonaise von Chopin, Moppel!« Spielerisch tändelnd drückte ich Susanne etwas fester gegen mich. Tatsächlich, sie machte sofort das gleiche! Über ihre Schulter sah ich, die drei Rächer waren an der Weggabelung stehengeblieben und schienen zu beraten, wie sie sich aufgrund meiner neuen und überraschenden Pointe strategisch verhalten sollten – ich kam ihnen aber mit einem noch neueren und originelleren Einfall zuvor: blieb plötzlich im trockenen Schilf stehen, zog Susanne roh und hektisch an mich und drückte und schleckte sie ab. Wie ein Geisteskranker. Unglaublich. Diese Dame aber schloß gleich einer hingebenden Hirschkuh die Augen, lächelte eine Idee kräftiger und noch sphinxhafter, gleichzeitig nun aber unleugbar dämlich, und ließ alles – im wesentlichen mein fahriges Befingern ihrer Engelsflügel auf den schmalen fast eckigen Schultern – wie Schicksal, Unterricht und Test meiner Qualitäten zugleich über sich ergehen. In dieser Sekunde des anscheinend höchsten Glücks fiel mir schlagartig eine Sentenz ein, die mir der Frankfurter Privatdozent (freilich ohne Lehrauftrag) Robert J. Gamsbardt einmal anläßlich eines bunten herbstlichen Herrennachmittags beigebracht hatte. »Frauen«, hatte dieser Gelehrte extrem nachdenklich und gleich als ob er die Quintessenz des Universums in einem Aufwasch resümieren wolle gesagt, und dabei ruhig an seinem sanft abgetönten Italien-Ölgemälde weitergestrichelt, »Frauen sind in erster Linie antriebsschwach und sensationslüstern.«

Genau. Recht hatte er gehabt, dieser malerisch scharfsinnige Causeur, überlief es mich in dieser Sekunde geradezu frohlockend, indessen zwei zu allem bereite Lippenpaare einander sinnlos abgrasten, antriebsschwach und sensationslüstern, ja mir war sogar, eine sehr exakte Erinnerung, der sofort weiterführende Gedanke vergönnt: Wollust *und* Erkenntnis, also Schmusen bei gleichzeitiger Indolenz, ja (ich muß es gestehen) Verachtung, das war der wahre Jakob. Bitte, vielleicht hat das Thomas Mann schon irgendwo stringenter formuliert, aber für meine Verhältnisse ist es nicht schlecht.

Zwei schlampige Zigeuner am Wegrand: Susanne und ich verharrten in unserer, wenn ich es recht verstehe, mehr symbolischen Liebesstellung am Dorfweiher schätzungsweise vier Minuten, nun, es gab da ja allerhand Neues zu entdecken und zu beschnüffeln, die Sensationen eines inzwischen wieder geöffneten rehbraunen, fast venezianischen Augenpärchens, das ja wohl auf das Konto des alten Morlock ging, mußten in ihrer Tiefe ausgelotet werden. Verdammt: War da nicht sogar etwas Negroides in diesem bronzen lächelnden, nein schmunzelnden Gesicht, vielleicht hervorgerufen durch die sehr weißen, gemütlich runden und wie in Atemlosigkeit um eine Winzigkeit vorgeschobenen Oberzähne? Mein Gott, Mimi, Madonna, Blanziflor, Böhmerwald, Venedig, der Busch – was dichtete ich denn noch alles in dieses Gesicht!

Ich schaute, ja starrte es lange und innig an, in der Hoffnung, sonst noch etwas Brauchbares zu entdecken, ja ich bin sicher, daß ich, so verwegen es klingen mag, Susanne in dieser kurzen, läppischen Zeitspanne wirklich und auf eine, hoffe ich, wenigstens rührende Weise liebte, irgendwie stets für sie dasein wollte, ihr helfen wollte, so gut es ging, sie aus schlechter Gesellschaft herauszerren wollte, ein Menschenkind retten wollte, vor den Tücken des Allgäu und vor noch Schlimmerem – hatte mir der Blitz telepathischer Ahnung das ganze Zukünftige vor die sonst so vernagelten Augen geführt? Könnte man einem zum Unheil bereits rettungslos verdammten Zeitgenossen mit einem einzigen hypnotisch flehenden Blick den Geist der wahren Humanität einjagen, von dem Gottfried Keller damals an Hermann Hettner schrieb, als er – –

Ein Pfiff ertönte. Die drei Rächer-Typen am Straßenrand hatten wohl genug von unseren Darbietungen, der Schreiner Wellner plazierte sogar noch einen scharfen Wink in die Nachmittagsluft, etwa des Inhalts, wir sollten schleunigst wieder ins Dorf zurück, zu den anderen. Susanne und ich beendeten unsere wortlosen Übungen, kicherten sogar tatsächlich erfreut über unsere Zaungäste, und ich ließ wohl irgendeine linkische Redensart los.

»Komm«, sagte Susanne, »wir können ja ein anderes Mal wieder.« Der dunkle, warmrauhe, nein eher pelzige Ton in ihrer Stimme!

»Wann?« fragte ich öd.

»Jetzt hab ich einen gescheiten Durst«, erwiderte sie. Wahre Anmut darf sich jeden Stilbruch erlauben; jetzt war ich wirklich gerührt.

Auf dem Rückweg fiel kein Wort mehr, andächtig, was mich angeht, und jedenfalls unverhakt stapften wir nebeneinander her. Taumelige Gedanken meinerseits zielten darauf, daß Susannes und mein ja nun irgendwie geschlossener Bund wohl am besten ein wesenloser, seelenvoller oder weiß der Himmel was bleiben sollte. Andererseits, verwirrte sich mein müdes Hirn, gab es ja nun eindeutig Mitwisser, das hatte ich bei meinem Vormarsch gegen jede taktische Vernunft in Kauf genommen – – würden sie reden? Würde Sabine diese oder jene dummen Konsequenzen ziehen, während ich mich hier mit hochkomplizierten platonischen Erwägungen herumplagte? Würde nicht auch Susanne selber, schwesterlich fair, reden? Mußte ich mich da nicht wirklich und verschärft und endgültig bei der neuen Braut rückversichern? Ja, wollte ich sie denn nun oder wollte ich sie nicht?

Und während mir all dies schleimige, ungefüge Zeug durch den überlasteten Kopf zuckelte, ahnte ich noch nicht im mindesten, daß die Herren Mitwisser, wie ich viel später erst erfahren sollte, aus meiner erotischen Vorführung keine andere Wahrheit herausgelesen hatten als die, daß Susanne Morlock absolut vogelfrei sei – ich bin jetzt nicht in der Stimmung, mir an dieser Stelle das bekannte zotige Wortspiel zu erlauben. Und ich ahnte auch nicht, daß in der Zwischenzeit in der Gaststätte »Himmler« (o trostlose

Symbolik!) eine Entwicklung vor sich gegangen war, die mir noch teuer zu stehen kommen sollte. Wenn ich es heute richtig sehe, hatte ich, der da so verwegen als Topmann und Besitzer zweier Schwestern ins Dorf zurückkroch, gerade in dieser Stunde der Glorie alle zwei glänzend verspielt.

Auch wenn mir an diesem Nachmittag beileibe noch nicht aufleuchten sollte, daß der breit-mächtige Transportunternehmer Schießlmüller die Zeit wahrhaft agil genutzt hatte, meine Sabine auf seine wuchtige Seite zu schleppen oder zu ziehen, ich weiß nicht, welche Technik er angewandt hat – jedenfalls auf der Basis jenes segensreichen Konglomerats, das sich aus Sabines sozusagen prophylaktisch-witterndem Rachewillen, Schießlmüllers dreist und breit ausgespieltem Bauerncharme und nicht zuletzt, davon bin ich heute überzeugt, seiner platten Freigiebigkeit im Spendieren von Schnaps speiste. Später, als alles passé war, sprach ich zwar mit Sabine nie über diesen ereignisreichen Nachmittag und auch nie darüber, daß ich sie eigentlich mit der eigenen Schwester verraten hatte, nein, eigentlich nie, erstaunlich, erstaunlich – sie wollte wohl irgendwie nicht, weil sie einfach zu sprach- und denkunbegabt oder doch denkunlustig dazu war, die Dinge theoretisch zu begreifen, und mir selber war wohl zu eklig zumute, die bereits verwitternde Chronik nochmals en detail aufzurollen, den alten Krampf zu entfesseln, der nun einmal nach bewährter Manier seit Adam und Eva Liebschaften zu sprengen pflegt, o Gott – – aber ich bin sicher, daß letzten Endes Herrn Schießlmüllers reiche Schnapsfuhren im Verein mit seinen genialen Lachsalven an diesem Nachmittag unser Verhältnis beendeten.

Wie gesagt, ich weiß es nicht, ich weiß es bis heute nicht, ob Susanne oder aber die Tatzeugen noch am selben Tag oder Abend redeten. War es also möglich, daß Sabine, die neuen Zusammenhänge überschauend oder doch ahnend, dem neuen Glück ihrer Schwester nicht im Wege stehen wollte? Nein, denn ein solcher Edelmut (unterstellt man ihn rein hypothetisch) hätte dann auch konsequenterweise ihren Wink verlangt, daß zu diesem Zeitpunkt meiner ersten Generalavance gegenüber Susanne, ohne daß ich irgend etwas geahnt hätte, denn das wußte, wie ich später recherchierte, damals wirklich nur Sabine, schon längst der Kaufmann Arthur Mogger bei Susanne fest im Sattel saß – jawohl, dieser Laffe hatte es sein müssen! Was wiederum ich erst sage und schreibe Monate später, als der dämonische Unfug mich schon beinah hinweggerafft hatte, erfuhr. Was, wie gesagt, aber Sabine damals schon wußte. Was ich wiederum von niemandem anderen erfuhr als von – Alfred Leobold, der freilich wieder andersherum auch seine mageren Finger längst im Spiele hatte. Was damals in unserem katholischen Städtchen an nahezu unterirdischem kriminellem Liebesrumoren vor sich gegangen sein muß, kann ich auch heute, aus dem Abstand heraus, nur in groben Zügen rekonstruieren. Mitbekam ich Esel zur Tatzeit, in den Tagen der dramatischen Klimax, rein gar nichts!

Sabines penetrantes Schweigen, was meine Eskapaden ihrer Schwester gegenüber anlangt, finde ich heute gleichzeitig pervers und in einem schon lächerlichen Maße herzergreifend, ohne daß ich eigentlich genau wüßte, warum. Würde mich ein gewissenhafter Revisor der damaligen Vorgänge fragen, müßte ich ihm vermutlich antworten: einfach deshalb, weil ich an ihrer Stelle Lärm geschlagen hätte, und das halte ich für durchaus human. Es ist mir vollends unklar, ob diese jungen Dinger denn gar nichts mehr empfinden, wenn die Schwester dem Gatten die Schwester gefreit oder wie auch immer – bzw. wer hat sie gelehrt, ihr Schicksal so klaglos, so engelhaft entsagend hinzunehmen? Möglicherweise Hirngespinste von mir, unstreitig aber hat mich gerade Sabines mir unbegreifliche nachmalige Gelassenheit so elend gemacht, wie ich es zwei Monate später wurde.

Freilich, an diesem Nachmittag des trügerischen Triumphs stieg meine gewissermaßen universelle Freude beinahe nochmals und himmelan, als sich nämlich herausstellte, daß mein alter Freund Oskar Zirngiebl, der genannte Bonvivant, inzwischen im Gasthaus »Himmler« eingetroffen war und dort bereits, inmitten eines schon peitschenden Gehetzes und Gewürges, eine sichtbar führende Rolle spielte, nämlich, postiert an der Schnittkante zweier

Eckbänke, eine Art ruhenden Pol, einen Fluchtpunkt bildete. Der sofort durchschlagende Glanzeffekt dieses Mannes beruhte aber, so erkannte ich scharf, nicht so sehr auf der Zwei-Meter-Körpergröße und dem Zwei-Zentner-Gewicht des Zirngiebl, sondern vor allem auf der Tatsache, daß dieser brillante 42jährige praktisch von Kopf bis Fuß lila eingekleidet war, ganz wunderhübsch! Lila Jackett, lila Hose, hell-lila Hemd, lila Krawatte, nur die Schuhe waren dunkelbraun und kommunizierten so mit einer – das war das Allerprächtigste an Zirngiebl – dunkelbraunen Sonnenbrille, die ihr Träger auch im Lokal, an seinem schummrigen Eckplatz, nicht abnahm, so daß sein wohlwollend-freundliches, ja bezwingendes Lächeln irgendwie in die äußerst attraktive Chuzpe eines sardonisch-kriminellen Backgrounds hinüberfärbte und dem ganzen mächtigen wie gesalbt glänzenden Schädel die Imago von Gottes Sohn auf krummen Wegen verlieh.

In Wirklichkeit ist Oskar Zirngiebl weiter vom Verbrechen entfernt als wir alle. Ausgehalten von zwei katholischen Tanten, hauste der alte Zirngiebl auch in deren Wohnung, einer Art Privatkapelle, in der all das grausige Gerümpel herumstand und -hing, was die alten Damen im Laufe ihrer Karriere aus Altötting mit nach Hause gezerrt hatten: Christusportraits aus der fünften Generation der Nazarenerschule, gipserne Madonnas, mehrere betende Bruder-Konrad-Gestalten und vor allem ein Haufen scherenschnittartiger Bildchen von berühmten Wallfahrtskirchen, deren Fenster jeweils mit einer Art Stanniolpapier verklebt waren, deren Glanz und Glitzern oft auf den untätig in seinem sogenannten Wohnzimmer herumkugelnden Oskar Zirngiebl fiel und ihm die Lektüre der Tages- und Sportzeitungen gewissermaßen ins überirdisch Besonnte reifen ließ.

Eine der Gips-Madonnas war übrigens besonders bemerkenswert, sie trug nicht nur den abgebrochenen Kopf im Arm, sondern war auch, seltsam genug, mit zwei rosa Rabattmarken beklebt. Noch eigenartiger ist allerdings, daß sich Zirngiebl nicht erinnern kann, wann er die Rabattmarken auf die Muttergottes gepappt hatte. Zirngiebl glaubt vielmehr, daß ein gewisser Versicherungsingenieur, Ingo Basis, mit dem er »hier früher andauernd gesoffen« habe, es in einem unbewachten Moment vollbracht haben muß.

Die steinalten Tanten juckten Oskar Zirngiebl weiter nicht, sie ließen ihn gewähren, was der Neffe zu regelmäßigen gemütlichen Wanderungen in den »Seelburger Hof« und vor allem in dessen Fernsehkammer zu nutzen wußte, auch kleinere sonntagnachmittägliche Ausflüge in die nähere Umgebung fügten sich Zirngiebls Konzept – und so saß er nun also plötzlich, nach Susanne noch ein Himmelsgeschenk, hier im Gasthaus »Himmler« und griente und strahlte jeden, der seinen Blick empfangen wollte, mild und mit jener freundlichen Tücke an, die den maßlosen Stolz auf die eigene gediegene Lebensgestaltung meinte sowie die distanzschaffende leise Verachtung, daß wir anderen noch nicht soweit waren.

Ohne daß ich ihn geradezu angebetet hätte, mochte ich Oskar Zirngiebl über die Maßen gern leiden.

Ich akzentuiere seine Gegenwart hier vor allem deshalb, weil sie für einen weiteren gesellschaftlichen Coup sorgte. In meiner Abwesenheit (Susanne! hochhakiges hingebungsvolles Himmelsschätzchen!) mußte sich nämlich der Kerzenhändler Lattern die Gasthaus-Regie unter den Nagel gerissen haben bzw. bei unserer Rückkunft stand er mit entblößtem haarigem Oberkörper in dem Freiraum zwischen Gästetischen und Wirtsküche, starrte, wie so oft, furchterregend ins Leere und überlegte, den Kopf wohl in Anlehnung an irgendwelche Derwischtechniken oder ähnliches halb nach unten abgewinkelt, offenbar in Erwartung von Eingebung, was er uns nun Schillerndes bieten könnte.

»Amigo, los!« hörte man den geilen Greis Duschke befehlend bellen, und auch Rufe wie »Komm, Lattern, alter Gaudibursch!« oder »Du Blödl, jetzt fang schon an!« Lattern, der Augen aller jetzt endgültig versichert, starrte weiter, reglos, dann schüttelte er gleichsam die Glieder aus in der Art von Hochspringern, die ahnen, daß sie es noch nicht packen.

»Los, Amigo!« Diesmal war es Wellner, der plärrte. Das abgeschmackte Blendwerk wiederholte sich, Lattern starrte, schüttelte sich aus, starrte erneut, es fiel ihm absolut nichts ein. Ich nutzte

die Säumnis, mein nun doch recht quengelndes Gewissen zu kal-
mieren, indem ich der in heller Erwartungsfreude hingegossenen
Sabine kurz übers Haar streichelte, was sie total gedankenlos mit
einem erstaunlich souveränen Griff in meine Genitalgegend erwiderte – dann sofort, vielleicht hatte er das mitbekommen, hatte
Lattern die Lösung gefunden und begann sich den Hosenlatz
aufzuknöpfen. Irgendeine (vermutlich) Karin japste wie in Ver-
zückung auf – doch der würdige Greis Duschke bewies in dieser
entscheidenden Situation die Versiertheit des alten Theaterhasen,
der zwischen Freiheit der Kunst und ihren Schranken wohl zu
unterscheiden weiß. Er sprang nach vorn und äußerst sportlich auf
Latterns »Bühne«, nestelte ihm gleichsam verhütend am Hosen-
laden herum und klopfte ihm gleichzeitig mit der anderen Hand
zutraulich auf die Schulter.

»Das kannst du nicht machen hier, Amigo!« raunte Duschke
mehrfach eindringlich, »vor den Bauernpfeifen da geht das nicht,
die prügeln dich aus dem Dorf!«

Tatsächlich hatte sich das »Himmler«-Lokal zwischenzeitlich
auch mit einer Anzahl pechschwarzer Bäuerchen angefüllt, die
auch nicht geneigt schienen, die Hüte abzunehmen, und die sichtlich interessiert der Dinge harrten, die da geboten werden sollten.
»Los, komm, Amigo, alter Arsch, laß dir was anderes einfallen!«
kommandierte der alte Duschke erstaunlich weise – »Warum? Laß
ihn doch!« glaubte ich in diesem Augenblick (aber ich kann mich
täuschen) Susannes wohlige Stimme zu vernehmen – »Mein lieber
Hans«, stotterte jetzt Lattern, »ich sage dir, deine Situation ist
nicht so blühend, daß…«, ein glatter Ausrutscher, denn ein Me-
dium der Unterwelt darf nie in bürgerlichen, gar polemischen
Ton verfallen – – – aber mit einem Male, Hans Duschke flüsterte
noch immer auf ihn ein, schien sich Lattern anders zu besinnen.
Unglaublich!

»Heißa, hurra!« schrie der Teufel unverhofft und sprang mit
einem gewaltigen spagatartigen Tanzschritt in den Nebel der
Wirtshausluft. »Bravo! Bravo! Ehrlich!« ertönten einzelne Rufe,
»Ulla galli bill Allah, satilei achatmen kalp!« antwortete Lattern

erneut durch die Luft sausend. »Gibt's das?« ächzte hochspringend ein Bäuerlein ekstatisch, Sabine neben mir griff sich unbewußt selber am jeansbedeckten Unterleib herum, und Lattern kreischte jetzt »Herre! Herre!« Er tanzte dann noch gut drei Minuten schweigsam weiter, bewundernswert aufopfernd und nicht einmal ohne Grazie. »Hurra!« schrie er abschließend noch einmal verzückt und endete schließlich in einer Art hockender Gebetsstellung.

»Bravo!« erscholl es von allen Seiten, Hans Duschkes Stimme setzte sich mit einem »Ehrlich gut, der Amigo, was, Oskar? Hab ich recht oder nit? Der Amigo, das Arschgesicht, höhöhö!« abermals durch – verstört aber nahm ich in Susannes seraphischem Gesicht die reine, die gleichsam hingeschmolzene Freude wahr.

Trotzdem, ich meine mich zu erinnern, daß auch ich das seinerzeitige Mysterienspiel mit durchaus froher Gesinnung auf mich einwirken ließ. Vertrieb es mir nicht optimal den nagenden Gewissenswurm? Löste das Gemeinschaftserlebnis nicht alle individuellen Probleme gleichsam magisch in nichts, nämlich die höhere Religion, auf? So soll es sein: zuerst die eine Schwester mit der anderen betrügen und dann gemeinsam ins Kino, die Sorgen zu vergessen. Daß diese Theorie letztlich nicht funktionierte, was soll's?

Auffiel mir übrigens zu dieser Zeit auch, daß der Gymnasiast Binklmayr seinen verschlafenen Blick fast schwelgerisch auf eine niedliche Kindfrau heftete, offenbar das Wirtstöchterchen, das vor einigen Minuten unter der Verbindungstür zur Küche aufgetaucht war und sich, mit trotzig blauem Blick auf den französischen Zauberer, andauernd selber im Wuschelhaar kraulte ... hm ...

Giesbert Lattern starrte erneut. Der Beifallsorkan hatte ihn sicherer gemacht, aber noch war es nicht das, was er eigentlich hatte darbringen wollen. Was, Lattern, gab es da noch? Der Rausch der klatschenden und raunenden Menge machte den Kerzenhändler beben. Nicht ungeschickt kostümierte Lattern seine sichtbaren Repertoire-Schwierigkeiten als meditative Versenkung, und plötzlich hatte er es. Er stellte seine Zigarettenpackung, ein Maggiglas,

eine Blumenvase und einen flink gereichten doppelten Sechsämtertropfen neben ein Tischbein und breitete ein weißes Taschentuch darüber. Sodann legte sich Lattern selber unter den
Tisch, klaubte sich den Sechsämter unter dem Taschentuch hervor, trank ihn und teilte fast tonlos mit, er werde jetzt »die Natur-
kraft außer Kraft setzen« und der Zirngiebl Oskar solle sich mit
dem Rücken auf den Tisch legen, dann werde er, Lattern, »und
ich wieg nur 65 Kilo und der Zirngiebl 100!«, den Zirngiebl hochheben – »mit freiem Oberkörper!« heulte Lattern wütend, »sowie
mit Hilfe von dem Gott Wrschnabu sowie Abrahams!«

Der alte Zirngiebl zierte sich zuerst ein wenig, dann trat er
aber, angefeuert durch eine Flut von Bitten, mit einem Lächeln,
das Abgeklärtheit und Einsatzfreude zugleich verstrahlte, zu Lattern, der ängstlich wartend unter dem Tisch lag, und legte sich im
vollen Pomp seiner violetten Gesamterscheinung der Länge nach
auf den Tisch.

»Gelbe Socken! Gelbe Socken!« lallte in diesem Moment höch-
ster Spannung der Gymnasiast Hans Binklmayr – und tatsächlich,
jetzt im Liegen zeigte es sich, daß der alte Zirngiebl einen geradezu
unkeuschen Fehler in seiner Kleidung aufwies, nämlich knallgelbe
Socken, die nach dem vielen Violett den langen Kerl abschlossen.

»Gelbe Socken, leck mich am Arsch!« heulte nun auch der
unwürdige Greis Duschke, geradezu explosiv schäumte der Fuhrunternehmer Schießlmüller auf, es entstand wieder ein ausladen-
der Tumult, in dessen Verlauf der beschämte Zirngiebl den pur-
purroten Kopf und dann den ganzen Körper zur Seite in Richtung
auf das Publikum rollte und zärtlich mit dem Finger drohte, sein
Mißgeschick gleichsam durch den spielerischen Gegenangriff zu
verschleiern.

»So, und jetzt, ihr Rübenschweine«, rief Zirngiebl angestrengt,
»ist eine Ruh. Amigo, los! Hoch!«

Lattern hatte während des Sockenskandals reglos und im Stil
entmutigter Artisten unter dem Tisch gelegen. »Einen Sechsämter«, ächzte er geheimnisvoll, als wieder etwas Ruhe eingetre-
ten war. Man brachte ihn ihm, Lattern trank ihn im Liegen, kreuzte

dann die Arme über der Brust und schlug ein Kreuzzeichen, wie er's von den Pfadfindern her noch wußte. Durch eine atemlose Stille hindurch hörte man nun Lattern raunen und Gebete murmeln, wenn ich es recht vernommen habe, eine Mischung aus Lateinisch und Arabisch, dann mit einem Mal: »Herre! Herre!« schrie Lattern, stemmte Arme und Beine gegen das Gehölz – und hob und schaukelte Tisch samt Zirngiebl mehrfach und ohne daß Betrug im Spiele gewesen sein konnte auf und nieder. Ein Wunder. Ganz eindeutig.

Ein Hurrikan brach los. Lattern und Zirngiebl krabbelten hoch bzw. vom Tisch herunter, fielen sich in die Arme, Lattern, von der eigenen Wunderkraft übermannt, kletterte an Zirngiebl hoch und biß ihn mit einem Brunftschrei in die ausladend-knüppelige Nase. Wie aufgescheucht, als ob sie das Numinose nicht ertragen könnten, liefen zahlreiche Menschen in wirren Zügen durch das Zimmer, meist, um sich an der Theke schnell Schnaps einzuhämmern. Die Vorstellung hatte sogar ein schnauzbärtiges Bäuerlein hingerissen, und nach Luft schnappend spendierte es »für alle Schnaps« – ein Mißgriff, denn es wurden 37 Gläser. »Echt gut, was? Mensch, Klasse!« hörte man irgendwo im Menschendschungel Duschke brüllen, und der Gymnasiast Binklmayr drückte sogar Lattern und Zirngiebl die Hand. Diese beiden sonnten sich in ihrem frischen Ruhm, doch während Zirngiebl nach einem gewissen Abflauen der Beifallswellen klug und bescheiden wieder in seine Alltagsexistenz in der Tischecke zurückkehrte, verlor der lodernde Lattern gänzlich die Übersicht und maßte sich an, sich mit den Händen die Zimmerdecke des Gasthauses »Himmler« entlangzuhangeln. Dieses Wunder klappte jedoch nicht.

Warum hatte Lattern eigentlich Maggi, eine Blumenvase und ein Taschentuch neben seinen Zaubertisch gestellt? Taktisch geschickt, richtete ich diese heiter-neutrale Frage an Sabine, die mir als Antwort kurz ins Haar griff. Na also, was wollte ich denn mehr? Alles war noch einmal gutgegangen. Sollte ich morgen meinen stillschweigenden Kontrakt mit Susanne dahingehend auswerten und stabilisieren, daß ich ernst und eindringlich und mit einem Schuß

irisierender Diabolik in sie eindrang, unser süßes Geheimnis der
Schwester zu verbergen? Und noch unsicherer als vor einer Stunde
fragte ich mich, ob ich eigentlich wirklich und aufrichtig Susanne
für Sabine eintauschen wollte?

Der Tag endete ohne klare Perspektive und, wie das bei ereignisreichen, mit Sinnesreizen vollgepackten Nachmittagen so zu geschehen pflegt, vollkommen formlos und inhaltsleer. Am Abend,
vor dem Fernseher, überraschte mich ein kleiner Weinkrampf, von
dem ich partout nicht wußte, wo er herkam.

8

Sofort beim Erwachen fiel mir wieder ein, daß ich seit gestern
auf dem Höhepunkt meiner Macht stand. Macht heißt zunächst
einmal die Bewahrung von Ruhe. Das Verlangen, Susanne in der
Apotheke anzurufen, in der sie seit kurzem halbtags hospitierte,
wies ich besonnen zurück, unter allen Umständen ja nichts zu
gefährden. Erst galt es, noch einmal Sabine auszuforschen, wieviel
sie wußte, ob sie etwa gegebenenfalls dies oder jenes übelnahm.
Ich wurde aufs angenehmste enttäuscht – eine doppelte Täu-
schung, wie sich später herausstellte –, Sabine präsentierte sich
so frisch und munter, in einer geradezu neugeborenen Heiterkeit,
der mir gleichwohl eine Spur elegischer Erkenntnis der zeitgenössischen Wirklichkeit beigemischt zu sein schien: daß mir ganz wirr
und elend davon wurde. Was mochte das nun wieder bedeuten?
Weil aber das konstant linde Frühlingswetter so unwiderstehlich
fröhliche Gefühle einblies, gelang es mir, unwägbar Mulmiges
dieser Art rasch ad acta zu legen.

Heute glaube ich zu wissen, daß Sabines Munterkeit der rasch
hochsprießenden Leidenschaft für den Fuhrunternehmer Schießlmüller entsprang, daß sie mich aber nichtsdestoweniger in dieser
ausklingenden Stunde unserer mediokren Liaison am vergleichsweise liebsten mochte – weil sie, im Unterschied zu mir, bereits
auf das Ende sah. Die Mixtur aus Wehmut, dünner Anhänglichkeit
und Aufatmen darüber, daß bald alles, der ganze Käse, vorbeisein

würde, diese Mixtur, die damals mit hoher Wahrscheinlichkeit Sabines junges Herz wenn nicht erschütterte, so doch kurzzeitig durchkräuselte, möchte ich mich nicht unterstehen hier ordentlich auseinanderzudividieren; das Resultat wäre für mich vermutlich auch allzu niederschmetternd.

Wenn jemand über zwei junge Frauen verfügt, kann er sich beruhigt zum Kartenspielen niederlassen; es würden eher noch neue automatisch nachstoßen, überwältigt von der Anziehungskraft dieses erstaunlichen Herrn, sensationslüstern und – diesmal sogar relativ antriebsstark. So verbrachte ich die Karwoche im souveränen Glück des Eigentümers und Unternehmers zugleich, nämlich abwechselnd im ANO-Teppichladen, wo der Sekt erneut in großen Strömen floß und mir Herr Leobold, offensichtlich wohlinformiert über mein Doppelglück, mit besonderer Verve und Hochachtung begegnete und wiederholt beifällige Schlüsselworte wie »geht in Ordnung«, »prima« und »ganz prima« aushauchte, – sowie im italienischen Eiscafé, wo ich ein fünfjähriges Mädchen namens Sandra Claudia kennenlernte, das Töchterchen des Kaffeehausbesitzers, das ich plötzlich im Überschwang zu adoptieren wünschte. Drittens saß ich ununterbrochen am Spieltisch des »Seelburger Hofs«, wo ich, die Glückssträhne zu verlängern, beachtliche Beträge einsackte, die im Anschluß im schon erwähnten Whisky-Tanzschuppen ziellos – und gleichzeitig sicher – wieder den Schlot hinausrauschten. Der Wirt, einer jener neueren bundesdeutschen Parvenus, denen im wesentlichen die alles überdonnernde Stupidität die Gewähr für den eigenen Profit ist, war es hochzufrieden und drückte mir sogar mehrfach begeistert und solidarisch die Hand.

Susanne sah ich zwei-, dreimal im Verein mit Sabine, hütete mich aber vermeintlich klug, vorerst einen Finger krumm zu machen, die Dinge mußten noch reifen.

Am Abend des Ostersonntag überwältigte mich ganz unverhofft, ich hatte gerade, die praktisch endlos fortwährenden Festlichkeiten abzuschließen, Sabine nach Hause chauffiert, rettungslose Depression. Es begann bei der Fernseh-Tagesschau mit Bildern von Gerhard Stoltenberg, der wohl vor irgendeiner Evangelischen Akademie in Soundso referiert und wieder einmal alles geregelt hatte; das setzte sich fort mit einem Bericht zum Thema »Alte und Kranke feiern das Osterfest«, in dem sie für meinen Geschmack gar zu verweste Gestalten aufmarschieren ließen – immerhin gibt es ja in unserem Land auch noch alte Menschen wie Hans Duschke, der gerade heute nachmittag wieder einmal österlich-festlich getobt hatte; und das erklomm seinen Höhepunkt im Spätprogramm, mit einer Zusammenfassung der Osterfeierlich-keiten am römischen Petersplatz. Etwas Elenderes, Erbarmungs-würdigeres, Miserabligeres, Herzzerreißenderes habe ich bis dahin und auch seither nie mehr gehört als die welke, brüchige, ehrver-gessene, praktisch schon maustote Stimme des Papstes Paul, mit der er mehrfach »Gloria in excelsis deo« und ähnlichen Unfug grölte und ächzte. Das Infamste dabei war, daß dieser Wackeltenor einem nicht einmal die Chance einräumte, dabei von Herzen zu weinen! Ich verfiel auf den Ausweg, mir in Gedanken Susanne herbeizuzaubern, spürte aber klar und deutlich, daß auch sie nicht die geringste Stütze wider diesen unmenschlichen Gesang zu sein vermocht hätte! Auch die Vorstellung, daß Susanne den Papst packte und überwältigte, finde ich erst jetzt bei der Niederschrift hübsch und hilfreich, damals, ich muß wirklich schwer am Boden gelegen haben, brachte sie mich überhaupt nicht weiter.

Was tun? Mit der Geistesgegenwart, die mir selbst in lästigsten Momenten meist zur Verfügung steht, griff ich zu meinem damals stärksten Gegengift, Kafkas Briefen an Felice Bauer. Kristallinische Lauterkeit, wohin das Auge irrte – Valium für uns, die noch ver-krachtere Generation! Da hatten wir es schon! »Ich bin so unsen-timental wie möglich«, schrieb da der Doktor Kafka, »aber es ist ganz gewißlich wahr, daß zahllosen Menschen, alten und jungen, das Herz vor Gram, Sehnsucht und Kränkung bricht. Jeder Tag führt den Beweis, daß sich der Mensch nicht an alles gewöhnt.«

Unglaublich. Nicht einmal ein so schöner Satz half. Ich, Freund jeglicher emotioneller Exzesse, war vollkommen ratlos. Restlos abgebröckelt der Glanz des Festtagslebens. Ein vergleichbares Weh hatte mir, soweit ich mich erinnere, noch nie die Seele zerzaust. Tatsächlich! Es gab sie also noch, die Seele. Im technischen Zeitalter. Wer hätte das gedacht! Ich versuchte eine Zeitlang zäh, dies Gefühl namenloser Nichtigkeit auszukosten, registrierte aber schnell, ich war ihm nicht gewachsen. Es ist nicht übertrieben zu sagen, daß ich von meinem Sofa hochsprang, im Zimmer auf- und niederlief und krampfhaft nach einem Ausweg forschte. Furchtbar. Leben ist Tod. Der Tod ist ein Meister aus Deutschland. Lohnte es sich heute überhaupt noch, Triebbefriedigung hin und her, Weiber zu lieben?

Nach mörderischen fünfzehn Minuten bahnte sich die Lösung an. Natürlich! Warum denn nicht gleich! Ich riß die Schallplatte »Lach doch mal mit Jonny« des Volkshumoristen Jonny Buchardt aus dem Plattenständer und legte sie hastig aufs Grammophon. Die Plattenhülle zeigte den Künstler, einen kleinen knüppeligen Mann mit fröhlich glänzendem Gesicht, eingekleidet in einen bläulichen Stangenanzug und ein orangerotes Hemd – marineblau aber hing eine Art Krawatte in der Gegend herum. In der rechten Hand hält Jonny ein Glas, in der linken eine Flasche »Gordon's Dry Gin«, deren Inhalt dem darüber wohl heftig lachenden Mann bogenförmig ins Gesicht spritzt.

Ich beschreibe den Quatsch deshalb so detailliert, weil ich heute davon überzeugt bin, daß mir Jonnys Anblick das Leben rettete. Und ich erinnere mich genau, wie sich bereits bei dieser ersten Betrachtung die Starre meines Gemüts zu einem leisen, lindernden Weinen entkrampfte – und dann erst die Rückseite der Platte! Daß es so etwas Schönes gab! Gezeigt wurde hier Jonny in einem Foto-Strip, der auch das Titelbild wohl näher erklärte. Auf dem ersten Foto deutet Jonny aufgeräumt und wie einladend auf die Schnapsflasche, auf dem zweiten schenkt er sich ins Wasserglas ein, auf dem dritten trinkt er andächtig, auf dem vierten greift er sich benommen an den Kopf. Indessen trinkt er dann auf dem fünften froh weiter bzw. er schenkt neu ein, die Flüssigkeit zischt aber am Glas vorbei auf den Erdboden – gleichzeitig lockert sich irgendwie Jonnys Binder. Die nächsten drei Fotos sind mir nicht ganz einsichtig. Die Schnapsflasche steht jetzt auf dem Stuhl, gleichzeitig scheint Jonny Schnaps auszuspucken. Wieder gießt er ein, wieder spritzt das Getränk vorbei, wozu Jonny eine besonders humoristische Miene aufsetzt. Dann vollzieht der Gin die mir nicht ganz erklärliche Bogenbewegung der Titelseite, und Jonny schaut dem bewundernd und lachend nach. Auf dem zehnten Foto scheint Jonny schwer abgekämpft aufzuatmen. Auf dem elften deutet er gleichsam unverwüstlich auf die Flasche. Auf dem zwölften und letzten hält er sich wohl an der Stuhllehne fest und scheint etwas zu singen.

Erregt, ja aufgewühlt legte ich die Platte auf. Es drang heraus wie Sphärenmusik, wie der Gesang der Äonen. Wie am Ende des 1. Akts von »Faust I«, der ja tatsächlich auch zu Ostern spielt! Schon der dritte Scherz aus dem Mund des Conferenciers entfesselte in mir das reine Glück. Der dicke kleine Jonny will mit einer sehr großen Frau tanzen – sie will nicht:

»Mit einem Kinde tanze ich nicht.« Darauf Jonny:

»Entschuldigen Sie, gnädige Frau, ich wußte nicht, daß Sie eins erwarten.«

Kafka hat es nicht geschafft. Jonny hat es sein müssen. Wir Intellektuellen scheinen vor keiner Überraschung sicher. Fröhlich, geradezu aufgekratzt über dieses ebenso geistige wie lebensbedrohliche Abenteuer, braute ich mir eine Tasse Kaffee und dachte, vollkommen aufgeweicht, an Susanne und Sabine gleichzeitig. So macht man das.

Zugegeben, ich träumte leider etwas recht Krauses zusammen, trotzdem übertrug sich meine Vergnüglichkeit spielend auf den nächsten Tag. Zumal ich bereits gegen Mittag auf den glänzenden Gedanken kam, den Privatier Oskar Zirngiebl in der Wohnung seiner Tanten zu besuchen und mit ihm dieses oder jenes Schwätzchen voranzutreiben.

Zirngiebl, der im Unterhemd und einem weißen Sporthöschen, das ihm fast bis zu den Knien reichte, durch die heiligmäßige Wohnung lief und mehrfach brutal rülpste, fragte mich einleitend so zart und brennend neugierig nach den Schwestern aus, wie es diesem seit langem der zierlichen literarischen Rede entwöhnten Provinzler eben zu Gebote stand; wobei ich sofort scharfsinnig registrierte, daß man Zirngiebls Neugier gleichzeitig vollkommene Interesselosigkeit hätte nennen können; und ich antwortete also bedächtig, sozusagen schamhaft ausweichend, als ob ich von nichts wüßte, ließ aber knallig durchschimmern, daß alle beide Damen unter meiner Fuchtel stünden.

»So. Ja. So«, sagte Zirngiebl versonnen und strich sich mehrfach über sein Turnhemd, unter dem sich ein wuchernder Bierbauch wölbte. »Ja. So…«, murmelte der Privatier – und ahnungslos glaubte ich meinen Triumph sozusagen mit der Grazie taktvoller Verschwiegenheit auskosten zu können.

Im Anschluß, der ächzende und immer wieder rücksichtslos grunzende Privatier hatte sich gerade auf dem Sofa ausgestreckt und ließ gedankenvoll die mächtigen Zehen in der Luft kreisen, gelang es mir dann sogar noch, eine zauberhafte Anekdote aus ihm herauszulocken. Es sei da nämlich etwas ganz Erstaunliches, geradezu Unglaubliches in seiner Wohnung passiert, sagte Zirngiebl und wies, ohne den Körper einen Zentimeter zu liften, auf einen massiven Kleiderschrank, den solle ich mir einmal genau besehen. Das tat ich und gewahrte zuerst nichts, dann aber eine kuriose Delle an einer der Schrankkanten: eine Einbuchtung, die wohl von einer Beschädigung bei einem Umzug herrühren mochte.

»Ach wo!« sagte Zirngiebl und ächzte matt, »bei uns zieht doch seit hunderttausend Jahren schon niemand mehr um«, nein, aber diese Delle sei es schon. Zirngiebl machte eine Pause. Und da sei nämlich folgendes Unwahrscheinliche passiert. Bzw. dazu müsse er, seufzte der Liegende, weiter ausholen.

»Paß auf!« Der Alte seufzte erneut, wahrscheinlich tat ihm dieses oder jenes weh. Wie ich wisse, liege er, Zirngiebl, ja nun die meiste Zeit des Tages in seinem Polsterstuhl da drüben und höre Radio und lese die Seelburger Tageszeitung bzw. den Sport-kurier – und hier schickte Zirngiebl einen ewig langen träumeri-schen Blick zur Zimmerdecke und zündete sich ein Zigarettchen

an. So. Und ab und zu lese er auch die »Süddeutsche Zeitung«
wegen der fundierten Sportberichterstattung, ergänzte Zirngiebl,
ich verstehe schon, lächelte er mich schelmisch und in den Augen
das Schmalz der Reife an und vollzog eine Einverständnis heischende zuckende Handbewegung, aber das spiele keine Rolle.
Bzw. es sei so, daß er zum Lesen und Radiohören – »Rundfunk«,
präzisierte Zirngiebl –, Lesen und Radiohören, der größeren Be-
quemlichkeit zuliebe, immer seine Beine gegen die Schrankkante
lege. Und nun sei bisher die kleine, aber bittere Ungemütlichkeit
die gewesen, daß seine Beine wegen des Schwergewichts bzw.
Erdanziehungsfaktors so alle zehn Minuten abgesackt seien, so daß
er sie wieder hoch habe stemmen müssen. Jetzt habe er es zuerst
so versucht, die Beine höher zu stellen, da hätten sie zwar wegen
des besseren Einfallswinkels oder, verbesserte Zirngiebl, »Ein-
gangswinkels, ist ja scheißegal!« gehalten, aber das habe nun wiederum einen Muskel zu sehr angestrengt und weh getan. So daß
er die Beine wieder in Normalstellung zurückbeordert habe.

»Und jetzt paß auf, Moppel, das glaubst nicht!« sei folgendes
Wunder passiert: Durch das anhaltende Lagern der Beine an der
Schrankkante sei diese immer mehr abgeschliffen und eingedellt
worden – bis sich zuletzt am unteren Ende der Einbuchtung ein
kleiner Absatz gebildet habe, vergleichbar einem Kar in Hoch-
gebirgswänden, der die Fersen seiner, Zirngiebls, Füße aufgenommen und plötzlich getragen habe. Er habe dann natürlich dieses
Phänomen sofort registriert und Intellekt genug besessen, das
Ganze zu stabilisieren, indem er seine Füße noch sorgfältiger als
sonst in genau jenen kleinen Absatz zur Ruhe gebettet und manchmal sogar noch etwas nachgeholfen habe und gegengedrückt.
Durch dieses aber – und hier lächelte Zirngiebl, seinen Bericht
für Sekunden unterbrechend, geradezu erleuchtet – sei der Absatz immer prägnanter geworden, habe an Substanz gewonnen
und immer profiliertere Formen angenommen, bis er seit kurzem
seine, Zirngiebls, Beine absolut einwandfrei trage. Seitdem seien
die Füße nie mehr abgesackt, rief der Privatier feurig und richtete
sich sogar von seinem Sofa auf. Was das für ihn bedeute, schloß

der Alte seinen Bericht geradezu nachdenklich, könne ich mir ja denken.

Schmunzelnd gratulierte ich dem Privatier zu seinem Glück, und wir schäkerten noch ein Weilchen herum, wie lange er, Zirngiebl, eigentlich zur Schule gegangen sei, ein Lieblingsthema von uns beiden. An diesem Tag kamen wir auf 24 Jahre, einmal hatten wir sogar 27 zusammengebracht, was wohl Weltrekord bedeutet – und derlei Feiertagsplaudereien, wie wir Alten sie eben bevorzugen. Er werde, sagte dann Zirngiebl auf meine Frage hin, heute zu Hause verweilen – »um deine neue Delle besser auszunutzen!« krähte ich scherzhaft, worauf der Privatier nicht nur in ein Wiehern der Freude ausbrach, sondern sich sogar mehrfach auf den leicht vergilbten Schenkel unterhalb der weißen Turnhose patschte, was wohl beides, wie mir schien, in keinem Verhältnis zu meinem Witzchen stand.

»Mensch, Mensch…«, schloß Zirngiebl vor Trägheit schwer atmend und kratzte sich an seinem ausladenden Kopf.

»Was, Mensch Mensch?« hakte ich nach.

»Naja alles, Moppel, alles!« brüllte der Privatier jetzt wieder wie selbstvergessen auf. Eine kleine Stille trat ein: »O weh, o weh!«

»Was?« Ich gab nicht nach.

Plötzlich hatte er es. »Weißt du, was das ist, Moppel? Weißt du das?« schrie der Alte, »nein, du weißt es nämlich nicht, und drum sag ich's dir. Das was das ist und das was wir da machen, das ist die Brillanz des Lebens! Ihihihi ihihihi ihihihi! Die Brillanz des Lebens, ehrlich!«

Schauerlich, aber mir gefiel es. Nach zehn Minuten ging dem Alten die Kraft zum Brüllen aus, er zauberte ein Dosenbier unter dem Sofa hervor, öffnete es und soff es weg. Bevor ich zu Sabine aufbrach, brachte Zirngiebl das Gespräch nochmals kurz und wie lauernd auf die ihm anscheinend höchst ominösen Morlock-Mädels. Wieder versteckte ich mich hinter ein paar ausweichenden Redensarten, allgemeine Heiterkeit und zügiges Gelingen zu suggerieren, was die sexuelle Sphäre angehe und überhaupt, schmierte ich Zirngiebl ums Maul, »die Brillanz des Lebens«.

Noch einmal wieherte der Bonvivant auf, dann verabschiedete ich mich.

Vier Monate später, im Rahmen eines sommerlichen Sandgrubenfests, teilte mir Zirngiebl mit tiefem Ernst mit, er habe mich seinerzeit sozusagen warnen wollen. Alle Seelburger, »du blöder Hund«, seien damals über meine Sabine wohl besser informiert gewesen als ich, »was glaubst du, was da los war!« Damals wäre vielleicht noch etwas zu machen und zu verhindern gewesen, redete Zirngiebl beschwörend auf mich ein und schwenkte in der linken Hand wie eine Fackel sein Seidelglas in den nächtlichen, vom Lagerfeuer durchzuckten Himmel. »Aber das ist ja jetzt gleich, das ist ja jetzt scheißegal, Moppel!« versuchte Zirngiebl mich dröhnend und lachend wieder aufzurichten und ließ seine rechte Pranke auf meine Schulter sausen – in der irrigen Meinung, es sei ja jetzt alles passé. Er ahnte nicht, daß ich gerade an diesem festlichen Freiluftabend am allerheftigsten litt.

Und daß mich also Zirngiebls verspätete Mitteilungen wie ein Gift trafen, dessen Süßigkeit in einen Brei sinnlos zärtlicher Raserei vertröpfelte.

9

Heute, an meinem Schreibtisch, bläst der kalte Wind der Gegenwart rücksichtsloser als je zuvor gegen die blühende Vergangenheit an. Das Herz sticht, die Schläfe pocht, was soll das alles? Warum wird der Mensch so vernichtend dafür bestraft, daß er sich erotisch einmal verhaut? Und warum, vor allem, habe ich die Aufgabe auf mich genommen, die ganze Katastrophe, den ganzen Käse noch einmal aufzuwärmen?

Mit meiner Doppelliebe ging es nach Ostern seelisch drunter und drüber. Zunächst ereignete sich etwas über die Maßen Obskures. Ich ertappte mich dabei, wie ich im Kaffeehaus im Geist einen Abschiedsbrief an Sabine konzipierte, und, weil mir das außerordentlich viel Vergnügen machte, auch gleich einen an Susanne – und dies, obgleich ich zu dieser Zeit keineswegs gewillt war, auch nur auf eine der beiden zu verzichten! Ohne daß ich die elegischen Phrasen, die ich mir damals bereits mundfertig gemacht hatte, noch im Detail wüßte (allzu viele Abschiedspost habe ich zwischenzeitlich ins Land hinausgejagt), ist mir noch der jeweilige Grundgedanke gegenwärtig. Sabine wollte ich sanft, aber nachdrücklich bedeuten, der schwere Intellektuelle, den ich ihr gegenüber darstellte, würde auf kein gutes Ende hinauslaufen (vermutlich habe ich aus Erregung über diesen butterweichen Gedanken sofort einen neuen Espresso bestellt) – Susanne, die mir ja damals noch gar nicht eigen war, was ich wohl kurzzeitig verdämmert hatte, wollte ich loswerden mit dem Hinweis, ein Stern wie sie gehöre in die Metropolen, allein dort könne sie dann ihre eingeborenen Talente entfalten, sich in Ruhe den geeigneten Lebenspartner erwählen usw. – jedenfalls war mein Hintergedanke klar und eitel genug: Fesselung dieser Frau durch schon übergroßen, über alle Begriffe gehenden Edelmut.

Das ganze schöne Projekt – wenn ich mich recht entsinne, hatte ich damals wohl auch schon die Witwe Strunz-Zitzelsberger behutsam im strategischen Hintergrund aufgebaut – erwies sich dann rasch als grotesker Unsinn, insofern, als es schon in den nächsten Tagen zu einer einschneidend neuen Entwicklung kam. Ich hatte mich sozusagen für ein paar Tage von Sabine beurlaubt, entweder möglichst unbehelligt Susanne in ihrer Apotheke heimzusuchen oder aber meine Freiheit guten Freunden zur Verfügung zu stellen, und so traf es sich, daß ich mit einem Bekannten, dem Bleistifthändler Hermann Dammler, eines Nachmittags einen Ratskeller aufsuchte, ein Schwätzchen zu halten, worauf sich jener Dammler besonders leidenschaftlich, eindringlich und intellektuell nachgerade erholsam versteht. Ich schätzte gerade damals solche anspruchslosen Plaudereien aufs äußerste, freute mich geradezu auf die sumpfigen Ströme von Dammlers maßvoll vorwärtskommenden Erzählungen und Erklärungen – es wartete jedoch auf mich eine böse Überraschung, denn in einer Nische des Ratskellers gewahrte ich ein niedliches Pärchen, das sich rasch als Sabine Morlock und Willi Schießlmüller entpuppte, heftig aufeinander einkichernd und die Köpfe bereits vertraulich gegeneinanderstreckend – jedenfalls über dem ganzen Saustall entlud sich ganz unverkennbar ein höchst ordinäres erotisches Gewitter!

Nichts ist mir verhaßter als das krampfhafte Zittern, das in solchen Augenblicken der Ohnmacht meinen vermutlich allzu empfindsamen Körper durchrasselt. Wahrhaftig, mein Kreislauf fing buchstäblich zu wackeln an, wie um als eine Art höherer Richter seinen Herrn zu bestrafen. Eigenartigerweise aber überschwemmte mich noch in den ersten Sekunden des Erkennens der Gedanke, daß ich meinen vorgesehenen Abschiedsbrief ja nun wohl an dieser oder jener Stelle ändern, wahrscheinlich schmerzlicher, schuldfreier gestalten mußte. Und wiederum gleichzeitig hoffte ich inständig, daß Hermann Dammler den Skandal nicht gleichfalls sofort bemerkt hätte (vergebliche Hoffnung – bereits am Abend war die halbe Stadt eingeweiht) – und ich drängte deshalb, kaum fähig, mich aufrecht zu halten, meinen Begleiter hastig in eine entferntere Abteilung des Ratskellers, der Schmach aus dem Weg zu hasten, vermutlich ein haarsträubender Fehler, denn durch dieses kindische Verfahren war der Zeuge Dammler erst recht in mein Desaster eingeweiht.

Mühsam, hinter einer Zigarette verschanzt, in hektischen Zügen Weizenbier in mich stürzend, leierte ich mit dem Bürger Dammler ein Gespräch über Inflation, Stabilität und vor allem Bleistiftpreise an, welche letztere diesem Herrn ganz besonders nah am Herzen lagen – und bei all dem trank ich mir ganz unvorhergesehenerweise einen kräftigen Rausch an. Auch dieses Phänomen analysierte Dammler, wie ich seinem späteren höchst genüßlichen Bericht entnehmen sollte, erstaunlich intelligent und vollkommen richtig.

Abschiedsbriefe, Bleistiftpreise und langfristige Sorgen um mein Wohlergehen rauschten wüst durcheinander. Scharf und rigoros stieß dazu Dammler Zigarettenrauch aus dem Munde. Beim Verlassen des Ratskellers, ich wankte kräftig und spürte noch immer widerliche, zügellose Schmerzen in meiner Herzgegend, war das saubere Pärchen längst über alle Berge.

Hatten die beiden Strolche uns Herren gesehen?

Ich legte mich mit dem Vorsatz zu Bett, morgen Sabine ganz ruhig und sachlich zu mir zu bitten und ohne Umschweife eine Aussprache zu erzwingen. Endete die negativ, so erwog ich beim Einschlafen, würde ich mich endlich frei und ungezwungen auf Susanne werfen können – endete sie positiv, so wäre, kam es mir gedämmert, durch den dramatischen Akzent dieses Nonplusultra, dieses entschiedenen Sinequanon, kurz, dieser Aussprache, sozusagen ein neuer Anfang gesetzt, vielleicht würde sich dann die volle Liebe erst so richtig entfalten, wie ein Wirbelsturm über unsere Köpfe hinwegsausen und uns in neue, völlig unbekannte Glückszonen blasen – und im Hintergrund lauerte noch immer die Existenz Susannes, die dann freilich vermutlich noch ein wenig warten mußte …

Die Aussprache fand statt im »Seelburger Hof«. Ich hätte mir denken sollen, daß dabei nur dummes Zeug herauskommen würde. Sie könne nun mal, flüsterte Sabine verräterisch fahrig, aber unwiderlegbar, den Schießlmüller sehr gut leiden, man habe sich »rein menschlich« auf Anhieb verstanden – und dergleichen trostlose Redensarten mehr, gegen die ich nichts vorzubringen vermochte, ja aus einem Gefühl allgemeiner Gottverlassenheit heraus wohl auch nichts vorbringen wollte, langjährige Eheleute und sonstige erotisch Versierte werden mich kopfnickend verstehen. Zuletzt, sie hatte schon wieder Oberwasser, ließ sich Sabine sogar zu der Ungeheuerlichkeit hinreißen:

»Der Willi ist genauso wie ich.« Ob ich das verstünde?

Ich mußte verstehen. Trotzdem – war Sabine so einfältig und wußte den räuberischen Vormarsch Schießlmüllers wirklich nicht zu durchschauen? – trotzdem gelang es mir, mit einigermaßen wehmutsdurchtränkter Stimme den Gedanken ihr anzusalben, aus solchen freundschaftlichen Begegnungen erwüchsen oft und unversehens die größten Komplikationen, Freundschaft sei durch keine eindeutige Trennlinie von erotischen Neigungen geschieden – ja, und daß sie, Sabine, immer bedenken müsse, sie sei ein hübsches junges Mädchen, und der Herr Schießlmüller schließlich auch nur ein Mann (O Schießlmüller, dezenter konnte ich deine kohlrabenschwarze Sexualmotorik wirklich nicht beschreiben!), und jedenfalls müsse also sie, Sabine, verstehen, daß…

»Ach, Schmonzenz!« strahlte da plötzlich diese junge Dame fröhlich, und beneidenswerte Gesundheit blühte grell aus ihrem Gesicht – da sei ich nun aber wirklich ganz falsch gewickelt – und sie schüttelte wieder einmal (so etwas anmutig Verlogenes hatte ich selten gesehen!) drei-, viermal den Blondkopf geradezu blinkend von links nach rechts und retour, das Ganze zauberisch wie ein Foto von David Hamilton.

»Du?« zwitscherte sie jetzt blechern und tippte mir gegen den Bauchnabel. Es klang wie »Du – uh?« Ich wußte nicht, sollte ich ihr jetzt eine scheuern oder das Debakel nur idiotisch finden. Aber Sabine schmiegte sich plötzlich so fix und heftig an mich, daß nur ein extraordinärer Esel wie ich die kriminelle Verlogenheit dieser Schutzautomatik nicht durchschaute, sondern sie für eine durch hitzige Spontaneität geadelte Zuneigung hielt und mich sofort in sie verliebte – ich meine die Geste. Heute bin ich besonders skeptisch gerade diesen scheinbar überzeugenden Manieren gegenüber. Alles Theater!

Ich muß sagen, daß auch die Nettigkeit des Worts »Schmonzenz« – eine meines Wissens von Sabine erfundene Kontraktion aus »Schmonzette« und »Nonsense« – mir besonders gut gefiel und meine schnell versöhnliche Stimmung wohl mitverursachte; so legen sie uns Sprachgewaltige immer wieder rein! Später ging mir gerade dieser »Schmonzenz« freilich gewaltig auf die Nerven, ja, es erschien mir wie eine Nichtigkeitserklärung allen Lebensernstes durch die Welt der Teenager!

Wir verbrachten einen nahezu schönen Abend miteinander. Er gipfelte in dem Plan, demnächst an einem verlängerten Wochenende – für mich freischaffenden Hausbesitzer ein äußerst lustiges Wort – im Bayerischen Wald alles wieder in Ordnung zu bringen (O Leobold, die Nachwehen deines mächtigen, unversiegbaren Einflusses!) und sozusagen von vorne anzufangen, jedes Schulkind, nur ich nicht, weiß ja, wie ruinös gerade dieser Vorsatz ist! Mir Einfaltspinsel wurde so licht ums Herz, daß ich zuletzt, schon zog bläulich der Sommermorgen herauf, gewünscht hätte, Susanne wäre da und steckte gleichfalls traumvernarrt ihren Kopf mit den unseren zusammen.

Mit dem verlängerten Wochenende wurde es nichts. Drei Tage später, im ANO-Teppichladen, den ich wieder mal zu einem Schwatz aufgesucht hatte, ereilte mich die nächste Katastrophe – es folgte nun überhaupt Schlag auf Schlag.

Sozusagen hinter vorgehaltener Hand – in der freien hielt er eine Flasche Apfelwein »Knaddeldaddel« – flüsterte und raunte mir der alte Hans Duschke zu, ob ich eigentlich wüßte bzw. was ich dazu sage bzw. wie das überhaupt da »mit der kleinen Büchs da und dir steht?«

»Warum?« fragte ich erschrocken heiter – und nun spielte der scharrende Greis seinen informellen Seniorentrumpf mit schon bewundernswerter Schamlosigkeit aus: Es sei mir ja wohl bekannt, kreiste mich dieser Vater der Tücke ein und zwinkerte dabei gleichsam bedenklich ins Leere eines himmelblauen Teppichbodens mit einem hundsgemeinen Röschenmuster drauf – was ich dazu sage und zu bemerken hätte, daß meine Freundin und Alfred Leobold zusammen nach Afrika in Urlaub führen?

Ich fordere den Leser auf, ruhig und ernst zu bleiben und es nicht etwa mir gleichzutun und sogar vom Stuhl hochzuspringen:

»Was?« schrie ich lachend; ein taktischer Fehler von verheerendem Effekt – ich hätte ganz gelassen »ich weiß« sagen sollen, eine Geistesgegenwart, die in solcher Lage freilich nur den wenigsten Sterblichen vergönnt ist.

Mein sprühendlustiges »Was?« brachte den nichtswürdigen Alten endgültig in Vorhand. Wie in tiefem Gram stellte er seinen rechten Fuß auf einen Teppichballen und teilte mir, seinen abgefeimten Hochgenuß mühselig, aber mit der Professionalität des gewiegten Mimen verbergend, alles mit. Jawohl, das sei gestern abend ausgemacht worden, hier im ANO-Teppichladen, wo Sabine seiner, Duschkes, Meinung nach irgendwie aus freien Stücken vorbeigekommen sei – »vielleicht hat sie auch für ihre Firma was besorgen müssen, kann ja sein«, tröstete mich Duschke gut dosiert und bat für den Höhepunkt seines Reports um eine Zigarette – jawohl, und da habe Alfred Leobold die Kleine zu dieser Reise eingeladen, zuerst fahre man mit Herrn Leobolds Wagen, dann bei Fiume gehe es mit dem Mittelmeerkreuzer weiter, und alles, raunte Duschke wie sterbend vor so viel Abgeschmacktheit, für Sabine umsonst; der Alfred habe es ihr versprochen, insgesamt sechs Wochen Afrika, am 25. Mai gehe es los, »und die Sabine, die Kleine, hat natürlich sofort ja gesagt«. Auch mit dem letzten Wort noch suchte mir der ehrvergessene Graukopf ins Fleisch zu säbeln.

Wo war Alfred Leobold? Duschke schien meine Gedanken erraten zu haben:

»Der Alfred ist drüben in der Müller-Wirtschaft Kundschaftssaufen«, fuhr dieser große Lehrer der Ranküne harmlos fort und nahm selber einen Schluck »Knaddeldaddel«. Natürlich stand ich wie vom Schlag gerührt, auch die heftig ins ANO-Lager geblasene Zigarette vermochte letztlich nichts wettzumachen. Duschkes Sadismus war noch nicht gestillt. »Ja, alles klar, die beiden fahren«, er, Duschke, wundere sich nur darüber (jetzt tötete er mich endgültig), daß ich, Moppel, noch nichts davon wisse und (äugte er mich gottlos an) daß ich nicht mitfahre – »Gnädige Frau, ich komme in zwei Sekunden!« krähte er einer Kundin nach, die sich hilfesuchend auf den prächtigen Teppichpaternoster zubewegte.

»Sehen wir uns heute abend?«

Auch dieser letzte lockere Zynismus war wohlkalkuliert. Ich muß das Unternehmen ANO in ziemlich verheddertem Zustand verlassen haben. Mein erster Gedanke war, Susanne anzurufen oder, besser, gleich aufzusuchen. Verblüfft inmitten aller Pein stellte ich fest, daß ich sie seit meiner Premiere am Dorfweiher überhaupt nicht mehr unter vier Augen gesprochen, geschweige denn sonstwie getätschelt hatte! Und warum hatte sie sich nicht selber gemeldet, die dumme Nuß??

Sabine und Alfred Leobold in Afrika! Immer noch fiel ich aus allen Wolken auf die regnerische Stadt Seelburg hinaus. So hatte es ja kommen müssen! Aber dieser Leobold würde vor lauter Schwäche ja nicht einmal bis zum Brennerpaß kommen, und

Sabine hatte keinen Führerschein, fiel es mir in diesem desolaten Moment überraschend zu! Andererseits konnte ich in meinem Zustand nicht gut vor Susanne treten, ich zitterte ja an Händen und Füßen! Dieser Duschke! Dieser Voyeur! Dieser gottvergessene Greis! Afrika! Weites Land! Wohin mochten die beiden steuern? Addis Abeba? Lambarene? Die Vorstellung Alfred Leobolds im Kongo, das Lebenswerk Albert Schweitzers besichtigend und mit etlichen »Geht in Ordnung« und »genau« lobend und dann alle umstehenden 85 Neger zu einem Sechsämter einladend, machte mich, mitten auf der Straße, hemmungslos lachen. Ich registrierte, daß ich meiner Gefühlsäußerungen nicht mehr Herr war. Diese Idioten! Sollte ich die beiden – seit wann standen sie eigentlich in so herzlichem Einvernehmen? – nicht sogar zu ihrer Reise beglückwünschen, sie, sollte ihre Initiative nachlassen, geradezu in diese Reise treiben, auf Nimmerwiedersehen, und ich wäre erlöst, erlöst von zwei Existenzen, die meine humane Position zusehends und nachweislich gefährdeten? Alfred Leobold auf schwankem Schiff, tödlich mitgenommen von Sex mal Sechsämter – eine superbe Vision! Der Ärmste! Herrlich! Ich würde jetzt gleich zu Sabine laufen, sie für diesen Reiseplan zu loben, vielleicht auch noch ein paar feine Spitzen über Alfred Leobolds weltbekannt hervorragende Liebeskraft und -lust ihr ins Gesicht zu schleudern, jawohl – –

Sabine, niedlich im weißen Arbeitskittelchen der Modefirma Zeisig, war erstaunt, mich zu sehen, lächelte mich aber lauwarm an, anscheinend keine Spur von Angst oder schlechtem Gewissen. Mein Humor war plötzlich wie von ungefähr wieder verflogen. Der ich herausfordernd komisch hatte sein wollen, war ich nun abermals zur Gegenstrategie gezwungen, verdammt! Scheinbar bohrend, vermutlich extrem linkisch quallte ich auf diese Dekorateuse ein, ob sie sich »das mit der Afrikareise« gut überlegt habe? Das Wort »lächerlich« verschluckte ich.

Meine Leidensmiene hatte nicht den geringsten Effekt. Ach, ich wisse es also schon – sie, Sabine, habe es mir heute abend »sowieso« sagen wollen, zwitscherte sie fröhlich, freilich nicht über-

zeugend, und dann quasselte sie in einem fort: Welch eine ein-
malige Chance dies sei, ganz umsonst zu reisen, sie habe auch
schon immer nach Afrika gewollt, und noch dazu mit einem Schiff
und – noch einmal –: der Herr Alfred würde alles bezahlen.
»Hallo, Günter!« rief sie plötzlich einem vorbeistreichenden jungen Mann im Pop-Kostüm durch das Zeisigsche Auslagen-Fenster
zu und klopfte so stürmisch gegen die Scheibe, bis der Nichtsnutz es merkte. Dann ein stummes mimisch-gestisches Gespräch
durchs Glas hindurch. Langsam wurde ich wahnsinnig.

Ob sie, fragte ich schneidend, noch nicht auf den Gedanken
gekommen sei, daß Herr Leobold ein Mann sei, ich wolle ja, sagte
ich grob, nicht deutlicher werden? Praktisch die Wiederholung
meiner Rede im Falle Schießlmüller.

Die alte Leier. »Ach so«, lachte Sabine so schelmisch, daß ich
erneut die Übersicht verlor, »Schmonzenz«. Das wurde langsam
ein Signalwort für mich. »Der Leobold will doch nichts von mir,
Schmonzenz! Der hat doch schon zwei Töchter!«

Ich mußte auf dieses unerwartete Argument hin erst einmal
schlucken, so etwas hatte ich noch nie gehört. Wollte sie mich auf
diese Weise narren? Kein Wunder, daß mir der Stoff eher ausging
als unter normalen Umständen.

Ob sie, fragte ich schon mutlos, denn nicht die sozusagen so-
ziologische – ich verbesserte mich – die gesellschaftliche Kompo-
nente dieses »aberwitzigen« (sagte ich jetzt doch) Reisevorgangs
sehe und begreife?

Nein, sagte Sabine, vermutlich ehrlich.

Ich kam ins Stottern. Nun, sie, Sabine, sei doch »sozusagen«
(sagte ich) mit mir befreundet – und selbst wenn ihr der Herr
Leobold nur die Wunder und Schönheiten Afrikas zeigen würde,
müsse sie doch – o Moppel, Spießer! – die öffentliche Meinung
und das Gerede bedenken (und hier erstand das hämisch-wonnige
Antlitz Hans Duschkes erneut gräßlich vor meinem Auge), das
hiesige Gerüchtewesen, das allein kraft seiner ihm innewohnen-
den Infamie ein Liebesverhältnis gefährden könne, selbst wenn
dieses, log ich, an sich intakt sei – –

»Ach, Schmonzenz!« lachte abermals Sabine, zum Teil hatte sie recht damit. Aber jetzt müsse sie wieder arbeiten, krähte sie – ich weiß nicht: lustig oder doch erregt-fahrig und streichelte mich fix am Arm. Es schnitt ins Fleisch. Ich schwamm total. Gerade noch, daß mir ein scheinbar kräftiges, in Wirklichkeit absolut klägliches Argument einfiel: es sei doch an sich eine Selbstverständlichkeit, daß wir zusammen in den Urlaub reisten. Oder?

»Du fährst ja nicht nach Afrika!« rief Sabine nun heftig, fast schrill.

Das war wahr, unglaublich! Noch war ich aber nicht ganz ausgetrickst:

Es sei doch so gut wie klar gewesen, daß ich zusammen mit ihr nach Italien führe, schwindelte ich blind. Sabine ging nicht einmal auf die Lüge ein.

»Italien mag ich nicht.« Spielerisch, wie mehrdeutig, kreiste sie mit der linken Schulter.

»Und ich?« Ich fürchte, es gelang mir nicht, genügend Pathos in Stimme und Miene zu legen. Der zitternde Gram, die knotigen Gefühle im Herzen machten selbst mir Routinier das Leben schwer. Über die »Antinomie von Recht und Macht« hatte ich einst in dem erwähnten Aufsatz der Zeitschrift »Progressive Justiz« gehandelt. Da hatte ich sie! »Und ich?« Praktisch bat ich um Mitleid.

»Ach, Schmonzenz«, kämpfte diese Jugendliche auf ihre Art nicht einmal ungeschickt und überfrachtete mich jetzt mit einem Gesprudel von wild Durcheinandergemengtem und – wie ich nicht einmal gleich erkannte – höchst Ominösem. Im Herbst, da bekomme sie noch einmal Urlaub, da reisten wir dann nach Jugoslawien, die Susanne und der Schießlmüller und der Mogger kämen auch mit und vielleicht der Röckl Otto und der Nübler Pit und vielleicht nochmals der Leobold »mit seinen Töchtern«, beharrte Sabine äußerst dringlich – es seien doch auch nur sechs Wochen, die sie in Afrika verbringe, und »ich mag dich sehr gern«, reduzierte sie, die Wangen reizend aprikosenfarben, plötzlich und total unvermutet, ihr mir bereits wohlvertrautes »Ich liebe dich«.

Augenblicklich verlor ich die Übersicht. Susanne, Schießlmüller, Mogger? Röckl Otto? Warum wußte ich auch von dieser zweiten Exkursion nichts? Schwer geschwächt, Schütteres im Hirn, gab ich mein letztes Argument preis:

»Und wenn das für uns…« Ich stotterte zärtlich: »Wenn das für uns das Ende ist?«

Sabine zuckte die Achseln, eine klare Sprache, für jeden Dummkopf verständlich. Ich Ober-Einfaltspinsel aber glaubte in dieser rohen Geste den latenten Ausdruck von schmelzender und eben deshalb wortloser Zuneigung herausgelesen zu haben, das bekannte Goethesche »Und wenn ich dich liebe, was geht's dich an?« Sofort und grundlos weich gestimmt, segelte mir eine meisterliche Idee in jenes Hirn, das immerhin einmal Jus und amerikanischen Pragmatismus dazu studiert hatte:

»Hör mal, Sabine«, Blick zu Boden, heroischer Gesichtsausdruck, tremolierender Kavaliersbariton im Mezzopiano, »wir sollten eine Art Vakanz, eine Karenz«, verbesserte ich mich schleunigst, denn Vakanz brachte die Gans sicherlich mit Afrika in Verbindung, »eine Karenz, eine Art Probezeit für uns beide einrichten. Wir sollten uns die zwei nächsten Wochen nicht sehen und genau über uns nachdenken. Und dann«, ich war damals wohl wirklich im Kopf etwas angekränkelt, »von vorne anfangen und«, hier brach sich wohl mein schlechtes Gewissen hinsichtlich Susanne abermals Bahn, »dann wirklich nur füreinander dasein.« Schande über die Phrase!

Die Folter stimmte mich traurig und sentimental. Es hätte mir trotzdem auffallen müssen, wie rasch Sabine zustimmte; keine Spur von Trauer, keine Idee von Reklamation. Es war der schlechteste Einfall meines Lebens, das Anschwellen des Endes, die Ouvertüre zu einem Sommer des Elends. Ich hielt mein Impromptu augenblicklich für blendend, zwang ich doch auch bei dem erwartbaren Erfolg der Karenzzeit Sabine mehr oder weniger dazu, immer noch rechtzeitig das Unternehmen Afrika zurückzupfeifen. Wenn ich es heute wach überdenke, wäre Sabine insofern vermutlich, ihr die Entscheidung zu erleichtern, eine Karenzzeit von zehn Wochen, über die Afrikafahrt hinaus, am allerliebsten gewesen. Eine nicht eben glänzende Empfehlung für meine erotische Unentbehrlichkeit.

Erst jetzt sah ich, daß Sabines Haarsträhnen rötlich schimmerten. Ich wurde sofort noch schwächer. Hatte sie die tönen lassen? Gar für Leobold? Oder war's doch Natur, und ich hatte es bisher nur nicht mitbekommen? O Gott, o Gott! War ich schon geisteskrank?

»In vierzehn Tagen?«

»Ja. Hm. Ja«, rief sie schrill und gedankenlos und dann noch taktloser: »Servus, Moppel!«

Es ging dann aber alles noch viel schneller. Zurückgezogen von Sabine war ich wiederum Realist genug, die vierzehn Tage nicht nutzlos verstreichen zu lassen, zumal ich bei meinen nächsten Besuchen im ANO-Laden mehrfach von geschäftigen Reisevorbereitungen hörte, wie entmutigt aus dem Munde des alten Hans Duschke, der wohl seinem Oberhaupt diesen rasanten geschlechtlichen Coup nicht mehr zugetraut hatte und nun, bei aller Freude über mein Mißgeschick, leise Trauer nicht verwinden konnte – aber auch aus dem Munde von Alfred Leobold, der tapfer von gewissen Autoreparaturen, Reisebüros und Traveller-Checks unkte und sich in diesen Tagen, wie mir schien, besonders eifrig für Afrika warmtrank.

»Wird prima, Moppel«, spielte Alfred Leobold mir gegenüber bewundernswert virtuos und ohne jedes Indiz für Spott den Naiven, »das kannst mir glauben, einwandfrei!« Damit war ich sogar psychologisch entmachtet. Erneut aber fiel mir auf, daß mir von dieser Perspektive her der hastige Krampf sogar gefiel, daß mir dieser Reisende dabei sogar noch werter wurde.

Na denn in Gottes Namen gute Reise! Mir aber führte nach acht Tagen eines jener Wunder, ohne die die Menschheit wohl aussterben würde, eines Nachmittags beim Schachspielen im »Seelburger Hof« Susanne über den Weg. Es befremdete mich zwar ein wenig, daß sie sich dort nach dem Kaufmann Arthur Mogger erkundigte, nun, vielleicht bekam sie noch Geld von dem schnittigen

Bauernschrankhändler, Susanne setzte sich trotzdem treuherzig come una Madonna zu uns Schachspielern und äugte liebevoll auf die kleinen Männer auf dem Brett. Das war die Stunde der Wahrheit.

»Gehst du am Sonntag mit wandern?« Kühler Sound, Hitze im Herzen, mein sizilianischer Angriff verschwamm vor den Augen.

»Ja. Wohin?« Wunder über Wunder.

»Und den andern sag ich dann auch noch Bescheid«, log ich sinnlos ins Prickeln hinein, »um zwei Uhr dann im Seelburger Hof.« Und dann quakte ich noch was von der Lieblichkeit des Lauterachtals.

»Hm«, freute sich Susanne, »prima.« Alfred Leobold hätte es nur vom Klanglichen her schöner sagen können. Den Allgäuer Verlobten konnte ich endgültig vergessen.

So kam es, daß ich einen schon nahezu gewonnenen Angriff gegen den Altkommunisten Alwin Streibl noch glänzend verlor, was mich wegen Susannes himmelschreiender Gegenwart ein wenig verwirrte. Sie schaute aber so allesverzeihend drein, als sei ihr wohlbekannt, daß auch schon ein Fischer, ein Kortschnoj, ein Karpov den Untiefen der Drachenvariante erlegen seien. Als sie sich davonmachte, wagte ich einen eindeutig lüsternen, ja obszönen Blick. Susanne, schöner, unirdischer denn je, lächelte mit geradezu erschreckender Konstanz zurück.

»Also dann Sonntag zwei Uhr. Aber ehrlich, gell, ehrlich?«

Ehrlich, wie orientierungslos das Glück in der Landschaft herumgewitterte!

Wer das gewesen sei, wollte der Altkommunist Streibl, ein zwischen Behäbigkeit und Übernervosität hin- und hergerissener Mann von knapp 50, nach Susannes Auszug wissen. Ich klärte ihn oberflächlich auf.

»Fickst du sie?« fragte er dann umstandslos und sah mich nachdenklich an, das Wissen um die abgründigen Zusammenhänge von Politik, cherchez la femme und überhaupt um das universelle Laster in der westlichen Hemisphäre in den müden Augen.

Ich nuschelte etwas Fahriges.

»Wenn sie mit dir spazierengeht, kannst du sie auch ficken«, belehrte mich der ehemalige Ost-Agent, »noch ein Match? Ich würd gern mal mit Schwarz die Göteborger Variante spielen.«

»Die ist doch widerlegt«, sagte ich entrückt.

»Ist doch scheißegal!« sagte Streibl.

Streibl, übrigens erwerbsunfähig geschrieben, machte ansonsten den ganzen Nachmittag über den Eindruck, als ob er durch besonders gepflegtes Schachspiel, durch allerlei Abwehreleganz und Endspielfinten seinem ansonsten doch wohl recht gehaltlosen Leben einen gewissen bolschewistischen Grundton und überhaupt Pfeffer zu verleihen suchte. Zuletzt erzählte er noch, vorgestern habe er bei einer Kommunionsfeier sehr viel, gestern aber nur wenig getrunken, »gar nicht der Mühe wert!«

Um so mehr, meine ich, der Mühe wert, einmal über die Tiefendimension dieses blitzdummen Satzes nachzudenken. Und auch darüber, was eigentlich unsere Kommunisten andauernd bei Kommunionfeiern zu suchen haben...

Oder war es einfach so, wie Christopher Isherwood schreibt: »Die Leute bilden sich ein, Kommunist zu sein. In Wirklichkeit sind sie es gar nicht.«? O Susanne, wie ist das Leben doch so euphorisch!

Streibl, immerhin, sollte recht behalten, aber auch wieder nicht ganz. Es war wohl der heißeste Tag des Jahres, als Susanne und ich am Sonntagnachmittag lostiefelten. Ein Marsch von zwanzig Kilometern stand auf dem Programm, keine gute Voraussetzung für die hochwuchernde Vollerotik, aber aus irgendwelchen pretiösen Gründen trieb es mich dazu, das Selbstverständliche zu verschleiern. Susanne hatte sich überhaupt nicht gewundert, daß sonst niemand zum Treff gekommen war, ich hatte mich trotzdem fiebrig in irgendwelche Ausreden verflüchtigt. Los!

Der Liebespfad führte durch ein extrem anmutiges Tal mit sanften Hängen zur Linken und Rechten, eine gesegnete Gegend, Schlüsselblumen und Löwenzahn umspielten das romantische Pärchen. Täppisch stürmte es dahin, ein glitzerndes »Heute-Heute!« hallte durchs stille Land, ich spielte abermals den Souveränen, den

Cavaliere und den gehaltvoll wandernden Freizeitgestalter gleichzeitig, geriet aber bald ins Schwitzen und Keuchen, während die heute schon unirdisch schlanke Geliebte wunderbar rüstig drauflosrannte und schon bald die oberen Blusenknöpfe öffnete. Ohne zu schwanken, fragte ich aus einer plötzlichen Eingebung heraus Susanne, ob sie nicht »Zeit« hätte – ich vermied, wie abgeklärt, das Wort »Lust« –, mit mir »und ein paar anderen« (setzte ich hektisch nach) für drei Wochen nach Italien zu fahren, und ich fing, taumelnd im Kopf, an, die Vorzüge der »anderen«, ihre Geselligkeit, ihre Weitgereistheit ins beste Licht zu rücken (es handelte sich um ein paar Frankfurter Jetset-Nichtsnutze unter der Ägide des rüstigen Altjournalisten Rösselmann) – so fast atemlos Susannes Antwort hinauszuzögern, das Glück fester zu schmieden, bevor es erhärtet würde bzw. zerflösse, was weiß denn ich – jedenfalls ein hoher geistiger Genuß, den ich nur jedem theoretisch Interessierten weiterempfehlen kann.

Die Antwort kam, selbst gemessen an höchsten Erwartungen, sensationell:

»Freilich. Prima. Ja.« Und nach ein paar Sekunden, ein kühler angenehmer Schatten in dieser erhitzten Landschaft: »Wenn mir die Apotheke freigibt – aber die gibt mir schon frei.«

Wo das Glück hinpurzelt, da rumort es mit voller Unvernunft weiter. Nein, ich nahm mir kein Herz, sondern überwältigt schloß ich Susanne mitten auf dem Feldweg steif in die Arme, unsere alte Positur vom Dorfweiher annähernd peinlich zu wiederholen. Sie lächelte zum Verzweifeln sanft und nachsichtig.

Es war ein eigenwilliger Spaziergang voller Tücken. Tapfer umschlang ich nach jedem erarbeiteten Kilometer Susanne und küßte sie ab, und sie ließ es sich gefallen und lächelte wohlig – aber die schon herzlos sengende Hitze verlieh diesen Inszenierungen etwas durchaus Unangenehmes, Schweißiges, Unglückseliges, so daß wir jeweils ein wenig mutlos wieder weitertrabten, die müde Hoffnung im Hirn, daß vielleicht doch noch alles anders und besser würde. Am Zielpunkt unserer Wanderung hielten wir kurz Einkehr und schütteten mehrere Coca Cola in uns, dann schlug ich vor, es wäre doch vielleicht am »angenehmsten« (o Trottel!), wenn wir uns in den Schatten des angrenzenden Wäldchens verdrückten, verdächtig oft erwähnte ich gerade dies Schattige als Motiv, noch immer waren mir ja Susannes Sexualpraktiken vollkommen unbekannt. Gleich darauf, nach zehn Minuten etwa, hatte ich sie kennengelernt. Ich wollte gerade am Waldsaum Platz nehmen, ein letztes nachdenklich-schlotterndes Zigarettchen zu schmauchen, da hatte sich Susanne bereits auf dem kleinen Hügel, abgeschirmt von einem Holunderbusch, ausgestreckt, ihre Bluse ausgezogen und den Reißverschluß ihrer Bluejeans geöffnet, wortlos.

Wer immer für das verantwortlich zeichnet, was wir Natur nennen, ein besonders geistreicher Herr kann es nicht gewesen sein. Verstört räkelte ich mich neben die Frau und beobachtete die auf- und niederwippenden Gedanken in meinem Kopf, die immer wieder und eilig zu dem Ende drängten, daß ja nun ich an der Reihe sei. Ich wußte sofort, da war gar nichts zu machen, aus einer Vielzahl von Gründen, die sich jeder Leser nach Belieben selber zusammenrechnen kann. Susanne blinzelte lieb und vollkommen gleichgültig zu den Zweigen auf, die ihr übers hitzerote Gesichtchen pendelten. Schwachsinnig fuhrwerkte die Sonne auf diesem Grauen herum, Erniedrigung, wohin man sah. Ich streichelte Susanne und sagte erstaunlich fest »Jetzt nicht«, worauf sie gehorsam ihren Jeans-Reißverschluß wieder nach oben zog. Hingerissen von wild durcheinanderflegelnden Gefühlen, von der Macht des Kummers, streichelte ich sie heftiger, worauf sie nun etwas überraschend, aber wiederum einsehbar »Nicht« sagte.

Wir kehrten dann ins Dorf zurück und nahmen auf einer Bretterbank unter einer Kastanie des kleinen Wirtsgartens Platz. Liebe ist, fiel es mir ein, nach altüberlieferter Meinung, wenn man die Teile freimacht, daß man besser an die Teile rankommt. Aber das stimmte nicht. Ich besorgte einen großen Krug Bier, wir tranken ihn ziemlich gierig weg. Die schwerblütig raunende Kastanie milderte die Gemeinheit der Hitze, der Abend war jetzt auch nicht mehr fern. Ein steinaltes Mütterchen mit vorgeschobenem, ununterbrochen hin- und herfahrendem Unterkiefer hätschelte auf einen Säugling im Kinderwagen ein, den sie in kleinen Abständen auf- und niederwackeln ließ. Außerdem waren Hühner da, ich kann mich nicht erinnern, jemals so törichte, tröstliche Tiere gesehen zu haben. Das lindgrüne Dach über uns animierte mich, die liebe Susanne ein paarmal an mich zu drücken. So oder so. Eine große Zukunft stand vor uns. Italien. Das Ungewisse, das Ungreifbare. Wie würde alles enden?

Frauen empfinden bekanntlich weniger dämlich sentimental. Susanne hatte mit der alten Frau ein Gespräch angekurbelt, sie stellte sich als die Mutter der gegenwärtigen Wirtin heraus, und dies sei nun schon das fünfte Kind, zahnte die Alte unkeusch und vertrieb mit dem Fuß ein paar Hühner, die um den Kinderwagen scharrten. Das war sehr schön. (Ich würde nicht vergessen dürfen, die Witwe Strunz-Zitzelsberger wegen des Bockbierfests anzurufen.)

Nach Seelburg zurückgekehrt, teilte uns der Wirt des »Seelburger Hofs«, Andreas Rösl, mit, ein Fest finde statt, es seien auch schon »alle« dort, in der Wohnung Schießlmüllers, und wir sollten nachkommen, habe Lattern ihm, Rösl, aufgetragen, sobald wir aus dem Lauterachtal zurückkämen. Furchterregend, was Wirte alles wissen.

Von der Wanderung, noch mehr von dem zwielichtigen Geliebe des Nachmittags ermattet, fuhr ich mit Susanne in die Wohnung Schießlmüllers, nicht ohne, frischluftbetäubt, im Auto noch ein paarmal die melancholischen Wonnen des Petting herzustellen. Bei dem genannten Fest handelte es sich um eins jener unsäglichen, kurzfristig einberufenen und vollkommen amorphen Amusements, wie sie jeden Tag milliardenfach über unser Land hinwegalbern, ohne Sinn und Verstand. Des langen einfältigen Abends kurze Pointe: Sabine betrog mich, meines Wissens zum ersten Male. Fatalerweise war ausgerechnet ich es, der, quietschvergnügt aus einem mir nicht mehr erinnerlichen Grunde in Schießlmüllers Arbeitszimmer springend, diesen und Sabine buchstäblich in flagranti ertappte. Eine halbe Stunde später, von mir – o Wahnsinn! – zur Rede gestellt, teilte mir Sabine mit einer gewissen zitternden und in die Enge getriebenen Schrillheit, aber auch dreist wie von langer Hand einstudiert mit, und ich zitiere wörtlich:

»Du fährst ja auch mit der Susanne nach Italien.«

Ich führte mich relativ gut auf und fand die nächsten Minuten viel Halt darin, über diesen Satz nachzudenken. Ob ich im ersten Augenblick Wut, Ärger, Verzweiflung oder nur eine große Lächerlichkeit empfand, habe ich vergessen – es spielt auch keine Rolle, nein, die entscheidenden Nervenrebellionen stellten sich erst in den nächsten Tagen und Wochen ein. Wahrscheinlich war es ein Gefühl, das ich »die allgemeine zeitgenössische Insuffizienz und Flegelhaftigkeit« bezeichnen möchte. Ein Gefühl, das übrigens wie zufällig, und deshalb habe ich es behalten, der wieder einmal trunkene Teufel Giesbert Lattern kurz vor dem Verenden des lächerlichen Fests, schaurig bleich vor sich hinstarrend, nicht einmal ungeschickt in die Formulierung kleisterte:

»Wo bleiben die inneren Werte, die wir früher gehabt haben? Ich frage, Moppel, dich als einen derjenigen Kräfte, die noch damals die Gemeinschaft …«

Hier war Lattern versandet und hatte wutverzerrt ein neues Bier geöffnet. Zuverlässig weiß ich noch, daß ich nach dem Sabine-Eklat auch keine Chance mehr suchte, mich an Susanne zu klammern. Es hätte ohnedies nicht geklappt, denn diese Schöne tanzte ununterbrochen mit einem Studenten namens Brutus, und offenbar gefiel es ihr ausgezeichnet, und der Student nannte sie auch ein paarmal gewandt »Prinzessin«.

Zuhause, gegen vier Uhr früh, hatte ich einen prächtigen Einfall. Ich braute mir einen starken Kaffee, erbrach eine Flasche Champagner und setzte mich ans offene Fenster, die Morgenröte zu erwarten. Der Versuch, Tränen in die Augen zu pressen, mißlang. Ich legte Mozarts »Bald prangt den Morgen zu verkünden« auf den Plattenteller, dargeboten von den taufrischen Stimmen dreier Regensburger Domspatzen, etwas Geschmackloseres fiel mir nicht ein. »Bald prangt den Morgen zu verkünden«. Mozart! Hatte es der nicht auch, wie jener italienische Strizzi, mit zwei Schwestern zu tun gehabt? Erst jetzt leuchtete mir diese neue heitere Parallele auf! Zum Glück: mich fror plötzlich vor Vergnügen, ich klapperte sogar mit den Zähnen, vor Erwartung, vor Euphorie, vor dem, mit Eichendorff zu reden, künft'gen großen Glück. Naheliegend genug, schalmeiten meine Gedanken um die beiden Schwestern, aber es war etwas Anderes, nahezu Politisches, Sozialrevolutionäres. Im Osten wurde es graugelb. Ein kurzfristig hochkriechendes Elend würgte ich mit drei Zigaretten souverän zurück. Ich trank abwechselnd Kaffee und Champagner. Die nächtliche Mailuft wogte schaurigschön, in der Ferne jaulte eine Eisenbahn auf, später ließen sich Lerchen hören. Hinter den Gartenbäumen begann der Himmel fahl sich zu erhellen – zermalmt von ordinärstem Naturzauber, glaubte ich mich in Italien.

Fünfmal hörte ich die Domspatzen hintereinander, dann legte ich all die Plattenmusik aus meinem Besitz auf, die irgend mit Morgenröte zu tun hatte. Das Sonnenaufgangsquartett von Haydn, die Waldsteinsonate von Beethoven, schließlich – ich schreckte vor nichts mehr zurück – Griegs Peer-Gynth-Morgendämmerung mit ihren abgeschmackten Akkordbrechungen, Richard Straußens Alpensinfonie gräßlichen Gehalts, dann den ersten Satz aus Debussys La Mer, dann Leoncavallos Mattinata und zuletzt, als krönenden Höhepunkt, den Beginn des Dritten Tosca-Aufzugs mit dem Gesang des Hirtenknaben:

> »Ach, meine Seufzer,
> Ihr wollt mir treu verbleiben!
> Schwirret ums Haupt mir,
> Kein Sturm kann euch vertreiben!
> Daß sie, um die mein Herz verschmachtet,
> So mich verachtet, das ist mein Tod.«

Ich hatte eine gute Wahl getroffen: den Vorgeschmack von Seligkeit, ohne das läppische Vehikel von Sexualität. Weich lösend drangen fliedrige Düfte durchs Fenster, irgend etwas raschelte im Gras, dann hörte man etwas fallen. Vergnügt rauchte ich zwei Zigaretten auf einmal. Gegen sieben Uhr, als ich meine Mutter aufstehen hörte, rollte ich mich in mein Bettchen. Befreit vom

zuletzt fast lästigen Hochgefühl, schlief ich sofort ein. Ein inhalts-
reicher Tag lag wuchtig hinter mir. Morgen würde ich zur Analyse
schreiten.

10

Sie fiel nicht gut für mich aus. Sabines Treulosigkeit war zwar
glatter Racheakt und als solcher nicht seriös; er sollte aber, zu
meiner Überraschung, ein dauernder sein. Damit hatte ich am
wenigsten gerechnet. Denn jeder normale Mann glaubt irgendwie
an seine Unersetzlichkeit, und bei mir stimmte es sogar, wie mir
oft scheint.

Es war der erhabene Greis Duschke, der mir schon am nächsten Tag, ich schwamm noch in einem Sudelbrei von Euphorie,
Indifferenz und Herzkribbeln herum, anläßlich seines Mittags-
schöppchens in der »Tiroler Weinstube« ohne Scheu mitteilte, daß
»das mit dem Willi und der kleinen Morlock schon längst perfekt«
sei, und Duschke, im Vollglück seiner Altersgenugtuung, wiederholte immer wieder die Worte »längst perfekt« und dehnte sie
grausam mit der unnachgiebigen und maßlosen Perfidie routinier-
ter Rücksichtslosigkeit und äugte mich schamlos an und nippte an
seinem Wein, gleich als wollte er mich mit seiner Eröffnung auf
die doch recht erfreuliche Tatsache aufmerksam machen, daß ich
doch nun auch noch mehr Zeit für ihn und Herrn Leobold hätte.

Was war eigentlich mit Herrn Leobolds und Sabines Afrika-
Unternehmen? Plötzlich schien mir das wie Rettung, die Strategie des Zufalls wider die Macht des Schicksals oder was, und ich
sprach Duschke möglichst ironisch gleich auch daraufhin an.

»Längst gestorben, längst gestorben!« weinte der Alte beharrlich
in zäher Lässigkeit auf – heute nacht noch, offenbar sofort nach
der geschlechtlichen Entscheidung, der auch Duschke irgendwie
sorgfältig beigewohnt hatte, habe Schießlmüller Sabine die Mit-
fahrt streng verboten, und sie habe, er, Duschke, sei zufällig
daneben gestanden, auch sofort pariert usw., erläuterte Duschke
gleichsam nachdenklich, als ob er Sorge trüge, daß Nietzsches
bekanntes Peitschen-Wort auch für die heutige Generation noch

gelten möchte. Sie, Sabine, raunte Duschke und bestellte locker noch einen Schoppen Wein, habe ein paar Sekunden gemault und schwachen Widerstand geleistet, bis Schießlmüller, erzählte Duschke nun rücksichtslos heiter, plötzlich geschrien hätte: »Den Leobold? In eklatanter Manier mach ich den fertig. Jawohl, Büberl! Mit einer Hand!« Und plötzlich habe Sabine lachend zu Schießlmüller, offenbar in Bewunderung dieses Kraftakts, gesagt, das sei doch sowieso alles nicht ernst gewesen.

»Schmonzenz«, vermute ich, hatte Sabine gelärmt. Und eins stand schon fest: Der Fuhrmann war ein strengerer Gockel als ich. »In eklatanter Manier!« quiekte Duschke noch einmal entrückt nach.

»Aber es war ernst«, fuhr er hörbar ernst und vergnügt fort, »ich weiß es. Bis vor sechs Tagen war es ihr ernst, da wollten die beiden Arschgesichter fahren, da wollten sie nach Afrika hinauf.«

Dieser Mann, ungeachtet seiner geografischen Schwächen, wußte einfach zuviel. Aber ich mußte ihm dankbar sein, ich konnte erstmals wieder ein bißchen innerlich kichern.

Und nun sei alles klar. Duschke zog noch einmal die Zügel straffer, gleich als ob er mich die letzten Minuten schon gar zu nachsichtig behandelt hätte. »Die beiden, der Willi und die Büchs, sind miteinander arschklar.« Wahrhaftig, er stöhnte. Aber plötzlich und vehement warf der popige Alte seinen Körper in Richtung Theke und bestellte einen Cynar-Schnaps, der sei gut für den Magen, wie ich noch dunkel hörte.

Noch war nichts verloren. Mein Kampfgeist erwachte. Den Trumpf Susanne hielt ich noch in der zittrigen Hand und gedachte keineswegs, ihn Duschke gegenüber vorzeitig auszuspielen. Morgen schon würde ich sie aufsuchen und rigoros zu meiner Geliebten machen! Doch bestürzt registrierte ich die erstaunlich klare Gefühlsregung, wie gleichgültig, wie vollkommen unerheblich die schöne Schwester mir buchstäblich über Nacht geworden war – und gleichzeitig, wie tödlich mich die Liebe zu Sabine getroffen hatte, mitten in dem Plauderstündchen mit Hans Duschke. O Gott, es war nicht mehr zu verleugnen! Aufs äußerste verwirrt, trotzte ich mir auf diese Erkenntnis hin noch einen dritten Gedanken ab: ich wollte Susanne als Waffe verwenden bis zum Äußersten, als Waffe gegen die unverschämte Sabine, die da einfach und vollkommen unmotiviert das Lager wechselte, als Waffe gegen mich und mein widerlich pochendes Herz, als Waffe schließlich gegen diese gottverdammte Seelburger Gauner- und Ganovengesellschaft, die da bereits sicherlich ihr Gorgonenhaupt in die Luft reckte und ihre Ohren steif hielt, das Neueste an Unterhaltung und Katastrophen zu erlauschen und einzusacken! Ein Strafgericht von biblischen Ausmaßen möge über sie hereinbrechen und meinetwegen dieses ganze blühende Land überschwemmen...

Hans Duschke – ich muß ihn wirklich zu seiner beißenden analytischen Schärfe in allen Arglistigkeiten des Lebens beglückwünschen –, Hans Duschke, Cynar im Leib, ließ mir erneut keine Chance, sofort und unnachgiebig, vermutlich wird es dieser Alte noch einmal weit und mit Sicherheit in die Finsternis der Hölle bringen:

»Und die andere, die Susanne«, bellte er gleichsam murmelnd, »die treibt es jetzt mit dem Arthur, dem Mogger!« Mich traf ein 60jähriger mit allem gewaschener Blick. Der Böse grunzte, zufrieden mit seiner Aussage, bohrte mit den gelben Fingern in den Zähnen und beäugte mich erneut zügellos.

»So? Na prima.« Meine Antwort war einfach zu matt, ihr Ton zu verkrampft, offen lag die Niederlage auf dem Ecktisch der »Tiroler Weinstube«, über den jetzt sofort mehrfach schwungvoll und in einer Art Kreisbewegung der linke Arm Duschkes im ockergelben Sakko wischte, gleichsam die zu Bier- und Schnapsspritzern geronnenen Ungereimtheiten des städtischen Sexuallebens abzuschütteln. Ich bin nicht sicher, ob mir dies der alte Galgenvogel nicht tatsächlich bildlich darzustellen versuchte.

»Ja, ja, schon ewig.« Die bosheitsgeschulte Stimme nahm stählernen Charakter an. »Seit Ostern schon. Schon seit der Wacker-Mathild. Der Mogger ist doch *der* Ficker von Seelburg!«

Wacker-Mathild, so nennt sich, wie bereits kurz erwähnt, eine Gaststätte in der Innenstadt, von der noch ausführlich zu handeln sein wird. Hier hatte offenbar die Liebe zwischen Mogger Arthur und Morlock Susanne begonnen. Mogger, *der* Fi…! Und ich dachte bisher immer, Erich Winter hielte die sexuelle Meisterschaft im Lokalbereich! Hatten sich Duschkes Perspektiven verändert, seine Einsichten in jüngster Zeit erweitert? Susanne? Mogger? Was war das alles? – –

Es gelang mir, mich, begleitet von einem langen aufmerksamen Blick des intriganten Faltigen, halbwegs still davonzumachen. Ein vorerst letzter Knock-out blieb mir nicht erspart.

»Kommst du heute abend, Moppel? Seelburger Hof? Alles klar!«

Duschke wackelte mir gleichsam tröstend mit dem Graukopf nach. Der Sinn war klar: jetzt gehörte ich wieder zu den Alten. Den Alten, denen kein Stich mehr vergönnt ist als das hemmungslose, strotzende, lästerlichste Grunzen, Scharren und Krachmachen.

II

Sabine war telefonisch nicht erreichbar, vermutlich mit dem taufrischen Galan über alle Berge des abendlichen Seelburger Hinterlands. Schauerlich leer meine Wohnung. Ich rief noch einmal an, mich dem blanken Hohn aussetzend. Jetzt teilte mir die alte Morlock rücksichtslos mit, Herr Schießlmüller habe Sabine zu einer Fahrt nach Mimbach abgeholt – und auch Susanne sei mit. Das war also die neue Lage. Wollte mich dieser perverse Schießlmüller kopieren und beide Mädchen in seine schmutzige Freizeitgewalt einbringen?

Wie im Kitschroman planschte draußen Regen nieder. Mir war so bang, daß ich kurzentschlossen die große warm-sentimentale c-moll-Arie aus Verdis »Maskenball« durch die Wohnung schmetterte. Wieder hatte Musik die Feuerprobe zu bestehen, ob sie zu etwas gut war. »Come se fosse l'ultima«, schwelgte ich con slancio und so brünstig, wie es mir Desperado möglich war, »ora del nostro amor«. Es half gar nichts. Ich würde Verdi ab sofort aus meinem Leben streichen.

Ich entdeckte ein Fläschchen Melissengeist in der Hausapo-
theke, nippte und fand Gefallen an dem heiligen Getränk. Trank
die Flasche aus und lief in den »Seelburger Hof«. Kein übler
Gedanke – hier hatte sich inzwischen einiges getan. Wellen von
Tumult brandeten bis weit über den Hausflur hinaus. Der alte
Duschke, vermutlich im Glücksrausch seines Triumphes über mein
Seelenheil, hatte eine etwa achtköpfige Mannschaft um sich ge-
schart, der unter anderem die Kräfte Wellner, Winter, Binklmayr,
Hümmer, eine der Karins sowie ein gewisser rothaariger Mann
namens Werner Wiegler angehörten, der besonders lebensfroh
gestimmt schien und bei meinem Eintreten sich vor Lachen
krümmte. Hatte das Gelächter bereits mir gegolten?

Ein wahrer Orientalenlärm, aus dem sich schnell die grauen-
gesättigte Stimme des tatsächlich vor Vergnügen auf- und niederwippenden Hans Duschke schälte. »Bums, da fiel die Lampe um!«
brüllte der schäumende Alte schlagartig auf mein Elend ein und
dann sofort ein anderes bereits erwähntes Lied, meines Wissens
gleichfalls aus einer seinerzeit von Duschke inszenierten Operette:
»In der Luft«, ließ der Greis seine Stimme niederträchtig hinaufschnellen, »da gibt's kein Puff, da gibt's kein Telefon!«

»Restauration«, also Wiederherstellung, nannte sich dieses
Lokal. »Destruktion«, Zerstörung, Zerrüttung müßten es und
seinesgleichen heißen! Abermals überschlug sich der erwähnte
Werner Wiegler vor Lachen, Wellner und Binklmayr brüllten kurz
und abrupt auf, während die anderen Zaungäste ehcr heiter vor
sich hin grinsten. Und als Duschke, der mich erst jetzt bemerkte
bzw. wiedererkannte, mich mit hochgerissenen Armen im Stile
von Charles de Gaulle begrüßte, sauste auch schon der Wirt,
Andreas Rösl, ins Gästezimmer und haderte hämmernd auf den
alten Schreihals ein, das gehe nicht an, er habe jetzt zwanzig Jahre
zugeschaut, im »Salon« (das Nebenzimmer) säße ein Rudel Stadträte – – – »Auf die ist auch geschissen«, wehrte sich Duschke
elegant, nachdem diese Stadträte offenbar Rösls einziges Argument
gegen das tobende Inferno waren – und dann, nach kurzem Nachdenken, brüllte Duschke furios: »Wer brüllt, der lebt!« Seltsamer-

weise zog sich nach diesem erneut beifallumdonnerten Satz Andreas Rösl wieder wortlos hinter seiner Theke zurück, gleich als ob er nur pro forma seiner Gastwirtspflicht Genüge getan hätte und in Wirklichkeit das Brüllen insgeheim billigte. Und sofort wiegelte Hans Duschke die ganze Gästeschaft um sich herum zu erneutem Gezeter und Gejodel auf. »Die Brillanz des Lebens«, krabbelte es durch meinen kranken Kopf. Ich beschloß klein beizugeben und fing an, mich hundsgemein zu betrinken.

Gegen zehn Uhr betrat die Gruppe Schießlmüller, Mogger, Sabine und Susanne den Saal. Die Herren stießen mit verschiedenen, offenbar dem neuen Gemeinschaftsglück entlehnten Kampfschreien wie »Hah!« und »Unglaublich!« und »Aber ehrlich!« an unseren Tisch. Sabine und Susanne – was wollte ich machen? Welch eine niedliche flotte Demütigung! Verschwommen saß ich, zusammen mit acht anderen Wüstlingen, mitten im Viererglück. Gegen Mitternacht saß ich plötzlich woanders, nämlich mit Sabine im Nebenzimmer-Salon und redete, vermutlich so laut, daß auch die Parlamentarier gut zuhören konnten, auf sie mit bewegender Stimme ein, sie müsse sich nun entscheiden. Ein erbärmlicher Aufruf, natürlich.

Sie habe sich entschieden, sagte Sabine. Ich versuche mich noch heute zu erinnern, ob ihre Stimme dabei eiskalt oder doch etwas durchzittert war. Ich weiß nicht einmal, was mir nachträglich lieber wäre.

Einfältig fiel mir nichts Besseres ein als nachzufragen, ob sie sich das auch gut genug überlegt habe, ich denke, meine Betrunkenheit gereichte mir dabei auch nicht zum Vorteil.

Sie könne nicht ewig zwischen zwei Männern schwanken, sagte Sabine. Ein vollkommen richtiger Gedanke. Nur hatte ich bisher nichts vom Schwanken gewußt.

»Das mußt du verstehen«, sagte sie jetzt mit lächerlich einstudierter Kulanz.

Hat sich eigentlich schon mal jemand, außer der faulen Filmkamera, die Mühe gemacht, die Figur, die Körperhaltung, das Muskelspiel einer Frau zu beschreiben, die uns zu verstehen gibt, daß sie von uns nichts mehr wissen will? Diese erbarmungslos »nein« sagende Verlagerung des Schwergewichts auf die linke Hüftflanke, die das Gesäß so machtvoll und heidnisch schwellt und doch nichts als böse Kälte meint! Dieses lässige Kreuzen oder Schließen der Beine, deren Jeans-Umhüllung noch einmal wahrhaft mit Höllenbosheit die Umrisse jener zentralen Leibespartie konturiert, hinter der wir letztlich dauernd her waren! Selbst die geblähten Schulterblätter scheinen ihr Bedauern, ja ihre Verachtung auszudrücken: Weg mit dir, hau ab! – um obendrein und zynisch ein letztes Mal mit sich selbst zu locken!

»Hau ab!« Als Sabine nach einer kleinen Spanne gewissermaßen der Pietät zu ihrem neuen Liebchen zurückjagte, war auch mir der Wunsch als angewiderter Stoßseufzer sehr recht. Leider entlastete er mich nur sehr kurze Zeit.

Susanne war mir an diesem prächtigen Sommerabend Unperson. Darum ließ es mich auch wundersam gleichgültig bzw. es schien mir durchtrainiertem Althumanisten sogar absolut in der Logik der Abläufe, daß sie mir zwanzig Minuten später vor allem Publikum harmlos mitteilte, sie könne leider nicht mit nach Italien, ihre Chefin gebe ihr keinen Urlaub. Vermutlich die Pratze Arthur Moggers, der zur gleichen Zeit besonders vergnügt auf Hans Duschkes törichte Späße lauschte und der, wie mir plötzlich und mit tödlicher Gewißheit aus dem Hinterhirn zuflog, einen schon unermeßlich großen Penis haben mußte, meiner Meinung nach überhaupt die Domäne vieler unserer Kaufleute ...

O Italia! O Schmach. O Scham.

Sabine nicht mehr ansehen zu müssen, flüchtete ich jetzt möglichst locker in den Fernsehraum des »Seelburger Hofs«, wo außer ein paar Vertretern und einer schnapsverfallenen Matrone auch der dienstfreie Altkellner Anton saß, erstaunlicherweise im blühendweißen Arbeitskittel, und dem Walter-Jens-Film »Trojanerinnen« zusah. Diese Juxfiguren! Hatten es darauf angelegt, mich, koste es was es wolle, vom Sockel herunterzuholen! Wollten nur mich angesehenen Bürger Seelburgs kompromittieren! Aber ich würde mich zu wehren wissen! Durch die Kraft des Intellekts ging es nicht, das war klar. Sollte ich drei weitere blitzsaubere Weiber aus meiner Trickkiste zaubern? Aber woher nehmen?

Seit einer Weile war Antons Alternativkellner Erwin, anscheinend hatte er die Nase voll vom Dienst, zu unserer Fernsehgesellschaft gestoßen und hatte, gleichfalls im Weißkittel, hinter dem Kollegen Platz genommen. Ein schönes Bild, diese Einsicht gestattete mir selbst noch der brennendste Schmerz: die Dienstkräfte legen die Arbeit nieder und besuchen, im Arbeitstrikot, die Welt der Vergnügungen.

»Spielt der Film bloß im Zimmer, oder haben die auch Schlachten gezeigt?« wollte plötzlich häßlich fränkelnd Erwin vom Vordermann Anton wissen und tippte ihn deshalb auf die Schulter.

»Gaha, nichts Praktisches«, antwortete der Ober Anton verächtlich und schüttete bedächtig einen Schluck Bier nach. Wenn die großen Schicksalsstränge sich verhaspeln, soll man den kleinen Artigkeiten des Lebens erhöhte Aufmerksamkeit schenken. Gaha! Sicherlich war der Ober Anton der einzige Mensch auf der ganzen Welt, der seine Sätze mit »Gaha« eröffnete, unterbrach oder beendete. Der einzige Mensch unter vier Milliarden, die sich sonst so niederschmetternd ähnlich sind! Oder sollte sich in Afrika noch ein Stamm herumtreiben, der gleichfalls dieser Religion unterstand? Afrika! Der arme Herr Leobold. Hatte sich so gefreut auf dieses Land, und nun war auch dieser Streich schiefgegangen. Hochverdient, gaha. Alles war so komplett gehirnvernagelt gaha und anheimelnd. Mußte man da nicht, trotz allem gaha, quietschen vor Entzücken?

Trotzdem blieb mir auch die nächste Strafe nicht erspart. Beim Gang zur Toilette trat, breiteste, zermahlende Lustbarkeit im Fuhrunternehmergesicht, der strahlende Gewinner Schießlmüller auf mich zu, klopfte mir auf die Schulter und sagte mit schwerer Zunge, ich solle mir »nichts draus machen«, es sei eben so gekommen, wie es habe kommen müssen, »der Herr hat's gegeben, der Herr hat's genommen«, kläffte der eklatante Lastwagen-Heini mit schon daimonischer Wucht, deren Prise Blasphemie mich nicht zu versöhnen vermochte – und wir blieben natürlich gute

Freunde, »sicherlich« blieben wir gute Freunde, röhrte der Unmensch.

Mir blieb nur die Wahl, »genau« zu sagen oder »nichts Praktisches« oder aber diesen Flegel in eklatanter Manier zusammenzuschlagen. Ich wählte versuchsweise »nichts Praktisches«, und siehe, Schießlmüller selber fand den Weg zum »genau«. Alfred Leobolds philosophische Schule begann selbst im gemeinen Plebs Früchte zu tragen.

Mit dem Taxi schwärmte ich heim. Wie wunderbar ist doch die Welt! Plötzlich schneite es draußen auf der Straße. Im Bett wußte ich vor lauter Gram nicht, an was ich bei der lästigen Einschlafprozedur denken sollte. Wild entschlossen hämmerte ich mir eine hundertteilige Kette Gaha-gaha-gaha-gaha ins Hirn. Es klappte. Erstaunlich. Ich schlief wie ein Murmeltier.

12

Es war vorne davon die Rede, daß meiner Meinung nach zu viel und zu unordentlich Samen ausgetauscht würde. Ich möchte dies an dieser Stelle präzisieren. Ich denke, es wäre doch wie ein Aufatmen der armen Seelen, wenn eines Tages aufgrund des unwahrscheinlichsten Falles der Wahrscheinlichkeitsrechnung statt der gewohnten Millionen nur fünf Liter pro Tag ausgetauscht würden. Aber nein, es geht immer weiter, und an staatliche Eingriffe, an Rationierung ist überhaupt nicht zu denken, und unter sozialliberalen Vorzeichen am allerwenigsten. Ich meine, der Gesundheits- oder Wissenschaftsminister oder wer immer dafür verantwortlich ist, müßte doch einmal in einer ruhigen Stunde überlegen, wieviel wertvolle Substanz im Sinne des Freudschen Konnex von Kultur und Triebunterdrückung täglich durch sinnlose Sexualität verkommt.

Kaum einer, der noch hergeht, den Trieb unterdrückt und, sei's als Musiker, sei's als Gesellschaftstheoretiker, geistige Produkte vollbringt wie ich. Am Ende stehen Chaos, Anarchie und Barbarei, und der Dumme ist das Volksganze.

Ich meine, natürlich bin auch ich durchaus für eine fortschritt-
liche Sexualpolitik und -rechtsprechung, und mir ist klar, daß dies
ein erzreaktionäres Gewäsch ist, was ich da verzapfe. Aber immerhin ist es meine Meinung, und ohne Scheuklappen soll sie an die
Öffentlichkeit!

Mit dem Mute der Verzweiflung schrieb ich Sabine am nächsten
Tag einen dreiseitigen Brief. Hätte ich ein Duplikat davon, würde
ich ihn hier tolldreist publizieren, dem Leser exemplarisch vorzuführen, wie man auf die verzweifeltste Art doch noch nicht ganz
ohne Niveau Süßholz raspeln kann. Der Kunstgriff half indes
nichts, meine Bitte, Sabine möchte mich nach Erhalt des Briefs
anrufen, verhallte drei Tage lang im Nichts. Das Spiel war aus.

Es begann eine der merkwürdigsten Perioden meines Lebens.
Die Ungemütlichkeit der Situation bestand mit einem schnöden
Wort darin, daß ich Sabine nun wirklich liebte, was immer das
sein mag. Dabei redete ich mir ein paar Tage hoffnungsvoll ein,
meine giftige Erregung sei ausschließlich Widerwille. Nein, es war
die blitzblanke Liebe. Ausgerechnet Sabine. Diese Gans! Diese
flatterndste aller Graugänse hatte es sein müssen! Sabine, mit der
ich monatelang nichts als meine Freizeit verbracht, der ich, wie
der Engländer sagt, buchstäblich meine Freizeit spendiert hatte!
Und Susanne, die allein das Ärgste hätte abwürgen können, durfte
nicht mit nach Italien fahren und befand sich zudem in den unnachgiebigen Fängen Arthur Moggers...

Ich begann, meinen allerliebsten Zustand durch die Lektüre
einer Biografie Konrad Adenauers verbessern zu wollen. Mit zitternden Händen heldenhaft das Buch haltend, las ich einen Teil
jenes wundersam stimmigen, widerstandslosen, in sich geschlossenen, von keinen wildgewordenen Teenagern und ANO-Teppich-
böden durcheinandergerüttelten Lebenslaufs. Das war die Humanität, von der ich oben sprach! Sollte ich alter, ranzig gewordener
Jungsozialist in Ruhestellung tatsächlich mit 35 Jahren der CDU/
CSU beitreten, so wie ja auch George Bernard Shaw und Erich
Mende mit fortgeschrittenem Alter vernünftig geworden sind und
eine neue Heimat gefunden haben? Die war ja wohl Garant für

solche herausgemästete Gediegenheit, wie die Stadt Seelburg sie schätzte! Sabine! Zuerst zieht man sie aus dem größten Dreck von Unwissenheit und Kulturlosigkeit, dann werden sie frech und laufen zu den Fuhrunternehmern über! Sicherlich war jener Schießlmüller, politisch zwar vollkommen indifferent, Mitglied der Christlich Sozialen Union. Und Franz Josef Strauß würde diesen parteieigenen Damen schon auf die Finger hauen, wenn sie in seinen eigenen Reihen solche unkontrollierten Umtriebe...

Nein, das war es auch nicht. Vielleicht sollte ich einem Sportverein beitreten. Mich dem Wahnsinn ohne Scheuklappen anheimgeben, meiner zivilisierten Vergangenheit mutig abschwören. Diese vereinseigenen Faschingsbälle und Redouten, diese herrlichen Ausflüge an den Wochenenden...

Sabine ist am Wochenende mit ihrem Kavalier in die Alpen gefahren, die neugewonnene Freiheit in vollen Zügen auszukosten. Hans Duschke, neben mir einer der wenigen, die daheim geblieben sind, hat es mir gesteckt. Diese Monstrositäten an Geschmacklosigkeit, diese kompromißlose Undelikatesse, diese tödlich-krachende Schweinerei, wie sie allein auf unserem Seelburger Mist wachsen kann!

Was werden sie treiben, dort drunten in der Bergwelt?

Schießlmüller wird ungeschlachte Redensarten dreschen, und Sabine über die tobende Naturgewalt dieses Mannes vor Entzücken wiehern. Und irgendwelche vollbärtigen Tölpel aus der Aufzucht Arthur Moggers mit ihren unbeschreiblichen Karins im Hintergrund würden das neue Glück begrüßen und gutheißen, wie sie noch alles gutgeheißen haben, was auf den Namen Sexualität und Alkohol hört. War eigentlich Susanne auch mit von der Partie? Und hatten sie dann genug Bier und Obstschnaps in sich hineingefeuert, würden sie zuerst Zoten zu singen anfangen, dann würde sich noch brüllender die amorphe Geilheit zu Wort melden, die Freier würden blindwütig ihre Gerätschaften herausholen, diese Adolfs, Arthurs, Willis und meine Sabine – –

War denn da kein gerechter Berggeist, der das Gesocks aus den Alpen heraushaute!

Alfred Leobold, war er eigentlich auch unter ihnen? Ich erinnere mich, der Gedanke an den lieblichen Mann in dieser äußerst prekären Situation richtete mich ein wenig auf oder besser, er ließ mich gleichsam seelisch aufhorchen. Freitagmittag war die Rotte weggefahren – jetzt war es vier Uhr. Ich lief zum ANO-Laden.

Der Geschäftsführer des ANO-Teppichladens, Zweigstelle Seelburg, saß zusammengesunken auf einem Stuhl hinter der Ladenkasse, vor ihm aber auf zwei weiteren Stühlchen saßen der alte Karl Malitz in Knickerbockers und versehen wiederum mit dem Reichsbund-Abzeichen – und niemand anderes als Susanne! Eine geradezu zauberhafte Besetzung! Ich muß sagen, daß mir beim Anblick Susannes, die ganz eigenartigerweise am hellen Nachmittag eine Art Abend- oder Theaterkleidchen trug, in einer Weise sanft ums Herz wurde, daß in mir eine so gütig-allesverzeihende Gesinnung hochkroch, daß – daß – ja daß ich Herrn Leobolds ersten Satz, der mich noch unter der Eingangstür empfing, beinah zum Anlaß genommen hätte, allen dreien um den Hals zu fallen:

»Die Else«, würgte Alfred Leobold, der mir an diesem Tag noch durchscheinender, schimmernder, ja wie von einem Nimbus umstrahlt schien, »die Else hat ein Kind, genau, das ist überhaupt nicht aufgefallen. Ah, der Moppel!« weinte Alfred Leobold stramm und reckte mir sein klapperdürres Händchen entgegen, »setz dich her auf meinen Stuhl, ich steh ein bißl, ich steh gern, ich weiß gar nicht, was das ist.« Ein Schatten von schwer deutbarem Spott glitt über sein Gesicht.

Ich begrüßte alle drei unverhohlen emphatisch, der anmutigsten aller Susannen drückte ich sogar ein klägliches Küßchen neben den Braunhaaransatz, worüber ich mich zwar sofort ein bißchen schämte, aber was war das schon gegen Alfred Leobolds nächsten Satz:

»Genau«, fuhr der Kaufmann, kaum hatte ich mich hinter die Ladenkasse verschanzt, stehend fort, »die Else, die tut sich in dem Sinn leicht, die hat einmal einen schweren Unfall gehabt. Sie, Herr Malitz, Sie kennen doch den alten Mann da, den Nübler

Hans, nein, den Metz Gustav, der was da immer die Schulspeisung bei den Weißen Vätern...«

Danke, Herr Leobold, das genügte. Una Lagrima trollte sich wie Lindenblütentee sul viso. In diesem feuchten Augenblick waren des Teppichhändlers Afrika-Eskapaden endgültig verziehen. Ich fühlte, wie das Glück elektrisierend durch mich kroch, als nun auch noch der alte Malitz die Skandale des Bundeswohnungsbauministeriums dazwischensang und dabei beharrlich mit seinem rechten Bergschuh auf- und niederklapperte. Schauer von nicht niederzukriegender Schönheit durchstöberten den umgrenzenden Teppichmisthaufen. Und Susanne, die Perle des Abendlands, hockte in ihrem braunen Ballkleidchen zwischen uns drei alten Faltern, hörte unserem unsittlichen Gerede stillvergnügt zu und ließ die schönen Augen kullern, man hätte vor ihr niederknien und ein Hochamt feiern mögen. Was sie im Rahmen dieser nachmittäglich verschlafenen Feierstunde wollte und sollte, bleibt ungeklärt bis auf den heutigen Tag. Der Herr hat's gegeben, der Herr hat's genommen, mit ihrem Schwager in spe Schießlmüller zu reden, der Name des Herrn sei gepriesen, manchmal hatte er schon gute Witze auf Lager.

»Die Generäle Keitel und Jodl...«, jodelte Malitz vom Kammerton a chromatisch nach es. Der Top-Greis konnte den großen Krieg nicht vergessen.

Plötzlich kramte Alfred Leobold im Schubfach seines Ladentisches herum, zog aus einem Wust von Papieren etwas Grünes hervor und überreichte es mir:

»Da, Moppel, da hast einen Kundenausweis, den kriegst, den kannst haben, wenn mich um sechs Uhr jetzt dann heimfährst, einwandfrei. Mensch, Herr Malitz, ich bin vielleicht fertig heut!« sagte Herr Leobold und lächelte so sanft mit einer Prise märtyrertypischen Koboldigkeit, daß, wäre es nach mir gegangen, ich ihn sofort hätte kanonisieren lassen.

»Geht in Ordnung«, sagte ich, nach Möglichkeit ebenso sanft. Was waren meine läppischen Leiden gegen die Heimsuchungen dieses Teppichkünstlers, der jeden Augenblick umkippen konnte?

Ich fuhr sie alle heim. Zuerst den alten Malitz, der im Wagen mächtig asthmatisch durch die Atemröhre saugte und – ganz unerwartet – einem ihm wohl bekannten Polizisten am Wegesrand die lange Nase zeigte; dann Susanne, über deren nutzlose Ballrobe ich deshalb so schmerzlich-gelöst kichern durfte, weil sie, und dafür bin ich ihr ewig dankbar, nicht mit in den Alpen bei den Grauenreichen weilte; und zuletzt den Besitzer des beigen SEBG L 295, Alfred Leobold, der, wohl den allgemeinen Schmerz zu vertreiben, mit geballten Fäustchen neben mir hing, mir aber dann beinahe doch noch kurz vor seiner Wohnung verlorengegangen wäre, denn plötzlich ließ er mich anhalten, lüftete das Seitenfenster und jammerte »Otto! Otto!« hinaus, worauf ein äußerst geschwind vorbeieilender kugelrunder alter Mann sofort stehenblieb. Diesen Otto wollte nun Alfred Leobold – »und der Moppel geht auch mit« – noch schnell »auf ein Weizenbier, genau« in die Glückauf-Wirtschaft verschleppen, doch Otto beharrte darauf, er müsse zu einer Familienfeier:

»Bist ein prima Mensch, Alfredl, prima, aber es geht nicht, ehrlich nicht, Alfredl, mußt verstehen, Alfredl, ein anderes Mal gern, Alfredl, gell, Alfredl, verstehst mich schon, Alfredl!« Trotz einiger weiterer verzweifelter Anstrengungen Herrn Leobolds blieb Otto hart, und so fuhren wir endlich weiter.

»Ein prima Kerl«, erläuterte mir Alfred Leobold, »der Käsewitter Otto, der hat damals in Pursruck mit den Gipfelstürmern 63 Maß getrunken, 63 Maß, o mei!«

Und dich, fiel mir sofort ein, hat er damals vor Gericht so wundersam entlastet, Alfredl, prima, gell? Ich lieferte Alfred Leobold samt L 295 vor einem Mietsblock ab, der mich irgendwie sofort an Albanien erinnerte, und trabte nach Hause. Das Aida-Finale auf dem Plattenspieler, studierte ich erregt mein grünes Kärtchen:

»Kundenausweis ANO Teppichboden Großvertrieb
    A. Nock Großhandel GmbH. Dieser Ausweis berechtigt
    bei ANO, A. Nock Großhandel GmbH einzukaufen.
    Nur gültig für ANO Teppichböden«

Das Komma war zwar falsch gesetzt bzw. so blind irgendwohin, als habe der Verfasser – Nock selber? – geahnt, daß er diese Disziplin einfach nicht mehr packe, aber die zweifache Betonung der beschränkten Haftung machte, daß ich mich wirklich verjüngt fühlte. Ich beschloß, mich ab morgen der Erziehung Susannes zu widmen. Sollte diese Maßnahme Erfolg zeitigen, könnte man ja immer noch der Erotik nähertreten. Eines Tages würden wir ein hübsches, glückliches und von dem uns umgebenden und umbrausenden Saustall gereinigtes und unabhängiges Pärchen abgeben. Dann würde ich Sabines Neid und Reue beobachten.

Offenbar, meine Forschungen drangen da nie ganz durch, wurde Susanne damals von Arthur Mogger nur sporadisch belästigt, denn tatsächlich, am anderen Tag erklärte sie sich auf meinen fast tonlos vorgetragenen telefonischen Angriff hin sofort bereit zu einem abendlichen Spaziergang. Mein neues erzieherisches Fieber leidlich dämpfend, holte ich sie nach Dienstschluß von ihrer Apotheke ab, und wir fuhren zu einem Wallfahrtsberg, ein paar Kilometer außerhalb Seelburgs. Wie schön sie war im grauen, etwas altmodischen Tuchkostüm! Wir liefen ein Stück durch den Wald, Susanne immer den Blick gerade und erwartungsvoll nach vorne. Erstaunlich! Bei mir lief es also umgekehrt wie in jenem italienischen Roman. Zuerst die weniger Schöne, dann die vollkommen gnadenlose Bellezza! Ich will es kurz machen. In der Wallfahrergaststätte begann ich, zuerst mühsam gebremst, dann haltlos, ja stillos auf das Wunderwesen einzuquallen. Sie sei ein außerordentlich schönes, begabtes und in jedem Fall zu Überdurchschnittlichem geborenes »Menschenkind« (tatsächlich, ich sagte »Menschenkind«!) – und kurz und gut, sie solle doch von diesen unseligen Rowdies und Nichtsnutzen ablassen und zuerst einmal ruhig ihr Pharmaziestudium vollenden und dann –

Susanne lächelte lebhaft verhangen. »Ach so, du meinst die Geschichte mit dem Adolf da, das war doch nichts, das war doch bloß ein Blödsinn, einmal …«

Adolf!? Ich mußte mir schnell einen Schluck Bier nachschütten. Adolf Wellner hatte doch damals seine »Franz Gans« und war als

Schreiner Susannes sowieso nie und nimmer würdig! Das war ja
völlig neu! Susanne durchkreuzte sofort meine Gedankenwirbel:
»Und daß der Amigo, der blöde Lattern-Teufel, mir dauernd
auflauert«, nuschelte sie hinreißend, »dafür kann ich doch nichts.
Und der Arthur hat auch gesagt, wenn er ihn, den Amigo-Teufel,
noch einmal erwischt, dann haut er ihn zusammen, sowieso, hat
der Arthur gesagt, gell!«

Das war etwas viel auf einmal. Man wird verstehen, daß ich
mich bei dieser sicherlich sogar noch fragmentarischen Skizze des
sich hier abzeichnenden erotischen Gewusels rasch und unver-
züglich in die Offensive begeben mußte. Ich trank also zügig, ja
schmetternd noch ein paar Biere in mich hinein, begann, wohl-
geduldet, an Susannes ewigschönen braunen Haaren zu spielen,
sagte wohl auch noch allerlei Törichtes und Humanitäres und versteifte mich dann darauf, Susanne brühwarm-dämlich anzuhim-
meln. Susanne schmunzelte blicklos zurück. Da war auch mein
erster Kursus schon zuende, wir bezahlten, flogen ins Freie und
taumelten in einen abendumflorten Waldweg hinein. Das hohe
Zicklein in dieser vibrierend katholischen Wahnsinnslandschaft!
Gierig den Arm um die Hüfte der Frau geschwungen, alberte ich
noch einiges, vor dem mich sofort selber ekelte. Diese duftige
Mondmilchigkeit! Ohne Mätzchen und unbarmherzig legte ich die
Göttliche ins trockene Moos, sie schloß die schönen Augen, das
hatten wir schon einmal – rien ne va plus. Ein brauner Schwärmer
surrte über uns hin. Links und rechts sonderbare Wurzeln und
Moose. Verzweifelt streichelte ich den still, fast steif daliegenden
Menschen. Une Automate! Une Automate! Mi sento morir.

So scheiterte die erste meiner Lektionen. Ich hatte mich nicht
nur in meiner Förderer- und Beschützerfunktion als vollkommen
untauglich erwiesen, ich hatte nicht einmal das zuwege gebracht,
was diese Adolfs, Arthurs und Amigos – das hatte ich nun endlich
kapiert – wahrscheinlich glänzend zwischen zwei Sechsämtern
besorgten. Noch am gleichen Abend, im »Seelburger Hof«, ereilte
mich ein weiterer Tiefschlag. Der frech gewordene Gymnasiast
Hans Binklmayr ließ, laut genug, durchblicken, er habe von einer

gewissen Maggy gehört, diese habe von Herrn Schießlmüller gehört, Sabine habe zu ihm in den Alpen gesagt, der Moppel habe ihr nicht einmal einen Orgasmus beibringen können. Indessen er, Schießlmüller, ganz famos gewesen sein soll.

Wütendes Gebell der Tischteilnehmer Lattern, Wellner, Leber und Luther begrüßte jauchzend diese Information. Womit sichergestellt war, daß die Chronique Scandaleuse der Stadt Seelburg einen neuen Prachteintrag buchen konnte. Ich, der gewaltige Moppel, das Opfer von Médisance und Bierhumor – es war so weit.

Merkwürdigerweise besaß ich noch Geistesschärfe genug, diesem Alpenbericht nicht allzu viel Gewicht beizumessen, was meine sozialerotische Stellung anging, allzu gering die Glaubwürdigkeit Schießlmüllers, allzu bekannt die Tatsache, daß das Gelingen der Liebe seit Adam und Eva von zwei Teilnehmern abhängig ist, Frl. Sabine! Der Schmerz aber über die alle Schranken niederreißende Perfidie der mir noch vor einigen Tagen angehörenden, jetzt erst geliebten Person stach; stach so heftig, daß er, o allgütige Natur, sogar kurzzeitig gelassen machte. Meine moralische Position war erhärtet. Mutig und geduldig würde ich mich – jetzt erst recht – der Schulung und Wandlung Susannes zuwenden können, ja ich gebe zu, daß ich seinerzeit sogar tagelang das Wort »Humanisierung« in meinem Kopf spazierentrug. – Ich sollte endlich die berückende Witwe Strunz-Zitzelsberger anrufen, aber der Erzählerfuror, der Erzählerfuror …

Wenn ich den Gedanken an Christine Strunz-Zitzelsberger wieder zurückweise und scharf nachdenke, war es genau noch neunmal, daß ich damals in den nächsten Tagen auf Susanne einzuwirken versuchte, jeweils am frühen Abend, abwechselnd innerhalb der Mauern Seelburgs oder in freier Natur – einmal kam ich sogar auf die Schnapsidee, durch nachmittägliches Schwimmen mich körperlich auf meinen Vortrag zu präparieren. Ich habe heute noch keine Ahnung, ob Susanne meine Seminare nur widerlich waren oder ob sie vielleicht doch dies oder jenes Lehrreiche aufschnappte, zum Beispiel einmal einen nahezu sinnvollen Sermon über die Frauenbewegung, die gegenwärtig unser Land überflutet und von der verdammten Alice Schwarzer getragen wird, einer ganz ungezogenen Person, die mir einmal in einer Wirtschaft in Frankfurt schwer schadete, indem sie uneingeladen an unseren Tisch kam und toujours und à tout prix auf eine Dame einquallte, die an sich ich gern bequatscht hätte. Immerhin, dieses Schwarzersche Gedankengut nebst dem von Germaine Greer vorgeschlagenen Koitus-Streik der Frauen, den repressiven männlichen Herrschaftsverhältnissen zu trotzen, trug ich nun sehr halben Herzens Susanne vor, meine eigene Beischlafunwilligkeit oder besser -unsicherheit auf ein brauchbares philosophisches Postament zu stellen und gleichzeitig meinen platonisch-altruistischen Charakter zu zementieren. Vielleicht beeindruckte die junge Dame dieses alles auch durchaus – aber den naheliegenden und entscheidenden Denkschritt von der Theorie zu ihrer eigenen Seelburger Wirklichkeit: Mogger, Wellner, Lattern und überhaupt dem ganzen Zigeunerpack zu entsagen und so ihre eigene Neugeburt in die rechten Wege zu leiten, den weigerte sie sich beharrlich nachzuvollziehen – was ich dann jeweils den dritten Abend im »Seelburger Hof« unter großen Freudebekundungen der Freunde zu hören bekam. Noch unklarer ist mir nur, warum dann Susanne überhaupt mit mir spazieren oder in den finsteren Wald rannte. Differenzierte sie wahrhaftig nach den Liebhabern dort, nach dem Alleinunterhalter hier? Und am allerunklarsten war mir ein jedesmal aufs neue, was denn eigentlich ich selber andauernd im Wald wollte.

Die Begrenztheit des Registers der Zärtlichkeiten ist beklemmend, schreibt Montherlant. Vor allem, wenn die wichtigste fehlte. So rauschte es denn wochenlang viertrangige Küsse ohne Sinn, Küsse, die Susanne unter nachsichtigem Lächeln oder besser: Schmunzeln quittierte und dabei blinderstaunt mit ihren Mirella-Freni-Kulleraugen rollte. Das Fazit war ein jedesmal schlechtes Gewissen, genauer: das trübe Gefühl einer absoluten Vergeblichkeit humanistischer Grundposition. Und ängstlich stellte ich bei diesen wahrhaft linkischen Schleckereien fest, daß ich Sabine von Tag zu Tag grimmiger liebte, o Gott!

Susanne war alles gleich. »In welche Gaststätte wollen wir gehen?«

»Du, das ist mir gleich.«

»Wollen wir noch ein wenig in den Wald?«

»Wie du meinst.«

»Hast du morgen Zeit?«

»Wenn du willst.«

Nur die Frage, was sie trinken wolle, beschied ihre rundliche Nachtstimme jeweils klar und präzis mit »Weizenbier«. Ich kannte diesen Typus früher nur aus Büchern – vielleicht könnte ich Susanne Alice Schwarzer später einmal gegen gutes Geld als Beweismaterial verkaufen.

Ein Abend dieser Gattung ist mir in besonders furchterregender Erinnerung. Susanne eine Freude zu machen, die ihr vielleicht nur verschüchtertes Herz auftauen würde, chauffierte ich sie auf ein dörfliches Volksfest im Freien, eins jener Volksvergnügen mit Bierbänken, Schießständen, Karussells und Bratwürsten, die in unserem Land und ganz besonders im Seelburger Raum immer hemmungsloser zur Religion werden und sogar das Fernsehen in seine Schranken verwiesen haben. Die Stimmung war gut, Susanne lebhafter und aufgekratzter als sonst, im Herzen beschloß ich, Kursus hin und Germaine Greer her, sie heute zu beschlafen, sicher würde mir die ländliche Nachtluft meine idiotischen Barrieren wegblasen. Wir küßten uns einleitend ein paarmal graziös und, wie mir schien, nicht einmal ohne Wärme ab, alles schien ganz richtig zu steuern, da fügte es das Unglück, daß Susanne plötzlich mit einer Schiffschaukel fahren wollte, und ich mußte mit.

Diese zehn Minuten sind meinem Hirn eingebrannt für alle Zeit. Bei dem mörderischen Instrument einer Schiffschaukel kommt es ja bekanntlich darauf an, daß beide Partner etwa gleich kräftig sind und gleich geschickt operieren. Das gerade war nun aber ganz und gar nicht der Fall, sondern bereits nach zwei Minuten zitterte ich so jämmerlich an Armen und Beinen, daß ich mir buchstäblich auf die Zähne beißen mußte, um nicht in hohem

Bogen raus und über alle Lande zu fliegen. Und selbst der niedliche Zufall, daß wir beim Schaukeln abwechselnd fast übereinanderlagen (wohl der geheime Sinn dieser Volksbelustigung!), erschien mir gerade wegen seiner Begattungsähnlichkeit grauenhaft zotig, abgeschmackt, lächerlich, impertinent – und während die erstaunlich kräftige jugendliche Susanne strahlte und die Haare dieser Königin der Nacht durch die Luft wirbelten wie auf einer Shampoon-Reklame, wußte ich mich vor Schmerz kaum zu fassen und verfluchte den dummen Fieranten, der sein Gerät nicht, wie üblich, nach fünf Minuten wieder zum Stehen brachte, sondern erst nach zehn – ich hatte Mühe, nach dem Ausstieg nicht ohnmächtig umzufallen. Der feste Vorsatz, nun doch wahrhaftig in Zukunft systematischer Sport zu treiben, um mich dieser akrobatischen Jugend gewachsen zu zeigen, ist mir noch ebenso gegenwärtig wie meine grauenvolle Verlegenheit anschließend auf der Bierbank. Ich zitterte so an den Händen, daß ich kaum meinen Krug zu heben vermochte, weshalb ich schnell zu belanglosen Erzählungen über gewisse eigene Studentenstreiche meine Zuflucht suchte, und ich bin Susanne heute noch dankbar, daß sie herzlich darüber lachte. Der hinreißende Kinder- und Muttertonfall zugleich, der aus ihrer Gurgel hochkletterte, gemahnte an Mozarts Klarinettenkonzert, ja, tatsächlich! Neue Hoffnung blähte mich auf. Aber ich zitterte noch immer so heftig und schwitzte erschütternd aus allen Poren, daß an Beischlaf nicht länger zu denken war. So schmuste ich mich halb zu Tode.

Hans Duschke seinerseits quälte mich jetzt übrigens zwischen den Lektionen mit rüden Redensarten über beide Morlock-Mädels, gegen die er einen plötzlich verschärften Haß an den Tag legte und die er mehrfach als »wilde Familie« charakterisierte. »Wilde Familie!« krähte der erbitterte Greis immer wieder, als ob er alle Welt warnen wollte. Um so erstaunlicher, daß er fast im gleichen Atemzug in die Tiefen des »Seelburger Hofs« hineindonnerte: »Nicht fragen. Flachlegen!«

Sprach er pro domo? Keimte in dem würdelosen Alten letzte Hoffnung auf, daß er bei der vorgeblichen Wildheit der Familie vielleicht doch auch ein letztes Mal auf seine Rechnung kam? Posaunte er sie deshalb aus, um sie gleichsam zu sanktionieren? Und dann zuzuschlagen? Eine eigentümliche Taktik.

13

In diesen Tagen schloß ich eine Versicherung ab, die mir angeblich das Recht gab, für 69,80 DM im Jahr alles bis zum Wert von 300 000 DM kurz und klein zu schlagen. Ich durfte es nur nicht mit Absicht tun. Schade. Trotzdem fühlte ich mich vorübergehend abgeschirmter, gerüsteter, resistenter. Und meine Mutter, der ich die Police zeigte, freute sich riesig, wie das eben Mütter Art ist. Ich glaube sogar, erst jetzt schrieb sie mir jene endgültige Reife zu, die mir das Absolvia-Zeugnis schon vor 16 Jahren – und das ist nun wahrlich nicht mehr zum Lachen – bestätigt hatte. Die Frage blieb freilich und beschäftigte mich eine Zeitlang, wie und wo ich 300 000 DM der Vernichtung überantworten könnte, ohne daß ich es nachweislich wollte. Denn unfreiwillig macht es ja nun wirklich keinen Spaß.

Manchmal glaube ich, unser ganzes Wirtschafts-, ja Staatssystem ist auf solche philosophischen Grenzprobleme mit eingelagerten Bauerntricks gegründet.

Meine Seminare für Susanne setzten sich mit der Ziellosigkeit fort, mit der die Sehnsucht nach Sabine ins Kraut schoß. In sommerlichen Biergärten, auf Kaffeehausterrassen, an stillen Plätzchen im Walde. Von allen guten Geistern verlassen, rumorte und lärmte ich Gimpel immer dummdreister und erbärmlicher auf das blühende Kind ein. Sie solle doch um Gotteswillen ein neues Leben beginnen, abends gute Bücher lesen, die schlechten Freunde und Freundescliquen meiden, sie solle beruflich in eine andere Stadt wechseln (ich würde sofort nachkommen), ja sogar – unverzeihlich, was ich da quakte – sich einen »guten, wirklich guten Freund suchen«! Der unbegabteste aller Lehrer traute sich nur eins nicht auszusprechen: Sie, Susanne, solle doch um Gotteswillen seine eigene Gefährtin werden! Obwohl er halb an dem

Wunsch verdorrte und erstickte. Susanne sollte für die wie eine Heimsuchung geliebte Sabine einspringen, aber gerade diese mörderische Banalität des Motivs mußte sie ja mit einem Hohngelächter durchschauen! Oder war in dieser »wilden Familie« schon alles egal?

Susanne hörte all dieser Schaumschlägerei mit halboffenem Munde zu, was ihr wunderbar stand, blinzelte gelegentlich träumend mit den Augen auf und nieder, in manchem stimmte sie mir sogar zu, zum Beispiel in der Frage des Wohnungswechsels. Den hatte ich eigentlich am wenigsten gemeint, liebe Susanne! Verzweifelt über meine unseligen Anstrengungen trank ich dann jeweils Bier und Wein in mich hinein, bis ich halbbetrunken anfing, widerwärtig an ihr herumzutätscheln und zu -knabbern. Die Frau machte immer sofort – vorsichtig, gleichsam zögernd – mit oder ließ es sich einfach gefallen – und meine ganze schöne Suada war für die Katz gewesen! Ich traktierte sie mit Lebensweisheit – sie bedankte sich mit dem Ertragen von blindem Geschmuse, und die samtenen Schatten ihrer Backenknochen lächelten dazu ins Blaue. Gerade dies Willenlose, Indifferente, unselig Zerstreute manövrierte mich ins dichteste Elend. Gerade dies hatte ich ihr eben doch noch wortreich ausgeredet – und nun kam ich daher, und sofort strafte sie meine Überzeugungskraft Lügen und ließ sich vollständig sinnlos abschlecken!

Die Intensität des Triebs zeigt sich an der Unruhe auch dann, vielleicht vor allem dann, wenn der Reizzustand an der Triebquelle überhaupt nicht aufgehoben werden will. Der Effekt ist nicht unbedingt hübsch: Reglosigkeit nach allen Seiten.

So versteifte sich mein Unvermögen, nicht nur mit Susanne zu schlafen, sondern mich überhaupt irgendwie und mit Anstand aus dem waltenden Seelenschlamassel herauszuwinden. Auf dem Glanzpunkt meines Elends, angefeuert zudem durch die tröstliche Freundschaft der Herren Leobold und Duschke, rauschte ich in eine unleugbare erste Alkoholikerphase meines Lebens.

Das war sehr neu und schön – ich wundere mich noch heute darüber. Nicht daß ich aus Verzweiflung getrunken hätte, mein susannisch-sabinisches Doppelunglück zu vergessen, Trost im Nirwana zu finden – im Gegenteil! Ich trank, um meine Misere zu steigern, weiter zum Erblühen zu bringen, sie in ihrer vollen Unseligkeit auszukosten. Und vielleicht ist dies auch richtig: Ich hatte Angst vor irgend etwas in der Luft liegendem Grausigen und ich wollte die Angst in einem Arbeitsgang vernichten und potenzieren zu intellektueller Erfahrung. Trat der Rausch ein, wurde ich mir jeweils der Ausweglosigkeit der Lage mit einer Süße bewußt, der ich nicht mehr bereit war abzuschwören, sie schien mir das Wahre, das es kühn anzusteuern galt: die Selbstvernichtung als Naturzweck. Kein sehr origineller Gedanke, möglich, aber ein origineller Zustand. Dumpfen, umwölkten Sinns meinen schwesterlichen Unstern bis zum Niedergang zu zelebrieren, das war es! Ich trank praktisch Tag und Nacht. Die Herren Leobold und Duschke sahen's gern und hielten mit.

Die Brillanz des Lebens hatte einen vorläufigen Höhepunkt erreicht. Es gelangen mir in diesem Zusammenhang einige Techniken, über die ich heute staune. Eine Woche lang verlängerte ich meinen Nachtschlaf mehrmals dadurch, daß ich jeweils beim lästigen Erwachen eine Flasche Wein austrank, dadurch zwei Stunden weiterschlummerte, dann wieder eine Flasche trank, erneut einschlief usw. – bis in den Nachmittag hinein, da lief ich dann schnurstracks in den ANO-Laden, pflanzte mich in der Imbiß-Nebenstelle auf, versorgte mich aus Herrn Leobolds Kühlschrank oder legte mich auch gelegentlich auf einen versteckten, dem gewöhnlichen Kundenauge entzogenen Teppichhaufen.

Ein andermal, in der Nacht, fuhr ich mit dem Auto und zehn Bierflaschen auf eine Anhöhe in der Umgebung Seelburgs, starrte von 23 Uhr bis 5 Uhr früh in das Lichtergefunkel unter mir, diese wundersame kalvarienmäßige Höhle des Entsetzens. Die laue Nacht wälzte sich rund um sie her, dunkel flüsterten die Blätterkronen der Bäume, langhin fielen ihre Schatten übers regungslose Gras. Der Mond, voll und rötlich, hing tief über der Stadt, sehr langsam wandernd, gleich als ob er neugierig deren Sündhaftigkeiten inspirieren wolle. Ich trank, was ich in mich hineinpacken konnte. Wiederum fror ich vor Herzeleid und Vergnügen. Gegen 4 Uhr früh glaubte ich, träumte ich wohl, zu sterben. Es war aber nichts. Erst gegen 6 Uhr taumelten die kitschige Schwermut und die Betrunkenheit gemeinsam in den Schlaf hinüber.

Der Schlund meines Lebens war sperrangelweit geöffnet, in ihm starrte hohnvoll der zentralabendländische Gesellschaftsschmutz der Stadt Seelburg. Etwas Verdicktes und zugleich Kribbelndes lag in der Luft und fiel über mich her. Nicht ohne Neugier nahm ich auch wahr, wie rapide jetzt gewisse mir bis dato unverbrüchliche charakterliche Sicherungen dahinschwanden, intellektuelle und moralische Empfindlichkeiten verrotteten – zugunsten eines Neuen und durchaus auch wohlig Erregenden, Verdämmernden – ja, mir kam sogar die sehr dumme Idee, daß darin eine Art Wiedergeburt begründet und beschlossen sein könnte. Weiß man's denn so genau? Manchmal war ich soweit, zu glauben, daß es für mich nichts mehr zu erlernen und schon gar nichts mehr zu erfühlen gäbe. »Dies lastende Leben, du-uh, du, nimm es von mir, dies lastende Leben, dies lastende Leben!« Was wollte man mehr? Wunderbar zwitscherte mir Annelies Kupper die Ariadne-Arie vor, Annelies Kupper, die jetzt auch schon 70 ist und ihr Pfündlein zu tragen haben wird...

Zwischendurch glückte es mir ein paarmal, mein Leid auch ohne die Schwungkraft des Alkohols auszutragen. Das war dann noch schöner. Ich erinnere mich einer vollkommen sinn- und zweckfreien Autofahrt von Seelburg nach München und zurück, die ich, mit Ausnahme der letzten 28 Kilometer, volle 300 Kilometer lang zu durchweinen und zu durchflennen vermochte. Ich heulte, zerwurstelt von Sehnsucht nach irgendwas, buchstäblich Rotz und Wasser, hemmungslos, endlos, erstaunlich, welche Flüssigkeitsmengen in uns alten Männern noch drinstecken! Und noch erstaunlicher, meine Fahrkunst litt in keiner Weise unter diesem unversieglichen Dauersturzbach aus meinen Augen – nicht der ADAC, keine Kriminalpolizei, kein Wasserwirtschaftsamt oder was auch immer hätte irgendwelche Bedenken gegen meinen Fahrstil vorbringen können, im Gegenteil, ich fuhr sicherer denn je.

Ich bin nicht wenig geneigt, den Tip der Straßenverkehrswacht unterzubuttern, die kann ihn dann als neuen Paragrafen der Verkehrsordnung anhängen. Die Bild-Zeitung aber würde den Dreck als Tip an ihre Milliarden Leser weitergeben: »Machen Sie daheim Krach! Dann kracht's auf der Autobahn nicht mehr!« Und ich würde vielleicht eine Professur für Verzweiflung und Verkehrsreform übernehmen dürfen ...

Wenn ich heute diese bleichen Sommertage schon sterbensmäßiger Niedergekommenheit Revue passieren lasse, dann dienten nicht zu meinem Besten auch Sätze wie der, gebastelt von der Deutschen Presseagentur: »... scheiterten die Münchener am französischen Torhüter Curkovic, dessen Leistungen seinen in der zweiten Halbzeit vielbeschäftigten Gegenüber Sepp Maier jedoch noch übertraf.«

Zitiert nach dem Seelburger Anzeiger. Ich meine, an diesem Satz ist natürlich nicht nur alles falsch, sondern so vieles, daß man es auf zweieinhalb Zeilen gar nicht für möglich hält. Einmal abgesehen von inhaltlichen Kriterien (ich habe das Spiel ganz anders in Erinnerung) muß es natürlich zuerst einmal »sein Gegenüber« heißen. Zweitens kann eine Leistung trotzdem noch immer nicht ein Gegenüber übertreffen. Drittens ist das doppelte »über« eine sprachliche Taktlosigkeit, die meine Angst und meine Sehnsucht nach wenigstens einer der beiden Schwestern neu entfachte. Viertens ist das »jedoch« zumindest überflüssig, es sei denn, gemeint wäre fünftens, und das halte ich für sehr wahrscheinlich: »dessen Leistung jedoch von seinem Gegenüber Maier noch übertroffen wurde«. Doch lassen wir das, ich meine nur, dergleichen Alltäglichkeiten im Verein mit der Vision, ein vielleicht vom Biere angefeuerter Franz Josef Strauß proklamierte plötzlich den atomaren Gegenschlag ... so wird man vielleicht verstehen, warum es mich in diesen Tagen der Pein so hemmungslos zu den Morlock-Schwestern und überhaupt herumtrieb.

»Nicht fragen. Flachlegen!« hatte Hans Duschke kommandiert. Der freche Greis hatte gut reden. Die Zeiten haben sich eben gewandelt. So einfach geht das einfach nicht mehr wie in deiner

Glanzzeit, Hans, als das jubelnde Savoir vivre, Hamlets Sein oder Nichtsein und das Flachlegen Maria Cebotaris noch ein Kinderspiel waren. Unsere skeptische, ja ich möchte sagen zarte Generation, sie verfügt nicht mehr über eure Verve, Chuzpe und jenen über Leichen schreitenden unabdingbaren Sexualwillen, der da das Leben nur als eine bunte Christbaumkugel zu sehen geneigt ist. Die Zeiten haben sich gewandelt, lieber Hans, die Kardinalgemeinheit des bundesdeutschen Nachkriegslebens macht einfach nicht mehr so ohne weiteres geneigt zum Vollzug der Liebe! Oder was sagt ein alter Haudegen wie du zu dem Satz »Der Zuspruch des Museums erfreut sich von Jahr zu Jahr eines immer größeren Zuspruchs« – gesprochen von einem Verantwortlichen in einer der letzten Kulturmagazin-Sendungen im Fernsehen? Kann man nach solch einem niederträchtigen Satz ohne weiteres zu den Weibern rennen?

Ganz im Stich gelassen im Unglück ist auf dieser Welt dennoch keiner. Eine dritte Leidenschaft neben Trinken und Weinen ergriff in diesen Tagen wohltätig mein gemartertes Gemüt: der regelmäßige Besuch unserer Friedhöfe. Ein wahres Labsal. Heiterkeit, wohin das Auge reichte! »Hier ruht ein guter Mann, ein gerechter Mann, ein Idealist. Gotthold Prem. Polizist.« Oder: »Ihr habt mich gehabt, jetzt habe ich euch.« »Hier schläft unser Sonnenscheinchen Hansi (Anderl).« »Ruhestätte Familie Unverzagt.« Schließlich mein Lieblingsgrabkreuz: »Hier ruht unser liebes Kind Hufnagel.« Bezaubernd! Ein Gymnasialprofessor aber hatte auf seinen Grabstein schreiben lassen:

> »Ausgezogen bin ich,
> Daß das Glück ich erhasche,
> Dann hab ich es erhascht,
> Jetzt bin ich Asche.«

Das war noch Leben! Der prallvolle Stumpfsinn! Ich wandelte oft stundenlang zwischen den Gräbern hin und her, keine der gesammelten und gemeißelten Verschnarchtheiten sollte mir auskommen!

Einmal nahm ich sogar Alfred Leobold mit auf den Gottesacker. Ein ätzend mildschöner Samstag. Der Geschäftsführer hatte sich zwar nur widerwillig aus der damals schon bevorzugten italienischen Gastwirtschaft Wacker-Mathild abführen lassen, hatte aber schließlich gehorcht und humpelte jetzt bravorös hinter mir durch die Grabreihen her. Eindrucksvoll, was er alles über die Toten wußte:

»Da, Moppel, die alte Inzelsberger-Matz!« lächelte er vor einem glänzend polierten Grabbrocken, der tatsächlich die Inschrift »Barbara Inzelsberger, Metzgersgattin. Et resurrexit tertia die« trug, »das war vielleicht eine Matz, o mei! Ich bin immer gut mit ihr ausgekommen. Wir sind damals beim Reitclub nach Ungarn geritten, o mei, das kannst dir nicht vorstellen, Moppel. Die hat gebrüllt! Der Mann war froh, wie's dann weg war. Krebs«, berichtete Alfred Leobold gewissenhaft, »und da, der Winkler Theo, den hast ja auch noch gekannt, der Duschke hat ihn einmal in der Samariter-Wirtschaft beleidigt. Theo, hat der Duschke gesagt, gell, paß auf deine Frau besser auf. Und Arschgesicht, Arschgesicht hat er ihn geheißen. Wollt er schon auf den Duschke los, wenn ich nicht sag: Theo, der Duschke meint's nicht so. Vierzehn Tag' später war er tot.«

Wieviele Tote Alfred Leobold im Herzen bewahrte! Ich machte ihn auf das Professorengrab mit der meisterlichen Inschrift aufmerksam. »Genau«, sagte der Teppichhändler, »der war zuerst am Humanistischen Gymnasium, dann ist er in die Realschule versetzt worden, weil er immer den Schülern die Schulmilch weggesoffen hat und andere Sachen. Mein Schwippschwager hat ihn noch gekannt, der Ebert Willi. Ich könnt' dir aber jetzt gar nicht mehr genau sagen, an was der gestorben ist, ist der nicht in der Iller ertrunken? Halt, nein, das war der Weichsler Hermann, der damals immer mit dem Lösch Gandhi in der Escamillo-Bar den Sekt…«

Wie schön! Fahl duftend kräuselte sich der Altweibersommer über das Hecken-, Marmor- und Weihwasserunwesen. »Und da«, rief Alfred Leobold und zwinkerte vergnügt auf einen rötlichen

Quader, »da tun 's mich einmal rein.« Tatsächlich, »Familie Leobold« stand da ohne jeden weiteren Firlefanz und – wunderbar! –
nur dreieinhalb Meter von der Grabstätte meiner Familie entfernt!

»Aber jetzt noch nicht!« faßte Alfred Leobold pfiffig nach und
besah kurz und gleichsam kritisch die Anpflanzung seines fast
pompösen Familiengrabs, ob auch alles in Ordnung gehe. »Prima«,
befand er und verzog sein Gesichtchen sofort ins Schmerzliche
hinüber: »Mensch, ich hätt' jetzt einen Durst, Moppel, ich kann
dir's gar nicht sagen. Ich weiß gar nicht, was das ist…«

Ach, das Leben, bevor es verschwindet, hatte doch trotz allem
seinen Schliff!

<h2 style="text-align:center">14</h2>

Am Maria-Himmelfahrt-Tag, seit Tagen wieder von den traurigen Alkoholfreuden befreit, versetzte ich mir hinsichtlich Susannes
einen neuen Impuls – und sollte erneut kläglich scheitern. Schuld
hatte ich zweifellos selber, nichts Klügeres als die alte Leier, eine
nachmittägliche Wanderung, war mir in den Kopf gesickert, und
ich hatte Susanne telefonisch dazu eingeladen, und sie hatte die
äußerst glückliche Hand gehabt, dazu ihren erwähnten 16jährigen
Bruder mitzubringen, jenes linkische baumlange Bürschchen, das
mir einleitend sinngemäß erklärte, es habe schon so viele »Klasse-
Sachen« aus unserem Kreis gehört, daß es sich, wenn ich es recht
verstanden habe, ab sofort wohl auch eingliedern möchte.

Das hatte noch gefehlt, wäre aber nicht das Schlimmste gewesen, wenn nicht, zufällig oder getrieben vom Wind der sexuellen Allgemeingier, jene gesellschaftliche Neuerwerbung Werner
Wiegler, ein Gelegenheitsarbeiter wohl aus der immer mächtiger
werdenden Gruppe um den Kaufmann Mogger, zum Start der
Wanderung aufgetaucht wäre – und sofort das Heft in die Hand
genommen hätte, bevor ich's mich versah. Dieser Wiegler, den sie
wegen seines roten Lockengeschmeißes trefflich »Der Rostige«
nennen, setzte nämlich eine Kletterpartie in der Fränkischen
Schweiz durch, und ich, obgleich gewarnt durch meine Schiff-
schaukel-Erfahrungen, erklärte mich arglos bereit.

Wiegler erwies sich als fast professioneller Kraxler, fatal, was die Leute alles für Kunststücke beherrschen. »Der Rostige« erklomm nicht nur selber mühelos die gefährlichsten Kalksteinspitzen, sein teuflisches Können gestattete es ihm auch noch spielend, Susanne und ihren hellbegeisterten Bruderlümmel auf die Gipfel zu hieven – und ich beobachtete genau, daß dieser Tölpel übers allgemeine Bergsteigerethos weit hinaus dabei äußerst gezielte Griffe an Susannes Körper vollzog, und endlich hatte er beide Morlocks glücklich droben und posierte glänzend als eine Art Heilige Familie in den strahlendblauen Nachmittagshimmel. Wollte ich mich nicht gänzlich der Lächerlichkeit aussetzen und mich von Wiegler gleichfalls nach oben liften lassen, mußte ich vom Fuß des verdammten Felsens aus bekümmert und leider ohne jede Chance intellektueller Kompensation das alpine Kunstwerk begaffen. Auch beim Herunterklettern ließ es dieser Bewerber nicht an kleinen tätschelnden Aufmerksamkeiten fehlen. Warum ich nicht mit hinauf sei, wollte Wiegler dann in kameradschaftlichem Tonfall, aus dem der Hohn barst, von mir wissen. Mir sei plötzlich schwindelig geworden, blieb ich halbwegs bei der Wahrheit und hoffte flehentlich auf den Effekt zierlicher Morbidität – bei diesem kerngesunden Trio vergebens.

Die Unappetitlichkeit wuchs anschließend in einer Waldschenke. Gemessen an meiner rhetorischen Routine hätte ich darauf wetten mögen, daß ich diese unbedarften Wald- und Felsenmenschen flink in meinen Zwang würde bringen können. Keine Chance! Noch von seinem frischen Kletterruhm zehrend, begann der zehntrangige Playboy mit großer Vulgarität und schauerlich erlogenen Autounfallgeschichten auf Susanne und – pro forma – ihren ungelenken Bruder einzuhämmern (wunderte sich dieses verwilderte Bürschchen eigentlich gar nicht, daß ich nach Sabine nun hinter der anderen Schwester herpfiff?) – da und dort und weiß der Satan wo sei er, Wiegler, an einem Baum »gebrummt«, anschließend den Baum hochgeworfen worden, daraufhin sieben Meter durch die Luft geflogen, wieder auf die Räder gefallen, in dieses oder jenes Dorf weitergerauscht, dort habe man dann für

280 Mark Schnaps und Champagner getrunken, anschließend sei er, Wiegler, »sternhagelbetrunken wie hundert Russen« auf der Polizeiwache erschienen, habe die Beamten lässig »angepflaumt«, anschließend habe man an der Bar der »Eichenmühle« weitergezecht, sei heimwärts noch einmal über die Böschung gefahren – – – unerträglich, lästerlich, der letzte Humbug, brausend vorgetragen und ungemildert von jeder Münchhausen-Ironie, von Wieglers höllischem Lachen über die Flottheit der eigenen Existenz unterbrochen, und dabei machte er Susanne ununterbrochen schöne Augen, soweit diese Giftlöcher überhaupt noch den Begriff der Schönheit nicht zum Witz verdammen – – –

– und ich saß vollkommen entwaffnet daneben, schwarz vom Unglück durch und durch, bar gleichwertiger Glückserlebnisse, gräßlich, gräßlich, und das Morlock-Brüderchen strahlte über diesen unverwüstlichen Gipfelstürmer, und die Gier, baldmöglichst Gleichwertiges zu vollbringen, den Griff nach der Blauen Blume zu wagen, stand dem jugendlichen Dummbeutel ins zarte Gesicht geschrieben – und Susanne? Susanne saß neben dem Kletterer und Kunstflieger, verdächtig rosig angehaucht, wie mir schien, den Brombeermund einen winzigen Spalt geöffnet, und lächelte, lächelte mehr als zufrieden über die Schlüpfrigkeiten des Felseneseles.

Nun, sie lächelte ja praktisch immer, zweifellos – und doch, viel zu selten blinzelten ihre schönen Rehaugen mich an, ihren zutiefst beunruhigten Lehrer und Beschützer, viel viel häufiger und kullernder den rostigen Bergidioten Wiegler, der sich die Krone endlich dadurch aufzusetzen verstand, daß er uns mit seinem – gestohlenen? – BMW 140 Stundenkilometer schnell über die heimatlichen Fluren hinweg zurückchauffierte.

Zum Abschied versprach der entflammte Bruder Morlock noch einmal, zukünftig »immer« zu uns zu kommen, das heute sei »Klasse« gewesen. Na bravo! Plötzlich tat mir der Dummkopf sogar leid, daß ihn das Unheil gar so früh am Kragen griff. Und noch eine Sensation: Der klebrige Kerl Wiegler strich plötzlich wie spielerisch Susanne mehrfach an den zierlichen Schultern und

Armen entlang und strahlte sie lärmend, ja buchstäblich rostig an. Verwirrt, ja gedemütigt zog ich den Kopf ein und trollte mich in irgendeinen Schmollwinkel. Hm. Vielleicht sollte ich mir, war mir schon, im Unterschied zu Zeno Cosini, gar keine der Schwestern bestimmt, tatsächlich ihr attraktives Brüderlein zulegen...

Was spielte sich hier eigentlich ab? Wellner, Mogger, Lattern, jetzt Wiegler! Ja, auch von einem Herrn Pflaum hatte ich schon läuten hören. Wo steckte eigentlich dauernd der Hauptgalan Mogger? Ich würde einmal ernsthaft mit ihm reden müssen, auf daß er ein schärferes Auge auf die herumschwirrenden Bewerber hätte und vor allem seinen eigenen Leuten wie diesem Wiegler gelegentlich eins in die Rippen schlüge! Würde Mogger aber dann nicht zuerst einmal mich verprügeln?

Die Engpässe um Susanne wurden dadurch noch unübersichtlicher, daß man nicht mehr wußte, welchen Informationen zu trauen war. Noch am Abend erfuhr ich von Hans Duschke anläßlich meines vorsichtigen Berichts vom Nachmittag, »das zwischen dem Wiegler und der großen Morlock ist schon uralt, ach ja, uuuralt!« sang der Greis. Der beisitzende Erich Winter gab dagegen zu bedenken, seines Wissens sei »jetzt wieder der Adolf dran«. »Der auch, und der Mogger sowieso«, fuhr Hans Duschke gelassen auf und biß sich vor erregter Boshaftigkeit sogar in die Knöchel seiner Fäuste, gleich als ob er allzu überschüssige Lebenssäfte wegsaugen wollte, »und der Pflaum«. »Der Pflaum?« fragte hell der Bleistifthändler Dammler. »Der Pflaum auch«, seufzte der ehrwürdige Greis Duschke tief und tödlich und faßte dann gleichsam bekennerhaft und als ob die Last des Ganzen auf seinen welken Schultern ruhe, zusammen:

»Zuerst der Arthur, dann der Adolf – aber der Arsch gibt es nicht zu, aber ich, Hans Duschke, weiß es – dann«, raunte Duschke und blinzelte mutlos zur Zimmerdecke, »der Pflaum, dann der Wiegler Werner – und der Schießlmüller soll jetzt auch seine Finger dran haben. Naja, und der Amigo auch, irgendwie«, schloß Duschke resignierend und umkreiste mit dem Zeigefinger die obere Kante seines Bierglases.

»Und du?« fragte mich Hermann Dammler, Heiteres erlauernd, »du fährst doch auch andauernd mit ihr in der Gegend rum«, lockte der Bleistifthändler, erst neulich habe er mich zufällig in Betzendorf »erwischt«, bei einer Kirchweih, aber ich hätte ihn, Dammler, nicht gesehen.

Der erhabene Greis Duschke selber war es, der mich aus der Umklammerung durch Dammlers massive Ironie befreite. »Huren alle beide«, zog der nimmermüde Alte mit verhangener Stimme Bilanz. Erstmals war das Wort gefallen. Gleich als ob der alte Unhold witterte, daß er sich hier vielleicht doch etwas zu weit vorgewagt habe, korrigierte er sich mit einer offenbar in Heimarbeit besonders gut vorbereiteten Formulierung: »Eine vollkommen verwilderte Familie.«

Verzweifelt fegte er mit dem Handrücken den Bierschaum von der gelben Lippe.

Vermutlich hatte damals meine gemischte Passion für Sabine und Susanne bereits ihre Klimax überschritten. Duschkes tabellarische Aufstellung von Susannes Liebhabern mochte der Wahrheit entsprechen. Im Falle Sabine erwog ich, Duschke nun doch nach seinem Beweismaterial für die Hurenschaft auszuforschen, denn abgesehen von meiner Person und der des Schießlmüller wäre dem starken Greis mit Sicherheit bald das Pulver ausgegangen. Kaum mehr Liebe, der gewöhnlichste Gerechtigkeitssinn drängte mich, Sabine zu verteidigen. Doch dieser gottvergessene Alte saß so warm, so wesend, so besonnt im Abendrot seines wunderbaren Informationsvorsprungs resp. seiner Wahnvorstellungen vor uns, er nippte so sokratisch-teiresianisch an seinem abgestandenen Weizenbier, daß ich dieses späte schmelzende Glück nicht zu zerstören wagte. Eigentlich hätte der Dämon sogar wegen Verleumdung angezeigt gehört. Aber was soll's, warum sollte ich ihm, bevor er in die Grube fuhr, die Freuden der letzten Sottisen verleiden? Seiner kohlrabenschwarzen Seele die letzten verschimmelnden Genüsse?

Vielleicht war es aber wirklich nur Feigheit, daß ich mich der an unserem Herrentisch waltenden freud-neid-gemischten Hochstimmung über die endliche Entlarvung der Morlock-Schwestern schließlich anschloß. Schiere Bauernschläue trieb mich dazu; das Duschkesche Tribunal half, mich von Sabine und Susanne ein gutes Stück weiter zu befreien.

»Eine vollkommen verwilderte Familie«, grunzte noch einmal Hans Duschke und kratzte sich mit einer Grimasse am Kinn. Ich fürchtete, er würde gleich vor Genuß einem Herzschlag erliegen.

Arme Gerontologie, er lebte weiter.

15

Die Lage ist wohl die, daß heute die Männer sowieso nicht, die Frauen aber vor lauter Aufgeregtheit – sei's revolutionärer, sei's debiler Ursache – überhaupt nicht mehr lieben können. Nicht, daß meine schwesterliche Krise mit diesem Abend, mit diesem so vieles offenbarenden Abend restlos überwunden gewesen wäre. Susanne – soweit wirkte die Kraft der Duschkeschen Berichterstattung und Bilanz nach und verband sich mit meinen eigenen Erkenntnissen –, Susanne war gestorben, keine Kraft der Welt hätte mich zu einem letzten Rettungsmanöver veranlassen können. Um so gottserbärmlicher umarmten meine Gedanken noch einmal Sabine. Sabine, die schuldlose, die liebe, deren morgenfrische Jugend nur dem vermaledeiten Transporthändlercharme des Faschingsprinzen Schießlmüller ins Messer geraten war! Und hatte nicht neulich jemand – war es nicht erneut Duschke gewesen? – berichtet, es sei bereits zu einem ersten ernsthaften Hauskrach zwischen den beiden gekommen? Sie, die Kleine, habe dem Fuhrmann öffentlich, im Whisky-Schuppen, ins Gesicht geschleudert, er rede neuerdings nur noch immer die gleichen Kabarett-Texte daher? Ja waren das nicht völlig neue unverhoffte Aspekte? »Impotente Kabarett-Texte«, solle sie sogar gesagt haben, fiel es mir noch siedendheiß ein – das hatte sie sicher von mir! Das war exakt meine kritische Schule! Ein begabtes, ein intelligentes Kind, ich hatte es ja immer gewußt! Sollte ich sie anrufen, im letzten Moment den verbrecherischen Armen des kabarettreifen Hampelmanns zu entreißen? Sollte ich ein erneutes steinerweichendes Briefchen zusammenschmieren? Der ganze Jammer um Sabine umprasselte ein letztes Mal mein armes Herz. Lustvoll entfaltete ich, auf mein Sofa hingegossen, die Visio beata eines alle Dämme durchbrechenden Verzeihens, unter Preisgabe sogar der Würde, jenes eingeborenen Guts, das selbst noch über der Liebe rangieren müßte – – –

Schon am Abend war der ganze Zauber wieder verwelkt. Im »Seelburger Hof« war mir die Romanze vergönnt, Sabine über die Schenkel des erneut krachend frohen Fuhrunternehmers streicheln zu sehen, oder besser, sie rieb sie einfach, ein Affentheater, das ich selber nur allzu gut kannte. Es mag ungerecht sein und vielleicht der aufs neue verblasenen Zuversicht anzulasten, aber etwas Vettelhaftes war bei dieser 18jährigen schon nicht mehr zu leugnen. Plötzlich graute mir vor der Liebe.

Zermalmt von Einsamkeit nahm ich sofort Reißaus und legte mich ins Bett, ungehemmt, blödsinnig vor Schläfrigkeit und luderhaftem Leben, vor mich hinzubrüten. In dieser Stunde der erneuten Bedrängnis und des schleichenden Elends bewies ich einmal mehr meine glückliche Hand. Na, warum war ich darauf nicht gleich gekommen! Ich wollte meinen alten Freund Oskar Zirngiebl besuchen, mit ihm die grausam endlose Affaire d'amour sozusagen von den theoretischen Grundfesten her zu beleuchten, und, das gebe ich zu, daß auch dies zu meinen Erwägungen gehörte: zumindestens würde es in Zirngiebls Wallfahrerheim wieder etwas zu staunen geben, dieser zuverlässige Alte würde mich auch diesmal sicherlich nicht schmoren lassen, dafür hatte er einfach zuviel inneren Gehalt!

Schon am späten Vormittag lief ich bei ihm ein. Ich traf den Privatier am Wohnzimmertisch sitzend an, wie mir schien in absolut gelöster Stimmung, in einem wunderbar bauchwärts gewölbten Jerseyhemd, in einer Shortshose und barfuß, und blitzschnell erkannte ich – obwohl der Lebemann das Zeug flugs abzudecken suchte – einen Pack Zeitungen auf dem Wohnzimmertisch, an deren Rändern viele Male, vielleicht ein dutzendmal, in graziöse-

ster Schrift die Worte »Oskar Zirngiebl, Seelburg, Schulstraße 2«
geschrieben standen. Was für ein Auftakt! Die Hälfte von Sabines
Einfluß war bereits weggeblasen! Ich vermochte keinen Augenblick länger an mich zu halten und prustete selig los.

Warum ich lache, fragte vorsichtig und in schamvoller Ahnung
Oskar Zirngiebl.

Ich deutete verblümt auf die Zeitungsränder.

»Naja, was ist dann da?«

»Da!« rief ich unbarmherzig.

Es ehrt den Privatier, daß er hier nun endlich brüllend und wie
in lodernder Selbsterkenntnis in mein Lachen miteinstimmte und
minutenlang geradezu erhaben wieherte: »Heiland der Welt!« rief
er mehrmals und dann abwechselnd »Gott, der Gerechte!« und
»O Herrgottl von Biberach!« und schlug sich mit der flachen Hand
auf den Kopf. Dann abrupte Stille…

Wann er das geschrieben habe? Ich zitterte vor Vergnügen.

»Naja«, sagte Zirngiebl langsam, spielte mit einer Kippe im
vollen Aschenbecher und hielt seinen mächtigen Kopf zum Sinnen
gerade, »im Lauf der Zeit halt, du weißt ja, Moppel, ich hab natürlich – wie soll ich sagen? – viel … viel … Zeit. Mopperl, Mopperl,
ihihihi, ihihi ihihihi!«, fegte es erneut aus dem Zweimeter-Kalli-
grafen, der jetzt anscheinend vor Verwunderung über sein Leben mehrmals um den Tisch sauste, wie um endlich die Neuzeit
hereinzulassen, beide Zimmerfenster aufriß, plötzlich wieder
nachdachte und ein erneutes Mal losbrüllte:

»Oskar Zirngiebl, Seelburg, Schulstraße 2. Unglaublich! Unglaublich!«

Beschwingter hätte es gar nicht losgehen können. Dann war
die Bahn frei für den philosophischen Bereich. Etwas ängstlich, die
Segel der Freude nicht schon gar zu mächtig zu hissen, versuchte
ich mich in eine ernstere Grundstimmung zurückzuversetzen und
brachte das Gespräch bedachtsam auf das Morlock-Problem, das
unsere Stadt gegenwärtig quäle. Zirngiebl, der mir sogar schon
etwas angetrunken schien, verstand sofort und ging bereitwillig auf
meinen philosophischen Ansturm ein.

»Wie? Wieso? Warum?« fragte der Wohner und sah mich bohrend an, »wer? Moppel?«

»Naja«, wand ich mich hilfesuchend, und Zirngiebl half.

»Ach so, wegen der Sabine da. Weißt, Moppel, Mopperl, da bist ja du der blödste Hund, der allerblödste Hund, das ist ja viel – das ist ja weit unter deinem Niveau, was du da mit dir hast machen lassen und wie sie dich fertiggemacht haben, aber du kannst ja nichts dafür, du bist ja zu dumm«, eröffnete mir Zirngiebl ernst und inständig quallend, geriet aber dann – anscheinend hatte er in letzter Zeit viel Theoretisches über diese Zusammenhänge nachgedacht – dankenswerterweise mehr ins Abstrakte. Ich müsse ja bedenken, erläuterte Zirngiebl und schrieb erneut gedankenlos »Oskar Zirngiebl, Seelburg, Schulstraße 2« an einen Zeitungsrand – ich müsse ja bedenken, daß diese ganzen Weibersachen »ein Produkt, ein Relikt des falschen Denkens« seien, sagte Zirngiebl und steckte sich, vom Tischstuhl zum Lehnstuhl überwechselnd, ein Zigarettchen in Brand. Wir Älteren, fuhr er fort, »wir modernen Menschen müssen oder müßten«, schrie er, »erkennen, Moppel« – hier rülpste er verächtlich – »daß unsere Schulphilosophie, also Plato und das alles, der ganze Scheiß« – nein, er, Zirngiebl, müsse jetzt noch einmal von vorne anfangen. Und mächtig kratzte sich mein Berater an den Genitalien herum.

Sollte ich eingreifen? Sollte ich ihn reden lassen, würde sein blitzdummes Gewäsch mich aus dem Unheil reißen? »Was wir gelernt haben, in der Schule und alles«, fuhr Zirngiebl fort, sei »gut und schön« bzw. nein, eben nicht! Sondern für den modernen Menschen, den modernen Menschen komme es – »jetzt hab ich's!« rief der Philosoph – darauf an (und hier erreichte Zirngiebls Stimme unverhofft die Sphäre des Bedrohlichen), komme es darauf an – »und da wett ich mit dir!« –, daß man sich Gedanken mache und Analysen sowieso und – »und die Konsequenzen ziehst, jawohl!« brüllte Deutschlands wuchtigster Philosoph plötzlich (anscheinend war er betrunkener, als ich gedacht hatte), und er schleuderte sogar mehrfach die beiden Arme nach vorn – »jawohl, du mußt heute Induktion und Deduktion auf einen Nenner bringen, Moppel!« schrie Zirngiebl laut auf und beschaute dann wie erstaunt und allerdings mit zusammengebissenen Zähnen eine Gips-Muttergottes, die plötzlich, grün und blau wie dem Kasperl seine Frau, vor seiner Nase auf einem Harmonium stand. Der rechte Arm, der nicht das Jesuskind tragen mußte, war abgebrochen, anscheinend war der Privatier einmal denkend oder betrunken dagegengeflogen.

»Du mußt schauen«, fuhr Zirngiebl fort, »du mußt schauen, daß bei allem, was du siehst und hörst und was in der Zeitung steht, daß du das Prinzip daran erkennst, das Prinzipip, was immer bei allen Sachen dahintersteckt, was man aber natürlich nicht gleich sieht. Dann erst, mein lieber Moppel, kannst du die Einsicht kriegen in alles, was alles so läuft und ist.« Hier kramte mein Freund längere Zeit in der Vitrine herum, zog endlich eine Flasche Altweiberlikör Cointreau hervor und nahm aus ihr einen gierig-wortlosen Schluck. Atmete pompös durch und fuhr fort:

»Du mußt erkennen, du mußt die Erkenntnis gewinnen, was du eigentlich willst und wo alles hinausläuft, die Welt und die Menschheit, da gehört die Politik dazu, der Sport, der Sport, die Weiber, alles, klar, die Kirche, da gibt es heute oft tolle Burschen darunter! Tolle Burschen darunter, Kamerad Schnürschuh!« fiel Zirngiebl plötzlich erneut über mich her, der ich mich längst behaglich auf dem Sofa ausgestreckt hatte, »entscheidend ist immer das Prinzipip« (Zirngiebl hatte offenbar immer bei diesem Wort eine Art geistigen Schluckauf), »das Prinzip« (nein, diesmal machte er es richtig) »oder mit anderen Worten die Substanz. Jawohl, die Substanz!«

Ein wahrscheinlich letzter, schwach schimmernder Sehnsuchtsflug zu Sabine, dann fragte ich den Denker, was es mit der Substanz auf sich habe.

»Die Substanz«, überlegte Zirngiebl, seufzte und kraulte sich in den schütteren Haaren, »wie soll ich jetzt das sagen? Die Substanz ist … die Substanz«, brüllte Zirngiebl und ballte tatsächlich die linke Hand in der Art der Black-Power-Leute zur Faust, »die Substanz ist, das ist, wenn man weiß, wo es langgeht, persönlich und für die Gemeinschaft, den Altruismus, verstehst du mich? Das ist die Philosophie der Substanz im Gegensatz zum Intellekt« – und hier veränderte sich das sonst vertrauenerweckend massive und holzgeschnitzte Gesicht Oskar Zirngiebls zu einer wahrhaft tückisch-mörderischen Grimasse – »zum Intellekt! Der Intellekt, der Intellekt, das ist der größte Feind der Menschheit und ganz Deutschlands! Natürlich, Moppel, hast mich? Natürlich gehört auch der Intellekt im Prinzipip« (also doch) »zur Substanz. Irgendwie.« Hier rollte der Privatier seine beiden Handinnenflächen zu einer Art Halbkugel. »Intellekt heißt ja Wissen, griechisch und römisch, oder besser: Einsicht – schon, Moppel, aber die Substanz ist viel, viel – – viel wichtiger! Das heißt, wenn der Überblick da ist und die Fähigkeit, die Logik draus zu ziehen oder vielmehr die Konsequenz, auch wenn das Hirn einmal versagt, das *Hirrrn!*« stöhnte Zirngiebl verzweifelt, »daß alles trotzdem gut weiterläuft – ich meine so, Substanz ist, wenn alles gut ist, wenn alles gut abgesichert ist und der Mensch noch immer Lebensfreude hat, hör mir doch auf mit deinem Morlock-Pritscherl!« endete Zirngiebl sensationell, »du mußt doch genügend, du mußt doch ausreichend genug Substanz haben, Moppel, daß du mit deinem Riesenintellekt, nein, Rieseneintellekt nehm ich zurück – daß du mit deinem *guten,* jawohl mit deinem *guten* Intellekt die blöden Weiber niedermachst, wie du's grad brauchst!«

Hier endete Zirngiebl und schaltete sofort das Radio an. Hier endete, dessen bin ich sicher, im wesentlichen auch meine Liebe zu nun endgültig beiden Morlock-Töchtern. Ich blieb den ganzen Tag bei Zirngiebl, und weil es draußen ein wenig tröpfelte, zeigte der Privatier auch keine Neigung auszugehen. Wir veranstalteten noch allerlei Schabernack, liefen kreuz und quer um den Tisch herum, legten uns dann wieder aufs Sofa bzw. in den Sessel und erfreuten uns an Zirngiebls Wunderdelle, gegen 18 Uhr bereitete mir der Lebemann sogar das Vergnügen, vor meinen Augen ein Hemd zu bügeln, zum Dank spielte ich auf dem Harmonium der Gips-Madonna »Es ist ein Ros' entsprungen« und ein paar schräge Weisen. Ich genoß meine wiedergewonnene Souveränität durch mehrstündiges Kettenrauchen bis zur Neige, durch das Radio drangen gefällige Weisen zu uns Freunden, plötzlich hörte ich ein Schnarchen aus dem Polstersessel und ich entschloß mich, gleichfalls einzuschlafen, unbeirrbar die Worte im Ohr:

»Ich mit meinem guten Intellekt kann die blöden Weiber niedermachen, wie ich es brauche.« Das war es. Warum denn nicht gleich?

Am anderen Morgen trat Zirngiebl, zwei Meter hoch, vor mein Bettchen, rüttelte mich wach und schrie:

»Ich bin doch das ärmste Arschloch!«

Warum? wollte ich wissen. Ich konnte kaum reden und denken vor Zigarettenrauch in Mund und Hirn.

»Ach!« rief Zirngiebl, schwang den linken Arm in die Luft, zündete sich eine Zigarette an und stieß zornig den Rauch von sich, »ich bin doch der Allerdümmste. Kein Intellekt! Kein Intellekt!« seufzte Zirngiebl über sich selber, machte plötzlich am offenen Fenster halt und drehte sich zu mir um: »Aber stolz bin ich doch«, schrie Zirngiebl feurig und ritterlich und wies mit dem dicken Zeigefinger geradewegs auf mein Herz, »ein normaler Mensch hält das überhaupt nicht aus. Mensch, und jetzt kommt dann meine Nechte und mein Niffe, halt: mein Nefte und meiner Niche, Mensch – –«

»Neffe und Nichte«, half ich fröhlich.

»Ja, Mensch, meine Neffe und mein Nichte! Und die wollen Nachhilfestunden in Mathematik und ich, ich blöder Hund, kann vor Rausch, brrr!« ächzte der Privatier, »überhaupt noch keine Zahlen sehen, Mensch, Mensch, wenn man so blöd ist – –!«

Wie gebannt sah der Denker nun zum Fenster hinaus auf ein Vögelchen gegenüber auf einem Baum – anscheinend wunderte er sich, daß er überhaupt noch auf dieser Erde war.

Es würde schon irgendwie gehen, verabschiedete ich mich von Zirngiebl und drückte ihm in dankbarer Gesinnung die Hand.

Am Abend entdeckte ich ein Spielchen, das mich für meine gelungene Doppeltrennung von den Morlock-Schwestern geradezu berauschend belohnte. Ich spielte zwanzigmal hintereinander die

neapolitanische Canzone »Catari«, bezaubernd geschluchzt von
Carlo Bergonzi, und besonders deren windelweich tremolierenden
Schluß:

»Tutto è passate e nun te penso più!«

Alles ist vorbei, und ich denk nicht mehr an dich. In deutscher
Übersetzung hat der Text wenig Kraft, aber im Original macht er
alles, alle Weiber und schon gar die dummen Morlock-Mädels
nieder, wie er's braucht. Wenn das der Herr Bergonzi bei dem
köstlichsten, erschütterndsten aller Frauennamen, »Catari«, schon
so spielend und mit dem edelsten Hautgout schafft, um wieviel
leichter gehen da erst Sabine und Susanne baden. Ich kann nur
jedem Leser raten, in Krisensituationen ähnlicher Art auf diese
gewaltig dröhnende und zerfetzende Musik zurückzugreifen. Dazu
ist sie zweifellos da. Entzückt legte ich die Platte ein ums andere
Mal auf, planvoll genoß ich das Hinsterben des süßen Wirrwarrs.
Finito d'amor. Schmonzenz, mit Sabine zu reden. Das ganze
lebensgefährliche Tralala war von den Kräften Zirngiebl und Bergonzi souverän abgeschmettert worden.

16

So weit reichte also die List, deren ich fähig war. Tage-, ja
wochenlang überfiel mich barbarische Erleichterung. Es war aus-
gestanden und ausgeschwitzt.

Ein fröhlicher und überhaupt nicht beschwerlicher Nachhall
des doppelten Morlock-Erlebnisses war mir etwa zwei Monate
später vergönnt, ich möchte ihn dem Leser als Final-Allegretto
nicht vorenthalten. Es handelte sich um eine Art Erntedankfest
oder Sommerschlußfest im »Seelburger Hof«, obgleich weder von
Ernte noch Dank noch sonstwas Erbaulichem die Rede sein
konnte, es tummelten sich aber zu dieser Soirée gegen hundert
Personen in den drei Räumlichkeiten des Restaurants herum,
nämlich im »Salon«, in der Fernsehkammer, vor allem aber im
»Stüberl«, ja auch im Hausflur bildeten sich kleine erregte Grup-
pen, kurzzeitig waren sogar zwei sehr bewegliche Neger und ein

Türke dabei, den wohl der Privatier Zirngiebl mitgeschleppt hatte und der offenbar noch keinen festen Boden unter den Füßen gefunden hatte, denn er hielt sich ununterbrochen, wie ein Kind an der Rockschürze der Mutter, fast buchstäblich an des ausladenden Bonvivanten violetter Jacke fest – außerdem sollte wohl eine Schar am Gasthaus vorbeistreunender Klosterschülerinnen als sexuelle Hilfstruppe in das Lokal geschleust werden, wofür sich besonders, in der Hoffnung auf Anerkennung, der Kerzenhändler Lattern einsetzte – gerade seine satanische, bereits von Sechsämterresten beschmierte Fratze verschreckte aber wohl den streunenden Weiberhaufen, immerhin ließen sich die Klosterschülerinnen unter der Eingangspforte des »Seelburger Hofs« von Oskar Zirngiebl gern ein Schnäpschen spendieren, aus einer Flasche, die der Lebemann aus dem Handschuhfach seines Autos zauberte.

»Prost, Mädeln!« jauchzte der sommerlich wirkende Mann in die Hauptstraße Seelburgs hinaus, »ihr müßt trinken so lange, bis ihr« – Zirngiebl überlegte kurz und kratzte sich am Kopf – »bis ihr so werdet wie wir alle und ich!« Laut schnatterten die Gänse auf und himmelten den purpurrotgesichtigen Zirngiebl an, der glücklich auf das Kleinzeug hinabsah, ja, einmal sogar flügelartig, gleich dem Starter eines Laufwettbewerbs, die Arme auseinanderbreitete, um dann die beiden riesigen Hände entzückt gegeneinanderpatschen zu lassen.

Im Saal herrschte ein gewaltiges Zischen und Blasen, Hämmern und Brodeln. Immer wieder drängten, an der Tür weitergeschoben von dem starken Schreiner Adolf Wellner, verzweifelt durstige Menschen nach, schwärmten durch die überfüllten Gänge an die vollgestopften Tische und wuchteten sich die ersten Biere in die Kehlen, alle getrieben von der wahnwitzigen Hoffnung auf allerlei Sensationen, Beleidigungen, Rücksichtslosigkeiten und vielleicht auch Purzelbäume und dergleichen – in allen Gesichtern aber spiegelte sich zügellose, niederreißende, ja schamlose Freude.

Zusammengerottet hatten sich neben all den anderen auch die lieblichen Schwestern Susanne und Sabine. Susanne befand sich damals meines Wissens nur noch zwischenzeitlich in der Gewalt

Arthur Moggers, Sabine, in einem grasgrünen Hosenanzug geradezu grotesk zurechtgemacht, gehörte wohl noch immer dem heute
besonders verwegenen und mehrfach »Sicherlich!« schreienden
Fuhrknecht an. Dieser Schießlmüller war übrigens vor kurzem an
mich herangetreten und hatte mir empfohlen, ich solle doch, wohl
damit sich alles wieder ausgleiche, seine Ehefrau »übernehmen«,
die er in Aschaffenburg sitzen habe, ich könne sie »jederzeit haben,
sicherlich«, er, Schießlmüller, wolle uns dann in flagranti ertappen,
dann tue er sich mit der Scheidung leichter, anschließend könnten
wir dann in den »Hessischen Weinbauern« einen trinken gehen,
ein ganz wunderbares Lokal, »sicherlich!«

Hätte ich früher von dem Geheimnis gewußt, daß Schießlmüller verheiratet sei, diese Nachricht würde wohl meine Sabine-
Leiden ins Moralische verlängert haben. Jetzt mußte ich nur innerlich heftig lachen! Offenbar hatte auch Sabine erst jetzt die bittere
Wahrheit erfahren und auf Scheidung gedrängt! Nein, diese Art
von Liebe wäre doch zu weit gegangen und kam ohnedies zu spät,
und ich hatte also den niederträchtigen Antrag Schießlmüllers flink
abgewehrt.

Ich muß sagen, daß an diesem Sommerabschlußabend Susanne
sich ganz unerwartet völlig gehenließ und sehr bald am betrun-
kensten von allen Teilnehmern war, obwohl auch der Teufel Lattern immer noch und immer wieder und unerbittlich unterschiedliches braunschwarzes Schnapszeug in sich preßte, wie ein neu-
rotischer Biber herumhoppelte und in Abständen, der Glut des
Abends zuliebe, kräftig »Hou-hou!« bellte. Was aber den reinen
Lärm betraf, wurde die gesamte Hautevolée der Seelburger Jugend
wieder einmal in den Schatten gestellt von einem geradezu überirdisch wütenden und heulenden Hans Duschke, der vor allem
angesichts der etwa dreißig herumtanzenden und scharwenzeln-
den Frauen restlos aus der Fassung geriet, in einer Emulsion aus
himmlischer Freude und Zorn über sein Alter, sehrender und sen-
gender noch als sonst. Dabei fiel auf, daß der alte Possenreißer in
seinem triumphierenden Geschrei sich fast ausschließlich auf die
Worte »Büchs«, »Arsch«, »Arschgesicht«, »Sau« und sogar »ficken«

kaprizierte, sie durchfunkelten seine Reden und Rufe und wilden Paraden gleich wie Erkennungsmerkmale, wenn mehrere Personen gleichzeitig in einem Haufen schrien. Synchron zu solchen wütenden Kraftakten und Fürzen verlegte sich der schäumende Alte indessen schamlos auf die sexuelle Ausbeutung seiner Senilität und zog immer wieder diese und jene der ziellos in den Gängen und Winkeln des »Seelburger Hofs« herumlungernden Karins und Banalolitas und La Triviatas an sich und griff – den tapsigen Greisen mimend und unterstreichend – immer wieder geschickt und roh zu, bis die jeweiligen »Büchsen« entzückt aufquietschten und dann, geleitet von einem ärgerlichen Duschkeschen »Du Büchs« oder auch »Du Sau«, ins Dickicht zurückstürzten.

Gleichzeitig aber und drittens nahm ich innerhalb des festlichen Gesamtgeschehens (das hier in allen Einzelheiten zu beschreiben weder Platz genug ist noch einen besonderen Sinn ergäbe) wahr, daß der alte Hans Duschke das diesmal in der Tat furchterregende und abgeschmackte Herumsausen und -fallen der noch vor einem halben Jahr so geachteten und Abstand erzwingenden Morlock-Mädel mit besonders mißbilligendem Ingrimm verfolgte und die beiden völlig ungeniert von einem Tisch zum anderen eiernden Schwestern keine Sekunde aus den alkoholverfilzten Augen verlor, sich dabei aber klar verriet, denn plötzlich sah man den kreisenden Greis mit gespreizten Händen auf Susanne zuwalken und mit dem Wort »Engel!« um ihre Hüfte fassen. Worauf die Ältere der Morlocks – von wegen »venezianisch«!, hohläugig betrunken! – den hemmungslosen Bruder fast vorsichtig, aber doch nachdrücklich zurückstieß, so daß Duschke sogar gegen die Wand taumelte und ums Haar umgeflogen wäre.

»Ihr schamlosen Weiber, ihr schamlosen Morlock-Weiber!« krähte daraufhin, bebend und hochrot im Lustgesicht, der abgeschmetterte Liebhaber, »ihr morbiden Säue, ihr werdet den alten Hans Duschke noch chrrrn…!«

Wie schrieb der Norweger Jens Björneboe in seinem Roman »Der Augenblick der Freiheit« (sic!) über die Germanen? »Ihr am häufigsten gebrauchtes Schimpfwort ›Schwein‹ oder ›Sau‹ ist eigentlich kein Schimpfwort, sondern ein Kosename. Das Schwein ist ihr heiliges Tier...« Naja, ganz stimmte es hier nicht, aber mit Freiheit hängt es sicher eng zusammen, trotzdem traten vorerst die Herren Wellner und Wiegler dazwischen, nahmen den ploppigen Platzhirsch bei den Armen und führten den noch immer Kreischenden und »Chrrrn«-Schnaubenden unter besänftigenden Redensarten an seinen gemäßen Sitzplatz zurück, wo Duschke sofort krachend ein ganzes Bier in sich hineinschleuderte, schon während des Trinkvorgangs mit den Augen rollte, sich beinahe verschluckt hätte, als er, noch den Mund im Biere, schon wieder loslegen wollte. Dann schnaubte er wahrhaft unheimlich durch die Nüstern, pumpte kurz und schrie erneut mit machtvoller Stimme in Richtung auf die fünf Meter entfernt schon wieder glänzend von Herrn Lattern gehätschelte Susanne, ja der erbitterte Greis schwang sogar die rechte Faust dabei:

»Das sind Tiere, das sind wilde Tiere! Vollkommen verwilderte Tiere chrrrn! Ich sage dir, Moppel, Moppel, das sind wilde Tiere, und du, nur du bist schuld, daß sie hier sind und unser Niveau drücken chrrrn, diese wilde Familie...!«

Man muß Duschke zugeben, daß er seine schalen Altersfreuden mit einem gewissen Pomp zu genießen verstand. Trotzdem setzte ich flugs eine schwer vergrätzte Miene auf und sagte, mit bohrendem Ton in der Stimme, betont kühl, wie denn das eigentlich sei, er, Duschke, befehde doch seit jeher Franz Josef Strauß...

»Die Sau!« plärrte Duschke aus Leibeskraft. Diesmal war, ähnlich wie schon seinerzeit beim Schweinebraten, nicht ganz klar, ob er Susanne oder Franz Josef meinte.

Ja, fuhr ich genüßlich, aber auch ein wenig mutlos fort, und eben dieser Strauß habe doch seinerzeit den makabren Vergleich bzw. die makabre Identität zwischen gewissen Menschen und Tieren erfunden, was damals in aller zivilisierten Welt schwer getadelt worden sei und vielleicht der SPD sogar den Wahlkampf gewonnen – –

»Ich bin Jungsozialist!« kreischte mir nun das greise Fossil ins Gesicht und spuckte mich dabei sogar etwas an, »und wenn der

Strauß Kanzler wird, dann ist, und jetzt hör mir bitte gut zu, ich bin linker Flügel, dann ist der alte Duschke der erste, der mit gezogenem und geladenem Revolver vor ihn hintreten wird und...«

Schön und gut, versicherte ich, ihn auszutricksen, aber deswegen könne er, der Jungsozialist Duschke, doch eben nicht jene unhaltbare Straußsche Metapher von den Tieren übernehmen. Die Morlock-Schwestern, versicherte ich von meiner wiedergewonnenen moralischen Höhe herunter, seien ebensowenig Tiere wie alle anderen Menschen, sie seien allenfalls (hier riß mich wohl der Glanz meiner Erfahrung hin, und überraschend stieg im allgemeinen undurchschaubaren Tumult sogar Wehmut hoch) – sie seien allenfalls Automaten! Automaten, wiederholte ich bereits beschämt.

»Automaten? Automaten! Du Arschgesicht, was weißt denn du! Wer spielt denn den ganzen Tag Automat? Wer? 500 Mark im Monat!« schrie Duschke haltlos, aber ich ließ nicht locker. Und übrigens, fuhr ich gleichsam traurig fort, sei es auch sowohl unter seinem, Duschkes, persönlichen Anspruch als auch außerhalb der Partei-Linie des Godesberger Programms, daß er zwei – ich stockte – unbescholtene Mädchen andauernd als »Huren« beschimpfte!

Hier mischte sich auch der zuvor geduldig unserem Gewäsch lauschende Erich Winter in die Debatte. »Hans«, sagte Winter sanft, »so geht's ja wirklich nicht, daß du...«

»Ich habe nie von Huren gesprochen, nie! Ich zeige dich an, wenn du das behauptest, Moppel!«

»Aber, Hans«, sprang mir Erich Winter bei, »ich war doch selber dabei, als du damals, erst am letzten Sonntagabend...«

»Nie! Ich habe nie ›Huren‹ gesagt! Nie! Ich habe nur gesagt, daß die Morlocks verhurt sind! Verhurt!« kämpfte Duschke, sah aber jetzt doch ein wenig betreten drein.

Wo denn da der Unterschied sei, wollte ich gnadenlos wissen.

»Das sind Tiere«, hub der kreischende Greis erneut an, »weil sie vollkommen verwildert sind, das darf man doch sagen!« Duschke sah Erich Winter beschwörend an.

»Aber nicht ›verhurt‹, Hans!« Seit wann war Winter so ein Ehrenmann? »Du kannst es doch auch nicht beweisen. Und wenn sie drei- vier- fünfmal im Jahr ihren Gänger wechseln, dann ist doch das heutzutage ganz normal und…«

»Duschke! Erich! Moppel!« jauchzte jetzt der Kerzenhändler Lattern in unser Gespräch hinein, »hört halt auf!« Offenbar waren dem buntgesinnten Mann unsere Gesichter zu ernst.

»Moment, Amigo!« schnaubte Duschke brodelnd durch, »ich will das nur kurz erklären. Die Morlock-Weiber, die führen sich doch auf wie die letzten Menschen, wie die letzten Menschen, die treiben es doch mit allen…«

»Nein«, fuhr ich tapfer dazwischen, nutzlos.

»… mit allen, ich könnte sie dir aufzählen, hör mir bitte gut zu, Erich!« Bedrohlich hob der kreißende Greis seine zehn Finger zum Abzählen.

»Ja, Hans, aber darum geht's doch nicht!« Auch Winters Miene war jetzt hoffnungslos.

»Dann darf ich«, sagte Duschke fast schelmisch, »doch sagen, daß die Morlocks vernuttelt sind. Ein bissele vernuttelt sind!«

Aber er habe doch, beharrte Winter, von »verhurt« gesprochen.

»Nie!!« brüllte Duschke auf.

»Und von Huren«, blieb ich fest.

»Du Arschgesicht, was weißt denn du? Du?« Grausam fletschte der wonnige Trinculo die Zähne und sah mich durchdringend an. »Toni, ein Bier! Ich zeige dich an, wenn du chrrrn weiter behauptest, ich, Hans Duschke, habe die Morlock-Weiber als Tiere bescholten!«

»Huren, Hans«, sagte ich tonlos.

»Huren bescholten. Die Morlock-Weiber, das sind Tiere, wilde Tiere! Ich habe während der Kriegsjahre Damen gefickt, keine Ladenmädchen, Damen! Damen und keine Tiere! Du Arsch! Erich!« wandte er sich wieder an diesen, »Damen! Erich! Ich war ja kein guter Ficker, aber ein fleißiger! Und die Damen, du dummer Moppel!«, Duschke wechselte erneut die Adresse, »sind immer wieder zu mir gekommen, immer wieder chrrrn!« Der

Grauenvolle sog eilfertig an seinem Bier. »Und dann, wie dann natürlich die Männer, die Ehemänner, wiedergekommen sind, da kannten sie Hans Duschke nicht mehr. Eine wie die andere! *Aber ich habe sie alle gefickt! Alle!*« schrie der gottlose Greis berauscht und drohte tot umzufallen.

Inzwischen hatte die Neugier den Bleistifthändler Dammler an unseren vorwitzigen Tisch getrieben. Während der Ober Anton mit dem Wort »Gaha« und einem tiefen Seufzer ein neues Bier vor Duschke plazierte, fragte Dammler giftig: »Leben die heute noch, Hans?«

»Klar! Mindestens 80 Prozent!« Kaum hatte Duschke wieder Halt gefunden, wandte er sich leider wieder an mich, brüllend nach wie vor über menschliches Maß hinaus: »Und du! Du Arschgesicht! Du intellektuelles Arschgesicht! Wer fickt denn nun die Morlock-Weiber? Du doch nicht! du doch nicht! Sondern der Willi, der Mogger, der Pflaum, der« – »chrrrn«, stob es beim Nachdenken erneut durch Duschkes Adlernase – »der Pflaum, der Wiegler, nur du doch nicht, du Lümmel-intellektuell, du impotente Sau, du wilder Mann, du chrrrn…«

Hermann Dammler lächelte begeistert. »Hans«, lenkte ich mit unerklärlicher Sanftmut ein, darum gehe es ja gar nicht, aber man könne doch diese »armen Mädchen« (ja sicher, ich schäme mich) deswegen noch nicht Tiere heißen – und nochmals brachte ich die Metapher vom »Automaten« an den stechenden Greis, setzte eine neunmalkluge Miene auf und beging dabei den Fehler, als meine Bildungsquelle »Hoffmanns Erzählungen« zu erwähnen –

»Du saublöder Moppel, du Blödsau!« fiel der Intimus des Bösen nimmermüd über mich Gehetzten her, »wir haben ›Hoffmanns Erzählungen‹ schon 1928 in Dresden rausgebracht, das war die weltberühmte Dresdner Inszenierung mit Maria Schiwiari, Maria Schiwiari!« wiederholte der welke Bacchus, offenbar vermochte er Cebotari nicht mehr richtig auszusprechen, »ich war damals Regieassistent – chrrrn – die weltberühmte Dresdner ›Fledermaus‹ unter Karl Böhm oder wie hieß das Arschgesicht, was weißt denn du, du verwichstes Affenarschgesicht?!«

»Affenarschgesicht« war heute abend neu. Und das Wort »ver-
wichst« scheint sich ja bei uns wirklich langsam als Allzweck-
Superlativ zu konsolidieren. Verzagend, aber der Korrektheit zuliebe, brachte ich meine Rede noch einmal auf Franz Josef Strauß,
ich wurde erneut kalt abserviert:

»Chrrrn! Chrrrn! CSU-Scheiße! CSU-Scheiße! CSU-Scheiße!
Am Arsch! Kauf dir mal für 20 Mark einen Globus und dreh daran
rum...«

»Zwanzig?« fragte der Bleistifthändler Dammler überrascht.

»Oder 80 oder 800«, fuhr dieser dunkle Engel reißend fort,
»und dreh dran rum, Schätzchen!«, so redete er mich plötzlich an,
»dann wirst du sehen, du Arschgesicht, daß die Welt immer röter
wird, immer röööter«, frohlockte der Wahnwitzige, »immer röööter wird, was weißt denn du? Aber wir bleiben gute Freunde,
Moppel, ehrlich, gell, gute Freunde«, und der Gesegnete tätschelte
mich an Arm und Schulter, »ehrlich!« Und quietschfidel grinste,
ja schnurrte Hans Duschke jetzt wie ein alter überwinterungs-
froher Kater mitten in den Festtaumel hinein.

Später hörte ich den ehrenwerten Lärmschläger noch einmal
aus der Ferne fuchsteufelswild »Das sind Tiere!« keuchen, aber –
erstaunlich, erstaunlich – zwanzig Minuten danach war Hans
Duschke in traulichem Gespräch mit Sabine am Tresen vorzufin-
den, wo die beiden zusammen ein Schnäpschen tranken, bei welcher Gelegenheit der verfallende Körper des alten Tunichtgut eine
besonders obszöne Krümmung vollzog. Und wiederum zwei Stunden später erklang von Hans Duschkes Tisch her ein leidenschaftlicher Gesang: »Lesbisch, lesbisch und ein bißchen schwul!«
dröhnte der Berserker (ich weiß nicht, aus welcher Operette) mit
schon gottverdammter Kraft und klopfte mit den Fäusten im
Rhythmus auf den Tisch ein. Natürlich hatte der würdelose Greis
die Lacher auf seiner Seite, nur der Kerzenhändler Lattern, der
gerade wieder auf sein »Hou-hou«-Gebelle verfallen war und
gleichzeitig verzweifelt versuchte, beide Beine über den eigenen
Satanskopf zu schwingen, rollte wegen dieser unbezwingbaren
Konkurrenz unheilvoll mit den Augen und verlegte sich endlich

darauf (ich hätte mit jedem gewettet, daß das nun kam), seinen Schmerz mit einem pechschwarzen Sechsämtertropfen zu betäuben. Aus der Distanz hörte ich ihn dann gleich darauf an der Theke ein mir vom Inhalt her schleierhaftes, aber fürchterliches »Sieh dich vor!« auf Herrn Schießlmüller einbläuen, worauf der Fuhrmann aber nur schlicht »Was willst denn, du alter Depp!« erwiderte.

Bevor ich, überraschend früh, aufbrach, war mir, inmitten der gleichbleibenden Lärmbrandungen, noch ein weiteres prickelndes Erotikum vergönnt.

»Gehen wir zu mir?« hörte ich am Zigarettenautomaten den ungeheuer verschlafen herumhängenden Gymnasiasten Hans Binklmayr auf eine der erneut versammelten Karins, der blondesten unter den dreien oder vieren, einträufeln, träumerisch, gerade, daß der junge Mann dabei nicht einnickte, »die Gelegenheit wäre günstig, meine Mutti ist in Schottland.«

Befremdlich genug wollte aber jene Karin gerade nicht mit, sondern wohl lieber weiterzechen, so daß der Gymnasiast, sicherlich auch froh, keine größeren Leistungen mehr erbringen zu müssen, das Flittchen dankbar und verquollen an sich preßte:

»Gutes Mädel, bleib bei mir«, greinte Hans Binklmayr, und da ihm das selber wohl gar zu einfältig erschien, setzte er nach: »Laß dich wärmen.«

Dann zog ich mich zurück. Mit den Morlock-Töchtern hatte ich den ganzen Abend über kein Wort gewechselt. Das offizielle Ende. Ich zog mich endgültig zurück, erstens aus Überzeugung, zweitens aus Taktik und drittens – das muß ich wohl oder übel zugeben – aus mangelnder Gelegenheit. Bei zufriedenstellender seelischer Verfassung und immerhin nun sogar mit gutem Gewissen. Ich hatte die beiden gegenüber Hans Duschke ein letztes Mal und so gut es ging verteidigt. Mehr konnte man von einem Gentleman wie mir nicht verlangen.

Ich zog mich aus dem Fest zurück – und versäumte dabei den erotischen Chefskandal des Jahres. Er wurde mir schon am nächsten Tag von den Teilnehmern bzw. Zaungästen Winter, Wellner,

Duschke und Alfred Leobold in wechselseitiger Vervollkommnung zugespielt und muß sich, nimmt man eine Art Aggregat oder Quersumme der Berichte, so zugetragen haben:

Susanne, wie berichtet schon früh und später angeblich sogar mörderisch betrunken, soll gegen Mitternacht nach einer Schlafstelle verlangt haben bzw. (berichtet Winter) sie sei plötzlich einfach umgeflogen. Daraufhin habe man diese windige Camelien-dame naheliegenderweise in Hans Duschkes Einbett-Zimmerchen getragen, Duschke hauste damals gerade kurzfristig und vorübergehend im »Seelburger Hof«. In diesem Bett sei aber bereits Alfred Leobold, der mir an diesem Abend überhaupt nicht aufgefallen war, gelegen. Es hieß dann später sogar, zwischen Leobold und seinem untergebenen Duschke habe damals die Vereinbarung geherrscht, wenn Leobold während des Trinkens müde werde, könne er sich jeweils in Duschkes Bett legen, bis er wieder soweit sei. Denkbar also, daß Leobold nur kurz am Fest teilnahm und sich dann sofort zurückzog, möglich sogar, daß er erst gar nicht ins Festgetriebe hinein –, sondern, von dessen Anblick geschwächt, sofort zu Bett ging. Jedenfalls habe man nun Susanne, deren Vollrausch keinerlei erotische Erwartungen mehr zugelassen habe, zu Leobold »einfach hineingelegt« (Wellner). Nun habe sich aber unten im Festsaal das Gerücht verbreitet, Herr Leobold schlafe oben mit Susanne, was sofort Herrn Leobolds damalige Scheinmätresse Ilona Sommer maßlos auf den Plan gerufen habe, zweitens aber einen Professor Dr. Schläger, der seinerzeit bei der Bremer Universitätsreform dominierend beteiligt gewesen sein soll und den wohl vorher schon die Gier nach Susanne überwältigt hatte, wie insbesondere Erich Winter, schwer schmunzelnd bekräftigt.

Beide, Frau Sommer und Dr. Schläger, seien dann aus unterschiedlichen Motiven hochgerannt in das Zimmer 1 des »Seelburger Hofs«, verfolgt von dem Schreiner Wellner, der seinerseits sich von Frau Sommer für diesen Abend wohl dies oder jenes versprochen hatte. Da sei ihnen dann allen erst einmal, nach Aussage Wellners, der pralle Modergeruch des Duschkeschen Schlafzimmers entgegengefahren, zweitens aber das Bild des friedlich schlummernden Pärchens ohne Leidenschaft, bzw. Herr Leobold sei dann sofort aufgewacht und habe sich, dem schlagartig einsetzenden Keifen der Frau Sommer die Spitze zu nehmen, neben das Bett gelegt. Ins Bett gehüpft sei aber sofort der Dr. Schläger aus Bremen und habe dort vor den Augen der Frau Sommer und des Schreiners Wellner begonnen, die Vorbereitungen für den Geschlechtsverkehr zu treffen, indessen Frau Sommer den brachliegenden Leobold weiter beschimpfte. Susanne habe dann, meint Wellner, im Halbschlaf langsam »mitgemacht«. Endlich sei Herr Leobold der Trubel zu widerlich geworden, »verstehst, Moppel, ich will doch gar nichts von der Frau, nie!« (Leobold), er sei nun nach unten in den Festsaal und habe sich von der dort anwesenden Freundesfamilie del Torro den Hausschlüssel geben lassen, um dort ruhig schlafen zu können. Daraufhin sei Leobold mit dem Taxi weg.

Nun aber sei es (Aussage Winter) dem Schreiner Wellner gelungen, Frau Sommer an die Bar zu schleppen, um sie dort mit einigen Schnäpsen vielleicht doch noch gefügiger zu machen, doch habe nun der Senior der Boshaftigkeit, Duschke, nach Erkenntnis der verzwickten Zusammenhänge die Frau Sommer dahingehend aufgestachelt, sie solle sofort in die Wohnung del Torro fahren, er, Duschke, glaube beobachtet zu haben, daß Leobold mit einer der Karins davon sei. Jetzt sei die Frau Sommer mit dem noch immer hoffnungsfrohen Schreiner Wellner im Schlepp in die Wohnung del Torro gebraust, man habe mit dem Zweitschlüssel der Frau Grete del Torro geöffnet, und jetzt (Aussage Wellner und Leobold) habe Frau Sommer sofort mit allerlei Vasen, Kinderspielzeug und Aschenbechern auf den wehrlos in seinem Bettchen ausgestreckten Alfred Leobold gefeuert – zusammen mit dem im neutralen Hintergrund abwartenden Schreiner Wellner muß das ein reizender Anblick gewesen sein! Alfred Leobold im Bett habe sich nicht gerührt noch irgendwie geäußert – erst als ihn Frau Sommer endlich mit einer Vase am Hals gestreift hatte, habe, berichtet Wellner, Alfred Leobold sich hochgerichtet und ganz langsam gesagt: »Geht in Ordnung, Ilona, geht in Ordnung. Aber jetzt hörst auf.«

Darauf soll, überwältigt vom Rausch und von der Gütigkeit Alfred Leobolds, Ilona Sommer buchstäblich zu des Geliebten Füßen niedergefallen sein und um Verzeihung gefleht haben. Darauf habe, erzählt roh lachend der Schreiner Wellner, der Teppichhändler aus seinem Bett noch einmal »Geht in Ordnung« hervorgeflüstert – nach meinen Forschungen die letzte erotische Aktion im Leben Alfred Leobolds.

Zuletzt sei die Gruppe Sommer-Wellner irgendwann wieder verschwunden. Ob es zwischen den beiden noch zum Geschlechtsverkehr gereicht hat, ist zweifelhaft. Immerhin, der Schreiner Wellner knurrt verdächtig unwirsch, wenn man ihn darauf anspricht, und vollzieht eine abschüttelnde Handbewegung...

Ich selber war – das hatte wenigstens Sinn – saftig betrunken heimgekommen und erwachte tags darauf unter der Last eines geradezu strahlenden Kopfwehs, mit Franz Kafka zu sprechen. Überhaupt Kafka! Es ist doch tief verwunderlich, daß einer, der sein Leben lang der Blödmann war, posthum von allen Seiten mit nicht einmal verlogener Liebe überschüttet wird. Gottseidank hat er das nicht mehr erleben müssen, genau wie Herr Leobold, er wäre davon, mit Oskar Zirngiebl zu reden, vollkommen niedergemacht worden und sofort vor die Hunde gegangen, deren Geschlecht er eine so niedliche Erzählung gewidmet hat. Evviva aber Max Brod, der, obwohl selber nicht der Hellste, als erster diese zweitschönste aller Seelen erkannt hat! Obwohl auch sie nicht ganz frei war von reaktionärem männlichem Imperialismus.

2. Teil

»Eigentlich geht überhaupt alles
in Ordnung.« (Frisch, Tagebücher)

»Übrigens waren sie alle etwas unsicher
in der Beurteilung ihrer Macht:
und ob ihnen denn jetzt auch wirklich
alles oder nur manches erlaubt war?«
(Dostojewski, Der Idiot)

I

Alfred Leobold selber war es ja gewesen, der mich seinerzeit, noch in den Tagen meines schwesterlichen Doppelsterns, geschmeidig dazu eingeladen hatte, mit der Schreibmaschine in seinem Unternehmen mitzuarbeiten. Ich hatte ja auch sofort die größte Lust dazu gehabt, der Vorschlag war mir in meinem Zustand völliger Untätigkeit sehr willkommen, denn Sabine allein vermochte meinen Alltag keineswegs komplett auszufüllen, und Susanne war damals, Mitte März, noch nicht so greifbar, als daß sie mir als echtes Problem so gut wie nachdem die Zeit hätte vertreiben können. Kurz, die alte Leoboldsche Einladung sowie meine schnelle Erkenntnis der Nichtüberraschbarkeit des Geschäftsführers des ANO-Ladens verhalfen mir dazu, einen ersten wirklichen Höhepunkt in der Geschichte dieses glänzenden Handelshauses zu inszenieren.

Besser: um den Grad der Toleranz, das scheinbar unermeßliche und unerschütterliche Entgegenkommen des geschäftsführenden Herrn Leobold gleichsam zu testen, leistete ich eines mürben Nachmittags tatsächlich dieser Einladung Folge, fuhr mit meiner Olivetti-Lettera-Schreibmaschine zu ANO, nahm im Neben- und Trinkgemach Platz, packte aus einer eindrucksvollen Aktenmappe allerlei Packen Schreibpapier aus und setzte dazu an, das »Kapital« von Karl Marx in die Tasten zu hämmern; erstens, um diesem schwierigen strapaziösen Gegenstand in angenehmster Umgebung,

möglicherweise geleitet durch zwei versierte Geschäftsleute, endlich und spät genug näherzukommen (zu Hause, unter dem Druck
meines Studierzimmers, würde ich es mein Leben lang nicht mehr
schaffen); zweitens aber, um Herrn Leobold, sollte dieser einen
prüfenden Blick in meine Arbeit werfen, durch die Strahlkraft von
Worten wie »Gebrauchswert«, »Warenkörper« und »Tauschwert«
zu beeindrucken, ja mir vielleicht sogar das ganze Brimborium
des alten Marx durch praktische Beispiele aus dem Teppichlager
besser einzuprägen. Dazu kam es aber nicht, sondern Herr Leobold verschwendete keinen Blick auf die Art meiner schriftlichen
Arbeit, sondern stellte nur viermal innerhalb von drei Stunden
mit den Worten »Da, Moppel, trink!« Bier neben die Schreibmaschine, indessen Hans Duschke, der an diesem Tag äußerst
beschäftigt wirkte und behend zwischen mehreren Kundengrup-
pen hin- und herschwankte, mir mehrfach, in offenbarer Erkenntnis meiner Finte, herzhaft zuwinkte.

Allein der dicke Teppichverleger Zier beobachtete den neuen
Bürogast etwas verwundert, nahm mich aber dann wohl auch als
letztlich gegeben hin.

Immerhin gelang es mir so, während der folgenden vier Geschäftstage, die ersten 45 Druckseiten des »Kapitals« nieder-
zuschreiben, und Begriffe wie »einfache, einzelne oder zufällige
Wertform« fließen mir seither flott von der Zunge, das ehemalige
Jus-Studium erleichterte mir das Begreifen. Und Sätze wie den:
»Indem eine Ware A (die Leinwand) ihren Wert im Gebrauchswert
einer verschiedenartigen Ware B (dem Rock) ausdrückt, drückt
sie letzterer selbst eine eigentümliche Wertform auf, die des Äqui-
valents« – solche eigentlich düsteren Sätze glaubte ich immer dann
um so besser zu begreifen, wenn Herr Leobold, dem sein jüngster
Mitarbeiter auch in den folgenden Tagen nicht lästig wurde, mir
mit Worten wie »Prost«, »prima« oder »genau« ein neues Fläschchen zuschob. Genau. Das war das Äquivalent. Irgendwie war
schon alles gleich.

Überhaupt müßte man einmal systematisch untersuchen, was
heutzutage in Deutschland alles unter dem Begriff »Büro« oder gar

»Bureau« kursiert. Der letzte Humbug, die tödlichsten und ver-
wegensten Publikumsnarreteien ...

Nil admirari. Ich hatte bis dahin in meinem Leben noch nie
jemanden gesehen, dem vielseitige Erfahrungen diesen stoischen
Grundsatz so ins Bewußtsein getrichtert hätten wie Alfred Leobold. Vierzehn Tage später – es muß in der Karwoche gewesen
sein, damals als ich Sabine und Susanne fest in meinem Griff
wähnte – ging ich einen Schritt weiter. Ich überredete den Gymnasiasten Hans Binklmayr, der anscheinend damals seine Studien
schon weitgehend beschlossen hatte, der praktisch immer Zeit
hatte und den das blendende Alkoholangebot gleichfalls immer
häufiger und zielloser zu ANO führte, dazu, mit mir zusammen
(vermutlich war ich allein zu feige) den folgenden Coup durch-
zuführen: wir würden uns von dem Gebrauchtwarenhändler
Grystuff, dem ich damals auf mancherlei Art geschäftlich verbunden war, zwei Reißbretter und technisches Zeichengerät besorgen,
dazu jeder zwei Flaschen Sekt, die ich Binklmayr zu zahlen versprach, nachdem über des Gymnasiasten bis dahin feurig begei-
stertes Gesicht ein Schatten gefallen war – und schon leuchteten
seine Augen erneut hoffnungsvoll auf: und mit all diesen Gerätschaften sollten wir uns mitten in den ANO-Publikumsverkehr
auf zwei Teppichballen setzen und zu zeichnen und Sekt zu trinken
beginnen. Und beobachten, was dann geschähe.

Es geschah, wie ich fast erwartet hatte, nichts. Hans Duschke,
der hier vielleicht doch einzuschreiten bereit gewesen wäre, hatte
gerade seinen freien Tag; so daß Alfred Leobold beschäftigter als
sonst und mit sichtlich schmerzverkrümmten Gesichtchen von
einem Teppichballen zum anderen staksen mußte und nur in einer
kurzen Pause mich, als den Älteren und Reiferen, mahnte, wir
sollten mit der Zeichentusche aufpassen, auf daß alles in Ordnung
gehe. Die an diesem Tag nicht sehr zahlreiche Kundschaft wunderte sich gleichfalls nicht: man hielt uns wohl für eine Art Werk-
studenten oder vielleicht auch Inventurnehmer oder dergleichen
Undurchschaubares. Und obwohl der Gymnasiast fortwährend
und fast noch dämlicher und betrunkener als ich kicherte, seine

jugendliche Euphorie kaum im Zaum zu halten wußte und völlig hemmungslos den Sekt in den strohblonden Heino-Kopf hinein-schüttete (ich selber hielt mich eine Zeitlang, wegen Beobach-tungsrücksichten, zurück), behandelte uns doch das Teppich-publikum geradezu zuvorkommend und machte fast immer einen ehrfürchtigen Bogen um uns nichtsnutzige Lümmel, gleich als ob man uns nicht stören wollte, ja gewissermaßen, als ob sie – so hirnverbrannt stehen unsere Bürger unter dem Druck der kapi-talistischen Verkehrsformen! – als ob sie unsere Arbeit für so gra-vierend erachteten, daß sie sogar dann auf die von uns besetzten Teppiche verzichten wollten, wenn gerade diese ihnen am meisten zusagten. Ja, sah denn dieser närrische Pöbel nicht die leeren und halbvollen Sektflaschen zu unseren Füßen kollern!

Der Gymnasiast und ich hatten am Abend, mit Tusche und Lineal, den Innenraum des ANO-Teppichladens fertiggezeichnet, die letzten Striche unter unaufhörlichem Kichern, Gluckern und mit mehreren technischen Ausrutschern. Es beleuchtet Herrn Leobolds feinen Humor, daß er, am Feierabend unsere Werke be-trachtend, mit einem sehr präzisen, abgewogenen Lächeln, einem Lächeln, das vielleicht nur den empfindsamsten Geistern dieses Landes zu Gebote steht, »prima, ehrlich« sagte und zuletzt uns Trunkenbolde samt Zeichengerät in seinen L 295-er Wagen verlud und nach Hause chauffierte.

»Ich hab gar nicht gewußt, Binki, daß du so prima malen kannst. Ganz prima. Vom Moppel weiß ich's ja.«

Nichts wußte er! Gleichviel, später erfuhr ich, daß Alfred Leo-bold am Abend im Gasthaus »Wacker-Mathild«, das ihm zu dieser Zeit schon regelmäßiger Aufenthalt geworden war, über unser bei-der nachmittägliches ANO-Gastspiel berichtet hatte, gewisser-maßen (wenn Adolf Wellners Erzählung zu trauen ist) lächelnd vorwurfsvoll, aber auch bewundernd und anerkennend: was das vielleicht für Kerle seien! Auf die Frage der alten Wacker Mathild hin, warum er, Leobold, das nicht unterbunden habe, soll der Geschäftsführer wörtlich »Ach wo, was hätt ich denn machen sollen?« zurückgefragt haben.

Was der Schreiner »King-Kong« Wellner, der damals auch Jean Marais immer ähnlicher wurde und deshalb den Kopf wohl auch entsprechend hoch trug, vielleicht auch, weil er damals schon der Pressure-group um Susanne sich zuzählen mochte, – was Wellner von der Sache hielt, war nicht herauszukriegen, so eindringlich ich auch in die verstümmelte Gedankenwelt dieses Handwerksmanns hinein zu forschen suchte; wahrscheinlich war da einfach kein Fleckchen mehr, das über Gut und Böse kompetente Urteile zu fällen vermochte.

Sabine, der ich die Geschichte gleichfalls erzählte, mußte erstaunlicherweise überhaupt nicht lachen; was ausnahmsweise für sie spricht. Ich selber fand den Krampf noch lange Zeit hinreißend.

2

Zu dieser Zeit war der ANO-Teppichladen bereits ein recht beliebtes nachmittägliches Ausflugsziel eines Teils unserer älteren und jüngeren Seelburger Streuner und Tagediebe geworden. Sie fanden in diesem Taubenschlag endlich jene kostenlose, mühelose und fast qualifizierte Unterhaltung, die sie mehr oder weniger seit ihrem Schulabgang gesucht hatten und doch letztlich immer schmerzlich hatten entbehren müssen. Fast täglich fand sich nun eine kleinere oder mittlere Freizeitgruppe bei Herrn Leobold und Herrn Duschke ein – wenn ich mich heute rückerinnere, so tauchen ganz besonders nachhaltig die grauenhaft vergnügungssüchtigen Gesichter der Herren Binklmayr, Schießlmüller, Wellner – ja, und letzten Endes auch meines auf, obgleich ich behaupten möchte, daß meine fortgesetzte und gesteigerte Gegenwart im ANO-Laden zum Teil eher intellektuelle Gründe hatte: Ich wollte mich wohl einfach über diese neue Form der Freizeitgestaltung, diese bezaubernde Kreation des Jahrhundertausklangs informieren, und dazu mußte ich ja wohl mit Haut und Haaren mitmachen. Zum anderen genoß ich das unerhörte ANO-Leben als geistige Erholung nach meiner damals bevorzugten Vormittagsbeschäftigung: dem überaus strapaziösen Studium der besten Schachpartien aller Zeiten, und wer einmal jene Gehirnakrobatien eines Steinitz, Capablanca, Bronstein und Michael Tal nachvollzogen hat, der wird mein Motiv, meine Ökonomie vielleicht verstehen…

Drittens war meine ANO-Existenz gewissermaßen durch jenes »Gefühl der Humanität« gedeckt, von dem der alte Kant noch sprach, als es schon mächtig mit ihm abwärts ging und er dennoch jene abendländischen Fäden von Kultur und Zivilisation nicht aus der Hand zu geben bereit war, und die auch, meiner Meinung nach, Alfred Leobold fest und entschlossen in den klapprigen, dürrgetrunkenen Fingern hielt, als er mir damals, gleichsam schon hinsiechend, den ANO-Kundenausweis überreicht hatte, den ich bis heute besitze und hoch in Ehren halte.

Es muß zu der Zeit gewesen sein, als der Verlust meiner Macht über die beiden Schwestern bereits feststand – da begegnete ich eines Tags einem in Seelburg ziemlich verrufenen Frauenzimmer namens Hilde, das heißt, diese schon recht verrottete und im Gesamteindruck verquollene 16jährige lief mir eines Morgens beim Stadtbummel in die Quere und drang sofort unappetitlich und in der Weise in mich ein, ich solle ihr gefälligst einen angenehmen und bunten Tag gestalten und sie (das witterte ich ohne Verzug) wohl auch noch irgendwie generell freihalten – dafür, deutete das kesse Stück an, könne ich mit ihr gewissermaßen tun, was mir beliebte.

Die Sorge um mein schönes Geld, aber wohl auch die Reserve gegen einen unerwarteten und vermutlich unerquicklichen Beischlaf flüsterten mir nun die duftige Idee ein, die Halbwüchsige zu ANO zu verschleppen, wo ich mich diesem Weib gegenüber gleichsam hinter den Herren Leobold und Duschke verstecken könnte. Und ich berauschte sofort und eindringlich jene Hilde mit der Vision eines sagenhaft aufgeräumten Nachmittags im Kreise vielleicht zahlreicher »prima Kerls«, mit Herrn Leobold zu sprechen. Und von Getränken ließ ich auch dies und jenes fallen.

Der Nachmittag gelang denn auch auf das befriedigendste. Skandalös, wie viele – und gerade junge! – Menschen heute, aufgrund der fortschrittlichen Arbeitslosengesetzgebung und sonstiger sozialer Unvorsichtigkeiten, in der Lage sind, auf Abruf alles liegen und stehen zu lassen und ihrem Tagesverlauf eine ganz neue und unerwartete Richtung zu geben! Herr Leobold hieß auch die Nachwuchskraft Hilde auf das freundlichste willkommen, und der Fratz erkannte wohl auch sehr schnell, daß bei diesem anscheinend großmächtigen Geschäftsmann sicherlich eher Geld abzuzweigen wäre als bei mir – und der abgebrühte Teenager war versiert genug, seine Brüste gegen den seriösen Weißkittel Herrn Leobolds hin spielen zu lassen. So daß ich mich bald Herrn Duschke zuwenden konnte, der gerade im offiziellen Geschäftsraum einer unglaublich gescheckt kostümierten Matrone einen feuerroten »Kamelsattelhocker« für sage und schreibe 98 Mark aufzuschwätzen suchte. Um dieses begnadete Schauspiel besser beobachten zu können, nahm ich buchstäblich zu Füßen der beiden Handelspartner Platz, auf einem sogenannten »Schmuckhund Pluto« (69,50 Mark), schmauchte erwartungsvoll ein Zigarettchen und sah den beiden Alten zu.

Duschke lehnte sich dabei mit dem linken Arm an eine Teppichwand, wahrscheinlich um nicht umzufallen, denn aus seinem Munde kam ein bekanntes Düftchen herausgeflattert, aus dem ich mindestens Weizenbier und Apfelwein herausdestillierte, es war aber nach meiner Überzeugung auch etwas Süßes darunter – nur die Matrone störte das offenbar gar nicht, vermutlich hatte sie heute selber schon ausgiebig gezecht.

»Gnädige Frau«, raunte Duschke mit niederzwingendem, gefügig machendem Bariton, »ich bin ein alter Mann. Ich habe kein Interesse daran – ich rede ganz offen zu Ihnen –, Sie zu bescheißen. Stört es Sie, wenn ich rauche? Aber dieser Schmuckhund ist das Beste, was Sie auf diesem Gebiet in dieser Saison – und ich rede von der Bundesrepublik...«

Da flog die Tür auf, und herein mitten in das anmutige Spektakel segelte mit Pomp der Kerzenhändler und Teufel Lattern. Er schlenzte mit vorgebeugtem Oberkörper auf uns zu, begrüßte, die Verlegenheit über seinen offenkundigen Rausch mit Stolz über ihn mischend, Hans Duschke, mich und verblüffenderweise auch die Alte mit strammem, katholischem Handschlag, berichtete aufgewühlt, er müsse jetzt gleich mit dem Kombi-Wagen Ewiges Licht sowie »geweihte Körnlein« nach Passau, Deggendorf und anschließend zum Bischof von Eichstätt fahren, er habe nur noch schnell vorbeischauen wollen, »wie es euch in eurem Laden da geht«, sagte Lattern recht unpassend und schien sogar vor aufgeregter Freude zu weinen, riß sich aber dann doch am Riemen, und um jetzt noch etwas besonders Anmutiges und Effektvolles vorzubringen, erzählte er mit jämmerlicher Leutseligkeit Duschke und der mit diesem jungen Mann offenbar hochzufriedenen Matrone, der Bischof von Eichstätt habe nämlich immer das Rheuma und die Gicht und alles, und nur seine, Latterns, geweihte Körnlein vermöchten dem alten Herrn Hilfe zu bringen, bzw. (log Lattern kreuz und quer durch das ANO-Lager) er, Lattern, bringe dem Bischof die Körnlein mit, die seien aus dem Fichtelgebirge, »wie der Sechsämter!« brüllte Lattern obszön, er bringe die Körnlein mit, der Bischof segne sie dann, fresse ein paar, und den Rest habe er, Lattern, in dieser Dose!

Triumphierend klaubte sie Lattern aus der Jacke, hielt sie Duschke und der Alten unter die Nase und verzeichnete einen überraschenden Erfolg. Denn die Frau wandte ihr Interesse plötzlich vollständig von dem grauenreichen Kamelsattelhocker ab und berichtete Lattern, daß auch sie jeden Morgen beim Aufstehen unter einem gewissen Schwindel leide, unter Tag vergehe das wieder (vermutlich unter dem Einfluß von allerlei dunklen Likörchen!) – jedenfalls: ob sie die Körnlein einmal sehen und gegebenenfalls kaufen könne?

Lattern, von seinem unverhofften Erfolg verzaubert, packte darauf die Alte beidhändig an den Schultern und log hemmungslos weiter, praktisch beziehe ja der gesamte deutsche Episkopat seine Körnlein, »alle, alle, der Döpfner, der Graber, der Dings, der andere ...« – hier schon fiel Lattern nichts mehr ein, und deswegen stürzte er sich rasch ins Freie – angeblich mußte er im Auto nachsehen, wann er beim Bischof von Eichstätt gemeldet sei –, kam wieder, öffnete zum Beweis jetzt endlich seine Zauberdose, in der sich wohl eine Art Myrrhe befand, von der sich Lattern entschlossen etwa ein Dutzend Körnlein in den Mund schob, so daß die Alte endlich von deren Nutzen überzeugt war. Ich kriegte auch ein paar ab, die Alte aber ließ sich gleich eine leere Streichholzschachtel damit auffüllen und fragte hocherfreut, was sie denn schuldig sei.

»Nichts, Mutter, nichts!« brüllte Lattern leidenschaftlich, überlegte es sich aber dann doch anders, griff sich wie denkend an den Kopf und korrigierte sich: »An sich nichts, aber wenn S' uns ein Fläscherl Sechsämter bringen könnten, so eine für 20 Mark, auf daß«, verfiel Lattern wieder einmal in seinen geliebten alttestamentarischen Tonfall, »für alle genugsam da sei, wenn das Abendmahl bereitsteht. Hah! Ich freu mich, ich freu mich!« jauchzte Lattern und machte ganz überraschend einen Arabersprung im Teppichlager.

Die alte Mamsell zückte sofort einen Zwanzigmarkschein, vergaß aber nicht, wegen der Krankenversicherung eine Quittung zu fordern. Da war nun freilich guter Rat teuer, denn Lattern hatte nichts dergleichen bei sich, so daß sich die Lösung des Konflikts wieder einmal der wachen Geistesgegenwart Hans Duschkes verdankte, der, anscheinend überwältigt durch seinen eigenen Schalk, einen ANO-Kassenzettel ergriff, »Arzneimittel 20 Mark« drauf schrieb und ihn der Alten, versehen sogar mit einem Stempel, überreichte.

Worauf sich das Unwesen, begleitet von einem sinnleeren Duschkeschen »Gnädige Frau, das Vergnügen war ganz auf meiner Seite«, schlurfend davonmachte.

Schon hatte Lattern, geradezu zitternd vor Alltagslust, die Sechsämterflasche beigebracht und war mit ihr entzückt ins ANO-Nebengebäude gestürzt – da registrierte er die kleine Hilde im vertrauten Gespräch mit Alfred Leobold (wie ich noch am Abend erfuhr, hatte sie dem Geschäftsführer zwischenzeitlich 30 Mark abgeknöpft) – und damit war es um des Kerzenkaufmanns Besinnung vollends geschehen. Er umgriff die junge Frau sofort von hinten, preßte sie hin und her und schwang über ihrem Kopf die Braunes verheißende Schnapsflasche, worauf er, erstaunlich höflich, Frl. Hilde zuerst zu trinken gab, dann dem alten hingegossen lachenden Duschke, dann Alfred Leobold, dann mir, und schließlich wuchtete er den Rest fast vollständig in seinen geweihten Körper, eine Leistung, die Hans Duschke tatsächlich zu einem kurzen, besinnungslosen Beifallklatschen veranlaßte, indessen Herr Leobold abgrundtief zufrieden lächelte, ja, wenn ich mich recht erinnere, vor Vergnügen leis schnaubte.

Für Augenblicke muß Latterns wendiger Körper doch schockiert gewesen sein, denn der Kerzenhändler rülpste ein paarmal nachdenklich und ließ dann allerhand Bräunliches und Schleimiges aus der Nase tropfen – dann hatte er sich im Prinzip wieder unter Kontrolle, umfing erneut rücksichtslos die kleine Hilde, der dieser stinkende Teufel anscheinend recht gut gefiel (womit ich auch endgültig entlastet war) – beide wackelten fast verzückt mit ihren Körperchen hin und her, und in einer Atempause rief mir Lattern glühend zu:

»Moppel, ich sage dir etwas! Ich sage dir, die Situation ist, daß ich euch empfinde wie wunderbare Pflocken! Jawohl, Pflocken!« wiederholte der Kerzenhändler begeistert, verwirrt über seinen unverhofften Wortwitz. Der alte Unhold Duschke lachte scheppernd, Herr Leobold aber äugte jetzt verstohlen ins Teppichlager, ob wohl auch alles in Ordnung gehe und nicht etwa ein Kunde störe – und dann beeilte er sich, dem neuen Paar überraschend und wahrhaft großherzig zu eröffnen, sie könnten »jederzeit« in den Keller gehen, nur auf den Teppichen könnten sie es nicht machen, weil heute »eventuell« (bei Leobold klang es wie »evendöll«) der oberste ANO-Besitzer Alfred Nock zur Inspektion vorbeischaue.

Beim Schreiben muß ich erneut lachen, wenn ich an das Leoboldsche »evendöll« denke, das ich hier, wenn mich nicht alles täuscht, zum ersten Mal vernahm, das mich später so bezaubern und vielfach nachdenklich stimmen sollte: seine spezifische Artikulation durch Alfred Leobold nahm dem Wort sozusagen den letzten Rest an Schärfe und Bedrohlichkeit, die Umwandlung des

Konsonanten ins Stimmhafte nebst der beiden Vokale in einen Diphtong strahlte etwas so universell Begütigendes, Kalmierendes aus, daß, ja daß mir dazu nur das bekannte Brentano-Wort einfällt: »Alles ist friedlich wohlwollend verbunden, bietet sich tröstend und trauernd die Hand, sind durch die Nächte die Lichter gewunden, alles ist ewig im Innern verwandt.« Ist das nicht wunderbar?

»Hurra!« brüllte tatsächlich Lattern, dem der Gedanke anscheinend selber gar nicht gekommen war, vielleicht hatte er über der Hektik der geweihten Körnlein und des Sechsämters auch das eigentliche Ziel der Erotik kurzzeitig aus dem Gesichtsfeld verloren: aber um so schleuniger zerrte er nun die kleine Hilde davon – unwahrscheinlich, wie das Kleinzeug mithopste, das doch nun tatsächlich Geld und Liebe in einem Aufwasch bekam! –, und wir drei Kaufleute hatten erneut etwas zu lachen und eröffneten erfreut drei Flaschen Bier.

Es sei ja nur wegen dem Herrn Nock aus München, der heute »evendöll« eintreffen werde, wiederholte Herr Leobold entschuldigend, sonst könnten die beiden »jederzeit« auch auf den Teppichen ... das ginge sonst schon »in Ordnung«, »normal jederzeit« – – und plötzlich tappte Alfred Leobold aus dem windstillen Nebenzimmer, offenbar um das Paar zu kontrollieren, kehrte gleich darauf mit einer weniger zornigen als traurigen Miene zurück und berichtete mit müder Handbewegung, »die Blödeln« seien nun doch nicht im Keller, sondern lägen auf dem Teppich hinter der großen Rolle, sehen könne man sie zwar nicht, aber hören ... und wenn jemand hereinkomme ... doch diesmal war es der greise Schelm Duschke, der jede verhaltenstechnische Vorsicht beiseite räumte und mit einem »Prost, Herr Läääwool! Sind doch junge Leute!« diesem verantwortungstragenden Herrn lebhaft auf die Schulter klopfte. »Unglaublich!« flüsterte mir der Großvater der Tücke behend zu, das müsse ich doch zugeben! Ich gab zu.

»Hurra!« Mit einem Schrei fiel Lattern zehn Minuten später wieder in unseren Privatraum, »Herr Leobold«, kreischte er sofort gurgelnd und fiel diesen an, »ich sage Ihnen, ich sage dir, jede Paarung ist als Situation etwas Wunderbares!« – und während Herr

Leobold sein welkes »genau« raunte, verbesserte sich Lattern gräß-lich schreiend: »Versuche mich bitte zu verstehen, Leobold, alter Depp, jede Paarung ist als Situation irgendwie wunderbar – im Großen und Ganzen kommt dadurch letztlich auch eine glückliche Gesellschaft zustande, und, Leobold, das gilt auch für dich!«

Ein neuerliches »genau, Amigo« ging in Hans Duschkes eksta-tischem Röhren unter, was Lattern, der von seiner windigen Dul-cinea geradezu liebevoll beäugt wurde und der ihr jetzt gleichsam symbolisch den Daumen gegen die Brustspitze drückte, erneut anstachelte. »Du bist Zeuge!« schrie Lattern, worauf ihm anschei-nend nichts mehr einfiel, so daß er kurz, düster und dämlich vor sich hinstarrte, gleich als ob er sich an seine Verantwortung, näm-lich an die Fuhren Kerzen, Ewiges Licht und Körnlein in seinem Kombi, erinnere; doch blitzartig gelang es ihm dann, erneut ein charmantes Lächeln in sein Teufelsantlitz zu zaubern:

»Leobold!« säuselte der Kerzenhändler nun ganz zart und schmeichelte dem Zurückweichenden aus kurzer Distanz ins Ge-sicht, »Leobold, du als smarter Mensch solltest mich nicht länger … nicht länger … infamieren!« schrie Lattern wie aufhorchend, als ob er selber überrascht sei, was Enormes aus seinem Inneren herauszuholen sei, »sondern du als Kaufmann vom alten Schlag solltest jetzt … hm … eine Maß zahlen!« Und herzig grinste der Kerzenhändler dem Teppichkollegen ins mürbe Gesicht.

Ein Wink Alfred Leobolds genügte, und ich eilte zu ihm. Noch während der Geschäftsführer pflichtgemäß seinen Zehnmark-schein zog, brach indessen Lattern zusammen.

»Mir geht's gut, mir geht's gut!« gurgelte er, hielt die linke Hand gegen den Magen und beugte den Kopf elend zu Boden, »nein, mir geht's gar nicht gut, die geweihten Körner, verflucht!«

Worauf Alfred Leobold mit einer Tücke, die ich ihm bis dahin nicht zugetraut hatte, dem schlimm Hängenden und Würgenden aus dem Kühlschrank eine Flasche Magenbitter reichte, nein, diese dem Kerzenhändler mit schamlosem Rachetriumph im bleichen Antlitz buchstäblich gewaltsam einträufelte, wie eine Mutter dem Kinde ununterbrochen gut und sinnlos zuredend: »Den trink …

ja … genau … dann geht's dir wieder gut … trink nur, fest … freilich … das geht dann schon in Ordnung.«

Lattern, Augen geschlossen, trank, spuckte das Zeug sofort wieder aus und rannte plötzlich, wie vom Teufel gejagt, aus dem Teppichnebenraum zur Tür hinaus, verfolgt von seiner Sexschwarte, die aber noch schnell ihr Glas Bier leertrank – angeblich, hieß es später, seien die beiden in den Wald gefahren, wo Lattern dem Mädchen »alles erklärt« und ein Feuer angezündet habe. Jedenfalls, die beiden Teppichhändler und ich waren wieder unter uns. Vergnügt wie selten genoß Herr Leobold seinen Magenbitter-Coup, ja mir schien erstmals, ein leichtes Rosa der warmen Freude überkroch sein heiligmäßiges Gesichtchen. Der nichtsnutzige Greis Duschke dagegen konnte seine hohe Freude, wieder einmal einem Beischlaf zumindest theoretisch beigewohnt zu haben, noch immer nicht dämpfen: vor Erregung lief er mehrmals aus der Gemütlichkeit der ANO-Nebenstelle ins Teppichlager und ließ dort wie besinnungslos entzückt ein sogenanntes »Teppichdrehstudio«, eine Art Karussell, kreisen.

Kurz vor Feierabend verirrte sich ein Mann mittleren Alters ins Geschäft, der, zur Abwechslung von Leobold empfangen, einen »Herrn Dotsch« zu sprechen wünschte.

Leobold beschied den Mann, der Duschke sei nicht mehr da, sondern »beim Ingenieur«.

Der Herr Dotsch habe aber fest versprochen, heute abend hier zu sein, wegen dem Farbfernseher, jaulte der Mann hilfeheischend.

Der »Herr Dotsch«, ahmte nun gleichsam verächtlich Herr Leobold seinen Besucher nach und mimte überraschend gut Strenge, sei hier nicht als Fernseh-, sondern als Teppichverkäufer!

»Nein, nicht verkaufen! Kaufen will er ihn. Der Dotsch«, wimmerte der Mann erbärmlich, aber Leobold blieb hart:

»Kaufen! Verkaufen! Der Dotsch, der Dotsch! Jetzt machen S', daß Sie weiterkommen, gell! Sonst hol ich die Polizei! Wir sind ein Teppichladen und kein Fernsehzirkus. Los!«

Und ungnädig mußte der Arme abziehen. Das einzige Mal, daß ich mich erinnere, Alfred Leobold wirklich ungehalten erlebt zu haben. Wollte er sich für den unwürdigen Koitus Latterns auf seinen Teppichen als strenger Geschäftsführer rehabilitieren? Wollte er seinen Teppichbunker gegen ungebetene Kräfte von außen abschirmen? Oder glaubte er zwischenhinein immer wieder selber mal dran, daß dies ein seriöses Unternehmen sei?

Im wetterfesten Nebenzimmer hatte mir zwischenzeitlich Hans Duschke saftig ins Ohr geraunt, der Dummkopf da draußen wolle ihm seit acht Wochen seinen alten Fernseher verkaufen, weil er, Duschke, einst, dem Herrn Schnaps »herauszukitzeln«, ihm eine diesbezügliche Zusage gemacht habe. Aber natürlich denke er, Duschke, nicht im Traum daran, denn: »Moppel, in dem Augenblick, in dem Hans Duschke einen Fernseher hat, bin ich ein toter Mann!« bellte Duschke verhohlen und ächzte gleichsam unter der Wucht dieses Satzes, nahm ein Schlückchen und schwallte auf den zurückgekehrten Herrn Leobold ein, ja der Alte arbeitete gewissermaßen mit Händen und Füßen, dem Vorgesetzten für seine aufopferungsvolle Solidarität zu danken.

»Da könnt' ja jeder kommen«, rief Alfred Leobold matt und feurig zugleich. Ein Satz, den ich bis heute nicht verstanden habe und den ich deshalb hier uninterpretiert so stehen lassen möchte. Irgend etwas wird er schon bedeuten.

»Danke, danke, ehrlich, Kollege!« quallte Duschke und krallte sich hingebend an des Geschäftsführers weißem Mäntelchen fest. »Ich danke Ihnen, alles klar.«

Auf dem Fußboden lag eine Art Buch, »Bodenlegerlexikon« stand drauf. Im Abfallkorb diesmal Hähnchenknochen, offenbar die Reste von Duschkes Mittagsmahl. Mir wurde leicht und schwer ums Herz. Herr Leobold, offenbar erschöpft, öffnete noch ein paarmal die Schreibtischschublade und kramte blind zwischen einem Packen Lieferscheinen und Kassenzetteln herum. Später stieß noch der Chef-Verleger Zier zu der träumerischen Gruppe und stellte sich bei zärtlicher Radiomusik für ein Weilchen an den Kühlschrank. Schlag 18 Uhr verschloß Alfred Leobold den Laden und beorderte Duschke und mich weißgottwohin: wenn nicht die Tage, die Abende jener Zeit verschwimmen mir.

In diesen Tagen des heitersten Teppichfrühlings erfuhr ich, zum
Teil von ihm selber, zum größeren Teil aber von Hans Duschke,
Wichtiges aus Herrn Leobolds familiärem und beruflichem Wer-
degang. Soziologen unter meinen Lesern könnte es interessieren,
daß Alfred Leobold bereits seit nunmehr 24 Jahren im Verkauf
tätig war, seit seiner Lehrzeit, die dieser Sohn eines hiesigen Ge-
richtsbeamten bei der Seelburger Firma Meßmann abgeleistet
hatte, dort hatte Leobold auch die nächsten 20 Jahre über gedient,
zuletzt als hochgradiger Abteilungsleiter für Teppiche und Gar-
dinen (die Symbolik will, daß ich bei Duschkes Bericht zuerst
»Teppiche und Kantine« verstanden habe) – und alles sei also
furchtbar und dynamisch vorwärtsgegangen, bis es dann vor einem
Jahr in dieser Abteilung zu gewissen Unregelmäßigkeiten und
Differenzen zwischen Alfred Leobold und dem jungen Meßmann
gekommen sei bzw. –

– nein, es sei alles ganz anders gewesen, korrigierte Hans
Duschke und fing seinen Bericht nachdenklich noch einmal von
vorne an.

Der Juniorchef Meßmann habe Leobold damals unwahrscheinlich gefördert, weil dieser ihm bei seinen abendlichen Touren
besonders strebsam und ausdauernd Gesellschaft geleistet habe,
in der »Glückauf«-Wirtschaft vor allem und anschließend in der
»Capri-Bar«, und dieses Mäzenat des jungen Meßmann habe nun
Leobold nicht nur beruflich rasch vorwärtsgebracht, sondern ihm
in der Folge bald auch eine ausnehmend schöne Ehefrau Erika
aus dem Meßmannschen Gardinen-Sektor zugeführt, zu welchem
Glück sich bald zwei niedliche Töchter, heute sechs und neun
Jahre alt, gesellt hätten. Im Hochgefühl dieser verblüffend schönen
Entwicklung – wußte nun Duschke und setzte eine besonders
geistfunkelnde Miene auf – habe Alfred Leobold jetzt auch angefangen, in sämtlichen Seelburger Nachtlokalen den Playboy und
Lokalmatador vorzustellen, im besonderen habe er angefangen
zu spielen, »und saufen sowieso«, rief Duschke, er sei dabei
wohl auch übermäßig spendabel geworden, habe vermutlich auch
damals schon seiner zarten Gesundheit nachhaltigen Schaden

zugefügt – und vor allem und zusehends und rücksichtslos sein Eheleben vernachlässigt.

Woher Hans Duschke auch immer das so genau wußte – das Folgende soll sich nun so abgespielt haben: »Alfred«, habe damals Leobolds Ehefrau Erika immer wieder gesagt, »Alfred, treib es nicht zu weit, entweder ich oder deine Freunde, überleg es dir gut«, äffte Duschke melodramatisch nach. Genau, hatte, nach Duschke, damals Alfred Leobold geantwortet, das gehe in Ordnung. Sei es aber nicht gegangen, wußte Duschke und furchte die Stirn, sondern eines Tages habe Alfred Leobold der Scheidung ins düstere Auge schauen müssen.

Daraufhin habe sich – »logisch!« krähte Duschke – zuerst einmal Leobolds Alkoholverbrauch entschieden gesteigert, was wiederum (ich fasse hier Duschkes wilden Lärm zusammen) eine zusätzliche Einbuße an Gesundheit mit sich geführt habe, insbesondere dergestalt, daß Leobold eines Tages »praktisch nichts mehr« habe essen können (wie es Leobold mir gegenüber mehrfach ergreifend zum Ausdruck brachte) – was wiederum der Karriere des Geschäftsmanns bei der Firma Meßmann nicht eben zugute gekommen sei, vielmehr habe sich diese, als Alfred Leobold wochenlang in nicht allzu wachem Zustand seiner Arbeit nachgegangen sei, eines Tages in wechselseitigem Einvernehmen von diesem langjährigen Mitarbeiter getrennt, doch habe das »überhaupt nichts ausgemacht, ach wo« (bekräftigte Alfred Leobold munter), weil in diesen Wochen gerade die expandierende ANO-Firma aus München in Seelburg ihre Pforten geöffnet und nach einem versierten Teppichfachmann Ausschau gehalten habe, und im Zuge desselben habe man »natürlich« (betonte Leobold) ihn, der mit den allerbesten Referenzen gerüstet gewesen sei, engagiert, – indessen gleichzeitig Hans Duschke aus der Hosenbranche heraus zugestiegen sei.

Bitter, daß nun etwa zur gleichen Zeit Herrn Leobolds Ex-Gattin Erika sich wieder verheiratet hatte, nämlich mit einem pensionierten Bundesbahnamtmann namens Jatz, einem 55jährigen Seelburger Bürger, und diesen neuen Coup seiner ehemaligen

Ehefrau habe Alfred Leobold schon gar nicht mehr einsehen wollen und noch leidenschaftlicher als zuvor zur Flasche gegriffen, gefördert nicht zuletzt, nach meiner eigenen Beobachtung, durch das gute Zureden Hans Duschkes, der sich wohl seinerseits in den warmen ANO-Räumlichkeiten einen gemütlichen Lebensabend versprach, und der würde halt (so listig sind unsere alten Schauspieler!) um so gemütlicher ausfallen, je benommener Duschkes neuer Vorgesetzter die Leitung der Filiale erledigte.

In dieser Zeit des Transfers von Meßmann zu ANO muß es dann auch zu jenem mutmaßlichen Anschlag des geschiedenen Leobold auf das Auto der Gattin Erika gekommen sein, von dessen gerichtlichem Nachspiel samt den hervorragenden Zeugenaussagen des Gipfelstürmers Otto Käsewitter vorne die Rede war.

Sic transit gloria mundi. Von Tag zu Tag wurde mir so Alfred Leobolds Vergangenheit vertrauter, sein rapider Aufstieg zu den allerhöchsten Wirtschaftsspitzen unserer Stadt, aber auch sein zügig sinkender Stern, vor allem seit der Zeit, da der Komet Hans Duschke und ich ihm über den Weg gelaufen waren. Im übrigen bin ich jetzt ziemlich verärgert, denn vor einer halben Stunde, mitten in meine schwierige Leobold-Analyse hinein, hat die reizende Witwe Strunz-Zitzelsberger angerufen und mir erstaunlich kalt mitgeteilt, daß aus der ins Auge gefaßten Bockbierbegegnung nun leider nichts werden würde, denn sie müsse übers Wochenende zu einer Cousine nach Traunstein fahren. Skandal! Das glaubt doch niemand! Ich möchte nur wissen, was das für eine öde Cousine ist! Und dabei hatte ich mir schon die allerschönsten Redensarten, eine internationale Kollektion von gepflegten Schnulzen und Augenaufschlägen zurechtgelegt, sie unter der Gewalt des Starkbiers unter Druck zu setzen und sie womöglich psychisch-emotional zu überwältigen, ja, ich hatte mir gestern abend sogar schon etliche weiße Härchen auf meinem Kopf ausgerupft! Sie sollte nur so weitermachen, diese betäubende Witwe, dann würde ich sie eines Tages unbarmherzig aus meiner heimlichen Vormerkliste streichen und sofort das Schreibzeug niederlegen! Und die Nachwelt hatte den Schaden, und sie den Schaden und den Spott obendrein! Nein, natürlich nicht, der Spott würde natürlich über mich niederprasseln, aber immerhin, es würde ja vielleicht niemand merken, oder aber ich würfe alle verräterischen Witwe-Passagen klammheimlich aus dem Text und würde diesen dann eben unter allen Symptomen von Tragik und Geworfenheit als lockeres Fragment publizieren...

Jedenfalls, es war wohl Ende August, als ein weiterer entscheidender Einschnitt in die Geschichte dieses immer weniger überzeugenden Teppichladens ANO erfolgte. (Ich muß einfach den witwelichen Schmerz überwinden und verbissen weitertippen.) Auf irgendwelche höhere Weisung hin zog nämlich der gesamte Betrieb aus der Schlachthausstraße aus und in ein Lokal am (der Leser beachte abermals die erhellende Symbolik!) Fortschrittsplatz ein, einen historisch nicht wertlosen Altbau an der Peripherie des Seelburger Stadtzentrums – anscheinend wollte Herr Nock über diese verkehrstechnische Delikatesse seine Mitarbeiter zu nochmals gesteigerten Leistungen antreiben.

Innerhalb von zwei Tagen wurden sämtliche Ballen, Rollen, Fliesen und Schmuckhunde in das neue Haus am Fortschrittsplatz geschafft und im Raum postiert, auch der schöne alte Kühlschrank fehlte nicht – und schon zu Herbstanfang nahmen Herr Leobold und Herr Duschke ihre angestammten Plätze wieder ein und erwarteten beherzt den anstehenden Winter.

Das neue Haus, die neuen Verkaufsräume erwiesen sich als noch prächtiger, leuchtender, ja gewissermaßen weltläufiger als der alte Barackenschuppen – nur bedauerten alle Premierenbesucher nachhaltig den Fortfall der schönen isolierten Teppichnebenstelle. Vielmehr stand der legendäre ANO-Kühlschrank jetzt etwas verloren in einer Ecke, und vorerst mußten die tätigen Herren hinter der Ladenkasse und schutzlos vor den Augen der bereits bedrohlich hereinschwärmenden Kundschaft trinken. Was ihnen wohl selber überhaupt nicht zusagte, und tatsächlich, schon nach einer Woche hatten sie mit ein paar übermannshohen Teppichrollen eine Art Behelfsbar installiert, die Hans Duschke in der Folge auch »Erfrischungsecke« nannte, und innerhalb deren man den Augen

Neugieriger und Unbefugter erneut tadellos entzogen war und sich aufführen konnte, wie man wollte.

Da ich mich in den folgenden Tagen und Wochen sehr häufig in dieser etwa fünf Quadratmeter großen Zelle aufhielt und über die Teppichwand hinweg den erregenden Stimmen der beiden Verkäufer lauschte, entdeckte ich auch bald das kostbarste Geheimnis des Raums. In seiner Mitte nämlich befand sich, hochkant gestellt, eine Isolierpapierrolle, aus deren Mittelloch eines Tages ein kleines Sechsämterfläschchen vorwitzig herausspitzte. Ich ging der Sache nun nach und entdeckte, daß der Luftschacht voll mit jenen braunen Fläschchen gestopft war! Ich erinnere mich, daß mich in diesem Augenblick eine geradezu überirdische Freude überfiel – und im folgenden erfuhr ich, daß es sich bei dieser sensationellen Einrichtung um eine überaus kluge Maßnahme der beiden Teppichherren handelte: Um unerwartetem Besuch, etwa Herrn Nocks, vorzubeugen, auch damit nicht immer im Papierkorb oder zwischen den Teppichrollen die verräterischen Überreste des Arbeitstags auftauchten, hatte, wie mir der verschlagene Alte Duschke in schelmischer Begeisterung erzählte, Herr Leobold angeordnet, das Zeug solle, nachdem der Inhalt weggetrunken sei, in jenem Schacht versenkt werden. Sei der Schacht voll und quelle über, hebe man die Rolle einfach hoch und kehre die auf einen Haufen herunterpurzelnden Fläschchen stracks und in einem Aufwasch zur Türe hinaus. So erspare man sich Arbeit und Ärger und Zeit.

Und übrigens gelte diese Anordnung natürlich auch für Gäste, schloß Duschke, und der alte Galgenvogel mußte so heftig lachen, daß er gleichsam in der Enge seines weißen, aber auch erstaunlich angegrünten Kittelchens nicht mehr aus noch ein wußte und mir deshalb zwei Mark in die Hand drückte, ich solle gegenüber gleich zwei Fläschchen besorgen, dann könne ich das Versenken sofort ausprobieren, stachelte der greise Berserker.

»Gegenüber« – das erfuhr ich gleich darauf – handelte es sich um eine kleine, recht vorweltliche und mit allem Unfug dieses Landes vollgestopfte Kolonialwarenhandlung, in der zwei

ungeheuer dicke Frauen residierten, Mutter und Tochter, genannt
Schneeflöckchen I und Schneeflöckchen II, die, so erfuhr ich,
zurückgekehrt, von Hans Duschke, nach dem ANO-Umzug sofort
auf Anweisung Alfred Leobolds hin ihr Sortiment um Sechsämtertropfen in verschiedenen Flaschengrößen erweitert hatten – ja ein
weiterführendes Gerücht, das mich über den Gymnasiasten Hans
Binklmayr erreichte, wollte wissen, die beiden Schneeflöckchen
seien im Zuge der auch in Seelburg grassierenden Supermärkte
kurz vor der Liquidation ihres kleinen Ladens gestanden, bis ihnen
der Himmel die Rettung in Gestalt der ANO-Herren über den
Weg geschickt habe.

Nun, aber auch mit dem ANO-Laden selber ging es jetzt immer
steiler bergauf. Mag sein, daß die von Herrn Nock ins geldgierige
Auge gefaßte günstige Geschäftslage den Publikumsverkehr beschwingte – meiner Meinung nach war es vielmehr um diese Zeit
herum bereits so, daß viele, wenngleich längst nicht alle Kunden
einfach deshalb hereindrückten, die neuen Herren in all ihrer
Spektakularität anzuschauen und zu bewundern – so wie ja auch
und vor allem ich – ja ich fühlte mich gewissermaßen als Vorreiter
dieser neuen Bewegung, die ich mit Vorbehalt, aber cum grano
salis dahingehend zusammenfassen möchte: daß in der Periode
des absterbenden Spätkapitalismus der Mensch weder auf eine
besonders gediegene Ware mehr aus ist noch auf einen halbwegs
zivilen Service, sondern gleichsam auf das Schauspiel der in ihrem
eigenen Gift herumtorkelnden Spätlinge der hochkapitalistischen
Verkaufstechnik. Oder, anders gesagt: noch heute erregt mich aufs
äußerste der Gedanke, daß auch in unseren großen Handels-
zentren wie Kaufhof, Horten und Quelle hinter scheinbar seriösen
Wänden die aberwitzigsten Trinkgelage vor sich gehen; daß, während vorne in den öffentlichen Verkaufsabteilungen eine Minder-
heit von Mitarbeitern das Notwendigste an Kundenbetreuung
besorgt, hinter den Wänden wahrhaft der Teufel los ist: daß das
geheime Leben der großen Kaufhäuser in Wirklichkeit in unzähli-
gen kleinen Zellen unverschämtester Niedertracht stattfindet. Und
zum dritten beflügelte mich schon damals bei der Firma ANO

die wirtschaftspolitisch emanzipatorische Leitidee, daß eingenommene Gelder direttissima wieder in die Getränkeindustrie gepumpt werden – gewissermaßen die berühmte Warenzirkulation an Ort und Stelle, auf kleinstem Raum, was meiner Ansicht nach durchaus Chancen hätte, den Kapitalismus wenn nicht zu überwinden, so doch zu humanisieren. Wunderbar! Ich gedenke, wenn ich diesen Roman hinter mir habe, über diese Innovation in ihrer vielperspektivischen Schönheit vielleicht einmal einen kleinen erhellenden Essay zu schreiben …

Es war der reine Wahnsinn! Zum Teil nahm der Publikumsansturm in diesen Herbsttagen dermaßen erschreckende Formen an, daß die beiden Hauptsehenswürdigkeiten sich oft nicht einmal in der Lage sahen, mit uns Gästen in der abgeschirmten Erfrischungsecke ein Schwätzchen zu halten oder auch ein wenig zu zechen. Weil aber gleichzeitig der Zuspruch dieser Gäste noch zugenommen hatte – und insbesondere Herr Schießlmüller pflegte nun tagein-tagaus, wie ehedem ich, seine Nachmittagsstunden bis zur Ankunft Sabines bei ANO zu verbringen – weil viele der Unseren diese nachmittäglichen Dämmerstunden bei ANO nicht mehr missen mochten, geschah es, daß die beiden dafür bezahlten Angestellten vorne zwischen Kunden und Teppichen herumschnauften, während im sicheren Hinterhalt der großen Rollen regelmäßig kleinere Gesellschaften mit unterschiedlichen Gästen statthatten – ich erinnere mich aus dieser Periode besonders des Besuchs eines jungen Veterinärmediziner-Ehepaars aus München, das mit seinem schwarzen Pudel angerückt war, während gleichzeitig Frau Ilona Sommer, die schon erwähnte Scheingeliebte Alfred Leobolds, ihren gewaltigen Neufundländer eingeschleppt hatte, und während die beiden Köter sichtlich aufgekratzt herumtobten, standen wir Menschen nicht nach und rissen kreuz und quer unsere Witze, und plötzlich rief die junge Ehefrau, die wieder einmal Karin hieß, ihr Vieh, nahm es bei der treuherzigen Pfote und redete auf es ein:

»Alfred, bürstel alles, was dir in den Weg kommt, damit alle Hunde in der Nachbarschaft genauso gräuslich werden wie du!«

Worauf der Köter wildentschlossen wieder davonsprang, Frau Ilona Sommer aber griff das Stichwort auf und quallte in bestialischer Sentimentalität auf uns ein, einen besseren Liebhaber als den Alfred (in diesem Fall Leobold) gebe es überhaupt nicht mehr, wer einmal den Leobold »gehabt« habe, der könne sich nie mehr auf einen anderen einlassen und konzentrieren. »Nie!«

Was erhoffte sich die buntbemalte Frau von solch wilden Lügen? Die noch dazu keine zehn Minuten später deutlich ins Dämmerlicht unserer lächerlichen Runde traten, in Gestalt Alfred Leobolds, der einen abgrundtief mitgenommenen Eindruck machte, sich kaum auf den Beinen zu halten vermochte und doch, ganz Salonlöwe, insbesondere für seine Ehrengäste aus der Großstadt, Worte von fast betörender Feinsäuberlichkeit fand:

»Karin, alles in Ordnung? Prima, Fritz, prima«, ächzte Alfred Leobold, widerlich angehimmelt von Frau Ilona, und öffnete dann freilich rasch den Mund, um ein paar elendstillende Tropfen einzusaugen. Was war das eigentlich noch immer für ein merkwürdiges Relikt an Erotik, das diese Ilona und ihr Hund hier hereintrugen? Wollte diese Frau uns allen – mir! – Alfred Leobold abspenstig machen?

3

Der Gästeverkehr bei ANO erweiterte und stabilisierte sich nun in dem Maße, in dem die anfängliche Hektik, der erste Begeisterungstaumel über diese neue Entdeckung einem geregelten nachmittäglichen Miteinander der Welt der Arbeit und der der Muße wich. »Mach dir ein paar schöne Stunden, geh zu ANO!« – diese damals wohl von mir erfundene und ausposaunte Losung erfaßte immer weitere Kreise, zum Teil sogar recht obskure, und zwar in paralleler Bewegung den Freundeskreis Alfred Leobolds und Hans Duschkes ebenso sehr wie das ordinäre Seelburger Käuferpublikum.

Das hatte dann unter anderem zur Folge, daß die beiden Herren sich so überlastet sahen, daß sie von München Verstärkung anforderten, die sich auch bald in der Gestalt eines jugendlichen

Laffen namens Herr Peter einstellte, eines volontierenden Groß-
kaufmannssohnes, der aber von Anfang an fruchtlos in der Gegend
herumlungerte, ständig eine Flasche Bier in der Hand hielt und
diese – seine einzige reelle Leistung – gelegentlich gutmütig dem
feurig vorbeikeuchenden Hans Duschke unter die Nase hielt,
worauf dieser erhitzte Alte jeweils dankbar einen Schluck in sich
goß. Ein paar Wochen später nahm sich der gemütliche junge Herr
vertieft der jetzt praktisch ständig gastierenden Frau Ilona an,
dergestalt, daß diese ärgerliche Frau, bisher überaus hartnäckig an
einem Leben an der Seite Alfred Leobolds interessiert, allmählich
in Herrn Peter den mächtigeren und einflußreicheren Teppich-
Manager sich suggerierte – binnen acht Tagen kam es dann wohl
zu einer Art Verlobung, worauf das Pärchen sofort die Segel strich,
aus dem ANO-Laden verschwand, eine Zeitlang mehr oder weniger streunend in Seelburg gesehen wurde und sich schließlich in
nichts auflöste. Immerhin hatten die beiden unseligen Gestalten
eines erreicht: Herrn Leobold endgültig und unwiderruflich aus
den Ketten der Sexualität zu erlösen, so daß er nun noch mehr als
vorher voll und ganz der Gemeinschaft zur Verfügung stand. Es
gab kein Entrinnen mehr.

Die genannten Ketten quälten freilich in diesen schütteren
Frühherbsttagen um so mehr – mich. Da wollte es denn das Glück,
daß ich, eben schmerzlich von den Morlock-Schwestern verab-
schiedet, eigenartigerweise und ausgerechnet durch die Vermitt-
lung des Fuhrunternehmers Schießlmüller bei einem Schulsport-
fest die nachmalige reizende Witwe Christine Strunz-Zitzelsberger
kennenlernte, die ich hiermit in der offiziellen Roman-Haupt-
handlung begrüße, die damals freilich noch glänzend an der Seite
ihres Gatten lebte, nämlich in einem winzigen Häuschen mitten im
Grünen, an einem kleinen, Seelburg vorgelagerten See, – irgendwie liebten wir uns auch auf Anhieb, und jedenfalls gelang es mir
bald, bei dieser nachmaligen Witwe ein Rendezvous am Seeufer
zu erwirken, dem sich bald mehrere und immer delikatere an-
schlossen – ich alternierte damals in meiner Nachmittagsgestal-
tung sehr regelmäßig zwischen der Witwe und ANO, das lief wie

geschmiert – und alles in allem war ich sehr froh, mich bei dieser grünen Witwe für den Verlust der Förstertöchter schadlos halten zu dürfen und so auch meine Rehabilitation vorantreiben zu können. Christine Strunz-Zitzelsberger! Bell' Adorata! Nome amato! Auch wenn sie seinerzeit nur Strunz hieß und ihren von mir inniggeliebten Mädchennamen erst ein Jahr später durch ein gütiges Geschick wiederempfing! Denn während ja nun »Strunz« ganz eindeutig die Gewalt des Gatten widerspiegelte, vereinigen sich in »Zitzelsberger« aufs Anmutigste das Prinzip des Ewig-Weiblichen im ersten Teil, im zweiten aber kommt das Seelburgisch-Erdverbundene zu seinem Recht! So mußte es sein, die ideale Synthese!

Unvergeßlich die Stunden, die enteilenden, da wir unter allerlei koketten Mätzchen am Seeufer Tischtennis spielten, indessen der Gatte weit entfernt in einem Fischgroßmarkt seiner übelriechenden Arbeit nachging! Und wie berückend die Witwe im Rahmen dieses verschwiegenen Komplotts jedesmal aufjapste, wenn sie, die Pracht des blühenden Körpers in den knappsten aller Bikinis gepreßt, von mir den kleinen weißen Ball an den weiblichsten Teil ihres lodernden Leibes geschmettert bekam … o Gott! Ich würde, übermannt von Erinnerung, jedenfalls nicht nur sofort dröhnend an meinem Romanwerk weiter herumfuhrwerken, sondern diese schönste aller Frauen übermorgen, wenn sie von ihrer verdammten Cousine zurückkehrte, sofort aufs neue telefonisch umschmeicheln und umgarnen, rücksichtslos, bis zur Selbstpreisgabe … o blaublinzelnd Blondblättrige! Blankbusige! Blume du! Ich würde noch ganz und gar blödsinnig werden!

Übrigens war dann auch an Wochenenden gelegentlich Hans Duschke bei solchen Tischtennispartien beteiligt, ein absoluter Routinier auf diesem Gebiet und, wie erwähnt, ehemaliger schlesischer Jugendmeister, den ich trotzdem eines Nachmittags mit 19 : 12 schon fest in der Zange hatte, um dann doch noch mit 20 : 22 schmählich einzugehen – ausschließlich deswegen, weil die nachmalige Witwe mich mit erotischen, ja ich muß schon sagen obszönen und ordinären Redensarten dermaßen aufpeitschte und

mir mit einem langen Grashalm andauernd so enervierend am
Bauch und Unterleib herumkitzelte, daß mir die Tränen in die
Augen traten, sich mit dem herumströmenden Schweiß vermisch-
ten – und am Ende war die Blamage total, und Duschke, dieser
Engel der Heimtücke, lachte und lachte, und die Witwe war über-
haupt nicht mehr reizend, sondern ein fleischiges Bündel an roher
Niedertracht, und eingeschnappt muffelte ich dann irgendwie
heim – –

Doch Tischtennis hin, Erotik her – als diese Zeit eines glänzenden Altweibersommers ihrem Ende sich zuneigte, kam es bei
ANO zunehmend zu unliebsamen Zwischenfällen und Ausschrei-
tungen. Es begann wohl damit, daß Herr Leobold eines Morgens
aus heiterem Himmel und sozusagen freihändig seinem Helfershelfer Duschke kündigte, weil dieser zum fünften Mal hintereinander zu spät zur Arbeit erschienen sei, und dies »besoffen«, wie
Herr Leobold mir gegenüber zürnte – nach Duschkes Bericht soll
sich Leobold freilich zu dieser Zeit »selber kaum auf den Füßen«
habe halten können. Um 11 Uhr ausgesprochen, wurde diese Kündigung zwar bereits um 11.30 Uhr wieder rückgängig gemacht, ja
nach dem Bericht des Schreiners Adolf Wellner, der, aus einem
Arbeitsverhältnis gerade ausgeschieden, bei ANO ein wenig Teppiche ausladen half, tranken sich die beiden Herren sogar anschließend in der Erfrischungsecke sozusagen ewige Freundschaft
zu – aber der mißliche Vorfall bildete dann doch den Auftakt zu
einer wahren Kette von wechselseitigen Verleumdungen, Boshaf-
tigkeiten und sonstigen Unerquicklichkeiten.

Bereits vier Tage später war Duschke erneut gekündigt, diesmal
wegen angeblich maßloser Überschreitung der Mittagspause, bzw.
– wie mir erneut Herr Leobold wahrhaft angewidert berichtete –
Hans Duschke war, nachdem er den ANO-Betrieb gegen Mittag
zusammen mit dem zufällig vorbeikommenden Erich Winter verlassen hatte, erst kurz vor Feierabend wiedergekehrt, das blühend
weiße Kittelchen vollkommen verdreckt, im Gesicht ein paar
frische Schrammen, die zum Teil noch bluteten, »und natürlich
wieder besoffen« (wie Herr Leobold eigentümlich mutlos es

formulierte) – und außerdem sei Duschke mit vollem Schwung zur Tür herein gegen das Teppich-Paternoster gefallen und dort umgekippt.

»Und dann mußt dir vorstellen«, entrüstete sich mit einigem Pathos Alfred Leobold und nahm bedächtig und trüben Auges einen Schluck Sechsämter in sich auf, »dann steht da die Frau Unold, Moppel, die kennst ja, die Schwester von dem Stadtrat da, der was neulich beim Reitverein die 120 Bratwürstl spendiert hat, wo dann der alte Malitz am Marktplatz 25 Stück weiterverkauft hat, bis dem Willi sein Schwager, der Polizist da, gekommen ist, der dann den Malitz mitgenommen hat – da steht die Frau Unold«, fuhr Alfred Leobold gelassen fort und verlor keineswegs die Richtung, »und der Duschke? Was macht er, der Duschke? ›Gnädige Frau‹, brüllt er, der Duschke, gell, ›dieses Angebot‹, toleriert er, ›dieses Angebot werden Sie sonst in Seelburg vergeblich suchen und finden!‹ – und die Frau will sich umdrehen und gehen, jetzt packt er, der Duschke, sie bei der Hand und will ihr – ich denk, ich seh' nicht richtig – einen Handkuß, einen Handkuß, gell, geben, und dabei, mußt dir vorstellen, Moppel!« beschwerte sich Alfred Leobold und packte mich nun gleichfalls völlig kraftlos an der Hand, »verliert er, der alte Depp, das Gleichgewicht, genau, und fliegt wieder hin und reißt die alte Frau mit um – das hättest, Moppel, sehen sollen, wie die zwei da unten am Boden drunten sich gewälzelt haben!«

Fröstelnd schüttelte sich Herr Leobold am ganzen Körper und schob sich eine Zigarette zwischen die klapprigen Zähnchen, fernblickend und, wenn ich mich nicht sehr irre, jetzt auch mit einem Zug feuchten Stolzes, versteckt in den Mundwinkeln.

Und ob ich heute abend mit nach Erlheim fahre, da gebe es eine Schlachtschüssel, genau, und der Weigl Karl und der Hierl James und der Höllerer Tschumpel seien auch dort, »prima Kerl aus der Siemens-Clique!«

Diese Kündigung war einzusehen. Heute noch, während ich dies niederschreibe, wundere ich mich darüber, daß der Saustall ANO nicht schon früher ins Wanken geraten war. Indessen,

Duschke hatte, wie ich erst eine Woche später (von ihm) erfuhr, bereits zum Gegenschlag ausgeholt. Dieser Meister der Infamie ebenso wie des Überlebenswillens hatte nämlich seine durch die Kündigung gewonnene Freiheit genutzt, hatte sich eine Fahrkarte gekauft und war zum allerhöchsten Herrn Alfred Nock nach München gereist. Dort sei er, berichtete Duschke mit Pomp, auf das herzlichste empfangen worden, vom »zweithöchsten ANO-Mann«, dem Prokuristen Viebig. »Herr Viebig«, habe er, Duschke, gesagt, und Duschke schnarrte dabei furios und erschreckend durch die Luftröhre, »entweder der Leobold oder ich. Ich bitte Sie! Die Vertrauensbasis ist im Arsch. Entscheiden Sie sich, Herr Viebig. Herr Leobold kostet Sie 3,6 im Monat, ich nur 1,6. Herr Viebig, ich bin ein alter Mann! Sie haben die Entscheidungs-gewalt!«

Herr Viebig habe daraufhin ihn, Duschke, aufs schönste ge-tröstet, ihm »im Vertrauen« mitgeteilt, er, Duschke, schrie der grausige Greis sei mit 2570 Punkten der siebtbeste Teppichver-käufer der Welt – »stop!« schrie Duschke, »nicht der Welt! Am Arsch! Der siebtbeste ANO-Verkäufer im Bundesgebiet!«, außer-dem habe Viebig ihm, Duschke, zuletzt noch »durch die Blume, Moppel! Du verstehst mich bitte! Durch die Blume!« mitgeteilt, er, Duschke, solle noch ein paar Monate aushalten, länger werde der Herr Leobold sowieso nicht der ANO-Firma angehören. Und natürlich sei dann die Kündigung sofort ausradiert worden, ja, Viebig habe ihm, Duschke, zuletzt sogar noch Sekt eingeschenkt – »Sekt!« kreischte der Grausame festlich auf, »und du weißt, Moppel, was das in der Teppichbranche bedeutet!«

Das wußte ich. O Gott! Ich registrierte auch, daß Duschke bald wieder in aller Frische bei ANO herumlief und krachte, gestärkt offenbar, vielleicht noch eine Idee feuriger als je zuvor. Es herrsch-te dann auch wieder ein nicht nur freundlicher und zutraulicher Ton zwischen den beiden Cracks, kurzzeitig schien sich die auf das gemeinsame Los gegründete Freundschaft der beiden sogar noch einmal zu verdichten. Im November war es wohl, als die beiden Herren zusammen in den ANO-Räumen tatsächlich ein

Fest veranstalteten. Herr Leobold, keck oder aber bereits aufgabe-
bereit, schloß seine Pforten eine Stunde früher als vorgeschrieben,
und wir bereiteten eine richtige Party, es wurde sogar ein bißchen
getanzt, nämlich zwischen dem lokalen Kunstmaler Herbert Schedel und der schon wieder gastierenden Frau Karin aus München
(diesmal ohne Hund), gleichfalls zwischen Arthur Mogger und
Susanne Morlock, deren beider Liebe wohl zu diesem Zeitpunkt
gerade einen neuen Höhepunkt erreichte. Herr Schießlmüller und
Sabine waren mit von der Partie, ferner ich, eine kleine Horde der
»Chemiestudenten« aus dem Gasthaus Wacker-Mathild, abermals
fast durchgehend verlotterte Gestalten untersten Rangs – schließlich der Teufel Lattern, der ein paar Kerzen und Schalen Ewigen
Lichts mitgeschleppt hatte, welche den ANO-Salon bald traulich
illuminierten und (daran erinnere ich mich buchstäblich proustisch) auf einem besonders scheußlichen, mit Gebirge und Wasser-
fall bemalten Teppich den wahrhaftigen Eindruck eines Alpen-
glühns hervorriefen. Das heißt, sie schmolzen gewissermaßen den
im Tageslicht sagenhaft blauen Himmel in etwas Violettes, unend-
lich Heimwehgesättigtes hinüber …

   Die Jeunesse dorée unserer Stadt fühlte sich sichtlich pudelwohl
unter diesem Protektorat der Alpen ebenso wie der damals noch
allgemein waltenden wirtschaftlichen Konjunktur. Alfred Leobolds
Stimme drängte mehrfach hauchzart zum Feiern, man muß auch
zugeben, daß er erneut mit großer Umsicht die Szene dirigierte,
im Stil eines Mannes, der würdig war, ein Handelsunternehmen
zu leiten, und alles versuchte, das Feuerwerk zu schüren, auf daß
nicht etwa nachträglich Beschwerde über ihn als den Oberver-
antwortlichen geführt würde. Dabei half ihm eingangs der Kunstmaler Schedel, der eine kleine, aus einer Zigarrenkiste selbst-
gefertigte Geige mit nur einer Saite mitgebracht hatte und, den
krausen Kopf schmunzelnd gegen Hans Duschke geneigt, »O mein
Papa« fiedelte, worauf der Alte zuerst gerührt ward, dann aber
frech und gebieterisch, und auf einmal – das Fest war noch keine
20 Minuten alt – verlangte der wundersame Greis, Frau Karins
»Musch« von unten her sehen zu dürfen; was diese zuerst nicht

gleich kapierte, bei Duschkes zweitem Vorpreschen aber kurz und abschlägig beschied.

»Für 20 Mark«, bat schmeichelnd, ja knitternd Duschke. Es war erschreckend, aber ich mußte lachen. Dem alten Treibauf rann tatsächlich Speichel aus dem Mund.

»Du alter Depp, du!« sagte kaltblütig Frau Karin.

»Hör mal, ich bin ein alter Mann«, jammerte nun Duschke wieder einmal gleißend, »du Büchs machst mir eine wirkliche Freude damit, ehrlich! Für 20 Mark.« Und schon tätschelte das greise Ungeheuer tastend an Frau Karins Rücken herum. Erstaunlich, erstaunlich, wie doch – trotz härtester Gegenwehr mit Alkohol – die Sexualität noch in unseren ältesten und ranzigsten Mitbürgern herumfuhrwerkt und würgt und würgt...

»So hör doch auf, du alter Bock!« trotzte Frau Karin, »du hast doch in deinem Leben schon genug Büchsen gesehen!«

Herr Schießlmüller sowie zwei, drei Chemiestudenten lachten besonders hingegeben.

»Nicht genug! Nicht genug, du Büchs!« ächzte der alte Hexenmeister, um dann humoristisch-schmeichelnd fortzufahren: »Gerade deine würde ich doch so gerne noch sehen, Karin, glaube mir bitte!«

»Nichts. Und jetzt nimm einmal deine dreckige Pratze von meinem Buckel da!« Frau Karin lachte hell.

»Ah, du alte Sau!« fiel Shakespeares ehedem treuester Narr platt aus der Rolle, »du verfluchte...«

»Sie, Herr Duschke...«, wollte hier Herr Leobold zart einschreiten, um das Ärgste zu vereiteln, aber inzwischen schien dem Kerzenhändler Lattern der ganze bisherige Festablauf nicht mehr zu gefallen, und um sich nachdrücklicher in den Vordergrund zu zerren, rief er drohend und verlockend zugleich:

»Die Situation ist meines Wissens, lieber Hans Duschke, die, daß –«, und hier dachte er ein paar Sekunden durchfurcht nach: »Wir sind, lieber Hans, alle noch sehr renitent und befinden uns als Gruppe in der Situation der Verlangsamung, aber ich werde euch...«

»Du bist ja bloß ein Kerzenhändler, ein ganz primitiver Kerzen-händler!« höhnte grob, aber prägnant der Kunstmaler Schedel da-zwischen und kratzte sich triumphal am Lockenkopf.

»Mein lieber Habby Schedel!« rief Lattern zurück und suchte Boden zu gewinnen, »dir ganz besonders sage ich, für dich und deine mickrige Situation…«, doch Schedel fuhr erneut souverän dazwischen:

»Primitiv wie alle Händler und Briefhändler und sonstigen Sub-jektwerber!« Gluckernd freute sich der Künstler seiner geglückten Polemik und ließ sich Feuer geben.

»Sie, Herr Duschke…«, versuchte abermals Alfred Leobold das verquollene Geschehen in den Griff zu kriegen, wurde aber dies-mal von Frau Karin zurückgepfiffen:

»Mein lieber Amigo, dein blödes Gerede hören wir doch jetzt seit 15 Jahren!«

»15?« Lattern fuhr auf: »Ich sage dir: 18!«

»Dein dummes Gerede, dein Gewichse…«

»Von wegen Gewichse!« Lattern war aufgesprungen und deutete mit dem ausgestreckten Zeigefinger auf Frau Karin, »du selber, nur du, du bist ein Gewichse, ich bin kein Gewichse. Ich bin bis in die Materie vorgedrungen! Was? Was?«

»Nichts«, rief gemütlich Hans Duschke und lachte froh.

»Was? Ich werde einen Streit vom Baume schütteln! Wertgute Menschen werden vernichtet! Wertgute Wichser! Während du, du…«

»Amigo«, bat Alfred Leobold sachlich, »setz dich halt hin.«

»Der Herr hat's gegeben, der Herr hat's genommen«, rief in atemloser Freude der Fuhrunternehmer Schießlmüller, vergriff sich aber dabei gefährlich:

»Und gerade du, mein tödlicher Willi Schießlmüller!« bellte Lattern und sprang ein paar Schritte auf diesen zu, »du solltest dich primär vorsehen. Wer hat das Ewige Licht mitgebracht? Ich habe das Ewige Licht mitgebracht. Ich blink schon noch durch, jawohl! Und du? Ich sage dir, wertgute Wichser werden dahin-gerichtet und vernichtet. Ich? Ich bin ein wetterfester, ein reifer

Wichser! Ich hab mit euch Scheißern, euch kleinen, die Situation abgeschlossen!«

»Briefhändler und sonstige Subjektwerber«, wiederholte der Maler Schedel dröhnend und geistesgegenwärtig seinen Scherz.

»Halt dein Maul, Amigo«, assistierte Schießlmüller und nahm erregt einen Schluck Champagner.

»Mein tödlicher Schießlmüller«, kämpfte Lattern weiter, »ich werde heute nacht an dich denken ...«

»Wenn ich in meines Vaters Reich komme«, sprang ich hier bei, aber das war wohl nicht das Richtige.

»Ich werde an dich denken, jawohl!«

»Hähähä!« lachte selig Hans Duschke, der Verruchte hatte offenbar die Erotik schon wieder vergessen. Ein Chemiestudent, der bisher dem Streit fast ängstlich offenen Mundes gefolgt war, nahm sich ein Herz und lachte jetzt auch.

»Sicherlich«, sagte leise Schießlmüller, offenbar zu Sabine. Die gluckerte glücklich. War blitzartig Geschlechtsverkehr vereinbart worden? Sabine und Susanne! Die glanzlose Erkenntnis, einen Teil meiner besten Jahre zwei solch unwiderruflichen Schafen gewidmet zu haben, jagte mir in diesem Augenblick der Festhöhepunkte trockene Tränen der Wut und der Enttäuschung in die schmerzenden Augen. Was aber meinen Brustkorb so niederträchtig hob und senkte, war das Gefühl hemmungsloser, triumphaler Trauer darüber, daß mir die beiden nun nicht einmal mehr Schmerz zuzufügen vermochten – ein Gefühl, das selbst über den Glanz der seinerzeitigen Befreiungstat der Herren Zirngiebl und Bergonzi hinauswies. All out ...

»... ich werde, du Hund, Schießlmüller, an dich denken und ich werde 90 Kerzen anzünden, damit der Herr, der Herre dich – jawohl, und das sage ich jetzt, ohne der Situation Scheuklappen aufzuwiegeln – damit du eines siebenfachen gräßlichen Todes stirbst, jawohl!«

Lattern hatte beide Arme hochgerissen. Einige Festgäste brummelten gedämpft Unmut. Ein Chemiestudent las in einem Teppich-Prospekt.

»Eines hundsgemeinen Todes stirbst, wenn ich heute nacht 80 Kerzen anzündle!« steigerte Lattern nach rückwärts.

Ob man dabeisein könne, wollte Hans Duschke fröhlich gackernd wissen.

»Jawohl, mein lieber Hans«, rief Lattern eifrig, offenbar dankbar, von seinen doch allzu verwegenen Gedankenpfaden wieder heruntergeholt zu sein, »alle, alle! Ihr seid alle dazu eingeladen, mit Ausnahme von dem da!« schrie Lattern und deutete furchtbar auf Schießlmüller, »von dem da und seinem Pritscherl. Und ich werde den besten Meßwein ausschenken, den mir der Pfarrer von Siebeneichen überantwortet hat!« (Das konnte schon nicht mehr von Seelburgs Pfadfindern herrühren: dieser Mann war einfach 2000 Jahre zu spät auf die Welt gekommen.) »Ihr kommt alle! Alle! Und wir werden tanzen! Jawohl, tanzen!« jauchzte Lattern, schloß die falschen Augen und sog wie wahnsüchtig an der Sechsämterflasche.

»Von wegen Pritscherl!« maulte Schießlmüller mutlos nach. Das war offenbar die ganze Pflichtverteidigung seiner sauberen Geliebten. Und fasziniert beobachtete ich, wie einfältig, wie pervertiert fröhlich sich dieses von mir noch bis vor kurzem herztötend geliebte Gottesnärrchen an den Transportesel schmiegte, ohne sich im geringsten über seine Qualifikation als »Pritscherl« zu grämen.

»Jawohl ist es eine Sau!« toste Lattern mutig. »Bzw. ein Pritscherl!« milderte er nicht ohne Angst.

»Wer? Von wem ist die Rede?« wollte Hans Duschke fast sachlichen Tonfalls wissen. Offenbar war er während der letzten Sekunden etwas eingenickt gewesen.

Vor meinen Augen begann es irgendwie zu schwimmen.

»Die da!« grunzte Lattern und deutete bravourös auf Sabine, die freudig aufkreischte. Unglaublich!

»Ach so, die junge Büchs«, sagte Hans Duschke, zog gleichgültig die Nasenflügel hoch und griff nach seinem Gläschen. »Ist doch ein nettes Mädchen!« Ich war sehr verblüfft.

»Jawohl! Jawohl!« Lattern suchte nach einer Fortsetzung, bebend vor Angst, daß ihm die ohnedies wackelnde Herrschaft entrissen würde. »Wie hat sie's denn damals mit dem Moppel gemacht, wie sie ihn hinten und vorne ausgeschmiert hat!«

»Das war gar nichts, du!« griff hier erstmals die schöne Susanne in das waltende Gepöbel ein. O neue Wirrsal! Was wollte sie damit sagen?

»Der Moppel und ich«, erwiderte Schießlmüller merkwürdig genug seiner Braut, »sind lang wieder prima Freunde, sicherlich, weil er ein prima Kerl ist«, so manövrierte mich der Transportidiot in neue Peinlichkeit.

»Ein ganz prima Kerl«, tauchte jetzt die schwache Stimme Alfred Leobolds empor. Die freundliche Miene des Betrunkenen zerstob in tausend sich jagenden Bildern der Gemeinheit. Gut erinnere ich mich, daß ein Jäger-Hochsitz darunter war, von dem aus ein Grünhut rigoros auf alles böllerte, was ihm unter die Augen kam. Kläglich suchte ich nach einem klärenden Manneswort:

»Was die Sabine und mich angeht...« – weiter kam ich nicht, der Kunstmaler Schedel vereitelte es:

»CSU-ler mausen nur unter uns, gell, Willi?«

»Jawohl!« brüllte der Fuhrknecht los, dann fabrizierte er unerwartet ein nachdenkliches Gesicht. Knirschend rieb Arthur Mogger die Zähne zusammen. Diese minimalen Triebstöße in diesen ausladenden Körpern! Ohnmacht und Scham ließen mich wild zur Flasche greifen. »Mach dir nichts draus, Moppel!« Plötzlich fuhr mir Sabine mit der Hand über den Hinterkopf. Ich war schon drauf und dran, ihr abermals Rührung zusickern zu lassen, da kreischte sie in voller Widerlichkeit auf. Die Todesfuge. Ich befand mich in einem Zustand lähmender Dummheit, vermochte indessen noch immer und sogar besonders klar die Geräusche der Gemeinheit um mich herum aufzunehmen. »Ein Futurist ist ein Arschgesicht«, hörte ich einmal den wüsten Greis Duschke aufheulen, »der lebt von gestern.« Durfte dergleichen ungestraft stattfinden? Gab es noch ein Gesetz, das wenigstens die gröbsten Geistesverbrechen verfolgte und ahndete?

Irgendwelche Verwehungen streiften mich. Dieses Kratzen im Hirn! »Hirnschwurbel« hatte es Schießlmüller einst genannt ...

Gleichzeitig blödsinnig aufgequellte, großräumige Stimmungen umfingen mich. War ich nicht mehr bei Sinnen …?

Und während ich so, zügig vor mich hintrinkend, Trübsal blies und, meiner Erinnerung nach, Lattern und Schießlmüller in ihrem Gezeter fortfuhren, registrierte ich plötzlich aufhorchend, daß Alfred Leobold rechts neben mir, zierlich auf seinem Stühlchen hockend, gleichsam geistesabwesend, aber auch wie in großem Schmerz, vor sich hinsummte: unablässig die Tonfolge c-a-g, c-a-g.

»Das sind die Komplikationen meines Effekts!« kreischte Lattern – offensichtlich vertat er sich hier gleich mit zwei Fremdwörtern.

»Bist ja bloß ein alter Aff!« konterte Schießlmüller, für diesen einfältigen Mann wahrhaft souverän. Jetzt hörte man im Hintergrund den Maler Schedel leise auf Arthur Mogger einreden, er habe da in den Kellerruinen des Seelburger Stadttheaters Totenköpfe gefunden, aus denen könne man »Klasse Seidel-Krügel machen und in der Ami-Kaserne verhökern, der Leo macht den Kontakt.«

»25 Mark, Karin, nur einmal zwei Minuten!« greinte Duschke auf einmal steigernd auf sein Opfer ein – – –

Und Alfred Leobold summte und summte. Die sanfte Melodie des Kummers. Das Raunen des Universums. Eine erhabene Müdigkeit schien mir in der Weise des Geschäftsführers eingegraben, der typisch Schopenhauersche Wille zum Ende. Ich lauschte immer angespannter: Es war fast haargenau die Tonfolge von Beethovens Les-Adieux-Sonate, nur noch eine Spur verhangener, ausgedörrter. Wunderbar! Wenn er jetzt stürbe, hätte alles Leid ein Ende … Neinneinnein, Alfred Leobold mußte leben! Was geschähe denn sonst mit mir? Sein Summen schnöd unterbrechend, schlug ich, ihm zur Aufheiterung zu verhelfen, nun laut vor, etwas zu singen und allen Binnenstreit links liegenzulassen, letztlich seien wir doch eine verschworene Gemeinschaft, irgend so einen Unsinn soll ich dahergeredet haben, wie mir Hans Duschke am andern Tag steckte – denn an den folgenden Vorgang erinnere ich mich nur noch dunkel. Wenn man Duschke Glauben schenken darf, hätten wir zunächst gemeinsam »Wohlauf, die Luft geht frisch und rein« und sodann »Roll me over« gesungen, dann, nach vielem Hin und Her und nachdem neue Sektflaschen geöffnet worden waren, hätte ich der versammelten Gesellschaft das Lied aus dem »Bettelstudenten« vorgeschmettert:

> »Der Pole trinkt galant
> Champagner aus seiner Dame Schuh,
> Die Sitte hier zu Land
> Trinkt aus dem Schuh der Braut immerzu…«

– was mich besonders erstaunt, weil ich das Lied damals noch gar nicht kannte, jedenfalls, beim Refrain, dem »Trinke zu, trinke zu aus dem schönen kleinen Schuh«, habe zuerst er, der alte Operettenhase Duschke, miteinstimmen können, nach der dritten Strophe aber hätten bereits alle mitgebrüllt, und auf eine gemeinsame Idee Schedels und – reizend! – Alfred Leobolds hin habe man dann auch etwas Sekt in die Schuhe von Susanne, Sabine und Karin gekippt (was ich wohl wegen meines selbstvergessenen Singens nicht mitgekriegt hätte), auch habe dann der wiederversöhnte Kerzenhändler Lattern nicht versäumt, den Sekt wieder aufzuschlürfen, und Lattern habe auch beim Wiederüberstreifen von Frau Karins Schuh diese kräftig in die Zehe gebissen –

– sodann habe er, Duschke, noch das Lied aus der »Fledermaus« gesungen, »Die Majestät wird anerkannt«, und zuletzt hätte ich mich noch an dem Trinklied aus »Traviata« versucht, aber dieses »Libiamo, libiamo« sei schon ein gräusliches Gekrächze geworden und völlig danebengegangen – –

Das Ende des Fests ist mir wieder recht gegenwärtig. Der Gymnasiast Binklmayr hatte wohl von irgendwoher Wind bekommen, daß hier etwas Außerordentliches gespielt würde. Er habe, erzählte er glückschnaubend beim Eindringen, schon eine halbe Stunde am Auslagenfenster gepocht, nachdem er noch Licht gesehen habe –

»Genau«, eröffnete hier Alfred Leobold, das habe er schon gehört, er habe aber gedacht, das sei der alte Malitz, der nachts öfter vorbeikomme und klopfe, »ich weiß auch nicht, was der alte

Mann da will, der hat doch eine schöne Rente«, erläuterte sanft fortlächelnd Herr Leobold – jedenfalls war der vergnügungssüchtige Gymnasiast nun da und versuchte, mit selbstmörderischen Schlucken alles nachzuholen, was wir ihm voraushatten, plötzlich drehte er sich wie träumend im Kreise und teilte uns mit, seine Mutti sei ihm doch die liebste – zuerst komme seine Mutti, dann sein Auto und als drittes sein künftiges Medizinstudium. Fiel auf die Knie und barg seinen Kopf in Frau Karins Rock.

»Mein lieber Binklmüller oder wie du heißt«, versuchte da über die Pietà dieses jungen Mannes der Kerzenhändler Lattern die Szene erneut in seine Gewalt zu bekommen, »mit solchen Mätzchen, mit diesen Wichsqualitäten, welche du für uns hier indizierst ...«

Da – möglicherweise erschüttert durch das Fremdwortkauderwelsch – fuhr der angehende Student wieder hoch und setzte, sich die Augen reibend, zu einer schwer lallenden Erklärung an, wie seiner Meinung nach die Welt entstanden sei: Es sei da nämlich plötzlich ein »Urknall« erfolgt bzw. gleichzeitig im Sibirischen ein »Urei« gefunden worden – – ich hörte aber dann auf den Quatsch nicht weiter hin, sondern etwas weiter nach hinten, wo der Kaufmann Mogger, die rohe Hand im Haarwuschel seiner Geliebten Susanne, eben ein sehr ernstes und leises Gespräch mit Alfred Leobold führte, in dem es, wenn ich recht gehört habe, darum ging, mit Nähmaschinen Unsummen von Geldern zu machen, »bei dem Geschäft können wir uns, Alfredl, krumm und dumm verdienen, Alfredl, das einzige ist die Sache mit der Banksicherheit, Alfred!«

»Sowieso, Arthur«, parierte Alfred Leobold ebenso müd wie souverän und schlug gleichzeitig (und im Zusammenhang mit Moggers kommerziellen Ansinnen sogar ein wenig rücksichtslos) vor, noch ein wenig in den »Seelburger Hof« überzuwechseln – wohl in der rührenden Hoffnung, daß es dort »evendöll« noch lustiger würde.

Freude züngelte erneut auf, als wir alle auf den traulich erleuchteten Fortschrittsplatz hinausfielen. Eine leicht herbstliche Heimwehkühle trieb uns in den »Seelburger Hof«.

Halten wir fest: Ich meine, insgeheim bin ich ein großer Freund aller Art von Exzessen, wenn sie sich nur humoristisch genug vollziehen, aber in diesem Augenblick hatte ich das Gefühl (und habe es bei der Niederschrift erneut), daß eine vorübergehende Prohibition diesem Land ganz gut tun würde. Aber andererseits scheint das Trinken doch wieder auch nicht nur das Gesetz zu sein, nach dem wir angetreten, sondern sogar gewissermaßen die uns allen auferlegte Pflicht. Denn was sagt man sonst zu dem folgenden Artikel, veröffentlicht am 19. 6. in der »Bild«-Zeitung?

JEDE MENGE ALKOHOL IN DER MILCHSTRASSE
o. a. Toronto. Die Milchstraße müßte eigentlich Schnapsstraße heißen. Wissenschaftler haben festgestellt, daß das Sternensystem, das 30 000 Lichtjahre von der Erde entfernt ist, mehr Alkohol enthält, als jemals auf der Erde getrunken wurde, und zwar in Gasform. Er verteilt sich auf einen Raum von zehn Lichtjahren Durchmesser (Ein Lichtjahr: 630mal die Entfernung zwischen Erde und Sonne).

So ist das also. Und noch ein Wort zum Alkohol. Vielleicht kommt manchem meiner Leser auch langsam der Verdacht, daß so viel und kontinuierlich wie in diesem Roman bzw. in Seelburg gar nie getrunken werden kann. Es ist aber wahr! Das schwöre ich! Meiner Ansicht nach jedenfalls würde die Hälfte auch genügen ...

4

Aber nichts dergleichen an rettender Einsicht. Obgleich seit kurzem speziell die Teppichherren die Gefahren des Alkohols zumindest theoretisch einzusehen schienen. Das heißt, in den nächsten, recht lastenden Novemberwochen, in einer Zeit, da der Mensch ganz besonders bedürftig nach einem Unterschlupf in der Wärme der Geschäftswelt ist, beobachtete ich einen Wechsel der Taktik im zunehmend zermürbenden Konkurrenzgeschehen zwischen Alfred Leobold und dem Sekundanten Hans Duschke. Neue Machenschaften: Nicht mehr die schnöde Kündigung war jetzt

strategisches Kriterium, den jeweils anderen niederzuhalten, sondern die wechselseitige Wachsamkeit und Kontrolle des Alkohol-
spiegels samt anschließender Denunziation gegenüber Freunden
und Gönnern.

»Das glaubst gar nicht, Moppel!« drang Alfred Leobold eines
Nachmittags gleich nach meiner Ankunft in mich, »der Duschke!
Der hat jetzt im ›Samariter-Hof‹ – ich hab's selber gesehen – drei
Bier und acht Schnaps getrunken, und jetzt, wie er wieder zurück
ist, hat er schon wieder so eine Flasche Apfelwein, das Gelump
da. Und so bedient er die Kundschaft! Stinkt aus dem Maul wie …
unheimlich! Geh, Moppel, sei so gut, mir ist jetzt nicht recht
gut, gehst zum Schneeflöckchen rüber und holst drei Sechsämter,
bist so gut. Nein, bringst gleich fünf mit, damit nachher nicht
immer …«

»Unglaublich!« zeterte schon am übernächsten Tag Hans
Duschke auf mich ein, »der Leobold!« Hier senkte Duschke die
Stimme: »Der Leobold, ich sage dir bitte, der macht es nicht mehr
lange. Gestern bleibt er den ganzen Tag weg und kommt erst um
fünf Uhr abends wieder. Bei der Kundschaft will er gewesen sein.
Kommt hereingewackelt, setzt sich auf seinen Stuhl und schläft
ein. Unglaublich!« raunte Duschke anrührend, »und ich alter
Mann muß natürlich doppelt so viele Leute bedienen, ich alter
Mann, die Arschgesichter scheißen sich nichts darum, daß ich ein
alter Mann bin.« Und Duschke wackelte erbarmungswürdig mit
dem Kopf gegen die Zimmerdecke, die Frage symbolisierend, wie
das denn nun weitergehen solle.

Natürlich wußte ich es auch nicht, ich hatte auch nur einen
sehr undeutlichen Begriff von Soll und Haben in diesem Unternehmen, ich war ja auch mehr am Personellen interessiert, und
auf diesem Gebiet hielt ich allerdings meine Ohren offen. So
brachte ich z. B. über den Gymnasiasten Binklmayr in Erfahrung,
daß noch am nämlichen Tag eine Periode eingesetzt haben soll,
in der beide Männer angeblich tagelang nicht mehr miteinander
sprachen. Um auch diesen Spaß nicht zu versäumen, eilte ich,
sofort nach Binklmayrs Rapport, zu ANO, mich zu überzeugen –

erlebte aber eine nette Überraschung. Die beiden Teppich-Kaufleute schrien nämlich gerade hart aufeinander ein, wie ich dies zumindest bei Herrn Leobold in dieser Kraft und Leidenschaft noch nie erlebt hatte.

»Jawohl!« rief Herr Leobold, »einwandfrei!«

»Wer macht hier die Umsätze?« kreischte Duschke.

»Sie vielleicht?« parierte Leobold. »Servus, Moppel!« grüßte er mich mildsüß.

»Ja, vielleicht der Rucksacksepp?« Duschke, breitbeinig, eine Hand zur Faust geballt, verlegte sich aufs Sarkastische. Sogar sein Weißkittelchen schien sich vor Ironie zu sträuben.

»Genau«, zuckelte gleichwie hoffnungslos Leobold nach.

Was denn los sei, wollte ich vermittelnd einschreiten, der ich vor Vergnügen bebte. »Der Leobold sagt…«, krähte eifrig Duschke. »Hör einmal zu, Moppel, der Duschke, gell, der Duschke hat gesagt…«, fuhr Leobold, ungalant wie selten, dazwischen und färbte den Ton mir gegenüber sofort wieder ins Milde und Konspirative, es war eine Reverenz vor meiner hohen Intellektualität, »der Duschke sagt…«

»Herr Leobold, ich warne Sie!«

Ich glaube, es gelang mir tatsächlich ohne Schalk »aber meine Herren!« zu sagen, und dann stellte sich heraus, daß Duschke der Meinung war, er ernähre Alfred Leobold praktisch mit seiner Verkaufsprovision, indem nämlich er, Duschke, das habe er herausgefunden, pro Abschluß ein Prozent kassiere, indessen Leobold zweieinhalb Prozent einstecke. Sofort und abschätzig wandte Herr Leobold nun dagegen ein, wenn er von dieser Duschkeschen Provision leben müßte, wäre er schon längst »verdurstet« – er sagte tatsächlich nicht »verhungert« – –!

– – »Hören Sie bitte, Herr Lääwoohl!« geiferte erneut atemlos Hans Duschke und schlug sich gegen die Stirn, »ich bin der siebtbeste Verkäufer im Bundesgebiet, bitte, und ich werde mir von Ihnen meinen Lebensabend nicht ruinieren lassen. Chrrn! Ich habe Sie vor einem Jahr freiwillig aus der Gosse gezogen, als Sie bei Meßmann gefeuert wurden…«

»Was?« fragte Leobold, wohl zu Recht überrascht.

»... Sie ruinieren mich nicht«, bügelte Duschke den Gefährten weiter nieder, »merken Sie sich das, ja, bitte, meine Herren, mein Herr, und wenn Sie zehnmal mein Vorgesetzter sind! Am Arsch! Mein Vorgeschätzter!« versprach sich jetzt das alte Ungewitter unnötig und schnaubte hastig, »wer hat denn im letzten Monat 600000 Mark Umsatz gemacht, wer bitte? Ich bitte Sie!«

»Wieviel?« fragte Alfred Leobold, plötzlich heiter.

»600000, mein Herr!« beharrte Hans Duschke laut. Ein Sonnenstrahl irrlichterte dem Greis im Gesicht herum, und wenn ich mich nicht täuschte, haschte er nach ihm.

»Sie meinen vielleicht 50000!« berichtigte kühl-abschätzig Alfred Leobold.

Ich nahm interessiert auf einem sogenannten Spitzmaushocker für 39,50 DM Platz, zündete eine Zigarette an und registrierte schon fast ohne Bestürzung, daß im hinteren Teil des Teppichsalons gezählte sechs Kunden herumstanden und ja wohl gleichfalls den aufpeitschenden Disput mit anhören konnten.

»600000 – mein letztes Wort. Moppel, du bist Zeuge!« fiel Hans Duschke über mich her.

»Und wissen Sie, was ich Ihnen sag?« Alfred Leobold machte es spannend: »50000 – und nicht mehr. Nie!«

»Da wette ich!« schrie nun fast verzweifelt Hans Duschke auf. »Da wetten wir, da wette ich mit Ihnen um 100000 Mark! Um 100 Mark, Herr Lääwoohl!«

»Genau«, sagte virtuos Alfred Leobold und machte mir Hockendem gegenüber die Handbewegung milder Resignation angesichts der Toren dieser Erde. »Da sind 100 Mark«, und Herr Leobold klaubte etwas zittrig, aber doch überzeugend einen blauen Schein aus seinem Portemonnaie und entfaltete ihn auf dem Kassentisch, »100 Mark.«

»Und da sind nochmals 100!« Spontan zog Duschke mit, riß aus den Tiefen seiner Hosentasche gleichfalls einen blauen Schein und knallte ihn neben den anderen. Es war aber nur ein Zehnmarkschein. Worauf Duschke wütend zu suchen begann, heute morgen sei das noch ein Hundertmarkschein gewesen, irgendwie gehe das nicht mit rechten Dingen zu, immer wenn er Geld mitnehme, habe er plötzlich keines mehr, bald scheiße er auf das ganze Geld überhaupt – es kamen dann aber jedenfalls, zum Teil aus der Reverstasche, zum Teil aus einer Zündholzschachtel, zusammen nur mehr sieben Mark dazu, so daß Duschkes 17 Mark – »das andere kommt morgen, ehrlich, ich bitte Sie!« – schließlich gegen Alfred Leobolds 100 Mark antraten – und prompt verloren. Voll erstaunter Neugier sah ich den beiden Herren über die Schulter, als Alfred Leobold gewichtig, ja würdevoll aus dem Schubfach des Kassentisches eine Art verwittertes Geschäftsbuch hervorzog, aus dem nach kurzem Hin und Her klar und unwiderleglich hervorging, daß Hans Duschke im Vormonat 48 000 DM, im wiederum vorhergehenden Monat 43 000 DM erwirtschaftet hatte.

»Ich bin«, wehrte sich Hans Duschke nach Kenntnisnahme verzweifelt, »der siebtbeste Verkäufer Deutschlands. Wetten!« Strähnen von glitzerndweißem Lockenhaar in der Art genialer Pianisten der Liszt-Ära fielen dem alten Mann nach hinten. »Ich wette mit Ihnen!« heulte er hilflos.

»Sowieso«, antwortete Alfred Leobold glänzend und lächelte mich als Kronzeugen hold an.

»Da muß ich einen Nuller übersehen haben!« grunzte der ausgetrickste Greis kläglich nach, »Herr Leobold, ich …«

»Nicht übersehen«, korrigierte der Geschäftsführer zu Recht und aus Caprice, »zuviel gesehen, zuviel gesehen!«

»Sie werden sofort bedient!« rief plötzlich Duschke nach rückwärts in den Kundenhaufen hinein.

»Einen Nuller und 12 000 Mark dazu.« Herr Leobolds Geistesgegenwart in Dingen der Kalkulation erweckte meine nachhaltige Aufmerksamkeit.

»Einen Nuller«, echote sinnlos Hans Duschke. Und saugte rücksichtslos Schleim durch die Atemröhre hoch.

»Genau«, sagte Alfred Leobold anbetungswürdig, »und da schieben S' jetzt Ihr Geld wieder ein, sonst können S' heut abend nichts trinken.« Dieser Mann dachte wahrhaftig an alles.

»Und jetzt trinken wir einen Schnaps zur Versöhnung«, auch Hans Duschke demonstrierte nun hohe Delikatesse, »zur Versöhnung, Herr Leobold, bleiben wir gute Freunde, ehrlich, Moppel, 600000, ich Arsch, Moppel, hier hast du drei Mark, hol bitte sofort drei Schnaps!« Ich hatte richtig gesehen: jubelnd, nein, wie um sich selber aus der beklemmenden Lage zu befreien, hatte Duschke die Arme hochgeworfen.

Ein bißchen verbittert war ich schon, daß ich jetzt immer häufiger den Herren den Schnaps zu holen hatte, während es früher doch die Herren gewesen waren, die mich selbst in dieser Beziehung noch verwöhnt hatten – indessen, vermutlich wäre es einfach unfein gewesen, die Wiederversöhnten, die sich jetzt sicherlich eine Menge zu sagen hatten, hier und jetzt auseinanderzureißen, ich lief also zu Schneeflöckchen und besorgte das köstliche Naß. Es wurde wieder einmal ein sehr geselliger Nachmittag à la ANO.

An dieser Stelle möchte ich eine kleine Atempause einlegen und erneut auf die Frage zurückkommen, die vermutlich drängendste Leserfrage: warum ich mich in diesen Früh- und Spätherbsttagen gar so unwiderstehlich und regelmäßig bei ANO herumtrieb, ich hätte ja auch dort gleich eine bezahlte Position annehmen können, wie mir bei der Niederschrift immer wieder siedendheiß auffällt. Nun, erstens ging das nicht wegen der reizenden Witwe, die ja auch gelegentlich heimgesucht werden wollte, zweitens bzw. andersherum kam da sicherlich sehr Unterschiedliches an Motivationen zusammen, und ich verleugne auch keineswegs eine gewisse Inhaltslosigkeit und Öde meiner damaligen Existenz. Es war wohl die Suche nach Halt und dergleichen, ich meine aber, der entscheidende Grund wird dem Leser dann einleuchten, wenn er die folgende Zeitungsmeldung liest, erschienen erst vor ein paar Tagen im Seelburger Kreisanzeiger:

»Lieblinge der Nation gegen Krebs. ›Ich drücke beide Daumen‹, ließ Mildred Scheel den 40jährigen Produzenten Wolfgang Rademann wissen, der am Montag in der Kölner Sporthalle mit den Proben für die ›Super-Gala-Show der Nation‹ begann, die insgesamt 42 der Topstars von Film, Fernsehen und Bühne für einen guten Zweck präsentiert: für die Deutsche Krebshilfe.

›Wir haben so viele Lieblinge der Nation, daß nur jeder einen kleinen Beitrag leisten kann‹, sagte der Produzent... Mitwirken werden die Sänger Anneliese Rothenberger, Rudolf Schock, Katja Ebstein, Johannes Heesters und Freddy Quinn, die Musiker Franz Grothe, Kurt Edelhagen und Paul Kuhn, die Schauspieler Lilli Palmer, Inge Meysel, Marika Rökk, Heinz Rühmann, Gustav Knuth, Olga Tschechowa, Hans Söhnker, Elisabeth Flickenschildt, Paul Hörbiger, Heidi Kabel, Erik Ode, Horst Tappert, Liselotte Pulver, Hansjörg Felmy, Rudolf Prack, die Kessler-Zwillinge. Ferner die TV-Unterhalter Lou van Burg, Peter Frankenfeld, Hans-Joachim Kulenkampff, Robert Lembke, Ilja Richter, Hans-Jürgen Rosenbauer, Hans Rosenthal, Heinz Schenk, Gisela Schlüter, Günter Schramm, Heinz Sielmann, Ernst Stankovski und Wim Thoelke. Ein weiterer Gast ist Gunter Sachs.«

Spuk! Wahnsinn! Verrat! Betrachten wir sine ira et studio diese Liste verbrecherischer Naturgemeinheit und hinterhältiger Intellektualinfamie, dann, glaube ich, hat man – und hier erreicht mein Roman einen inhaltlichen Höhepunkt – allen Anlaß, jeden Morgen unserem Herrgott zu danken, daß man kein »Liebling der Nation« geworden ist. Und kein Nürnberger. Und kein Amerikaner. Versenken wir uns aber erneut in die Kollektion von Monstern und Dummbeuteln, die täglich durch die Penetranz ihrer unsäglichen Existenz auf unsere zarte Psyche eindräuen und sie fast zerschmettern; dann wird man abermals verstehen, warum es mich damals ununterbrochen zum ANO-Laden trieb: den Menschen – den wahren und guten Menschen – zu suchen und zu finden.

Ich meine, das ist heute die dringlichste Aufgabe gerade für uns Schwerintellektuelle!

Alles ist freundlich wohlwollend verbunden: Gut gesagt, Freund Clemens Brentano – die Versöhnung zwischen Alfred Leobold und Hans Duschke indessen war leider nicht von Dauer. Ich weiß nicht, ob es auf dieser Welt weise Menschen gibt, die zu erklären

vermögen, warum zwei Männer, die nach zahllosen Schicksals-
schlägen im allgemeinen sowohl als im Wirtschaftsleben in einem
wohlgeordneten Teppichladen ein schönes Ein- und Auskommen
finden könnten, wenn auch, zugegeben, auf nicht ganz einwand-
freie Art, – warum diese Menschen dann trotzdem mit Nachdruck
an ihrem eigenen Ruin zimmern müssen, anstatt der sozialen Trübsal in voller Eintracht und im Sinne von Marcuses »großer Verwei-
gerung« wenigstens privaten Glanz und Luxus entgegenzusetzen.

Gerade im Fall ANO. Wie schön hätten die beiden Teppichher-
ren zusammen hausen, sich gemeinsam die Zeit vertreiben und
endlich gelassen dem Tod ins Auge sehen können! Aber nein! Die
Misere erreichte vielmehr einen neuen Höhepunkt mit der ersten
Adventswoche, als plötzlich eine ausladende Fahne über dem
ANO-Eingang prangte:

WERBEWOCHE!
SUPER-TEPPICH-VERKAUFSHALLE!

– jawohl, tatsächlich mit zwei Ausrufzeichen, und dazu hatte Herr
Nock, wie ich besuchsweise bemerkte, herbstliche Laub-Imita-
tionen ausstreuen lassen, was meinem Gefühl nach irgendwie im
Widerspruch zueinander stand – vor allem aber ging drinnen,
in der neuerdings so genannten »Verkaufshalle«, alles seinen alten
Gang, aufgestachelt freilich noch durch die Hetze der Vorweihnachtstage.

Die beiden Herren, das wurde Gästen schnell deutlich, arbeite-
ten gleichsam nebeneinanderher, allem Anschein nach auch ohne
zentrale Steuerung. Herr Leobold humpelte, durch die schon
unglaubliche Macht des Kundenandrangs genötigt, nahezu waid-
wund hin und her, mußte sich immer wieder setzen und schloß
gelegentlich kraft- und besinnungslos die Augen, indem die im
Zuge der Super-Fahne anscheinend vollends aufgepeitschte Kundschaft durch die Super-Halle wütete und den unerhörtesten
Unsinn zusammenzukaufen trachtete. Hans Duschke seinerseits
markierte nun den Super-Verkäufer durch dick und dünn, hervorragend ließ er immer wieder das Teppich-Paternoster auf- und

niedersausen, lag auch oft aufopfernd, ja erbarmungswürdig auf dem Bauch und schnitt mit einer riesigen Schere Teppiche zurecht – und hatte allem Anschein nach überhaupt keine Zeit mehr für uns Gäste, am wenigsten für mich, was mich geradezu beleidigte, ich dachte zuerst, er sammle verbissen Pluspunkte für den Endkampf gegen Alfred Leobold – den wahren Grund für des Alten unübersehbare Reserve erfuhr ich erst Wochen später, wieder über den Gymnasiasten Binklmayr, der überhaupt fast noch mehr wußte als ich, anstatt seine Schulaufgaben ordentlich zu machen. Duschke habe sich, bedeutete mir Binklmayr, in jenen Tagen ihm gegenüber dahingehend beschwert, daß wir – »und vor allem der Moppel!« – nicht mehr wie früher in erster Linie ihn, Duschke, bei ANO besuchen kämen, sondern Alfred Leobold, seinen Erzfeind!

»Und ich sage dir eins«, habe Duschke ihm, Binklmayr, geradezu sengend untergejubelt, »der Leobold war eine gesellschaftliche Null, bevor ich ihn zu euch geschleppt habe. Ich! Eine Null und ein Niemand!« Und dies sei die Wahrheit und nichts als die Wahrheit, habe der Alte überaus bitter und anklagend geseufzt, berichtete der Gymnasiast naseweis kichernd.

Auch mich amüsierte das, köstlich sogar, Duschke hatte aber nicht ganz unrecht, und so nahm ich mir schlechten Gewissens vor, ihn wieder verstärkt ins Zentrum meiner Aufmerksamkeit zu rücken. Ein guter Vorsatz, denn bereits am nächsten Tag wurde ich Zeuge eines Verkaufsgesprächs zwischen ihm und einem pastorenartigen Manne, der zusammen mit seiner Gattin einen Teppich mit Berbermuster kaufen wollte. Ich gesellte mich, damals auf dem Höhepunkt meiner Dreistigkeit, kaltblütig zu der Dreiergruppe, gleichsam als ob ich hier bei Duschke volontierte und die Verkaufstechnik erlernte. Der Pastorenesel, einer der widerlichsten Menschen, die ich in meinem Leben gesehen habe, heulte greinend und wie im Schmierentheater auf den alten Duschke ein, es könne ruhig ein teures Stück sein, aber unter allen Umständen Berbermuster.

»Gut«, murmelte Duschke erschreckend laut vor sich hin, »dann zeig ich Ihnen den Scheiß.«

Worauf wir vier uns in die zuständige Ecke begaben, wo dann Duschke sehr lustlos und sogar rabiat sein Angebot präsentierte, gräuliche Ungeheuer von vulgären Lappen, die aber die Pastorengattin sofort in Entzücken versetzten, so maßlos, daß der offenbar vor nichts mehr zurückschreckende Duschke sie schamlos sexuell zu mustern begann, ich befürchtete schon die schlimmsten Ausfälle – die dumme Kuh wurde aber sofort von ihrem Gatten noch übertroffen, der glucksend auf Hans Duschke einwinselte:

»An sich schätze ich keine Teppiche im Schlafzimmer! Sie verstehen, mein Herr. Aber heute morgen hat sie mich« – und vollkommen irrsinnig deutete der Pastor auf seinen Drachen – »hat sie mich bei einem zärtlichen tête-à-tête überzeugt. Hihihi! Tatsächlich überzeugt. Hihihi!«

Und wahrhaftig, der Pastor kniff seine Gattin in die Hüfte, und beide brachen sofort in ein erregtes, eindeutig unzüchtiges Meckern aus.

»Bedienst du sie weiter, Moppel?« Hans Duschke meisterte tolldreist die Situation: »Ich geh mal gerade scheißen.«

Hah? Ließ er sich ganz harmlos hinreißen? Duschke: »Herrschaften, Sie entschuldigen mich bitte. Ein tête-à-tête im Schlafzimmer mit Berberteppich ist wie Kaviar und Sekt«, lachte der Alte nun fast goldig, »Sie entschuldigen mich, mein junger Freund wird Ihnen Gesellschaft leisten.« Und heftig rannte Duschke davon, die Beine von sich wirbelnd.

Schwer erklärlich, aber die beiden Altidioten nahmen weder Duschkes Rückzug noch seine rüden Sprüche krumm, ja tatsächlich gelang es mir, in meiner neuen Funktion – endlich hatte ich es geschafft! Ich war vollwertiger ANO-Mann! –, zwar noch recht nervös, den beiden Ungeheuren einen Berberteppich anzudrehen, den ich, aufgestachelt durch Duschkes Vorbild, als »besonders intim und grazil« empfahl. Den Preis konnte ich vom Schildchen ablesen. Am Ende schrieb Herr Leobold, ohne sich zu wundern, die Rechnung aus, und zusammen mit Herrn Zier, dem Verleger, schleppte ich die Rolle zu dem VW Variant des wunderlichen Ehepaars.

Duschke, zurückgekehrt, konnte sich zuerst an nichts erinnern. Mühsam aufgeklärt, lachte er herzlich und schüttelte mir sogar die Hand. Ich bin sicher, er hat aber meinen Verkaufserfolg gleich wieder vergessen. In seinem Kopfe bohrte damals anderes: das große Komplott gegen Leobold nahm den Greis vollkommen gefangen und verfinsterte sein Erinnerungsvermögen.

Ein ähnlich exzessiver Vorfall ereignete sich dann am vierten verkaufsoffenen Adventsamstag, den ich in seiner vollen Länge bei ANO verlebte. Herr Leobold, unter der Last des Weihnachtsgeschäfts nahezu zusammengebrochen, hatte diesbezügliche Dispositionen getroffen, und offenbar frei Schnauze und ohne Rücksprache mit der ANO-Zentrale, den Schreiner Wellner, den Gymnasiasten Binklmayr und mich als sozusagen zusätzliche Verkaufshelfer zu ANO beordert, zuzupacken, wo Not am Manne sei. Er versprach uns dafür 80 Mark auf die Hand, aus gewissen Spesen-Reserve-Fonds der Firma – »und Sechsämter was ihr wollt sowieso.«

Das letzte stimmte besonders gut. Ein gütiges Wunder fügte es, daß der Publikumsandrang an diesem letzten Arbeitstag des Jahres gegen Nachmittag etwas nachließ, so daß Hans Duschke alle anfallende Arbeit praktisch alleine meistern konnte. Alfred Leobold war, wohl auch im Bewußtsein seiner klugen Entlastungsmaßnahme, bereits gegen Mittag ziemlich arbeitsunfähig zusammengetrunken, und im weihnachtlichen Glitzern des sich matt herniedersenkenden Nachmittags waren auch wir Helfershelfer, von Leobold immer wieder angefeuert, praktisch knockout geschlagen und lümmelten nur noch taumelnd und träumend in der Erfrischungsecke herum, den Kühlschrank von seinen Restinhalten zu säubern.

Vermutlich aus irgendwelchen Gewissens- und Verantwortungsgründen hielt indessen Alfred Leobold seine öffentliche Stellung hinter der Ladenkasse, saß geduckt, völlig zusammengesunken, ja geradezu niedergetrommelt auf seinem Stühlchen, äugte blind und gedankenschwer vor sich hin, ein sterbender Heros – gewissermaßen als Schwert aber hielt der ANO-Geschäftsführer eine große Flasche Sechsämter in der Hand. Führte sie ab und zu

ziemlich kraftlos zum Mund, wie wir von unserer Erfrischungs-
bastion aus gut sehen konnten, und schien irgendwie die Zeit still-
stehen zu lassen.

Zwischendurch wankte dieser wahrhaft edle Mann immer wieder zu uns in den Hinterhalt, ließ uns von der Flasche kosten und
einmal brabbelte er auch, er sei jetzt froh, wenn Weihnachten sei.

Zottelte wieder nach vorne und stellte sich tapfer dem Anblick
der spärlicher werdenden Kundschaft. Wie harmlos dieser Kapitalismus doch war! War es nicht wie im Märchen? Alle hier auf
dieser Erde mögen und helfen einander irgendwie, der Handel
blüht, der Fortschritt scheint gesichert, und der Pluralismus der
Wünsche läßt jeden auf seine Kosten kommen. Die Getränkeindustrie stützt sich auf Teppiche, der Teppichhandel trinkt dunkel vor sich hin ...

Es war gegen 17 Uhr, als Alfred Leobold vorne einmal mehr die
Flasche zu den Lippen führte, im gleichen Augenblick aber ein
Halbneger zur Tür hereintrat und sich vor dem Geschäftsführer
postierte. Wenn ich heute scharf nachdenke und differenzierende
Vergleiche ziehe, dann waren es die folgenden zehn Sekunden, die
das meiner Ansicht nach erhabenste Schauspiel in der Geschichte
des ANO-Teppichladens zum Aufschimmern brachten:

Ungerührt durch den Frontalzusammenstoß mit dem Neger
beließ Alfred Leobold die braune Flasche noch für etwa fünf
Atemzüge in seinem Mund, geschlossenen Auges, gleich als ob er
schliefe und vergessen hatte, sie abzusetzen. Den Gesichtsausdruck
des Negers möchte ich als »geduldig-wartend« und »verständnis-
voll« charakterisieren, voll jener Gelassenheit, die Negern gemein-
hin nachgerühmt wird.

Als Alfred Leobold die Augen wieder aufschlug und sehr verwundert den dunklen Gast beäugte, erkundigte sich dieser artig
und in gebrochenem Deutsch nach einem (wenn ich es richtig verstanden habe) »kleinen schönen blauen Läufer, es kann aber auch
grün sein, okay?«

Alfred Leobold rappelte sich nur ein wenig hoch. »Genau«,
ächzte er tonlos und unter Schmerzen, »wird erledigt.« Bedächtig

deutete er mit der fast leeren Flasche in den dämmrigen Hinter-
bereich der Super-Verkaufshalle, »Herr Duschke … Herr Duschke
wird Sie bedienen.« Und nahm, dem Kunden ins Auge blickend,
furchtlos einen neuen Schluck. Non temer, amato bene … Leise
rieselt der Schnee … In dulci jubilo …

Zwei Stunden später war es überstanden. Die Weihnachtsfeier-
lichkeiten umfingen uns. Wir alle hatten Erholung sehr nötig.

5

Ob es vielleicht so war, daß das sehr fragile Gefüge des späten
Kapitalismus Fragwürdigkeiten des ANO-Schlags gewissermaßen
als Ferment brauchte? Als das Salz in der verwesenden Suppe des
ordinären Betrugs, der niemand mehr interessierte? Während
die Technik hier sogar unsere anspruchsvollsten Neger zufrieden-
stellte!

Rasch das Nötigste. Alfred Leobold ging mir während der Festtage ein wenig aus den Augen verloren, jedenfalls erinnere ich
mich keiner besonderen Scherze oder Exzesse, vermutlich mußte
er sich doch über längere Zeit von den mörderischen Anstrengungen der letzten Geschäftstage erholen, Kraft für das neue Jahr
zu gewinnen. Dagegen sorgte der unermüdlich streunende Greis
Duschke auch in diesen Tagen des Festesfriedens mindestens zweimal für nette Unterhaltung. Zuerst am Heiligen Abend. Wie ich
später erfuhr, war der tatenfrohe alte Mann zusammen mit dem
gleichfalls familienlosen Erich Winter dem Lichterglanz in eine
Amerikanerbar entflohen, hatte dort (nach Winters Bericht) kräftig einen über den Durst getrunken, jammernd über seine Ver-
einsamung, aber das war natürlich nur eine dumme Ausrede – zum
Ausklang des Abends sei dann Hans Duschke gerade in dem
Augenblick über den festlich illuminierten Seelburger Marktplatz
gesegelt, als die Christmette zu Ende war und die gediegenere
Bevölkerung aus der Pfarrkirche strömte.

Der Anblick der sich nun zu Christi Ankunft die Hände schüt-
telnden Seelburger Bürger habe nun, erzählt Winter, den bereits

entfachten Duschke so hemmungslos erbost, daß er wie eine Furie in die schon fast leere Kirche geflattert sei, den Pfarrer wegen »Volksbetrugs« zur Rede zu stellen:

»Glaube mir bitte, Erich, ich werde diesen Arsch zerschmettern!«

Er, Winter, sei dann, das Ärgste zu verhüten, dem Tobenden nach, der zuerst orientierungslos im Domschiff von St. Martin auf- und abgesaust sei und mehrere Gläubige grob auf den Verbleib des Geistlichen hin angeschnauzt habe. Bis wohl der Pfarrer selber auf den merkwürdigen Gast aufmerksam geworden und ihm in den Weg getreten sei und mit einer sanft fordernden Armbewegung zum Verlassen der Kirche aufgefordert habe. Daraufhin habe Duschke, so berichtet Winter und schmunzelt erinnerungsschwer, dem Geistlichen unter mehrfachem Rülpsen, aber sonst durchaus formvoll eine »öffentliche Diskussion vor versammelter Mannschaft« (womit Duschke die Mettenbesucher gemeint haben muß) angetragen, »diesen verlogenen Brüdern und Gangstern die Wahrheit über den Kopf zu stülpen, Herr Senf«, habe Hans Duschke den Stadtpfarrer Prälat Gimpel plötzlich angefunkelt und sogar die Arme geschwungen.

Der Geistliche, höhnte später Duschke, habe jetzt »seine katholischste Fresse aufgesetzt, du kennst sie, Moppel, diese … äääähäääh«, stöhnte Duschke, »fiese, arrogante, miese, süffisante, salbungsvolle katholische Uäääh-Fresse, diese pastorale Sau, die mir schon seit 38 bzw. 48 stinkt!« Und weil Duschke in der noch weihrauchdurchschwängerten Kirche einen recht bedrohlichen Lärm geschlagen haben muß, habe Pfarrer Gimpel die beiden Herren, Ärgstes zu verhüten, in die Sakristei gebeten, wo Duschke dann sofort dahingehend ausgepackt habe: hier werde »mit allem Glanz und Lichtlein und Scheiß« die Christmette gefeiert, »in Biafra aber verrecken die Kinder« – hier hatte Duschke die jüngste Entwicklung wohl nicht ganz mitbekommen, bzw. der Abend hatte sein Zeitgefühl verwirrt.

Der Pfarrer bestand darauf, daß die Kirche über Caritas und Misereor sich durchaus um die Heiden kümmere.

»Sehen Sie, Herr Senf«, habe sich nun Duschke gewehrt und eine betont verschmitzte Miene aufgesetzt, »das ist die Scheiße, das ist die Taktik der katholischen Kirche. Aber ich durchschaue sie. Der alte Duschke weiß alles. Das ist genau die imperialistische Politik des Papstes! Negerkinder einfangen! Negerkinder einfangen! Und wie war es im Dritten Reich? Ich bitte Sie! Ich frage Sie! Mit wem? Nein, nicht mit den Heidenkindern – sondern? – der alte Duschke weiß es, sondern? Ich frage Sie –«

Der Pfarrer habe nun, erinnert sich Erich Winter, Duschke darum ersucht, die Sakristei zu verlassen, er setze aber das Gespräch jederzeit mit ihm fort, sofern das Pfarrkind es wünsche, in seiner, des Pfarrers, Privatwohnung.

»In Ordnung!« habe nun Duschke mehrfach begeistert gegröhlt, »wir bereiten uns wechselseitig bzw. unabhängig voneinander auf das Gespräch vor, wie im Fernsehen, ich bringe mein Material mit, Sie das Ihre, denn heute abend schaffen wir das nicht mehr«, habe Duschke wörtlich gesagt, »seien wir doch ehrlich, Herr Pfarrer, heute abend haben wir doch beide den Kragen voll!« – und bei diesen Worten habe Hans Duschke dem Geistlichen heiter auf die noch mit einem heiligen Gewand umhüllte Schulter getätschelt und – darin wähnt sich Erich Winter sicher – dabei immer wieder pfiffige, gleichsam aufforderische Blicke auf mehrere Flaschen Meßwein geworfen, die auf einer Anrichte in der Sakristei gestanden hätten.

Zuletzt sei man vom Pfarrer mit Handschlag aus der Kirche geleitet worden und noch ein wenig in die »Silberbar« gewechselt, wo dann Duschke sich ununterbrochen beklagt habe, daß »die Sau« den Meßwein nicht »herausgegeben« hatte.

Der zweite große Eingriff Hans Duschkes während der Festtage traf meinen Freund Alois Sägerer, einen Pressevertreter aus München, der besuchsweise bei seinen Eltern in Seelburg weilte. Duschke hatte Sägerer am Abend des zweiten Feiertags telefonisch und, nach Sägerer, extrem aufgeregt in den »Seelburger Hof« bestellt, unter der Verlockung, daß Sägerer, wie Duschke immer wieder betont habe, »auf die Schnelle jede Menge Kohlen machen«

könne. Wohl um sich besser gegen den Alten abzusichern, hatte Sägerer nun auch mich zu der Konferenz bestellt, und so trafen wir denn unseren Kohlen-Wundermann, wie er bereits bedrohlich nachdenklich vor sich hin starrte, erwartungsvoll nahmen wir Platz, und nach einer Weile prickelnden Schweigens forderte Sägerer Duschke auf, nun Farbe zu bekennen.

Duschke hatte aber wohl die Ouvertüre seines Coups noch nicht richtig und rhetorisch stichhaltig im Griff, und er bedeutete uns deshalb durch ein paar Bedenkzeit heischende Handbewegungen herrisch, ihn noch für einige Sekunden zu schonen, in denen der Alte immer gleißender vor sich hin sah, und plötzlich keuchte er:

»Natürlich kannst du auch mitmachen, Moppel, dann teilen wir eben den Gewinn durch drei.«

Worum es denn nun gehe, wollten wir ganz schamhaft wissen.

»Hör mal, Sägerer, ich frage dich, was zahlt eine Illustrierte heute für fünf Seiten Text und – wie heißt das andere? – für Text und Fotos? Fotos und Text?«

Alois Sägerer gab zu bedenken, die Tarife seien sehr verschieden, es komme wohl auch auf die Bild- und Textqualität an und gleichermaßen auf das Thema…

»Exakt!« alternierte begeistert hochfahrend Duschke Alfred Leobolds Lieblingswort, »und ich sage dir, ich garantiere dir, wir werden Kohlen machen, das glaubst du nicht, Sägerer, und dich, Moppel, werden wir prozentual beteiligen. Wieviel ist 5000 Mark durch drei? Toni, drei Steinhäger!« Fürs erste erschöpft, lehnte sich der Körper knackend an die Banklehne zurück.

Beharrlich wollten Alois Sägerer und ich jetzt wissen, wie das zugehen solle.

»Ich muß anders anfangen«, flüsterte Hans Duschke mysteriös und nippte, ziviler als sonst, an seinem Getränk. »Schau mal, Sägerer, es wird doch heute so viel geschrieben, und aller Scheiß wird geschrieben!« krakeelte jetzt ebenso barbarisch wie übergangslos Hans Duschke, »das mußt du doch zugeben als Fachmann, es wird doch heute aller Scheiß geschrieben, und du schreibst doch auch nur Scheißdreck über Münchner Politik und Ärsche, hab ich recht oder nit?«

Eine brenzlige Situation. Gespannt äugte der durch das Weihnachtsfest intellektuell zweifellos noch mehr verwahrloste Alte den Journalisten an. Der nickte versonnen und blinzelte mir insgeheim zu –

»– und nun wäre doch möglich, wäre drin«, fuhr Duschke fort, »daß auch mal was Gutes geschrieben wird und gedruckt wird, hab ich recht? Oder nit? Ich sage dir, Sägerer, ich sage dir, Moppel, wir können in drei, in zwei Tagen mindestens 5000 oder 3000 Eier machen, wir brauchen bloß einen Fotoapparat und zwei Tage Zeit, ich nehme zwei Tage bei ANO frei, und da machen wir die tollste Sache aller Zeiten!« schrie Duschke nun unerbittlich auf, »so was Gutes gibt's gar nicht! Paß auf, Sägerer, hör mir bitte gut zu. Ich muß folgendes vorausschicken. Ich bin heute früh – wie immer! – beim Spielen gewesen, beim Geldautomatspielen«, flüsterte Duschke nun wieder fast bebend, »ich gehe ja oft, ich alter Mann gehe ja oft zum Automaten«, jetzt mühte sich Duschke vollends theatralisch um einen mitleiderheischenden Klang, »ich werfe jeden Tag 20 Mark rein und verliere jeden Tag 20 Mark, die frißt der Automat, und nun beobachte ich natürlich in den verschiedenen Kneipen, wie auch die anderen alten Leute ihr Geld so reinwerfen, und da kommt man natürlich mit denen ins Gespräch, und da sagt mir neulich in der Samariter-Wirtschaft so ein alter Mann, er wirft im Monat 900 Mark rein, und damit bleiben ihm im Monat noch 300 Mark. 300 Mark«, wiederholte Hans Duschke anklagend, »unglaublich! Unglaublich!« – das Crescendo kam überwältigend – »mußt du zugeben, Sägerer! Moppel! Unglaublich! Und dann sagt mir beim Gradl, in der alten Gradl-Wirtschaft da so ein anderer alter Mann – halt! Stop! Eine alte Frau war es, eine alte Frau, die auch den ganzen Tag spielt, sie wirft 500 Mark von ihren 700 Mark Rente rein. Und so ist es überall, Sägerer! Das ist ein soziales Phänomen!« donnerte Duschke nun wieder con brio, »unglaublich! Verstehst du mich bitte? Das sind Ehepaare! Sägerer! Ehepaare! Glaubst du mir das bitte!«

Alois Sägerer nickte vorsichtig mit dem erstaunlich Kant-ähn-
lichen Journalistenkopf. »Richtig, Hans, nur ...« Das hätte er besser unterlassen:

»Ehepaare! Was glaubst denn du! Der Automat! Ehepaare!
Nicht der alte Mann und die alte Frau, die spielen! Du Arsch!
Nein! Der Automat und die alten Leute sind Ehepaare! Liebes-
paare!« steigerte sich Hans Duschke zischend und sog abermals
Schleim aus der Gurgel hoch; der Mund zuckte mehrfach erregt
nach rechts: »Und ich sage dir, wir machen damit Kohlen, un-
heimliche Kohlen! Wir – merke dir bitte, was ich jetzt sage –
gehen nämlich her und fotografieren diese alten Leute in Seelburg,
in Nürnberg und in München, und dann machen wir ganz kurze
Texte und Scheiß dazu, Zack, und in einem Tag haben wir den
ganzen Scheiß zusammengeschrieben, nullachtfünfzehn! – und ich
sage dir, Moppel, das wird eine Geschichte, die dir die Chefredak-
teure aus den Händen reißen! Das ist die soziale Urschicht!« trieb
der wüste Mann sein Organ jetzt ins Unermeßliche, »zehntausend
ist das mindeste, was wir absahnen! Du, Sägerer, schreibst es,
und der Moppel kauft sich einen Fotoapparat und drückt drauf,
wenn es soweit ist – ich sage dir, leichter haben wir noch kein
Geld verdient, ich bin jetzt lange genug bei dem ANO-Scheiß, das
wird eine erstklassige Sozialstudie, eine Sozial-Enquete!« schloß
Duschke schneidend, um noch einmal wie sterbend zu flüstern:
»Wir machen mindestens ... wieviel ist 10 000 durch drei? Weißt
du es bitte? Mindestens 2000 Mark. Jeder!«

Um noch zügelloser Geldautomat spielen zu können, dachte ich
geistesgegenwärtig, beobachtete aber dann scharf, wie der sanfte
Sägerer sich aus der schwindelerregenden Affaire ziehen würde –
bebend sah ihm der entbrannte Duschke bereits ins Auge.

Alois Sägerer, sonst ein Routinier in der Abwehr von Unerquicklichkeiten und Dämonien, geriet spürbar ins Schwimmen,
als er Duschke zunächst einmal recht gab. Die soziale Motivation
sei »Klasse« – worauf Duschke »meine Rede!« brüllte sowie »wir
machen damit wahnsinnig Scheine!« – doch dann unterlief Alois
Sägerer der Lapsus, seinerseits drei Schnäpse zu bestellen, was

Duschke wohl schon als Endsieg oder gar Erfolgsprämie auslegte; um so schlimmer wurde Sägerers Fiasko. Die Idee sei sehr schön, wand sich der Journalist und rauchte ziellos, aber leider auch nicht ganz neu. Dergleichen habe es in Illustrierten schon gegeben, was nicht weiter schlimm wäre, wenn das Thema sich besser »verkaufen« ließe, brütete der Pressevertreter bedenklich – es kämen dafür in Deutschland allenfalls drei Magazine in Frage, wollte man es »seriös« machen, in diesem Falle aber wären unendliche Recherchen erforderlich (jetzt legte Alois Sägerer sogar Gram in die träge Miene), wie gesagt, das sei alles nicht so einfach, wenn, dann müßten wir drei uns ein Vierteljahr Zeit nehmen, er, Duschke, müsse dazu wohl auch bei ANO aufkündigen, bog Sägerer nun brutal ab, und Automaten hin und her, ANO sei schließlich ANO, und jedenfalls – –

»Du Arsch!« Hans Duschke war aufgesprungen, hatte sich wieder gesetzt und war erneut aufgesprungen; die linke Hand hielt dabei ständig das Bierglas fest. »Du bist Journalist? Du willst chrrrn Journalist sein? Chrrrn. Ich sage dir, wer du bist. Weißt du, was du bist? Eine Hure, eine Hure bist du, Sägerer! Eine Hure! Mein letztes Wort!« Hier warf die Erregung den alten Mann erneut um und auf die Bank zurück. »Lieber Hans«, flötete Sägerer nun lästerlich, »ich sage ja nur, daß wenn...«

»Milliarden alter Leute chrrrn leiden heute unter einem, mein Herr Journalist, einem chrrrn« – der Alte gurgelte immer verwahrloster – »unter einer Sache chrrrn, und das ist die Einsamkeit. Die Einsamkeit, die sie an den Automat treibt...«

Das wisse er doch, wandte Sägerer zart ein, aber...

»... und du, du junger Mensch, du weißt es nicht!« In Hans Duschke würgten nun tatsächlich Tränen der Wut. »Die Einsamkeit! Was weißt denn du! Du alter Arsch! Wir hätten 10 000 Mark, wir hätten 20 000 Mark machen können, aber ihr, ihr habt ja die Kohlen...!«

»Und können deshalb auch wahllos Geldautomat spielen ohne Sozial-Enqu...«, murmelte fast unhörbar Alois Sägerer, aber Duschke hatte aufgepaßt:

»Was?«

»Ach nichts, Hans.«

»Du Arsch!«

»Genau«, höhnte Sägerer leise, »jetzt paß mal auf, Hans. Wir können die Geschichte ja vielleicht trotzdem...«, aber hier hatte sich der Pressevertreter verrechnet. Unverkennbar trug Hans Duschkes Miene nun den Stempel der Grausamkeit:

»Nichts! Niemals! Keinen Meter macht Hans Duschke mit dir zusammen, keinen Meter! Du Arsch schreibst in München über Mode und Mieder und Stadtratsitzungen und die ganzen Ärsche und Sozialdemokraten, aber wenn du mal an das wirkliche Soziale wie du und ich, du Hure! Chrrrn!« – hier ging Duschke kurzzeitig der Atem aus, deshalb schlug er mit der Rechten dreimal auf den Tisch, dann hatte er sich wieder gefangen: »Die Sache ist für mich, für Hans Duschke, gestorben. Ich mache sie alleine und kassiere das Geld alleine. Ich, der alte Duschke, ich sage euch, was ihr seid: Huren! Huren!« ächzte modernd unser neuer Sozialarbeiter, während der Ober Anton gerade 20 Pfennige in den Geldautomaten warf, »Huren! Sägerer! Moppel! Alles Huren!« jodelte der ergreifende Greis, sprang hoch, vollführte ein paar äußerst brenzlige Körperbewegungen, stürzte zur Tür des »Seelburger Hofs«, drehte sich noch einmal zu uns um und pfefferte uns ein letztes »Huren!« in die aufgewühlten Gesichter.

Im gleichen Augenblick öffnete sich die Türe und gab den Blick frei auf die Silhouetten der beiden Morlock-Mädels, die, allgemeine Erwartungsfreude in den jungdummen Gesichtern, hereindringen wollten. Was Hans Duschke zu einem, das muß ihm die Gerechtigkeit lassen, eleganten Umdenk-Manöver animierte:

»Huren! Wilde Huren!« schmetterte er den beiden Süßen ins Antlitz. »Geht nur rein, kommt, und setzt euch zu den beiden anderen Huren da! Chrrrn! Ihr Huren, ihr!« Taumelte in den Hausgang und verschwand.

Wieder quiekten die beiden Morlocks gleichsam froh über ihre Hurenschaft und setzten sich aufgeräumt zu uns. Sabine hatte Alois Sägerer, wie gehabt, »vom Auto aus gestern vormittag in der Löffelstraße gesehen, du mich auch?«, Susanne berichtete von einem in Aussicht genommenen Fest Arthur Moggers, »ihr kommt alle, gell?«, und insgesamt verbrachten wir vier Huren noch einen recht vergnügten Abend miteinander, ja um ein Haar wäre, hätte ich mich nicht energisch dagegen gewehrt, meine alte Doppelliebe wieder hochgezüngelt; weil aber der Pressevertreter Alois Sägerer nach einer gewissen Zeit an Susannes Taille herumzutapsen anfing, verlegte ich mich lieber auf Beobachtung – – – alles in allem ein sehr befriedigender Abend, indes der alte Duschke draußen durch die winterliche Einsamkeit wütete und sicherlich zum nächsten Geldautomaten hastete, sich mit ihm zu vermählen.

Berechtigt ist längst die Frage, warum ich, warum wir Jungen uns dauernd um einen Greis wie Duschke scharten, warum wir ihn überhaupt zuließen. Die Antwort weiß der Wind. War es die Suche nach einer Vatergestalt in der nach Freuds Wille vaterlosen Gesellschaft? Oder im Gegenteil der unbewußte Wunsch, den Vater von seiner ungutesten Seite zu sehen? War es, psychologisch noch erwägenswerter, gar die Anziehungskraft des Todes, die wir in diesem Duschke-Symbol genossen? Oder suchten wir, Geschädigte der ökologischen Krise, einfach zwanghaft den beruhigenden Lärm, ohne den nichts mehr geht?

Wie schön war doch auch Hans Duschkes Einspurigkeit! In einem Brei von gebrochenen Naturen behauptete er allein den eingeborenen Geist des 20. Jahrhunderts: den krach-, beleidigungs- und schnapsdurchfluteten Willen zu Geld, Geltung und damit abermals – Krach!

Immerhin hatte uns der Alte noch einen kleinen Streich gespielt. Alois Sägerer und ich mußten wohl oder übel für die drei im Vortaumel der Einsamkeits-Honorare genossenen Steinhäger aufkommen.

6

Das neue Jahr sah die beiden ANO-Herren frisch gestärkt. Schon am 2. Januar kam es zu einer neuerlichen Kündigung Hans Duschkes, die, nimmt man Leobolds und Duschkes Aussagen zusammen, sich etwa so abgespielt haben muß: Er, Duschke, berichtete dieser, sei gegen 11 Uhr zur Arbeit erschienen, da habe ihm Herr Leobold – »und ich habe gleich an seiner Visage erkannt, daß was ist« – mitgeteilt, er, Leobold, habe eben bei ANO in München angerufen, er, Leobold, kündige hiermit ihm, Duschke, bzw. er beantrage die Kündigung.

Warum er das getan habe, habe er, Duschke, wissen wollen. Naja, habe Leobold gesagt, weil er, Duschke, schon wieder zu spät komme, offiziell aber habe er, Leobold, in München hinterlassen, der Duschke habe einen Herzinfarkt erlitten und deswegen freiwillig gekündigt – »das ist dann viel besser für Sie als alter Mann«, habe Leobold hinzugefügt. »Sie können also wieder heimgehen und sich ausschlafen. Morgen kommt dann ein Neuer. Also Wiedersehen.«

Nun habe er, Duschke, sofort seinen Freund Viebig in München angerufen, die Sache, wie gewohnt, zu revidieren. Wirklich sei Herr Viebig sehr überrascht gewesen, es sei tatsächlich ein Rapport Leobolds eingegangen, der auf Herzinfarkt gelautet hätte, was denn in Seelburg eigentlich los sei? Davon könne keine Rede sein, er sei kerngesund und von der Weihnachtsruhe gut erholt, habe er, Duschke, gesagt. Dann kündige er also nicht, habe Viebig »direkt erleichtert« (Duschke) gefragt. Nein, habe er, Duschke, beteuert – und dann, so versicherte mir gegenüber Herr Leobold, »hat er, der Duschke, ins Telefon gebrüllt, er bitte darum, ›ich bitte darum‹, hat er gesagt, ›daß der Leobold weg muß‹«, lächelte mir zwei Tage später Alfred Leobold vor, »o mei, o mei, der Duschke …«

Wie stets war Duschke schon zum Mittagessen wieder vollgültiges Mitglied des ANO-Ladens. Immerhin – vertraute mir, freilich erst ein halbes Jahr später, als Alfred Leobold längst seinen Hut genommen hatte, wiederum Duschke an – habe es Leobold bereits am Nachmittag wieder andersherum versucht. Er, Duschke, sei am Boden gekniet und habe einen Teppichboden der Länge nach auf 4,20 Meter zurechtgeschnitten. Da sei auf einmal – »und so etwas hat es noch nie gegeben, solange die Welt besteht, Moppel, hör gut zu!« – Alfred Leobold zu ihm getreten, habe nachgemessen und sei auf 4,23 Meter gekommen. Was mit den drei Zentimetern sei? »Echt drohend hat er sich vor mich hingestellt, der Arsch!« Das sei Kulanz- bzw. Toleranzgrenze, habe er, Duschke, gesagt. Es habe sich jetzt sowohl mit der Kulanz als mit der Toleranz aufgehört, habe Leobold scharf erwidert – »er hat sich direkt angestrengt, chrrn, das Männlein«, freute sich Duschke noch Monate nachher –, er, Duschke, solle sofort den Differenzbetrag von 3,50 Mark aus eigener Tasche begleichen, sonst melde er, Leobold, es der Zentrale. Das habe aber Leobold nur deswegen gemacht, schnarrte Duschke und zwickte barbarisch-vergnügt die greisen Augen zusammen, weil er vom »Mittagsschoppen« her gewußt habe, daß er, Duschke, keinen Pfennig Geld bei sich geführt habe. Jedenfalls, an diesem Punkt der Kontroverse will Duschke sich vom Boden hochgehangelt haben, hart an Leobold herangetreten sein und feierlich verkündet haben:

»Herr Leobold, Sie machen einen Fehler. Ich warne Sie. Sie wollen mich liquidieren, Herr Leobold. Aber das schaffen Sie nicht. Sie sind nicht stark genug. Sehen Sie, Herr Leobold, ich komme vom Theater her, und wo, ich frage Sie, ist der Nährboden aller Intrige? Wo?«

Herr Leobold habe es nicht gewußt.

»Herr Leobold«, habe er, Duschke, gesagt, »der Nährboden, die Mutterstätte aller Intrigen ist das Theater. Also kommen Sie mir nicht blöd!«

Daraufhin soll Leobold erst einmal die Segel gestrichen haben. Eines nur verstehe ich nicht. Ich erinnere mich ganz genau, die beiden Streithähne an ebendiesem 2. Januar am Abend in der Gaststätte Wacker-Mathild angetroffen zu haben, und dabei hatte Duschke den ganzen Abend immer wieder hallend gebrüllt: »Herr Leobold, Herr Lääwoohl! Zahlen Sie einen Schnaps, Herr Lääwoohl!« Und tatsächlich, ich täusche mich nicht, ließ Alfred Leobold, den Quälgeist abzuschütteln, dem grausamen Alten mindestens acht braune Schnäpse kredenzen.

Daß ausgerechnet ein Brüllaff wie Duschke über die ihn angeblich zum Geldautomaten schleudernde Einsamkeit klagen mußte!

War Duschkes Gebrüll Triumph, war es die zusätzliche Rache des kleinen Mannes, der mit 1,6 auskommen mußte, während er den anderen mit 3,6 thronen wußte? War es die Scham, die wechselseitige Scham, die den einen so massiv trinken, den anderen so demütig zahlen hieß? Aber was sollte das? Meinem Gefühl nach hatte sich Alfred ANO-Nock doch nur deshalb nach Seelburg gesetzt, um zwei verblühenden Kaufleuten eine letzte sichere Plattform zu bieten – und nicht bloß einem!

Um Mitternacht tobte Duschke – vermutlich im Rausch seines psychologischen Sieges – so taumelnd herum, daß mir, was mir zu dieser Zeit noch selten genug passierte, etwas bange um die Zukunft der Menschheit wurde. Ich glaube mich sogar daran zu erinnern, von diesem Tag an begann ich, mein eigenes Trinken vorübergehend stark zu beschneiden, leider nicht ausdauernd genug. Aber was heißt schon »leider«? Wäre ich nicht erst selber ein halbes Jahr später zu wahrer Hochform, zu erstaunlichen Gipfelleistungen aufgelaufen, hätte ich das vorliegende Romangeschehen sicher nicht so einleuchtend und prägnant beschreiben können, und eine enttäuschte Leserschaft hätte den Schaden davon. Gewiß kann ich darauf nicht besonders stolz sein, aber es muß alles kommen, wie es kommt.

Zweifellos, Kulanz und Toleranz hatten ihre Grenzen erreicht. Eines zeichnete sich, trotz des stürmischen Jahresbeginns, bald ab, ohne daß es jemand hätte rational begründen können: das langsame Dahinsiechen und Absterben des Teppichhauses ANO oder doch seiner wohl erhabensten Epoche. Sehr feine Naturen wie ich witterten gleichsam mit dem Hereindringen der ersten januarischen Sonnenstrahlen das Heraufziehen der Götterdämmerung, des Steinernen Gasts oder was weiß denn ich – und ganz allgemein gesprochen ließen wohl auch die Bärenkräfte der Hauptinsassen, Leobolds und Duschkes, spürbar nach, ja es schien gerade in diesem ersten Monat des Jahres, als zögen sie sich beide in den verdienten Winterschlaf zurück, ausgemergelt, schwachgetrunken, aber auch schon Neues brütend. Heute weiß ich nämlich, daß die Stille eine scheinhafte war; daß auf der einen Seite Hans Duschke heimlich, leise und sozusagen mit zusammengebissenen Zähnen dem zähen Gedanken nachhing, wie er Alfred Leobold entfernen könne; indessen eben dieser wohl Verschiedenes zusammendachte, vor allem aber mit dem kühnen Plan spazierenging, die Waffen überhaupt zu strecken, und so Hans Duschke gewissermaßen von einer höheren Warte aus erneut den Herrn und Meister zu zeigen.

Zufall oder dichterischer Sinn – eines Morgens, in meinem Bettchen den Seelburger Anzeiger studierend, traf mein Blick auf eine großformatige Anzeige: »ANO beweist wieder seine Leistungsstärke!« Ich rieb mir buchstäblich die Hände vor Vergnügen über die Botschaft. Nichts wie hin! Zur Verstärkung besorgte ich mir gegen Mittag den Gymnasiasten Hans Binklmayr, der wie immer Zeit hatte, in letzter Zeit auch nichts Genaueres über die Teppichherren mehr gehört hatte und sogar den mildschönen Gedanken vortrug: »Vielleicht sind die beiden traurig, vielleicht fühlen sie sich einsam und haben deswegen die Zeitungsanzeige aufgegeben.«

»Leistungsstärke« stimmte nur bedingt. Was uns zuerst empfing und aufs schönste belohnte, war der schimmernde, schmerzlich-edle (mir fällt kein präziserer Begriff ein) Altweiberfrühling eines einstmals blühenden Handelsunternehmens. In der gottseidank leeren Super-Verkaufshalle hockten friedsam nebeneinander Herr Leobold und der uralte Herr Malitz, Duschkes Schwager, auf zwei Stühlchen und hatten sichtlich Mühe, vor Müdigkeit nicht herunterzukippen.

»Ah, der Binki! Ah, der Moppel!« rief heroisch, fast drahtig fortlächelnd Herr Leobold.

»Meine Herren, ich begrüße Sie«, begrüßte uns, unnötig von seinem Stuhl hochkletternd, Herr Malitz in braunen Bundhosen und hielt seine Knollennase und seine eingefallenen Pausbäckchen stramm ins kühle Sonnenlicht. Verblüffenderweise hatte er die neueste Ausgabe des »Spiegel« in der Hand.

Herr Leobold hieß uns mit einer resignierenden Handbewegung auf einer der Teppichhalden Platz nehmen. Vor Hinfälligkeit vergaß der edle Mann diesmal sogar, uns Geld für Schnaps in die

Hand zu drücken. Spielte vielmehr mit seiner offenbar seit Jahres-neubeginn geschaffenen Hauszeitung »ANO-Teppichboden-Illu-strierte« und blätterte ohnmächtig ein wenig drin herum. Seitlich im Hintergrund von Leobolds Köpfchen war ein Schildchen neu-angebracht: »Der absolute Renner«. Mein Gott, es war erneut zum Wahnsinnigwerden!

»O mei«, seufzte Alfred Leobold und lächelte eilig.

Malitz schnaufte plötzlich mit jener Heftigkeit, die nur unse-ren Greisen zu Gebote steht, durch die Nase und fragte den spürbar schnapsgierigen Gymnasiasten, wie es seiner Mutter gehe. »O danke der Nachfrage«, sagte Binklmayr und lächelte blind und töricht. Mehr fiel diesem jungen Menschen zu dieser Energie-leistung des Greisen nicht ein.

»Der Teppichpaternoster da hinten«, raffte sich nach einer Weile ewigkeitlichen Schweigens Alfred Leobold wesenlos auf, »das ist vielleicht was Komisches. Der Herr Zier und ich wollen gar nicht mehr hinlangen, weil es uns immer, wenn wir auf den Knopf drücken, elektrisiert. Nur wenn der Duschke hindrückt, dann geht's. Den elektrisiert's zwar auch, sagt er, aber nicht so stark wie uns. Komisch«, sagte Herr Leobold, nickte uns zweimal pfiffig zu und ließ den Kopf dann wieder herabsacken.

Eigenartigerweise beschäftigt mich diese Kurzerzählung noch heute. War es möglich, daß ein durch Alkohol so gut gepanzerter Mensch wie Duschke gegen Elektrizität weitgehend immun wird? Oder konnte dieser Mensch gar die verschiedenen Befindlichkei-ten zwischen Schmerz und Wohlgefühl etwa nicht richtig mehr auseinandersortieren …?

»Der Duschke ist übrigens hinten, in der Fliesen-Abteilung«, ließ sich Alfred Leobold nach ein paar Minuten beiläufig wieder vernehmen. Weil ich Duschke nicht noch weiter brüskieren wollte, indem ich ausschließlich Leobold die Ehre gab; der Gymnasiast vermutlich, weil er sich im Fliesen-Sektor Trinkbares versprach, brachen wir auf, uns in das – wie Binklmayr schon wußte – neu-geschaffene Fliesen-Zimmer abzusetzen. Wir wollten eindringen, doch die Tür war versperrt. Wir klopften und hörten daraufhin einen ungezogenen, unbeschreiblichen Schrei. Wie ein Mensch im Todeskampf. Wir klopften abermals.

»Wer da?« quallte eine bekannte Stimme.

»Wir sind's, Hans!« rief Binklmayr.

Erneut ein Urwaldschrei, dann ein Schloßknirschen, die Tür flog auf und Hans Duschke Binklmayr in die offenen Arme.

»Hans!« schrie Duschke.

»Hans!« jubelte Binklmayr zurück.

Im Fortgang Satanisches: Duschke zerrte uns in eine Art Rumpelkammer und teilte uns dabei in einer unentwirrbaren Mischung aus Seligkeit, Sportlichkeit und blühendem Jammer mit, wir müßten das verstehen, er habe heute bereits 14 halbe Liter Starkbier und sechs oder zehn Jägermeister getrunken, »aber wir bleiben Freunde, Binki, Moppel! Oder nit?« – und Duschke hing an dem Gymnasiasten, was mir den Blick nun freigab auf einen namenlosen Saustall in dem Fliesen-Etablissement. Neben den leeren von Duschke bereits genannten Flaschen standen und lagen, in einer Ecke, auf unterschiedlichen Kartons, Schachteln und Abfall-Fliesen, auch noch eine halbvolle Flasche Sekt, eine fast leere Flasche Apfelwein »Knaddeldaddel« sowie eine Tasse, in der wohl Kaffeereste herumhingen – vor allem aber, gelagert auf Zeitungs- und Butterbrotpapier, ein halber Laib Brot, eine verlaufende Kleinpackung Butter, ein Fäßchen Senf und endlich die niederschmetternden Reste einer Streichwurst, auf dem Boden aber lag ein halbes Eckchen Käse und ein beschmiertes Messer – – das bare, ungeteilte Entsetzen, die Apokalypse, der Weltuntergang – –

– und Duschke ging nun wackelnd daran, mit dem Messer zuerst Butter auf einen mit der Hand heruntergewürgten Brotbrocken zu streichen, das gelang auch halbwegs, doch dann die volle Katastrophe: immer wieder versuchte das Ungeheuer, einen aus der Haut herausgefuhrwerkten Batzen Wurst auf das Brot zu kleben, indessen immer wieder fiel das Stück herunter, einmal auf das Zeitungspapier, einmal auf den Fußboden, wo, wie ich jetzt erst sah bzw. mir erst jetzt wieder einfällt, auch eine zertretene Essiggurke lag und in einer Rille irgend etwas Verschüttetes seine

Spuren zog – – das Wurststück wollte und wollte nicht aufs Brot, und anstatt daß Duschke Wurst und Brot separat verschlungen hätte, knallte er beides immer verzweifelter und gleichzeitig bedenkenloser aufeinander, grunzte mehrfach »am Arsch!«, vergaß sein Mahl zwischenzeitlich wieder, klopfte immer wieder blendend dem Gymnasiasten auf die Schulter und bot uns beiden vom Rest des Apfelweins, und plötzlich fiel ihm etwas ein, er krabbelte zwischen zwei Fliesen-Regalen herum, bückte sich knarrend, rülpste und brachte endlich strahlend eine volle Flasche Strohrum zum Vorschein.

»Was sagst du dazu, Binki?« jauchzte der alte Mann hingerissen, »bei Albert gekauft, für 6,80 Mark. Mußt du versuchen, versuchen, Binki, du auch, Moppel, das ist kein gewöhnlicher Strohrum. Das ist ein Rum, der ist milde, der bekommt mir. Aaah! Das ist Rum, der gleitet. Verstehst du mich bitte?« wiederholte Hans Duschke schnarrend und sang dann in der fast mit Herrn Leobolds Summen identischen Tonfolge a-g-f »der glei-hei-tet. Irre! Irre!«

Mutlos, schwindelig setzte ich mich auf einem Fliesen-Haufen mitten in dem Hexenkessel nieder, der Gymnasiast ließ sich sogar überschwänglich zur Erde plumpsen, führte den angebotenen Rum zum Mund, krächzte »Ah! Ganz gut!« und schleckte sich die Lippen. Hans Duschke hatte mit dem ersten Zug gleitenden Strohrums seine vorherigen Eßanstrengungen vergessen, er machte es sich auf einem Teppichballen gemütlich, strich sich in verbrecherischer Wollust den Schnauzbart und reichte dem Gymnasiasten erneut die Rumflasche. Was mich angeht, so lehnte ich mit einiger Willensanstrengung den gleitenden Fusel ab und beobachtete vielmehr verstört und benommen die Brotkrümel zu meinen Füßen. Brot und Spiele. Der Schmutz des Säkulums. Meine Güte, vielleicht gab es doch einen Allmächtigen, der nicht mehr lange zuschauen und eines Tages einschreiten würde und die Saubande...

»Ist doch schön hier! Nicht, Binki? Ehrlich! Der alte Duschke hält hier noch die Stellung, wenn Herr Leobold schon längst ... gib mir doch bitte die Flasche, danke, ehrlich, chrrn!«

Als Hans Duschke ansetzte, klopfte es an die Türe, und die zarte Stimme Alfred Leobolds bat den Mitarbeiter spürbar dringlich nach vorne. Ein Kunde sei da und wolle Fliesen kaufen. »Gleich, Herr Duschke, gell!«

»Arschgesicht!« brummte wie im Traume Duschke, riß sich hoch und stürzte zur Tür hinaus, das Segeln des weißen Mäntelchens habe ich jederzeit filmisch präsent. Der Gymnasiast und ich verharrten am Boden in unserer Ecke und starrten, glücklich oder verdreht, vor uns hin. Binklmayr sog noch einmal gierig Rum ein, ich strich mir, weil mir nichts Stichhaltigeres einfiel, ein Wurstbrot. Sollte ich mich Duschke, wenn er noch älter und haltloser würde, als Wurstanstreicher verdingen? Der Alte würde den Krempel kaufen, und ich würde im ANO-Betrieb für seine tadellose Ernährung sorgen. Ein solch durstiger Körper brauchte wohlbestellte Kost. Wohlbestellt? Wahrscheinlich würde ich auch bald nervenkrank. Oder wir würden vielleicht zusammen mit der Firma ANO eine neue Verkaufs- und Versorgungsstrategie kreieren und den Markt mit einem neuen Mixed-Media-System innovieren...

In weitem Bogen flog die Fliesentür auf. Mit machtvollem Satz flog Hans Duschke an uns vorbei, hinter sich aber zog er drei Menschen nach, wie sich herausstellte, ein ländliches Ehepaar mit halbwüchsiger Tochter, eine völlig verhärmte Gruppe, und als die drei uns beherzt weiter Herumlümmelnde wahrnahmen, rief Duschke, indem er auf den Gymnasiasten und mich wies: »Und dies hier ist unser Picknick-Abteil!«

Saugende Unterwelt im Hinterzimmer. Naja, irgendwie würden auch diese Fliesen-Dummköpfe es fressen. Der Gymnasiast und ich blieben in unserer flegelhaften, absolut vertrauenszerstörenden Stellung hocken, rauchten ein Zigarettchen und sahen Hans Duschkes nun einsetzendem, zwar polterndem, aber doch unverständlich souveränem, ja glänzendem Verkaufsgespräch zu. »Ich kann Ihnen für 14,80 pro Fliese keine Königsschlösser versprechen, aber wenn Sie etwas wirklich Gutes...«, begann die Suada. »Gnädige Frau, Sie sehen übrigens unwahrscheinlich gut aus, ehrlich! Als Sie das letzte Mal hier waren... Chrrn...!« War es das

innerste Geheimnis des Kapitalismus, die Kundschaft bis zur bei-
derseitigen Selbstauflösung zu narren?

»Gnädige Frau, ich schwöre Ihnen…«

Ich machte dem Studenten ein Zeichen, nun wieder nach vorne
zu Herrn Leobold zu wandern. »Bounty«, »Madison«, »Schwe-
den«, »Sorrento«, »Casino«, »Fünf Jahre Garantie«, »einfach
hinlegen!« – so schimmerte es taumelig aus allen Ecken. Ja, tatsächlich, müßte man da, mit Brecht zu reden, sich nicht einfach
hinlegen?

Herr Leobold und Herr Malitz saßen, wie wir sie verlassen
hatten. Leise Radiomusik summte inzwischen. Ein Kunde trat aus
irgendeinem unsichtbaren Hintergrund an die Kasse zu Herrn
Leobold, deutete auf einen grasgrünen Teppich nahe dem Pater-
noster und sagte, den nehme er. »Genau«, flüsterte Leobold, »Herr
Duschke kommt dann gleich.« Und nahm rücksichtslos einen
Schluck Bier.

Der Kunde, der mich irgendwie an den neuerdings ins Zwielicht geratenen Staatsminister Heubl erinnerte und einen schönen
grünen Jägerpullover trug, umtänzelte nochmals seine scheußliche,
etwa vier mal vier Meter große Errungenschaft, trat dann erneut
vor Leobold und fragte gleichsam auffordernd: »Der ist doch
schön. Oder?«

Ich stand neben Malitz, als Alfred Leobold seine Bierflasche
abstellte, sich mühsam, aber doch grazil hochräkelte, sich mit jetzt
schon äußerster Anstrengung über den Ladentisch beugte, den
Kunden, als ob er ihm etwas mitteilen wollte, das kaum für anderer Leute Ohren bestimmt sei, zu sich winkte, ganz nahe, sodann
auf den grünen Teppich, schließlich auf die grüne Kleidung des
Kunden deutete und nicht ohne Qual, aber doch flüssig sagte:

»Sie … Sie, der Teppichboden da … *der paßt wunderbar zu Ihrem
Pullover. Genau.*«

Und wieder auf sein Stühlchen zurücksank.

Alfred Leobolds Kopf fiel auf die Brust, im Gesicht machte sich
eine Art wehe Zufriedenheit breit. Während der Gymnasiast noch
etwas bleiben wollte, hatte ich nach diesem Capriccio genug und

verabschiedete mich. Er habe sich gefreut, mich kennenzulernen, rief freudig Herr Malitz. Blöde starrte ich ihn an. Nein, es rentierte nicht, diesen burlesken Gottessohn zu korrigieren. »Das bietet nur ANO!« flatterte mir aus dem Schaufenster ein letzter Abschied ins Auge. Ich nahm mir vor, dem ANO-Wesen für eine Weile Ade zu sagen und mich ersatzweise wieder verstärkt meinen Studien zu widmen oder, je nach Gelegenheit, Weibern.

Ein Entschluß, der mir um so leichter fiel, als zwei Wochen später, Mitte Februar, auch Alfred Leobold dieser Firma aufsagte und für den Rest seiner irdischen Existenz ins freie Leben überwechselte, niemand wußte damals genau, warum, aber alle Interpretationen waren wohl irgendwie letzten Endes richtig; es mußte einfach sein.

3. Teil

»… die freie Welt der Männer. Alle Wege
führen in die Kneipe.«
(London, König Alkohol)

»Es war eine äußerst gemischte Gesellschaft, die sich durch völlige Ungeniert-
heit auszeichnete. Manche kamen im
Straßenkostüm, in Mänteln und Pelzen
herein. Alle machten beim Eintreten
den Eindruck, als verließen sie sich aufeinander; niemand hatte wohl allein
den Mut dazu gehabt, alle schienen sich
aber gegenseitig weiterzuschieben.«
(Dostojewski, Der Idiot)

»›Ein Totenhaus‹, sagte ich zu mir, wenn
ich zuweilen in der Dämmerung von
der kleinen Treppe unserer Kaserne aus
auf die Arrestanten blickte …«
(Dostojewski, Totenhaus)

I

Eigentlich wollte ich diesen dritten Romanteil schön sanft, rück-
schauend und besinnlich anfangen lassen, aber es geht nicht. Ich
bin sehr enttäuscht. In der Freude, im Rausch der Beendigung
des zweiten Teils habe ich sofort die reizende Witwe angerufen,
gleichsam auf dieser entscheidenden Zwischenetappe neue Kraft
und eine erste Belohnung einzuholen – und was war? Nichts war!
Allein die Stimme der Witwe kam mir schon sehr verdächtig vor,
sie begriff sogar längere Zeit gar nicht, wer ich sei, bis sie es dann
endlich gefressen hatte – und dann merkte ich unschwer aus
ihrem feuchten Gebrammel, daß sie – am hellen Nachmittag –
getrunken hatte! Ich meine, es ehrt die Witwe, daß sie das sofort
nicht nur zugab, sondern allem Anschein nach noch stolz darauf
war: ja sie lud mich sogar beschwingt ein, sofort zu ihr zu kommen, Portwein sei wahrhaftig das achte Weltwunder, jaulte diese

mir so überaus charmant erinnerliche Person ins Telefon, Portwein, ja, und »der Helmut« sei auch da, und im Hintergrund hörte
man gleichzeitig hocherotische Miles-Davis-Klänge zuckeln…

Muß denn in diesem Westeuropa, in Sonderheit in diesem
Regierungsbezirk, andauernd getrunken werden! Verdammt! Natürlich nahm ich sofort Abstand. Ich meine, ich habe nichts gegen
Miles Davis, im Gegenteil, obwohl mir einmal ein sehr verehrtes
Fräulein Birgit Majewski gebeichtet hat, Davis habe ihr nur dann
ein Rundfunk-Interview gewähren wollen, wenn sie sich nach dem
Konzert ihm hingebe usw. – ich bin auch moralisch nicht befugt,
ein Schlückchen hie und da am Nachmittag zu disqualifizieren,
auch hat mein wacher Realitätssinn nichts dagegen vorzubringen,
daß sich blutjunge Witwen, den Gesetzen der Natur gehorchend,
immer wieder mal von gewissen Helmuts umdackeln lassen – und
doch, es war, ich übertreibe nicht, als sei mir plötzlich der Erdboden unter den Beinen weggerafft. Was denn! Ich quäle mich da
unter mörderischen Anstrengungen durch die Tragik der Roman-
struktur, überlege flaubertgleich ein jedes Wort auf seine Schönheit und Stichhaltigkeit der Witwe gegenüber – und sie? Und sie?
Läßt sich vermutlich von diesem lausigen Helmut kraulen und am
Haar zupfen, wenn nichts Verdammenswerteres! – und ich saß da
tödlich in meinem Romanbrei herum, gerade daß ich das letzte
Kapitel so rund und souverän abgeschlossen hatte – –

Verflucht! Verdattert hatte ich, ohne auch nur mehr die Kraft
für ein kokettes Abschiedswort aufzubringen, den Hörer aufgelegt. Das weltbekannte elektrisierende Fluten der Urangst in
den Adern. Eigentlich ganz angenehm. Was nun? Verzweiflung?
Resignation? Einen Memory-Rausch zugunsten Alfred Leobolds,
und damit hat sich's? Nichts da, Moppel! *Da* wird geblieben!
Dunkle Zuständlichkeiten müssen im Sinne Freuds kulturell
fruchtbar gemacht werden. Sofort. Und vielleicht gab mir gerade
mein witwelicher Unstern nun den souveränen Blick für die Laster
unserer Zeit, den epischen Titanengriff, den kritischen Stachel, die
allerschönsten Formulierungen ein! Und ich fahre also erst einmal, Witwe hin, Helmut her, geschlagen zwar, doch nicht vernich-

tet, in meinem Texte fort. (Die Witwe, bei allem Liebreiz, würde sich immerhin vorsehen müssen: ein weiteres Mal ließe ich mich nicht zum Narren halten. Dann würde ich einfach den ganzen Krempel hinschmeißen oder ins Blaue hineinschreiben!) – – –

Alfred Leobold zog sich mit seinem Abgang aus der unvergeßlichen Firma ANO schlagartig und mit beeindruckender Konsequenz in das schon mehrfach erwähnte Bierlokal »Wacker-Mathild« zurück und verließ es in den nächsten (ich habe gerade nachgezählt) 390 Tagen nur noch in relativ wenigen Ausnahmefällen. Daß dieses Lokal in der Seelburger Altstadt in einer Sackgasse namens »In der Brüh« stand, finde auch ich schon doppelt impertinent, ist aber einfach die reine Wahrheit. In der ersten Zeit sah ich Leobold dort gelegentlich sitzen, übrigens am äußersten Ende jenes Tisches, der, von der Eingangstür aus gesehen, am äußersten Ende der Gastwirtschaft aufgestellt war – auf die verheerend symbolischen Bezüge unserer zeitgenössischen Realität brauche ich den Leser ja inzwischen kaum noch zu verweisen: in diesem Falle schien es mir sofort so, als ob Alfred Leobold möglichst weit und entschieden von der Außenwelt abrückte, damit nicht etwa ein blinder Zugwind ihn streifte und endgültig umfegte.

Dort, bei »Wacker-Mathild«, wo Alfred Leobold auch schon vordem häufig Einkehr gehalten hatte, trank der nunmehrige Privatmann abwechselnd Weizenbier und Sechsämtertropfen, plauderte mit Freunden und Bekannten, überwiegend den bereits genannten »Chemiestudenten« (auf sie komme ich zurück), über dies und das und spielte gelegentlich Karten, in bunter Folge »Schafkopf«, »Watten«, Skat, 17 und 4, »Lügen« und endlich ein Spiel, das sie »Dreck« nannten, das ich selber nicht beherrschte, auch nie in einem Karten-Lehrbuch fand, das aber meinen Erkundigungen nach das Äußerste an Einfallslosigkeit und Gedankenarmut darstellen muß. Nichtsdestoweniger möchte ich an dieser Stelle ein kurzes Plädoyer für Kartenspiel allgemein einlegen. Ich selber schätze es hoch, nun, das braucht nichts zu beweisen. Aber ich, der ich mich in meinem Leben schon so gierig auf zahlreichen

Feldern herumgetrieben habe, auf Jus, Musik, Religion, Philosophie, Schach, Großhandel, Mietwirtschaft, Amerikanistik, Fußball, ja sogar (als junger Mensch) der Malerei und Plastik, ferner Schiffebau, Kulturgeschichte usw. – in dieser meiner Eigenschaft als Weltbürger auf allen Gebieten fühle ich mich befähigt zu erklären, daß das Kartenspiel – allen Unkenrufen gerade aus »aufgeklärten Kreisen« ins Gesicht schlagend – eine der größten kulturellen Errungenschaften der Menschen darstellt, wenn nicht die größte!

So.

Insgesamt, erinnere ich mich, machte Alfred Leobold in diesen ersten frühsommerlichen Monaten der wiedergewonnenen Freiheit einen lässigen, heiteren, oft fast aufgeräumten, vor allem aber einen geradezu bedrohlich zufriedenen Eindruck.

»Ah, der Moppel!« begrüßte er mich jeweils mit feiner, brüchiger Stimme und lächelte traulich.

»Einer hat ihn geschafft!« hörte man in dieser Zeit den unbarmherzigen Greis Duschke pastos herumposaunen, »und das war ich!« Ich weiß bis heute nicht, ob das Duschke selber glaubte, noch weiß ich, ob er darüber wirklich besonders froh gewesen wäre. Immerhin, wie schön, daß er allen Befürchtungen zum Trotz nie tiefere Gefühle aufkommen ließ, sondern nur die allergröbsten. Gehen wir mit unseren Alten auch nicht gar zu streng ins Gericht, sie meinen es oft nicht so, sondern lärmen halt so vor sich hin, bis Freund Hein sie eines Tages errafft.

Aus der Umgebung Alfred Leobolds dagegen hörte man, was die neue Lebensgestaltung des einstigen ANO-Führers anging, Unterschiedliches, Unentwirrbares, weitgehend Verfließendes. Von einem Skiunfall war gelegentlich die Rede, der Alfred Leobold angeblich zwang, die Krankenkasse einzuschalten. Man bekam die Version zu hören, Leobold werde demnächst von Herrn ANO-Nock mit einer höheren, überregionalen Aufgabe betraut. Ferner gab es den Hinweis, Leobold werde demnächst in die Firma seines Bruders nach Forchheim überwechseln. Der Fuhrunternehmer Schießlmüller dagegen wußte seinerseits zu berichten, Herr

Leobold habe ihm neulich in der »Wacker-Mathild« anvertraut, er habe nun 25 Jahre gearbeitet, jetzt lange es.

Ich selber wollte aus eingefleischter Delikatesse und Apartheit in dieser Sache nicht in meinen Freund dringen, zum anderen erkaltete damals mit Leobolds ANO-Hinschied mein leidenschaftliches Interesse für diesen Mann vorübergehend ein wenig (was ich, bedenke ich es heute, überhaupt nicht verstehe – wie viele unbezahlbare Tage und Stunden sind mir dadurch unwiederbringlich verloren!) – zum dritten verlor ich ihn während der nächsten drei Monate weitgehend aus dem Auge, indem ich mich einer ausgedehnten Inspektionsreise in die italienischen Städte Urbino, Siena, Lucca und Busseto, den Geburtsort Verdis, hingab, dem Geist der mediterranen Kultur meine Aufwartung zu machen. Ein guter Schicksalsstern leitete mich universal Interessierten, dem das Neue, die schöpferische Unruhe wesensmäßig ist, in die begeisternde, atemberaubende Welt der Antike, der Kunst und der sonnendurchfluteten Naturschönheit, es war eine unvergeßliche Epoche meines Lebens, meine Mutter bezahlte, was Hans Duschke hoffentlich nie erfährt, sonst tötet ihn die Wut auf die Elite der Privilegierten dieser Erde!

Ich stattete dem Gasthaus des Tenors und Commendatore Bergonzi einen Besuch ab, dem ich auch beim Weine steckte, wie schön er mich einst zusammen mit Oskar Zirngiebl aus dem Liebeselend gerissen, was dem warmherzigen Sänger sehr gefiel – ich lernte auch sonst sehr nette Persönlichkeiten kennen, unter anderem einen bezaubernden Wirt namens Attilio zu Monterosso (Cinque Terre), der abends in seiner winzigen Osteria »Il primo Tango« vorzutragen pflegte, mit brechender Stimme, aber immer aus dem Geist südlicher Heiterkeit heraus – – heute freilich will mir doch irgendwie scheinen, als hätte ich nicht reisen dürfen, sondern Alfred Leobold, wie gesagt, auch in dieser vorentscheidenden Phase unter Kontrolle halten müssen, ich wollte, ich wüßte exakter, was er in diesen sommerlichen Tagen alles getrieben hat.

Jedenfalls, bei meiner Rückkunft befand sich, wie mir der Schreiner Adolf Wellner mit der ausdrucksvollen Miene und Geste

des sozusagen Abschreibbaren flüsterte, Alfred Leobold im Seelburger Marienkrankenhaus. Ferner ging aus Wellners Reden und
Signalen hervor, daß sich während der letzten Monate Exzesse von
hohem Rang abgespielt haben mußten.

Mit meinem Freund Alois Sägerer, dem Münchner Pressevertreter, der gerade zu Seelburg seinen Urlaub verlebte, machte ich
mich auf, den Kranken zu besichtigen. Uns empfing ein allem
Anschein nach heiterer, vollkommen ausgeglichener Mensch. Der
Kranke, in einem adretten Bademantel, ging gerade in seinem
Zweibettzimmer auf und ab, streckte uns Besuchern froh die Hand
entgegen, bat uns auf den hübschen kleinen Balkon und machte
sich anheischig, sofort Bier (»prima Bier«) vom Krankenhauskiosk
zu besorgen. Alfred Leobold ersparte uns sozusagen demonstrativ
den Ritus, des langen und breiten über seine Krankheit Auskunft
zu geben, sondern teilte uns, die wir nun zu dritt über das spät-
sommerlich reife Panorama Seelburgs unsere Blicke schweifen
ließen, sofort eine spaßige Anekdote mit, nämlich bis gestern habe
noch der alte Malermeister Strauch neben ihm im Bett gelegen –
»den kennst bestimmt, Moppel, der was damals seine Tochter so
geschlagen hat, ist doch in der Zeitung gestanden, das war vielleicht ein Zeug, du kennst ihn garantiert auch, Sägerer, genau« –
nun sei, teilte Alfred Leobold mit schelmischer, wenngleich (erst
jetzt sah ich es) schmerzgepeinigter Miene mit, dieser Strauch
gestern die ganze Nacht wach gewesen und habe »gebrüllt wie eine
alte Sau, o mei!«, und um 11 Uhr sei dann endlich die Nacht-
schwester gekommen und habe Strauch gefragt, warum er so
brülle. Da habe – er, Leobold, habe es genau gehört – Strauch
gefragt, was heute für ein Tag sei. Da habe die Schwester gesagt:
Samstag. Da habe Strauch gefragt, wieviel Uhr. Da habe die
Schwester gesagt: 11 Uhr. Da habe Strauch gesagt: »Scheiße, dann
sterb ich heut wieder nicht!« Und tatsächlich, schloß Leobold
und sah plötzlich ruckartig über seine Schulter, sei Strauch erst
20 Minuten nach 1 Uhr gestorben. »Mußt dir vorstellen«, wiederholte Alfred Leobold sorglich, falls wir die Pointe verschlafen
haben sollten, »er sagt, ›Scheiße, heut sterb ich also wieder nicht‹,

und dann stirbt er tatsächlich heut nicht, sondern« – hier geriet Alfred Leobold ins Schwimmen – »praktisch gestern, wie gestern heut war, stirbt er nicht, aber heut, also praktisch morgen, stirbt er ihnen tatsächlich!«

Sie hätten dann Strauch auch gleich weggetan, und seitdem sei das Bett frei, redete sich Alfred Leobold seine Pein vom Leibe, und er hole uns auch jederzeit Bier vom Kiosk, wenn wir nur wollten, »du kennst es ja, das Bier, da heroben«, sagte Leobold offenbar halb bewußtlos zu Alois Sägerer und klemmte sich mühvoll ein Zigarettchen in den Mund, das dort nervös auf- und niederwippte.

Beiläufig teilten wir Alfred Leobold mit, wir beide führen nächste Woche in Urlaub, nach Südtirol, und, um den Patienten aufzuheitern und ihm das Gefühl der allgemeinen Zugehörigkeit zu schenken, neckten wir, es wäre natürlich schön, wenn er, Alfred, da mittun könnte.

»Geht in Ordnung«, antwortete zügig der Kranke, der Arzt habe zwar gesagt, er, Leobold, müsse noch für drei Wochen im Krankenhaus bleiben, aber das mache nichts, er bleibe allenfalls jetzt noch zwei Wochen, »wenn's aber drauf ankommt, auch nur eine Woche«, und dann könne er »jederzeit mit sowieso«, schloß der Kranke seine Rede, die ihm sichtlich immer schwerer fiel, sonnig.

Ich muß sagen, daß mir der Gedanke an einen neuerlichen Auslandaufenthalt, diesmal im Verein mit Herrn Leobold, spontan aufs wärmste zusagte; ich halte es aber auch für möglich, daß ich mir, nebenbei, inmitten der Welt der Dolomiten, für Herrn Leobold raschere Genesung versprach, war es doch möglich, daß dieser welke Mann vielleicht nur den Reiz der Fremde, die Begegnung mit neuen Erlebnissen benötigte, um nach den – jeden Menschen außer Duschke niedermetzelnden – ANO-Tagen vollends zu gesunden. Und innig leuchtete in mir die erneute alte, durch meinen Italienaufenthalt nur hingehaltene Begeisterung für diesen erlauchten Mann auf – Herr Leobold war sicherlich auch ein ausgezeichneter Reisender, und vielleicht flackerte durch mein Unterbewußtsein auch damals schon die Vision eines ständigen Freizeit- und auch Reisebegleiters, nachdem ja nun Alfred Leobold seine Verkaufstätigkeit ebenso rigoros eingestellt zu haben schien wie seine Sehnsucht nach dem anderen Geschlecht, das mich in jenen Tagen gleichfalls herzlich wenig interessierte, meistens jedenfalls – –

»Dann werd nur bald wieder gesund, Alfred!« sagte ich scheinbar mit neutraler Herzlichkeit, in Wirklichkeit geradezu ängstlich entflammt.

»Sowieso, Moppel«, erwiderte Leobold makellos, etwaige Bedenken hinwegwischend, »dann fahren wir, Sägerer. Bist ein prima Kerl, Sägerer. Ich kenn dich ja schon von den Ministranten her. Ich hol euch auch jederzeit Bier, wenn . . .«

Alois Sägerer war es, der beim Abschied den Patienten behutsam darauf ansprach, was ihm denn eigentlich fehle. Leobold machte eine Handbewegung, die wohl Lächerlichkeit ausdrücken sollte. Nichts fehlte ihm – es gehe alles in Ordnung; und der Kranke biß auf die Zähne. Naja, der Oberarzt da, der komme immer herein, aber die Schwestern seien auch in Ordnung, mit Ausnahme seines Eintreffens hier im Krankenhaus. Er sei, berichtete Leobold, direkt von der »Wacker-Mathild« hierher eingeliefert worden, Arthur Mogger habe ihn eigenhändig hierhergefahren, und er sei auch an der Pforte anständig aufgenommen worden, »Personalien, alles«, man habe ihn dann auf ein Zimmer 201 gewiesen, wo er warten solle, da sei er dann die ganze Nacht gesessen, zuletzt habe er sich auf eine Bank gelegt, in der Frühe sei dann eine Schwester gekommen und habe gefragt, was er da wolle. Naja, er sei hier als Kranker, habe er, Leobold, geantwortet. Und da habe sich dann herausgestellt, daß man ihn schon die ganze Nacht gesucht habe. Und endlich habe man ihn in ein Bett gelegt.

»O mei, war ich müd. Was macht denn eigentlich der Duschke?« schloß Alfred auf der hektischen Suche nach einem Ausweg aus dem Krankenhausbereich.

Alois Sägerer ließ aber nun nicht mehr locker: irgendeine konkrete Krankheit sei aber dann doch sicher festgestellt worden. »Nichts«, wiegelte Leobold ab, ja, naja, der Dr. Fink habe »natürlich eine Leberpunktion gemacht wegen der Szirrhoscardiac, naja«, und die Lunge sei natürlich auch nicht mehr die beste (voll Schalk führte Leobold ein imaginäres Zigarettchen zum blauen Mund), am Magen habe er »ein Geschwür und natürlich die Gastritis sowieso. Und der Darm« – Alfred Leobold tastete wie suchend nach unten – »macht halt einen so grausam hohen Blutdruck.« Ach so, und dann sei da noch »was Komisches«, er habe eine »paß auf, Moppel, eine Aortenzwischenschichtlustseuchenentzündung«, kicherte Leobold fast fröhlich und hell wiehernd, wie ich ihn noch nie gehört hatte, »das hat der Arzt da gesagt, aber das einzige Wilde ist eigentlich die Leberpunktion gewesen. Da hat er mit der Nadel was aus der Leber rausgezwickt, ich weiß gar nicht, was, und hat mit so einem Fotoapparat die Leber angeschaut.« Naja, und die Gefäße seien halt auch kaputt und die Niere wahrscheinlich auch, da gebe es eine Entzündung und einen Abszeß – »aber an sich geht alles in Ordnung«, beendete Alfred Leobold fast unwirsch seine Diagnose; hier hatte ich ihn erstmals wirklich in Verdacht, er wolle uns beide veralbern; oder war es doch einfach tiefste Goetheische Naturfrömmigkeit gemixt mit stoischem Laissez faire, was den Kranken zu so einem Unsinn anstiftete?

»Also, wir fahren dann nach Tirol oder wohin, alles in Ordnung, Moppel?«

Rauschender als sonst noch ging heute alles in Ordnung mit Alfred Leobold, auch Alois Sägerer hatte es registriert und war beeindruckt, und auf dem Heimmarsch hatten wir unsere helle Freude an dem tapferen Kranken. Wie schön wäre es, cremten wir beide uns ununterbrochen im italienischen Eiscafé ins Gesicht, würde er unseren Kurzurlaub in Norditalien bereichern; wobei ich heute nur wissen möchte, warum ich damals ständig Urlaub machen mußte…

Vier Tage später besuchten wir Alfred Leobold ein erneutes Mal im Krankenhaus. Es war wie ein Hurrikan. Jawohl, genau, garantiert, sowieso, einwandfrei würde er mitkommen, ins Gebirge, prima, freilich, das Gebirge, er kenne es schon, versicherte unser Freund ein ums andere Mal, der Arzt habe gesagt, in sechs Tagen sei er gesund, »wird prima«, freute sich Leobold, biß sich vorsorglich auf die Zunge und strich sich träumerisch über die dünnen Schenkel.

Ob er denn nicht vielleicht doch noch zu schwach sei, die lange Reise anzutreten, gab Alois Sägerer etwas unklug zu bedenken. Ich wollte Sägerer gerade beschwichtigen – gegen den Trieb nach einer einmal ins Auge gefaßten, schon greifbaren Lust kann nur ein Heiliger an –, doch Alfred Leobold hatte das Problem schon selber überdacht und im Griff. Der Mogger Arthur fahre ihn »hinunter«, wir sollten ihnen beiden nur das Dorf und das Wirtshaus genau aufmalen. Es werde alles prima.

Noch einmal besuchte ich Alfred Leobold im Krankenhaus, ich traf ihn diesmal am Kiosk an, wo er mit ein paar anderen Männern, die sich wohl über ihre Leiden angefreundet hatten, ein Fläschchen Bier hob, und ich beschrieb ihm die gesamte Reiseroute zu dem Dolomitendorf Campill und zeichnete alles auf ein Zettelchen. »Bist ein prima Kerl, Moppel«, bedankte sich Alfred Leobold warm, »dich mag ich und den Winter Erich, weil ihr seid ehrlich, und der Sägerer natürlich auch«, und dann noch mehrfach und immer wirbelnder, wie ein Elfentanz in der schwirrenden Erotik eines blumig-affigen Mittsommernachtstraums: es werde alles einwandfrei funktionieren, »normal« sei er gesund, »das andere« könne er »dann erledigen«, und dem Winter Erich solle ich schöne Grüße sagen und »auf meinen Namen einen Schnaps ausgeben, da, hast zwei Mark«, und er lasse sich also dann vom Mogger oder vom Hümmer Heinz »hinunterfahren«, die hätten ja immer Zeit. Herrgott, wie artig und aufgeregt meine Prosa plätschert, je mehr sie auf die große Reise zutänzelt!

Gerade als ich weggehen wollte, kam eine Schwester des Wegs und maß routinemäßig Alfred Leobolds Blutdruck. Sah dem Patienten bestürzt ins Gesicht und maß noch einmal. Ob er sich durch meinen Besuch besonders aufgeregt habe, fragte die Schwester Leobold.

Nein, warum?

Er, Leobold, habe normalerweise 90 Blutdruck, jetzt aber tatsächlich 200. So etwas habe sie, die Schwester, noch nie erlebt.

»Das gibt's alles, Schwester.« Alfred Leobold lächelte gewinnend und, wie mir schien, sogar irgendwie stolz über seine medizinische Glanztat, und als er mich aus dem Hause geleitete, gewann ich den Eindruck, als ob er geradezu erleichtert sei, mir für meine Alpeneinladung gleichfalls etwas Angenehmes und sogar Sensationelles rückbeschert zu haben. Ein unfaßlich hochherziger Mann.

Wohlgemut rannte ich in die Stadt zurück (aus einem bestimmten geheimen Grund wird die reizende Witwe Strunz-Zitzelsberger jetzt aufkichern, wenn sie den Satz liest), eilte zu einem neueingerichteten Wein-Ausschank am Marktplatz, wo der Abendwind und Hans Duschke aus gegensätzlichen Richtungen gerade aufeinander losfuhren.

»Moppel!« strahlte Duschke, der eine, wie sich zeigte, mit Brot und Heringen gefüllte Plastiktasche mit sich schleppte, »darf ich dich zu einem Bier einladen, du Lümmel?«

Er durfte. Duschke trug an diesem Abend einen dunkelblauen Anzug, ein hellblaues Hemd und eine irgendwie internationale Krawatte – ich muß zugeben, zusammen mit den fast ordentlichen Silbersträhnen eine Gesamterscheinung, die nicht nur blendete, sondern alles ihn Umgebende buchstäblich niederriß. Kein Fernsehbaron würde ihm in dieser Verfassung das Wasser reichen können.

Wir inspizierten zuerst den Wein-Ausschank, dann machte Hans Duschke aus einem zehn Biere, ließ sich von unserer Italienfahrt berichten, keuchte mehrfach »freut mich, daß du dich um Lääwoohl kümmerst, ehrlich!«, vergaß die Fahrt wieder, randalierte anmutig wie selten, und erst gegen 2 Uhr früh flog der alte Spaßmacher nach Hause, seinen Hering in den schauerlichen Magen zu zwängen. Ich finde, solche heiteren und überflüssigen Intermezzi sind letztlich das Beste am Dasein, ehrlich!

Die folgende Woche in den Alpen verleitet mich zu der sonst verabscheuten Vokabel »unvergeßlich«. Eingestehen muß ich, daß ich mich trotz des niedlichen Pressevertreters Alois Sägerer liebsamer Gegenwart, trotz zahlreicher angenehmer Wanderpartien, wie sie uns älteren Herren so gut zu Gesichte stehen, trotz abendlicher Kurzweil beim Brettspiel, trotz meiner kontinuierlich und geradezu süchtig eingesaugten Grappa-Espresso-Spezialkompotts, die allein einem gegen Süden den Weg zu weisen vermögen – daß ich mich von der Ankunft in dem 300-Seelen-Nest Campill an sofort leidenschaftlich nach Alfred Leobold sehnte, ihn geradezu in dieses ebenso einödhafte wie kreuzfidele Dolomitendorf beschwor, ich denke, dem Pressevertreter Sägerer entging meine Unruhe und mein lächerliches Geseufze um so weniger, als auch er, gewissermaßen als Repräsentant des Zeitgeists, vor Neugier auf die zu erwartenden Wunder bald platzen mußte.

In der Nacht zum Mittwoch, drei Tage nach unserem Eintreffen, wurde ich erlöst.

2

Es war gegen 2.30 Uhr nachts, ich lag im Halbschlaf, meine letzte unwürdige Schachniederlage in die Niederungen des Bewußtseins zurückdrängend, da erhob sich im Treppenhaus der Pension ein kurzer, knallender, ruckelnder Lärm, Sekunden später flog die Tür auf, das Licht ging an, und sichtbar wurden – von vorne nach hinten – unsere Alt-Herbergsmutter Fiorenza Pizei, der jennerweinbärtige Unhold Mogger, hinter Mogger aber, den Kopf über dessen massive Schulter geworfen, das tödlich zarte Antlitz von Herrn Alfred Leobold. Fausto di, oh gioia!

Ich stünde gern noch einmal auf, brummelte ich verstört-verzückt, wenn wir noch eine Flasche Wein kriegten.

Frau Pizei nickte. Eine Flasche? Naja, gut.

»Zwei!« brüllte der Unhold Mogger.

»Vier!« wisperte todesmutig aus dem Hintergrund hervor Alfred Leobold. Ich hätte ihn sofort streicheln mögen.

Alois Sägerer, dieser bedenklich träge Pressevertreter, war zum Empfang nicht mehr wach zu kriegen, sondern schnurgelte, als ich ihn rüttelte, nur »Stammtisch« und »hohes Gefängnis«, so nahmen denn wir drei am Frühstückstisch der Pension Platz, umsaust vom

schlingernden Nachtwind, ständig umschlichen von der zu Recht
das Ärgste argwöhnenden Mutter Pizei, die auch tatsächlich noch
zwei Liter Kalterer See heranschaffte.

»O mei«, wollte Alfred Leobold, der einen elenden, aber gleichzeitig überirdisch freudigen Eindruck machte, das Gespräch eröffnen, aber Arthur Mogger fuhr dazwischen, das sei vielleicht
jetzt ein Durcheinander gewesen, um 14 Uhr sei man von der
»Wacker-Mathild« aufgebrochen, dann in Tegernsee im »Bräustüberl« eingekehrt, am Brennerpaß sei schon Mitternacht gewesen, und beide hätten plötzlich keine Ahnung mehr gehabt, wo
sie sich eigentlich befänden, irgendwie seien sie dann nach Brixen
geraten – »Italien«, sagte leis und erregt Alfred Leobold, der
vielleicht noch gar nicht wußte, daß er sich auch jetzt in Italien
befand –, da hätten sie dann einen Schutzmann nach einem gewissen Campill gefragt, »das hat er noch gewußt, der Alfred, der
Hund!« erläuterte Mogger und bestellte unmäßig krachend einen
kalten Aufschnitt; jedenfalls habe der Polizist – »Carabinieri«,
ergänzte hauchend Alfred Leobold – sie dann in eine Kneipe gepackt, dort hätte »die ganze verlumpte Mannschaft« (sagte Mogger, vermutlich meinte er die Gäste) nach einem Campill gesucht
und schließlich auch gefunden, »ganz hinten«, sagte Alfred Leobold spitzbübisch. Da sei es dann noch einmal »rundgegangen«
(Mogger), der Polizist habe – »vor seinen Augen hat jeder von uns
vier Grappa weggeputzt, stimmt's, Alfred?« – ihnen dann noch auf
der Straße gute Fahrt gewunschen, dann sei man »weitergedon-
nert«, durch ein langes Felsental »und dann den Berg hinauf«, da
sei es »links vielleicht runtergegangen, o mei!« beschwor Alfred
Leobold andächtig die überstandene Gefahr und nippte verbissen
an seinem Rotwein, aber er wollte nicht mehr recht hinein – ja,
und dann habe man schon umkehren wollen, »ich sag zum Alfred,
Alfred, sag ich, da ist der Ofen aus« (Mogger), plötzlich aber habe
an einem Dorfende Alfred Leobold mein Auto gesehen und erkannt, vor der Pension, da habe man dann gewußt, daß man da
sei, da habe man dann gepocht, lang gepocht, ewig lang gepocht,
endlich sei »die alte Frau da«, Mogger deutete rückwärts in die

Küche zu Frau Pizei, in der Tür erschienen, habe aber die Tür sofort wieder zugeknallt – »wie sie dich gesehen hat, Arthur, wie sie dich gesehen hat!« (geradezu frenetisch beeilte sich Alfred Leobold, seinen Scherz nach Hause zu bringen) – »gelt, da sind S' erschrocken!« rief Arthur Mogger und lachte Frau Pizei, die nun den Aufschnitt daherschleppte, röhrend an, »wie ich dahergekommen bin, hähähä!« Und gierig machte sich der Kaufmann über seine ausladende Platte voll älplerischer Delikatessen.

»Aber eine erstklassige Fahrt war's, Alfred!« Mit vollem Mund riß sich Mogger von seinem Teller hoch, ein knalliger Fehler, denn mit einer unkontrollierten Armbewegung fegte er dabei sein adrettes Playboy-Federhütchen vom wüsten Kopfe, das Hütchen segelte genau auf die volle Rotweinflasche zu, ließ diese taumeln – mit einem harten Griff versuchte Mogger die Rettung, stieß aber dabei die Flasche endgültig um, so daß sie den kleinen Tisch sowie Moggers Brotzeitteller restlos überflutete und rot einfärbte, während sich der Hut noch eine Weile taumelnd im Zimmer herumtrieb.

»Sakrament!« ärgerte sich lachend Mogger und schmatzte einen Bissen hinunter.

»Sie, Frau, bringen S' eine andere Flasche!« sputete sich Alfred Leobold mondän, damit das auch ja nicht vergessen würde.

Bevor er, erstmals, zusammenbrach, erzählte Herr Leobold noch eine hübsche Geschichte aus seinen letzten Krankenhaustagen. Er habe da, »praktisch schon wieder gesund«, einen Spaziergang um das Krankenhaus herum gemacht und sei dabei plötzlich in die »Wacker-Mathild« geraten, habe dort – ich, Moppel, könne mir ja vorstellen, was für einen Durst er, Leobold, gehabt habe – ungefähr fünf Weizenbier und sieben Sechsämter getrunken, da habe ihn bei seiner Rückkunft, »ich weiß gar nicht, warum«, ein so ein blöder Arzt angehalten, mit einem Pfleger dabei, und habe ihn gefragt, wie er denn in das Krankenhaus da hereinkomme. Er wohne da, habe er, Leobold, geantwortet (wieder lächelte Alfred Leobold forciert beifallsheischend über seinen kleinen Scherz), da habe der Arzt geschrien:

»Mann, Sie sind ja schwer betrunken!«

»Genau«, habe er, Leobold, geantwortet.

»Hauchen Sie den Mann da mal an!« habe der blöde Arzt weitergetobt und auf den Pfleger gedeutet.

»Warum soll ich dann Sie nicht anhauchen?« habe er, Leobold, zurückgefragt, »warum soll ich dann Sie nicht anhauchen, dann hätten S' wenigstens was davon, ich kann doch genauso gut Sie anhauchen!« wiederholte Leobold, erneut ängstlich auf Applaus bedacht, seinen fast sozialkritischen Knalleffekt, und als wir lachten, versuchte er sich, zum Lohn, auch noch einen Schluck Wein einzupressen, es gelang aber nicht, sondern Alfred Leobold spuckte nun allerlei Schleim von sich, stand auf, sagte »also, gut Nacht«, taumelte, hielt sich an einem Schrank fest und ächzte »Mensch, Mensch«, und als Mogger und ich hinzusprangen und Mogger ärgerlich »Mensch, Alfredl, was machst mir denn!« rief, flüsterte Herr Leobold »das Bier und der Wein« vor sich hin.

Wir trugen den Kranken auf sein Zimmer und legten ihn auf sein Bett.

»Wird schon wieder, Alfred«, munterte Mogger brutal auf.

»Sowieso, Arthur«, stöhnte der Neuankömmling. Es klang wie »Addua«. Wie freute ich mich auf den nächsten Tag.

Ah que bell' aria fresca! Das allerheiterste Herbstwetter war uns beschert. Alois Sägerer saß schon quietschvergnügt mit den beiden Kaufleuten am Frühstückstisch und ließ sich die Geschichten der Nacht berichten, ja die Herren ließen sogar aus reiner Wiedersehensfreude einen ersten morgendlichen Obstschnaps auffahren, und Alfred Leobold, scheinbar gut erholt, bat zum Kartenspiel.

Aber an einem solch herrlichen Herbsttag müsse man doch ein wenig laufen, es treibe einen doch geradezu auf die Berge und Almen hinauf, gebot ich Einhalt und deutete gewinnend zum Fenster hinaus, das in der Tat den Blick auf eine traumhaft schöne Bilderbuchlandschaft eröffnete.

Es rentiere sich doch kaum mehr, wehrte sich Alfred Leobold, gleich sei doch Mittagessen.

Aber Alfred, korrigierte Alois Sägerer, jetzt sei es 11 Uhr, das Mittagessen aber sei um 1 Uhr, da könne man doch noch die höchsten Gipfel packen, lockte der Pressemann. »Da schau«, assistierte sogar der Unhold Mogger, der heute einen besonders putzmunteren Eindruck machte, schnaubend, »da schau raus, Alfredl, da mußt kraxeln und nicht kartenspielen, Alfredl!« Er drang nicht durch:

»Spazierengehen könnt ihr daheim auch«, konterte Alfred Leobold – wenn ich es heute überlege, ein erstaunlich richtiger Satz, er half dem Wackeren indes nicht weiter, sondern wir drei brachen auf, während Alfred Leobold, sichtlich enttäuscht, ankündigte, er werde einen kleinen Frühschoppen abhalten, »dann Zeitung lesen und alles« und sich dann wieder ein wenig ins Bett legen.

Auf Herrn Leobolds bewegende Bitte hin nahmen auch wir Wanderer rasch noch einen Obstschnaps, ein »Zischerl«, wie Alfred Leobold sich neuerdings ausdrückte, dann ging es hinein in die erhabene und glänzende Bergwelt, Hölderlin nennt sie sogar »edelmütig«, und recht hat er. Auf einer Wiese lungerten ein paar Golfspieler. Beim näheren Hinsehen stellte sich heraus, daß es scheckige Kühe waren. Naja, auch gut.

Bei unserer Rückkunft fehlte von Alfred Leobold zunächst jede Spur, bis ich ihn in seinem Zimmer, zusammengekrümmt auf seinem Bettchen, fand. »Furchtbar«, jaulte mir mein Liebling entgegen, »furchtbar, ganz furchtbar« gehe es ihm, er habe sich jetzt niedergelegt, weil er nicht mehr habe stehen können, und sitzen könne er »sowieso« nicht, ich müsse schon entschuldigen. Der Ex-Teppich-Matador seufzte steil und erschütternd durch. »Und da!« rief er plötzlich in kaum mehr gezügeltem Zorn, griff zitternd ins Nachtkästchen und zog einen kleine Plastiksack heraus: das seien »lauter Tabletten und Gelump«, das ihm der Doktor beim Abschied aus dem Krankenhaus mit auf den Weg gegeben habe, »für Leber und Herz und alles, aber ich freß es nicht«, jammerte Alfred Leobold steinerweichend, »ich bin doch nicht krank«, und nachhaltig drückte er mir das prall mit Pharmaka gefüllte Säckchen in die Hand, mit einem geradezu glühenden Leidensausdruck im Gesicht: »Da, wirfst das Zeug da in den Bach da drunten rein, damit's weg ist!«

Wie schön! Herr Leobold wollte »das Zeug« nicht einfach in den Abfalleimer oder Ofen geworfen haben, sondern direkt den Elementen anvertraut wissen, damit es auch endgültig weg sei! Der Herr hat es gegeben, der Herr hat es genommen, der Kreislauf der Vernichtung war der Naturzweck, na, Thomas Bernhard, wer sagt's denn!

Schafsgesichtig beobachtete ich, wie mein Freund nun zur Abwechslung wieder hochkrabbelte und vorschlug, vor dem Essen noch ein »Zischerl« zu machen, vielleicht werde es ihm dann »besser«, sagte er todesmutig, nein, natürlich: »evendöll«, sagte er mit sprachlicher Meisterschaft.

»Geht in Ordnung«, versuchte ich mich dieser Pracht rücksichtslos anzuschmiegen.

»Genau«, parierte Alfred Leobold, und wir stiefelten los. Vor einem der urweltlichen Bauernhäuser auf einer Bank saß eine alte Frau, sah in den Boden und schmauchte eine Pfeife. Etwas verwegen Fransiges schnurrte und zuckelte durch meinen Schädel. Prima.

Beim Mittagessen saß – o Wunder – Alfred Leobold dann tatsächlich schon wieder recht sicher und aufrecht auf seinem Stuhl, vermochte allerdings sein Essen nicht zu sich zu nehmen, sondern kostete nur ein winziges Stück Fleisch. »Ganz prima, Arthur, iß du!« sagte er einladend und schob dem Kaufmann seine Portion hin. Arthur Mogger fraß sie weg und rieb sich dann übers stattliche Bäuchlein: »Da schau, Alfred, das kann mir niemand nehmen«, grunzte der Räuberhauptmann und bleckte die Zähne vor allgemeiner Lebenslust.

»Genau«, antwortete Alfred Leobold, eine weitere Perle in dieser hinreißenden Kette.

Für den Nachmittag war, von Mogger und Sägerer, ein Ausflug ins benachbarte Grödnertal ins Auge gefaßt worden. »Jawohl, da spielen wir dann Schafkopf«, rief Alfred Leobold und suchte sofort und geistesgegenwärtig die Regie zu erhaschen.

»Sowieso«, sagte diesmal zur Abwechslung Alois Sägerer und lachte herzhaft. Ich weiß bis heute nicht, ob er das alles komisch fand.

Die Fahrt in Alfred Leobolds L 295 mit Arthur Mogger am Steuer führte durch das wildromantische Gadertal, dessen enge Kurven der Kaufmann so schwungvoll nahm, daß Alfred Leobold aus dem Hintersitz hervor immer wieder »Arthur, tu halt langsam, tu halt langsam, Arthur!« hervorgreinte, und schon zehn Minuten nach Antritt der Tour schlug er jammernd vor, beim nächsten am Weg liegenden »Sporthotel« ein »Zischerl« zu machen. Warum er denn jetzt schon pieseln müsse, tobte überraschend laut der Fahrer Mogger. »Nein, Arthur, ein Zischerl Bier!« jaulte schrecklich schön Leobold, und dann lächelte er gleißend: »Zuerst ein Zischerl oben rein, dann ein Zischerl unten raus, genau, Addua!« In diesem Augenblick schien mir nicht nur Alfred Leobolds Welt wieder um ein Stückchen einsichtiger geworden zu sein: um den durchaus heraklitmäßig gedachten Kreislauf des Zischens; endgültig eröffnete sich mir auch der Stellenwert des Wörtchens »genau«. Es bedeutete in charmantester Form nicht mehr und nicht weniger als »grauenhaft«, seine Massierung aber signalisierte genau das allmähliche Überhandnehmen und Unerträglichwerden des Grauenhaften.

»Hättest halt gehalten, Arthur!« schluchzte jetzt erneut Alfred Leobold, »hättest halt beim letzten Sporthotel da gehalten, der Moppel hätt' ja auch ein Zischerl machen wollen!« So war es. Befähigte ihn der Schmerz plötzlich zum Gedankenlesen? Mir machte ein starkes Herzflattern Pein – eine Art Projektion von Leobolds Leid auf mich? Etwas verlegen und Rücksichtnahme auf den Kranken vorgaukelnd, gab ich unserem Fahrer zu verstehen – »Arthur, tu halt langsam«, weinte es wieder von hinten her –, beim nächsten Sporthotel möge er anhalten, wir hätten ja Zeit, »für ein Zischerl«, ergänzte Alfred Leobold äußerst hartnäckig.

Am Tresen fühlte sich Alfred Leobold sofort sicherer. Er zahlte uns generös vier Biere, nötigte uns in der Freude der wiedergewonnenen Lebensgeister auch je einen doppelten Obstschnaps

auf, er selber flößte den seinen außerordentlich bedächtig, ja ver-
ehrend in seinen Mund, und im Fortgang der Reise fühlte sich
Alfred Leobold sogar zu einem reizenden Späßchen aufgelegt:

Arthur Mogger beabsichtigte nämlich einen Wirt namens
Weber Uli, der angeblich auf dem Scheitelpunkt des Grödnerjochs
hauste, aufzusuchen, bei diesem für die bevorstehenden Neujahrs-
tage Zimmer für 32 Mann, nämlich Freunde aus dem Umkreis des
Gasthauses »Wacker-Mathild«, vorzubestellen – was nun Alfred
Leobold überhaupt nicht in den Kram paßte, denn, wenn ich es
richtig verstanden habe, wollte er diese Leute um Neujahr selber
um sich haben: und er leistete also von Beginn an erstaunlichen
Widerstand, diesen Weber Uli zu suchen und am Ende gar zu
finden. Arthur Mogger fragte in unterschiedlichen Gaststätten
nach, wo hier Weber Uli daheim sei, für Alfred Leobold und
mich übrigens Gelegenheit, jeweils ein »Zischerl« zu machen. Und
dabei wurde Herr Leobold immer aufgekratzter und beschwingter:
denn niemand wußte von einem Weber Uli.

»Es gibt keinen Weber Uli«, griente er satt von hinten hervor.

»Freilich gibt's den, Alfred!« schrie Mogger und stürzte die
schwindelerregende Paßstraße noch hektischer hinab.

»Tu halt langsam, Arthur.«

»Freilich gibt's den Weber Uli, ich hab doch schon viermal mit
ihm telefoniert!« Mogger platzte fast.

»Aber nicht da«, konterte kühl und immer kreuzfideler Alfred
Leobold, »nicht in dem Tal da. Am Gardasee, ja, da gibt's einen
Haufen Weber Ulis«, dieser todkranke Mann erreichte plötzlich
einsame Sphären mitteleuropäischen Spitzenhumors, »am Gardasee, jederzeit, sowieso . . .«

»Ach, Alfred, Depp!« ächzte der Kaufmann am Steuer und
schien zu resignieren, aber sein Widersacher gab noch nicht nach:

»Horch, Arthur!« begann er nach einer Weile erneut und kniff
Alois Sägerer und mich immer wieder in den Arm, um uns auf das
schmähliche Ausgetrickstwerden Moggers aufmerksam zu machen,
»horch, Arthur, das wirst halt am Telefon falsch verstanden haben,
das wird halt . . .«

»Nein, alles!« brüllte sinnlos und erhitzt Mogger.

»… ein Schreiner Uli sein, der eine Weberei hat. Das gibt's oft. Das wirst halt am Telefon falsch verstanden haben, Arthur!« Mogger zog den Steirerhut noch tiefer über die Stirn.

»… Schreiner Uli, genau«, Alfred Leobold nützte die Spanne seiner wiedererblühten Lebenskraft voll aus, die kurzfristig überstandene Todespanik machte den Seligen geradezu feixen, »das ist schon oft passiert, daß jemand am Telefon was falsch verstanden hat. Am Gardasee, in Riva vor allem, hat's jede Menge Weber Ulis und alles. Da mußt hinfahren.«

Auch in Wolkenstein wußte niemand etwas von einem Weber Uli.

Was Alfred Leobold, seinen Triumph auszukosten, ein weiteres Bier zuspielte. Später in St. Ulrich wollten wir schnell einem befreundeten Hoteliers-Ehepaar Grüßgott sagen, doch kaum hatte Alfred Leobold die Tische in dieser Pension wahrgenommen, bat er erneut und diesmal nahezu unwiderstehlich zum Kartenspiel. Aber wir sollten doch lieber auf die wunderschöne Seiser Alm hinauffahren, versuchte ich es, weniger überzeugend als am Morgen, das wunderschöne Wetter, der erhaben bizarre Langkofel …

»Ach wo, nichts«, beschied Alfred Leobold kategorisch und bestellte so umsichtig von Frau Christel Spielkarten sowie vier Bier und vier Obstschnäpse, daß jeder Widerstand in sich zusammenbrach. Da war nichts zu machen.

»Tu raus auf Herz!« schmetterte Alfred Leobold zart und verlor glanzlos. Ein neues Wunder an Güte: er hatte den Solo offenbar nur gespielt, um für die rechte Auftakts-Rasanz zu sorgen. »Evendöll« hätte er ihn gewinnen können, schelmte gewinnend und allerliebst dieser hochherzige Mann und schob uns verächtlich die Münzen zu, »du gibst, Arthur«, machte er Dampf.

Dann geschah es. Mitten im zweiten Spiel legte Alfred Leobold die Spielkarten vorsichtig auf den Tisch, schraubte sich vom Stuhl hoch und trat tastend ans große Veranda-Fenster.

Was denn sei, wollte Mogger zornig wissen.

»Da geh her, Moppel!« wisperte Herr Leobold tonlos, »schau!« Und er sah blicklos zum Fenster hinaus.

Nun wurde ich doch (wie in einem letzten Aufbegehren von Kritik) recht ungehalten und schrie zum Fenster hin, wir würden jetzt nicht zum Fenster hinausschauen, sondern kartenspielen, er, Leobold, habe doch danach gedrängt ...

»Ja, genau«, antwortete Herr Leobold und preßte inbrünstig die Hand gegen die Fensterscheibe, »schau, Moppel ...!«

»Was ist denn, Alfred!« brüllte Mogger ärgerlich, weil er ein schönes Spiel laufen hatte. Verwundert, aber auch irgendwie abgebrüht äugte der Pressevertreter Sägerer drein.

Ich war nun doch neugierig geworden, im untersten Bewußtsein vielleicht auch etwas besorgt um den Freund, und trat also zu ihm, Zorn mimend: was denn nun sei?

»Naja«, deutete Leobold auf die gegenüberliegende sonnig herbstliche Seceda.

»Was denn?« rief ich.

»Berg Berg«, sagte tonlos Herr Leobold.

»Was Berg? Freilich Berg!« fuhr ich ihn grimmig und dümmlich an; ich bereue es heute, und meine Grobheit beschämt mich.

»Berg«, wiederholte Leobold hilfesuchend.

Freilich seien hier Berge, schrie Arthur Mogger roh von hinten.

»Genau«, flüsterte jetzt delikat Alfred Leobold, drehte sich um und stocherte zu seinen Karten zurück, bleich bis zur vollkommenen Transparenz, ja Körperlosigkeit. Und bestellte träumerisch vier Obstschnäpse. Verlor einen angesagten Durchmarsch ohne Grün-Ober – »ich hab den Grün-König für den Grün-Ober gehalten, die schau'n sich so ähnlich, naja, ist ja gleich« – und bezahlte, was mir sehr erinnerlich ist, mit geradezu hektischer Freude, ein Zug, der mich auch später an Alfred Leobold immer wieder fesselte und entzückte: Niederlagen müssen nur mächtig genug ausfallen, um, vermutlich nach den Gesetzen Hegels, wieder in maßlose Freude umzukippen, ja in das Gefühl der Weltherrschaft. Oder, um es etwas weniger geschwollen und mit Italo Svevo auszudrücken: »Wahrlich, das war eine unzweideutige

Äußerung von Krankheit oder von Herzensgüte, jedenfalls von zwei menschlichen Eigenschaften, die in inniger Beziehung zueinander stehen. Dies ist die Wahrheit über mich und Guido.«

Und über Alfred Leobold, da möchte ich wetten! – Auch in St. Ulrich wußte niemand von einem Weber Uli, so daß Arthur Mogger unverrichteter Dinge wieder nach Campill zurückchauffieren mußte. Alfred Leobold ließ sich, wie im Wechselfieber jetzt wieder eingebettet in die lauterste Wonne, während der Fahrt über das Joch die Chance nicht entgehen, Arthur Mogger erneut den Meister zu zeigen.

»Und, Arthur, schau her«, spottete er unermüdlich und wie besessen von seinem Rücksitz hervor, »da könntet ihr ja gar nicht Skifahren, da gibt's ja nirgends Skipisten!«

»Du Aff!« Mogger, nun vollends wutentrückt, ließ das Steuerrad los und deutete mit beiden Händen zum Fenster hinaus: überall könne man hier prächtig Skifahren, was sollten denn sonst die vielen Lifte?

»Das sind Bieraufzüge, Arthur!« parierte Leobold feierlich.

Ich glaube, an dieser Stelle, hoch schlingernd auf dem Grödnerjoch, verliebte ich mich endgültig in ihn.

O dolce notte, scendere! Am Abend, zurück in Campill, spielten wir wieder Karten. Nach drei Stunden, gegen Mitternacht, fächerte Alfred Leobold erneut und behutsam sein Blatt auf den Tisch, begann zu stöhnen und legte sich auf die Wirtsbank: Er glaube, es sei jetzt aus, wir müßten schon entschuldigen. Am anderen Tisch sang eine wildgewordene Mannschaft grüner Gebirgsjäger vaterländische Lieder und Alpenzoten. Als Leobold sank, heulten sie gerade noch lauter auf.

Ah! Non lasciarmi!

Noch einmal, mit brechender Stimme, raunte der Kranke Alois Sägerer zu, er müsse schon verzeihen, aber er könne das Blatt nicht mehr halten.

»Geht in Ordnung, Alfred!« stemmte Mogger mißmutig und mörderisch heraus; dieser Satz stammte zweifellos aus dem Geist der Finsternis. L'ora fatale è suonata. Es war zum Schreien.

Wütend machte ich den tollgewordenen Gebirgsjägern Zeichen, sie sollten ihren schweinischen Gesang abbrechen, hier liege ein Sterbender, rief ich wohl sogar betrunken und im Zuge diffuser unbeholfener Herzenswärme, und ich gab der Wirtin den Auftrag eines Tees mit Rum, aber schnell!

Alfred Leobold rann jetzt der Angstschweiß übers niedliche Gesicht, das er, sich wieder etwas hochrappelnd, nun teilweise mit den klapperdürren Händchen abschirmte. »O mei, o mei«, schluchzte er – diesmal ging es nicht in Ordnung. Alois Sägerer steckte sich in scheinbarer Gelassenheit eine Zigarette an und sah zur Zimmerdecke empor, die typische optimistische Weltanschauung des Presse-Menschen, daß am Ende doch alles wieder gut würde. Aber Arthur Mogger kam plötzlich die Idee, Christenpflicht im Räuberantlitz, Alfred Leobold die Hand zu halten, ein wunderbares Bild dolomitischer Dolorosa und Niedertracht!

Wir flößten nun Alfred Leobold den Tee ein, anscheinend bekam dem Kranken allein das Gefühl des Trinkens schon gut, er gewann wieder etwas an Haltung, wischte sich schamhaft den Schweiß von der Stirn und das Wasser aus den geröteten Augen – vor Freude gab ich gleich noch einen Tee in Auftrag, diesmal, obwohl zurechtgewiesen durch den klügeren Sägerer, mit zwei Rum. Auch ihn schlürfte Alfred Leobold anmutig in sich hinein, plötzlich lächelte er und sagte, seinetwegen könnten wir nun weiterspielen. Caro mio ben!

Die Gebirgsjäger verstanden dieses tatsächlich überirdische Lächeln wohl als Signal, daß das Leben nunmehr zügig weitergehe, und sie brüllten erneut los, so daß Leobold schmerzlich zusammenzuckte, indessen sein Lächeln bravourös über die Runden brachte. Ob er, Sägerer, wandte er sich an diesen, ihm, Leobold, glaube, er, Leobold, habe gedacht, jetzt gehe es dahin?

»Ist schon gut, Alfred«, kalmierte der Pressemann.

»Ehrlich, Sägerer«, insistierte Leobold sotto voce.

»Und morgen, Alfred, kriegst keinen Schnaps mehr, Alfredl«, endete Mogger brüsk das Idyll. Für meinen Geschmack allzu weise grinste Alois Sägerer.

»Genau. Aber Bier«, antwortete Alfred Leobold und gähnte.

Wir nahmen ihn zu zweit unter den Armen und trugen ihn so vorsichtig durchs Dorf. Auf halber Wegstrecke bat Alfred Leobold, wir möchten ihn kurz abstellen, er müsse »ein Zischerl machen«. Wir stellten uns fangbereit daneben. Ein leiser und grauer nächtlicher Windstoß, der durch das Gadertal fuhr, warf den Pinkler fast um, doch wir waren zur Stelle. Dann machte sich Alfred Leobold noch einmal frei, indem er unsere helfenden Arme abschüttelte, und begann wie tändelnd in seiner Jackentasche herumzukramen. »Unglaublich«, lächelte er bezwingend.

»Was ist unglaublich, Alfredl?« Tränen frömmelnder Aufregung sickerten mir in die Augen.

»Glaubst, Arthur, ich hab mir jetzt in eineinhalb Stunden vier 20er-Packungen Zigaretten gekauft, und jetzt ist keine mehr da, Arthur!« Leobold lächelte Mogger schäkernd an. Auch in der Stunde der höchsten Gefahr ließ es sich der Mann nicht nehmen, dem gesundheitlich haushoch überlegenen Kaufmann eins auszuwischen. O gaudio supremo!

»Geht es in Ordnung?« verabschiedete ich mich von Alfred Leobold, der sofort ins Bett fiel. Ich konnte, von Dünkel beschwingt, plötzlich nicht mehr anders.

»Freilich«, antwortete der Göttliche zu meiner leisen Enttäuschung.

Ich bohrte salbungsvoll nach. Ob er glaube, gut schlafen zu können? Ah no, no, no pianger, corragio...

»Genau«, sagte Leobold fest. Endlich! Va bene, va benissimo.

Mit wirren, albernen, dummdreisten Gedanken flegelte ich in den Schlaf. Wie herrlich, daß ich schon wieder in Italien war! Meine Hochzeitsreise! Brautbett und Totenbett! »Berg – Berg« – seine Reisebeschreibung. Das nenne ich lakonischen Stil, keine Chance für Hemingway! Vielleicht war ich nicht mehr ganz richtig im Kopf! Das sind keine Skilifte, sondern Bieraufzüge. Alles klar. –

Am Morgen erschien zuerst Arthur Mogger am Frühstückstisch und teilte mit, Alfred Leobold kleide sich gerade an und habe ihm, Mogger, gerade noch einmal fest zugesagt, heute Abstand von

Schnaps zu nehmen. Bier dürfe er aber trinken, was er hinein-
bringe, habe Leobold gesagt. Alois Sägerer schmunzelte verwegen.
Er, Mogger, gehe sich jetzt waschen – dann könnten wir seinetwegen sofort wieder kartenspielen. Zehn Minuten später erschien,
zerknittert von der überstandenen Agonie, aber lächelnd, Alfred
Leobold. Ein bravouröser Auftritt! »Das glaubst nicht, Moppel,
aber der Arthur wascht sich jetzt seit zehn Minuten seinen Sack,
unglaublich!«

»Der will halt allzeit bereit sein«, scherzte Alois Sägerer.

»Unglaublich, auch gestern schon. Ununterbrochen wascht er
seinen Sack. Mit dem kannst nirgends hinfahren. Ich möcht' bloß
wissen, warum er andauernd seinen Sack wascht.« Leobold zwinkerte pfiffig. »Mußt einmal zuschauen, Sägerer. Der wird seinen
Sack halt jetzt bald studieren lassen, Moppel! Und drei Obstler,
Fräulein!« Flink nahm Alfred Leobold das dienstfertig vorbeistrei-
chende Fräulein Agata Pizei wahr und schnalzte sogar lebenslustig
mit dem Finger.

Dann wandte sich mein Liebling an mich:

»Und paß auf, Moppel, wir machen jetzt dann im Dezember
eine Reise nach Seattle. Nach Seattle. Ganz prima. Einwandfrei.
Seattle, da hab ich einen Verwandten in Seattle. Seattle liegt an der
kanadischen Grenze. Wir fliegen mit dem Flugzeug, und dann
fahren wir mit dem Auto an der Grenze entlang. Das Auto leihen
wir uns. Und heimwärts fahren wir dann über Genua, genau,
Genua, dann wieder rauf nach St. Ulrich, da kehren wir dann bei
der Christl wieder ein, dann Pertisau, München und wieder heim.
Und natürlich Campill sowieso. Kostet 1000 Mark der Flug. Im
November fahren wir.«

Blieben also noch drei Monate. Ich wandte schwach und widerstandslos ein, ich wüßte eigentlich nicht genau, was ich in Seattle
sollte.

»Jjjjaah«, stoppte mich Alfred Leobold mit einer wahren Kolo-
ratur an j- und a-Tönen elegant, »wir fliegen rüber, dann mieten
wir uns ein Auto und fahren die ganze Grenze entlang. Geht immer
schnurgerade!«

Der Kaufmann Mogger war zurückgekommen. »Was willst dann in Seattle?« erkundigte sich auch er.

»Und du, Sägerer«, antwortete Alfred Leobold, »du kannst dann auch mitfliegen, und drüber schreiben, über Seattle lesen die Leute gern was, bist ein prima Kerl, Sägerer!« Schon wieder tropfte mir etwas Warmes über die Wangen. Dann machten wir uns auf, im Campiller Sporthotel eine Art Frühschoppen abzuleisten.

»Aber keinen Schnaps!« brüllte noch einmal Arthur Mogger.

»Einwandfrei«, antwortete Leobold transzendental und lächelte undeutlich. Alois Sägerer grinste windschief, Arthur Mogger putzte seine Brille und fegte dabei ein verblüffend blindes Antlitz frei. Etwas Verwestes, nahezu sexuell prickelnd, streifte mich.

»Und dann fahren wir nach Prag«, sorgte Alfred Leobold, offenbar beflügelt von Todestrotz, für neue Überraschung. »Und dann nach Heidelberg«. Dort habe er gute Freunde, wenn ich Leobold richtig verstanden habe. »Sägerer, kommst mit? Dann sind wir drei.« Das Flehen um Zuneigung in diesem verlöschenden Gesichtchen! Dann war auch schon das Mittagessen da.

Frl. Agata erkundigte sich, ob ein Nachtisch erwünscht sei. Alfred Leobold, erneut außerstande, etwas Warmes herunterzuwürgen, fragte wahrhaft geistesgegenwärtig, was es gebe. Käse oder Obst, wisperte Frl. Agata. »Genau«, schelmte Leobold massiv und zärtlich, »Obst. Bringen S' vier Obstler, Fräulein!« Das Eisige, die Gipfelschauer. Arthur Mogger schrie auf. Es gebe, protestierte der knallige Sekundant fast warm, heute keinen Schnaps, er, Alfred, habe es doch fest versprochen. »Genau, Arthur«, flötete Leobold sanft-silbrig, »wenn's Obst gibt, müssen wir eins trinken, Sägerer!« Traumhaft lächelte er uns an. Er war einfach unschlagbar und wußte es.

Erneut forderte Alfred Leobold zum Kartenspielen auf. Wir drei argumentierten schwach dagegen: wir wollten ein wenig laufen, ins benachbarte St. Martino, schlug Alois Sägerer wendig vor. »Genau«, flüsterte Alfred Leobold, und mir wurde immer metaphysischer zumute, und ich bestellte – wie mir Alois Sägerer später grinsend erzählte – einen Espresso und zwei Grappas, indessen

Alfred Leobold bezwingend sagte: »Genau, Arthur, wir fahren jetzt nach St. Martin oder wie das Zeug heißt und spielen Karten, sowieso, Arthur, Mensch, ich hätt jetzt Lust auf was Saures, also, auf geht's, Sägerer, Moppel, alle!«

In St. Martino, nach zwei Spielen, legte Alfred Leobold, ähnlich wie am Vortag in St. Ulrich, das Blatt beiseite und krabbelte vom Tisch weg. Vermutlich schon lustvoll scherzend, schrie ich erneut auf, daß wir jetzt Karten spielten und nicht »Berg Berg anschauen« würden, das könnten wir daheim auch, verlängerte geschmeidig Alois Sägerer und grinste wehmütig. Doch mit einer wortlosen, allgemein Gutes signalisierenden Handbewegung verschwand Alfred Leobold, kam nach fünf Minuten wieder und lächelte sphinxhaft: »Gleich kommt's.«

Zehn Minuten später kam eine herrliche, riesenhafte Wurstplatte angefahren. »Da«, deutete Alfred Leobold verschämt und sieghaft auf sie, wir sollten zugreifen, »genau«. Arthur Mogger war es, der den Freund darauf hinwies, daß wir doch eben erst von einem ausladenden Mittagessen kämen, und roh griff aber Mogger in die Wurstpracht hinein und verschlang geschlossenen Auges ein Stück Leberkäse. »Und Fräulein«, rief Leobold froh der Wurstbringerin zu, »bringen S' noch vier Obstler!« Grandios! Er gab nicht auf! Und Mogger leistete auch nur noch verhalten Widerstand. »Alfred, nichts!«

»Glaubst, Sägerer, der Mogger läßt mich einen Schnaps trinken? Der läßt mich keinen trinken, Sägerer. Was er nur hat?« Ich möchte dem Pressemann nicht zu nahe treten, aber gerade er, als Vertreter der Aufklärung, hätte hier vielleicht mit ein paar gezielten Worten einschreiten müssen und nicht nur so liberal grinsen dürfen ...

»Die Ärzte«, ächzte Mogger leidenschaftlich und nahm einen maßlosen Schluck Bier in sich auf, »haben dir den Schnaps verboten, Alfred, sag ich dir!«

»Ach wo«, parierte Alfred Leobold virtuos.

»Jawohl!« rief Mogger.

»Jetzt ist schon alles gleich«, raunte Alfred Leobold.

»Du Ochs!« kreischte Mogger, »die Ärzte im Krankenhaus haben studiert! Studiert! Alfred!«

»Du, Moppel«, wich Alfred Leobold tändelnd aus, »hast du den Sack mit den Tabletten in den Bach geworfen? Damit's weg ist?«

Ich log ein Ja zusammen. »Prima«, sagte Alfred Leobold überraschend und gestochen scharf, »bist ein ganz prima Kerl, Sägerer, tu raus auf Grün!«

Wahrscheinlich geschwächt durch die letzten Tage, unterliefen Alfred Leobold beim Kartenspielen vereinzelte, aber wahrhaft bitterliche Fehler, die zufällig jeweils Arthur Mogger mitzubezahlen hatte.

»Alfred, du bist ja ein Rindvieh!« brüllte aufgewühlt der Kaufmann und kratzte sich an seinem saubergewaschenen Genital, »du mußt Herz bringen, dann gewinnen wir das Spiel tausendprozentig!«

Das Geschrei muß durch das ganze Gadertal gehallt haben.

»Genau, Arthur. Fehler sind dazu da, daß sie gemacht werden, Arthur!« sagte geradezu quirlig Alfred Leobold. Der Tödliche befand sich erneut in einer Art Hochform.

Eine halbe Stunde später war es wieder so weit. Alfred Leobold griff verheerend fehl und sah sich einem erstaunlich langen Angriff Moggers ausgesetzt:

»Du bist ja blöd, Alfred, du mußt zuerst Eichel bringen, dann stech ich rein und dann sitzt du, wenn ich mein Grün bringe, in der Hinterhand, Alfred, du Rindvieh! Und dann kann der Sägerer mit seinem Roten gar nichts mehr machen, weil ich ihn mit dem Grünen abfang, Alfred, dann hätten wir das Spiel garantiert gewonnen, du setzt dann einen Unter und ich werf meine Sau weg, und zuletzt schmierst du mir deinen Zehner, du Aff, dann gewinnen wir das Spiel, da garantier ich dir hundertmal tausendprozentig. Wir machen 63 Augen!«

Anscheinend sind unsere deutschen Kaufleute wirklich helle Köpfe. Aber gegen die pensionierten können sie natürlich nicht an:

»Arthur«, sagte Alfred Leobold und egalisierte mit einer meines Erachtens sehr originellen Variante Hemingwayschen Gedankenguts sein Malheur: »Spiele sind dazu da, daß sie verloren werden, Arthur!« knitterte es fröhlich aus seinem zuckenden Mund.

Mogger brüllte kläglich zurück, unter den beschriebenen Umständen machten sie 63 Augen, jawohl!

»Spiele, Arthur«, beharrte Leobold unerschütterlich, und Alois Sägerer sah ihn nun gleichfalls fast verliebt an, »sind dazu da, daß sie verloren werden.«

»Gewonnen!« brüllte der Kaufmann ohne jeden Glanz.

»Nein, schau, Arthur«, wimmerte Alfred Leobold verschmitzt, »du mußt ja bedenken – Mensch ist mir schlecht –, daß in Südtirol nicht so viel nach deinem Willen geht wie sonst.« Und würdevoll trumpfte er nach diesem Satz mit Grün. »Mensch, Sägerer, bin ich froh, daß ich da bin in Campill!«

»In St. Martin«, korrigierte der Pressemann.

»Oder in St. Martin«, sagte Alfred Leobold.

Gegen 16 Uhr stahl sich der Unirdische erneut wortlos vom Kartentisch davon und verschwand. Ratlos sahen wir drei uns an. Zehn Minuten später kehrte unser herrlicher Freund zurück und drückte mir einen mit Südtiroler Trinkmotiven vollgemalten Aschenbecher in die Hand. »Da, Moppel«, sagte er inständig, »für die Sabine. Den gibst ihr. Da.«

Ich lehnte mich nachdenklich zurück, ratlos, was ich sagen sollte. Das hatte noch gefehlt.

»Prima Weib«, fuhr Herr Leobold innig fort und sah mir beherrschend ins Auge, »den gibst ihr. Du siehst sie schon einmal wieder. Und dann sagst ihr einen schönen Gruß.«

»Welche Sabine?« log ich mich einfältig zurecht.

»Naja, die da. Du kennst sie doch«, erläuterte Alfred Leobold, während es mich lauwarm überlief. Ausgerechnet Sabine! In dieser bizarr-dunklen Dolomiteneinsamkeit, der vom Tod durchwehten! Schauderhaft! Und dabei hatte ich doch die Sexualität zugunsten von Alfred Leobold schon so schön ad acta gelegt ... so etwas Idiotisches ...

»Sabine«, sagte Leobold und drückte mir den Aschenbecher noch einmal warm in die Hand, »prima.« Seine Sätze reiften zu einer immer kürzeren Inständigkeit.

»Alfred!« johlte Mogger dazwischen, »die bürstelt doch jetzt der Schießlmüller!«

»Genau«, wehrte auch dies Alfred Leobold mit dem kleinen Finger ab, um wie erleuchtet fortzufahren: »Und im Dezember fahren wir dann nach Seattle. Da, der Aschenbecher, Moppel. Sägerer, hast einen Solo, ich tät einen Solo spielen, wenn ich einen hätt.«

»Dankschön, Alfred«, brummelte ich schmelzend.

»Einwandfrei«, sagte Alfred Leobold glitzernd.

»Eichel sticht!« rief froh Alois Sägerer und schielte mich gerissen an. O Sabina, Sabina, quanta pena mi costi! Vollkommen traumvernarrt. In brenzligen Situationen liefen mir Verstand und Gefühl fast immer in die Oper ein.

»Fräulein, wir kriegen dann noch vier Obstler«, bedeutete Alfred Leobold der vorbeihuschenden Bedienung und hob signalhaft das Ärmchen. Damit hatte er es endgültig geschafft, Arthur Mogger schritt nicht mehr ein. Ich trank das Zeug weg und dachte, sentimentaler Esel, der ich bin, vielleicht ein letztes Mal, mit jener Inbrunst, die uns so rücksichtslos dem Schwachsinn ausliefert, an Sabine, die Unsterbliche …

Gegen 18 Uhr, er hatte bereits einen Mächtigen in der Krone, unterlief Alfred Leobold ein letzter katastrophaler Fehler. Seltsam, wenn ich bedenke, daß auch mein zweiter Vorname auf »Alois« lautete, saßen hier vier As vereint an einem Tisch und hielten das Universum zusammen, Alfred, Arthur, Alois, Alois … unglaublich … und diese vier As hielten seit Stunden viermal ein As in den Händen und tauschten Geld und schenkten sich zum Teil sogar Aschenbecher und …

… Genüsse und … Liebe … und der Wald rauschte immerfort den Gaderbach entlang usw. …

Diesmal sprang Arthur Mogger bei seiner Leobold-Schelte sogar auf:

»Alfred, du hirnverblendeter Narr! Du mußt …«

Ein dritter – ich stehe nicht an zu sagen sterngekränzter – Kernsatz war Alfred Leobold gegönnt:

»Arthur«, sagte er und deutete lustig auf sein Geldschüsselchen, in dem sich tatsächlich ein Gewinn von etwa 40 Mark tummelte, »ich spiel halt immer so, daß ich gewinn, Arthur!« Für das letzte »Arthur« spendierte ich Leobold sofort und hingebend einen Obstschnaps, und mein Freund revanchierte sich ebenso zügig mit »zwei doppelte, Fräulein!« Die Witwe Strunz-Zitzelsberger, an die ich damals freilich am allerwenigsten dachte, würde sich sehr zusammenreißen müssen. Sie wird in den nächsten zwei Stunden anrufen müssen und schwören, von jenem trostlosen Helmut abzulassen! Denn ich bin drauf und dran, jetzt bei dieser Retrospektive mich erneut in Alfred Leobold zu vergaffen, dann hat sie es!

Frischvergnügt fuhren wir irgendwann nach Campill zurück. Nach dem Abendessen unternahm ich, die verwirrten Sinne zu besänftigen, einen Spaziergang mit Arthur Mogger, den flüsternden, Obskures rauschenden Campillbach entlang. Dieser starke, würzige Wasserduft! Der Himmel war vollkommen sternenlos.

»Der Alfred«, faßte sofort und energisch Arthur Mogger die letzten beiden Tage zusammen, »der Alfred braucht eine Frau, eine gescheite Frau« – ein glatter Unsinn, hatte er doch uns.

Dabei, fuhr Mogger sozusagen mit der Verve treuer unabdingbarer Freundschaft fort, habe er, Mogger, ihm, Alfred, immer wieder angeboten, er könne die Susanne haben, »jederzeit, hab ich gesagt, Alfred, jederzeit kannst sie haben – du kennst sie ja, Moppel, ist ja ein Trumm Weib!« brüllte Mogger so rüd in die Nacht, daß ich einen Moment lang versucht war, ihn den Abhang hinunter in den Bach zu stoßen. »Jederzeit!«

Jetzt spürte Arthur Mogger wohl, daß er sich hier ein wenig zu weit in die Zonen des Lumpigen und Dämonischen vorgewagt hatte, so daß selbst diesem steirerhutbewehrten Gemütsgangster ein wenig grausig wurde – und er versuchte sich also zu korrigieren: »Weißt du, Moppel, es ist ja nicht bloß so, daß das bloß eine blöde Sau wäre, die Susanne, eine blöde Sau wie die anderen. Ich mag sie, ehrlich gesagt, gern. Die ist nicht nur körperlich gut da, pfenniggut, sondern die hat auch durchaus, Moppel«, der Kaufmann suchte scharf nach dem rechten Wort, »durchaus ihre geistigen Qualitäten, völlig klar! Die Susanne, die ist intelligent, sauber«, Mogger überlegte ein paar Sekunden ins Nachtblau hinein, »intelligent, sauber, hat einen guten Körperbau und macht jeden Scheiß mit, jawohl!«

Jetzt wäre ich beinahe selber in den Campillbach gefallen: die direkteste und nachhaltigste Form von Flucht. Ich sagte aber, ja, Susanne sei »in Ordnung«. Moggers ganze Haltung quittierte für dies Kompliment: »Genau«, rief er brünstig und blieb pathetisch stehen. Alles war bestimmt zu Vernichtung und Verwesung. Wie gottverlassen, wie grauenhaft naturgemein plötzlich dieses sanfte Tal durch das Weltall zuckelte! In meinen Adern tobte das Gift der letzten Tage. Allora, lief da nicht im Geschwindschritt eine Maus über den Feldweg? – Wann würde der Papst persönlich wegen der Ferkeleien in seinem Land Alarm schlagen?

Bei unserer Heimkehr stellte sich heraus, daß Alfred Leobold und Alois Sägerer gerade um eine Flasche Sekt eine Schachpartie vereinbart hatten. Schrecklos betrat der Todgeweihte auch diese Bahn des Grauens. Mit einem Rest von Geistesgegenwart schrieb ich die Partie sofort mit; wenn ich es recht verstanden habe, eine Variante der Französischen Verteidigung, die Campiller Champagner-Verteidigung, CCV, dargeboten vom Christlichen Club Verendender, o Gott – – –

	Sägerer (Weiß)	–	Leobold (Schwarz)
1.	e4	–	e6
2.	d4	–	d6
3.	Sc3	–	f6
4.	Sf3	–	e5
5.	d5	–	a5
6.	Lb5	–	Ld7
7.	De2	–	L x L
8.	D x L	–	Kf7
9.	Db7	–	Ta6

Hier zog Alfred Leobold zuerst Ta7, korrigierte sich aber sofort mit den Worten »Nein, anders, Mensch, ist mir schlecht«.

10.	Sb5	–	Sh6
11.	Sc7	–	Tc6
12.	Se6	–	Kg8
13.	Lh6	–	gh6
14.	Sh4	–	De8
15.	Sf5	–	Le7

Eine folgenschwere Entscheidung. Ein letztes Aufbäumen des Willens, ein beherztes Abbröckeln jeder Vernunft, der Welt melden Weise nichts mehr…

16.	Dc8	–	D x D
17.	O–O	–	Tc2
18.	h3	–	Tb2
19.	Tb1	–	Dc2
20.	a3	–	

An dieser Stelle sah Alfred Leobold Alois Sägerer so erstaunt und doch halb ängstlich an wie Boris Spassky seinen Widersacher Bobby Fischer beim berühmten vergifteten Läuferzug in der ersten Turnierpartie 1972. Zog aber dann korrekt:

		–	… T x T
21.	T x T	–	D x T
22.	Kh2	–	De4
23.	g4	–	Ld8
24.	a4	–	Lb6
25.	h4	–	Le3
26.	f x L	–	Dg4
27.	Sh6 matt.		

Alfred Leobold versuchte zwar noch, nach einigen Minuten Dämmerns, indem er seine Dame auf g7 postierte, das Matt zu decken, aber Alois Sägerer sagte barsch »Geht nicht!« und nippte bereits froh an seinem Sekt. Ich meine, gemessen an der Kaltblütigkeit, mit der Weiß den längst errungenen Sieg auf des Messers Schneide hatte stehenlassen, immer dem Risiko ausgesetzt, der blanke Unfug möchte Schwarz noch in den Sieg hineintaumeln lassen, bekam Sägerer den Champagner zu Recht. Was aber war dieses ordinäre Hasardspiel schon gegen Alfred Leobolds Schlußwort, nachdem er einige Minuten, die Wange in die rechte Hand gestützt, das Schachbrett betrachtet hatte und schließlich zur Einsicht gekommen war, daß Dg7 nichts bringt:

»Prima Partie, Sägerer«, lächelte er charmant und mit dem leisen Vorwurf des eigentlichen Siegers im Antlitz, dem nur die Kraft des Unberechenbaren einen Streich gespielt hatte, wie das ja auch einem Aljechin hin und wieder passiert ist, »bist ein prima Kerl. Ein Hund. Genau, das hab ich übersehen da hinten.«

Wie sagte doch der große Tartakower? »Die Fehler sind das Salz des Schachspiels.« Genau.

Und Alfred Leobold bot für eine weitere Flasche Sekt sofort Revanche. Die Bestell- im Verein mit der Verlierwut kannte keine Grenzen mehr. Ich glaube, hier hatte ich erstmals Alfred Leobolds Technik in ihrer meiner Ansicht nach auf dem ganzen Erdball einzigartigen Humanität vollkommen durchschaut. Es ging ja nicht einfach darum, den Freunden die Flaschen und Tropfen zielsicher und hemmungslos zu spenden und einzubläuen, sondern sie erst nach aufopferndem, wenngleich aussichtslosem Kampf anständig zu verlieren. Daß der Zweck dieses menschenfreundlichen Unternehmens gleichwohl auf die gezielte Mitvernichtung der Freunde hinauslief, machte das Ganze ja doch nur noch pikanter, superber, irisierender, wenn ich es heute richtig verstehe ...

»Und paß auf, Moppel«, fuhr Herr Leobold fort und strahlte mir matt ins Auge und machte seinen wenn nicht schachlichen, so doch menschlichen Sieg perfekt, »daß wir evendöll zuerst nach Prag rüberrutschen und kaufen uns ein böhmisches Bier, ich kenn da eine prima Wirtschaft, gleich links an dem Platz, dann fliegen wir von Prag nach Seattle, da bleiben wir dann 14 Tage und schauen uns alles an, und dann fahren wir über Campill wieder heim, normal. Aber, Sägerer, wenn ich meinen König nicht in das blöde Loch dahinten reinstell, dann siehst kein Land. Arthur, spielst eine mit?«

»Alfred, ich kann keins«, sagte Mogger und bohrte in der Nase, »wir spielen bloß Dame, ich kann bloß Dame.«

»Also Dame«, lockte Alfred Leobold, »eine Flasche Sekt sowieso. Der Arthur hat's halt immer mit die Damen«, charmierte er diesen flaumig.

Im Halbschlaf nahm ich den Beginn des Dame-Matches wahr. Wer sollte den Unsinn trinken? Taumelig, geschüttelt auch von Übelkeit, zog ich mich auf mein Zimmer zurück und legte mich aufs Bett. Rauchte drauflos. Stellte fest, daß mir jetzt doch auch nach Sekt zumute war, sprang nochmals zu Frl. Agata hinunter und schleppte mir ein Fläschchen hoch. »Nur das Vernünftige ist wirklich«, sagt Hegel. Und Luis Trenker behauptet gar unablässig, hier in den Dolomiten herrsche die Gesundheit und das schöne Leben. Ja Pfeifendeckel. Dg7, jawohl, das war sie wohl, die Weltenformel. Und Alfred Leobold hatte sie erfunden. Würden die drei da unten heute nochmals zum Kartenspielen anfangen? Das Unaufhörliche. Geht in Ordnung: Dg7, intelligent, sauber, guter Körperbau, macht jeden Scheißdreck mit. Das neue Weiblichkeitsideal, und nicht einmal übel. Susanne, Sabine seine Vorreiterinnen...

Von Sehnsucht, Hirndreck und Schnapsgift geschüttelt, schlummerte ich mühsam ein. Ich muß sehr schlecht geschlafen haben und erinnere mich eines äußerst unangenehmen Traums. Ich stand, nach der Art von Zirkusakrobaten, aufgestützt mit einem Handballen auf einem etwa acht Meter hohen extrem dünnen Stab, der wiederum am Boden nicht befestigt war, sondern allein durch mein Balancevermögen lotrecht gehalten wurde, und das Ganze zudem im Handstand. Zweifellos ein recht anmutiges Bild, aber auch der bisher tückischste Traum in meinem Leben. Ich wollte, ich wäre sofort heruntergepurzelt, in die Schlünde der Hölle, dann wäre es wenigstens überstanden gewesen – – –

Am Morgen schlug der Regen gegen das Fenster. Mir war elend zumute. Keine Spur von Faustscher Schlafverjüngung. Noch immer dröhnte es auf mich ein: Dg7 – jetzt ist schon alles gleich – spazierengehen kann man daheim auch – vier Packungen Zigaretten in eineinhalb Stunden – Lust auf was Saures – Berg Berg – Fehler sind dazu da, daß sie gemacht werden – Fräulein, vier doppelte – Spiele sind dazu da, daß sie verloren werden – raus auf Herz – sauberer Intellekt – guter Körperbau – die Sackwäsche – Seattle – Prag – prima Partie – ein flotter Aschenbecher – – – noch einmal zogen die eisigen Gipfel einer Alpenfahrt prunkend und weinerlich an meinem verkaterten Hirn vorbei. Der Gipfel der Sexualität war erreicht. Alfred Leobold hatte es sein müssen. War man wirklich dazu auf der Welt, mit 36 Jahren zu dieser Erkenntnis vorzudringen?

Alfred Leobold und Arthur Mogger verabschiedeten sich von Alois Sägerer und mir, die wir erst am andern Tag aufbrechen wollten, mit einem Weizenbierfrühstück. Leobold präsentierte sich heiter und überaus gesprächig und teilte immer wieder mit, er ärgere sich nur, daß er gestern keine spitzen schwarzen Schuhe gekauft habe, so gern hätte er welche gekauft, er habe es sich so fest vorgenommen, ja gewissermaßen (wenn ich es recht verstanden habe) sei dies der eigentliche Reisezweck gewesen, aber die Zeit habe halt einfach nicht dazu gereicht, und andererseits könne man natürlich in Italien »sowieso« keine Schuhe kaufen, ich, Moppel, wisse das ja genauso gut wie er, der sein Leben lang seine Schuhe in Seelburg hinter der Spitalkirche gekauft habe, wo er, Sägerer, sie ja auch immer kaufe…

Abschiedsgewärtig, schon unter der Tür, war zwischen Alfred Leobold und Arthur Mogger plötzlich die Rede von einem Fest, das heute nachmittag bei »Wacker-Mathild« in Seelburg stattfinde, wobei sich nun die Frage stelle, »ob wir unterwegs nochmals einkehren sollen oder brummen wir gleich durch zur Mathild?« fragte Mogger.

»Brummen wir durch, Arthur!« entschied Leobold. Eine edle Morgengabe meines Freundes: Ich hatte so etwas noch nie gehört, daß man durch drei Länder hindurch nicht in eine bestimmte Stadt, sondern in ein Lokal fährt bzw. brummt.

Mit einem lustigen zweimaligen Hupen Moggers rauschte der L 295 den Berghang hinab und davon.

Im Anschluß – ich glaube, mir flatterten aus vielerlei Gründen Herz und Glieder – berichtete mir Alois Sägerer, dieser erstaunlich hartgesottene Pressevertreter, kühl den Verlauf des Dame-Spiels vom Abend. Es habe da zwei Partien gegeben, beide um eine Flasche Sekt, beide mit scharfem Verlauf. In der ersten sei es zu dem Endspiel Dame mit Bauer (Mogger) gegen die alleinstehende Dame (Leobold) gekommen, und obwohl dieses Endspiel bekanntlich spielend zu gewinnen ist, habe Mogger seine Dame, aus Angst, von der gegnerischen geschlagen zu werden, immer nur auf die Randfelder gestellt, so daß Alfred Leobold den Bauern gut und sicher unter Kontrolle habe halten können. Nach einer halben Stunde erst habe Mogger seine Furcht überwunden, sei mit der Dame dem Bauern zu Hilfe geeilt und habe diesen dann auch knapp und verdient verwandelt und gewonnen.

Alfred Leobold sei sehr überrascht gewesen und habe Revanche gefordert, bei der es dann glücklich zu dem Endspiel Dame gegen Dame gekommen sei. Leobold habe sofort Remis geboten, indessen Mogger, wohl entflammt vom ersten Sieg, habe auch hier seine Chance gewittert und immer wieder gebrüllt, der Sekt gehöre ihm schon, worauf Alfred Leobold etwa (nach Sägerer) zwanzigmal abwechselnd »Nie, Arthur!« oder »Niemals, Arthur!« oder »Ach wo, Arthur!« geantwortet habe. So seien die beiden Damen, nach dem Bericht des Pressevertreters, eine Dreiviertelstunde umeinander herumgeschlichen, bis Alfred Leobold – total erschöpft oder aus purer Ritterlichkeit – endlich die seine direkt vor die Moggers postiert habe, was dieser zuerst eine Zeitlang gar nicht begriffen habe, endlich aber sei er »mit einem unglaublichen Schrei, das mußt du in deinem Zimmer noch gehört haben« (Sägerer) über Leobolds Figur gehüpft, habe die Dame an sich gerissen und »gewonnen, gewonnen!« gebrüllt.

Alfred Leobold aber soll hier die verblüffende Antwort gegeben haben: »Arthur, was machst dann, wenn ich jetzt deine Dame schlag?«

Später habe, erzählte Sägerer, Alfred Leobold noch eine etwas unverständliche Geschichte von einem gewissen Käsewitter Otto und einem Gericht zum besten gegeben, dann sei man alle Mann hoch in die Zimmer getappt.

Große Begebenheiten zeichnen sich gern durch Nachspiele aus. Mit der Abreise der beiden Kaufleute und mit Sägerers und meiner Heimfahrt am folgenden Tag war unser Auslandsabenteuer noch keineswegs abgeschlossen. In der Ortschaft Pertisau im österreichisch Tirolerischen, wo Sägerer und ich in einer befreundeten Pension zu Mittag speisten, erreichte uns beide ein überraschender Anruf Arthur Moggers aus der Gastwirtschaft »Wacker-Mathild« zu Seelburg: Sägerer und ich sollten in Pertisau verharren »und inzwischen die Karten mischen«, er, Mogger, und Alfred Leobold führen von Seelburg aus jetzt sofort wieder zurück nach Italien, bzw. es sei so: Er, Mogger, fahre schnell nach Padua, um dort Babywäsche en gros einzukaufen, »für 25 Pfennig den Lappen, das Geschäft meines Lebens, Moppel!«, und Alfred Leobold fahre bis Pertisau mit, dort spielten wir ein wenig Karten, dann fahre er, Mogger, mit Leobolds L 295 nach Padua weiter, während Alfred Leobold mit uns beiden nach München bzw. Seelburg wieder »zurückkrausche«.

Arthur in Padua! Addua in Padua! Freund aller heiteren Sensationen, vielleicht auch aus noch uneingestandener Sehnsucht nach Alfred Leobold, gefiel mir das alles sehr, und ich sagte Mogger sofort zu. Wurde aber vom zugeeilten Alois Sägerer barsch zurechtgewiesen: er müsse heute und gleich unbedingt nach München zurück, und ich rief also Mogger bei »Wacker-Mathild« zurück, ihm die neue Entwicklung mitzuteilen. Der Kaufmann nahm kurz Rücksprache mit Alfred Leobold, der allem Anschein nach gerade Karten spielte, denn plötzlich hörte ich entfernt seine Stimme »2 Mark 40, Adolf« sagen – schließlich bequemte sich Leobold selber ans Telefongerät, und rasch lösten wir jetzt alle Probleme. Mogger würde nach Padua reisen und Alfred Leobold bis München mitnehmen, dort träfen wir uns alle in der Wohnung Sägerers, »prima, ich will sowieso schon lang einmal nach München und alles kennenlernen, die Lokale, wo der Sägerer immer ist, und alles«, greinte Alfred Leobold mit der reizendsten Mattigkeit in das vom Mittagslärm der Gastwirtschaft »Wacker-Mathild« berauschte Gerät. »In zwei Stunden, gell, Moppel, in München normal!«

Haargenau zwei Stunden später schellte es an Alois Sägerers Wohnungstür. Zur Tür herein stakste unsicher und wackelig, aber in prächtigem marineblauem Anzug mit Krawatte Alfred Leobold und forderte uns bittend, doch sehr unnachgiebig auf, jetzt sofort mit ihm in das Lokal »Seerose« zu fahren, von dem habe er schon soviel Gutes gehört, und das sei ja auch Alois Sägerers Stammlokal. »Wie war's am Brenner? In Ordnung? Bei uns gestern auch. Alles, Arthur ist gefahren. Und dann bei der Wacker-Mathild. Alle haben toleriert. Und der Duschke! Geschrien! Also, jetzt macht euch fertig, in die Seerose.«

Sägerer, der sich nur ungern aus dem gewohnten Trott bringen läßt, forderte den Hektischen auf, sich doch zuerst einmal zu setzen und ein wenig fernzusehen, für einen Lokalbesuch sei es jetzt, sechs Uhr abends, noch viel zu zeitig, und außerdem mache die »Seerose« gerade Betriebsferien, man müsse also in den »Kaisergarten« ausweichen.

Also, antwortete Alfred Leobold flehentlich, wir führen jetzt mit dem Taxi in die »Seerose«.

Die habe geschlossen, konterte müd Alois Sägerer und warf seine altklugen Blicke auf die Sportschau mit dem Tor des Monats – die seelischen Bedürfnisse unserer Pressevertreter bedürften auch einmal einer Repräsentativ-Analyse.

Die habe schon auf, kämpfte Alfred Leobold zag, aber fest. Auch ich mußte jetzt ein kleines Gähnen der geistig-seelischen Parforce-Anstrengung unterdrücken. Er, Leobold, solle sich jetzt einmal hersetzen und Ruhe geben, schauspielerte Alois Sägerer den Mürrischen, aber unfasziniert ließ auch ihn das neue Wunder keineswegs.

Also, er, Leobold, fahre dann mit dem Taxi in die »Seerose« voraus.

Die habe geschlossen, flüsterte ich.

Wir sollten dann nachkommen, jammerte Alfred Leobold, er fahre jetzt dann mit dem Taxi hin. Taxis gebe es ja genug in München, er werde schon eins finden.

Er könne, wenn es schon sein müsse, sehr gut mit der U-Bahn fahren, sagte Sägerer, und warum er das sagte, bleibt sein Geheimnis: die fahre vor dem Haus weg und genau bis zur »Seerose«.

Ob er, Sägerer, ihm, Leobold, ein Taxi bestellen würde, bat der Gast und nagte bleich an seiner Lippe. Dann sah er kurz und mit einer geradezu schwungvollen Kopfbewegung zu Alois Sägerers Balkonfenster hinaus.

Der Taxistand sei gleichfalls vor dem Haus, erläuterte jetzt wieder milder Alois Sägerer.

Dann sei es ja prima, sagte Alfred Leobold, lächelte geistlich und schraubte sich planvoll zur Tür hinaus.

Etwas Berauschendes, Aufwühlendes strich gegenwärtig über die Alpenländer. Kann man es verstehen, daß ich mir des Abends in der Gaststätte »Kaisergarten« einen scharfen Rausch antrank, so unbarmherzig, daß sogar der mit allen Wassern gewaschene Pressevertreter mich verwarnen mußte? Ziemlich betäubt traf ich anderentags in Seelburg ein.

3

Noch am Nachmittag sah ich Alfred Leobold in der italienischen Velhornwirtschaft »Wacker-Mathild« wieder.

Genau, lächelte er mich, wieder umgekleidet in eine fast sportliche braune Lederjacke, bedächtig an: Er sei gestern mit dem Taxi zur »Seerose« gefahren, da sei aber geschlossen gewesen, »komisch«, sagte Alfred Leobold smorzando, dabei habe er sich so gefreut, da sei er »natürlich« mit dem Taxi gleich weiter zum Hauptbahnhof, da sei dann sofort ein prima Schnellzug mit Speisewagen – und »Getränkewagen«, betonte Herr Leobold und lächelte innig – weggefahren, so daß er bereits um zehn Uhr nachts in der »Wacker-Mathild« zurück gewesen sei, wo auch bereits »alle anderen« dagesessen hätten, man habe noch ein wenig Karten gespielt und sei dann zuletzt nach Götzendorf gefahren und habe mit den Bauern Sekt getrunken, der Hümmer Heinz habe ihn zurückchauffiert, der fahre vielleicht jetzt auch nach Seattle »und alles«

mit, und insgesamt sei das mit Campill eine schöne Reise gewesen, Arthur Mogger sei gleichfalls zufrieden gewesen, »Mathild, zwei Sechsämter, für den Moppel auch einen, Mathild!«

Es war wie das sinnlose Murmeln von Sternennebeln. Ich bin sicher, es war in diesem Augenblick, daß ich beschloß, leicht tränenden Auges den alkoholischen Dreck hinunterwürgend, das Leben und Sterben Alfred Leobolds zu Papier zu bringen, koste es, was es wolle, und wäre dies auch mein höchstpersönlicher Ruin. Und schlagartig stellte sich auch ein zweiter Gedanke ein – erstaunlich, erstaunlich, welche artigen Facetten selbst ein verrottetes Hirn gelegentlich noch wahrzunehmen vermag: Ich würde, das trichterte ich mir sofort ein, nicht eher mit der Beschreibung beginnen, bevor Alfred Leobold nicht tot wäre, denn sonst, so erkannte ich messerscharf, ergäbe die Beschreibung weder Sinn noch ein literarisch brauchbares Ende, irgendeine Logik.

Mein Gott, wenn ich es heute erinnere, ich mußte mir wahrlich Gewalt antun, meine plötzlich und rauschhaft hochschwallende Schreiblust zu zügeln, um zuerst auf meines geliebten Freundes Ableben zu warten, ja der elende Geist der Dichtung gab mir sogar noch in der nämlichen Sekunde den Gedanken an ein weiteres Dilemma ein: Ich mußte ja einerseits Alfred Leobolds Tod herbeihoffen, ihm aber andererseits noch viele Tage, ja Monate und Jahre an den Hals wünschen, um möglichst viel Wertvolles aus ihm herauszupressen, meine Darstellung anzureichern und innerlich zu vollenden.

Und während jetzt Alfred Leobold zwei weitere Sechsämter in Auftrag gab und in den grauenden Nachmittag hineinblinzelte, trollte mir schon durchs Hirn die wahrhaft ekelerregende Selbstbeweihräucherung: das Buch würde sich ja sicherlich zu pädagogischen Zwecken verwenden lassen, zu Nutz und Frommen der heranwachsenden Jugend, damit sie nicht dieselben Fehler wiederhole usw. usf. – und genau bedacht, muß ich heute sagen, könnte das sogar richtig sein!

O Lumperei der Literatur! Verliebt sah ich mein Opfer an. Brav saß es vor mir und spielte mit der Zigarettenschachtel. Gleich würde ich nach Hause laufen, mit einem starken Kaffee den sich im Kopfe wälzenden Schnaps-Dreck zu vertreiben und mir die ersten Notizen zu machen...

Die Angst vor dem Widerlichen, ja Schweinischen, das da auf mich zukam! Aber reagierte mein Gewissen nicht allzu skrupulös? Wurde nicht alle menschheitsfördernde Erkenntnis durch eine gewisse Kaltblütigkeit bezahlt? Bzw. einfacher gefragt: würde so ein Romänchen meinem nichtsnutzigen Leben nicht endlich wenigstens den Anschein von Berechtigung aufkleben? Und fest und unnachgiebig schwor ich mir ein erneutes Mal, in jedem Falle mit Niederschrift und gar Veröffentlichung auf Herrn Leobolds vermutlich baldiges Verscheiden zu warten – es genauso zu halten wie – ja, genau! Wie Humbert Humbert mit seiner unsterblichen Lolita! Wie Schuppen fiel es mir von den Augen! Was denn anderes war Alfred Leobold für mich gleichfalls Intellektuellen als jene kleine, böse endende Nymphe aus den Staaten, mit deren Lebensbeschreibung der Professor ja auch »nichts Geringeres anstrebt als eine moralische Verklärung«, wie Nabokov es so vorbildlich formuliert. Und auch ich will ja mit meinem Leobold-Buch nichts anderes als »uns alle – Eltern, Fürsorger, Erzieher – dazu veranlassen sich mit noch größerer Wachsamkeit und Hellsicht der Aufgabe zu widmen, eine bessere Generation in einer weniger unsicheren Welt großzuziehen«.

Genauso ist es! Damit war das Dilemma ja schon auch ausgeräumt! Das würde meinem Bericht den Stempel des Aufklärerischen aufprägen, das Flair des Pägagogischen, die dialektisch abgesicherte Chuzpe unabweisbarer Modernität! Und von dem materiellen Ertrag könnte man einen Teil den Anonymen Alkoholikern überweisen oder aber im Rahmen einer Hommage ein paar Runden schmeißen – – Alfred Leobold saß mir still leidend gegenüber, ein nichtsahnendes Opfer großer Poesie am Rande der Hybris. Wie hübsch und manierlich er sich bereits zum Sterben eine Zigarette ins blutleere Mäulchen preßte! Wie souverän, wie unablenkbar er seinen Weg zu Ende ging, gräßlich, – aber ästhetisch überzeugend!

Lolita – Leobold! Ja war es denn nicht auch so, daß die beiden über drei Buchstaben gemeinsam verfügten? Lol-, hier wie dort. Loly! »Licht meines Lebens. Feuer meiner Lenden. Meine Sünde, meine Seele.« (Man verzeihe mir bitte, so gut es geht, mein aus der Erregung des literarischen Abenteuers geborenes überaus geschmackloses Scherzchen. Dient es doch, wie alle diese Aufzeichnungen, rücksichtslos gewissenhafter Wahrhaftigkeit und Wahrheitsfindung…)

Wie gemütlich doch Leidenschaft sein kann! Respekt, Moppel! Jetzt marschierten fast im Gänsemarsch die Chemiestudenten Leber Heini, Stickel Herbert, Willfurtner Charly und Nübler Pit, die ich alle schon kannte, in die italienische Velhornwirtschaft, mit ihnen, leeren Blicks, das Mädchen Karin. Setzten sich, der Reihe nach freundlich von Leobold angelächelt, zu uns und bestellten fast lautlos Weizenbiere. Ich machte mich, verworren Arbeit vorschützend, davon. Diese Träger des Alltags konnte ich momentan noch nicht gebrauchen. Wir sähen uns ja morgen wieder, raunte ich Alfred Leobold zu.

»Sowieso«, antwortete der Held wissenden Blicks und würgte sich im gleichen Augenblick etwas Bier in das Leibchen.

Ich erinnere mich, daß ich zu Hause, meine aufgewühlten Sinne niederzuquetschen, sogar zwei Palestrina-Messen abhörte. Normalerweise jage ich sie umgekehrt durch Verdi erst richtig empor. Und mit Sicherheit, denke ich, schaute es auf der Welt anders aus, wenn mehr Menschen so geschickt operierten wie ich.

4

Von jener Stunde an galt mein überragendes, ja hauptberufliches Augenmerk der möglichst systematischen Überwachung und Beschattung Alfred Leobolds, Gottes vermutlich auserwähltem Sohn, wie ich jedenfalls im gegenwärtigen Moment der Niederschrift felsenfest glaube.

Ein Wort zu der italienischen Velhornwirtschaft »Wacker-Mathild«, in der ich nun monatelang meine Studien vorantrieb. Es handelt sich bei diesem Lokal um einen lochartigen Saal im Herzen Seelburgs, seinen kuriosen Doppelnamen empfing es meines Wissens daher, daß einst ein vorwitziger Italiener namens Magnapane eine der Velhorn-Töchter ehelichte, aus dem bereits vorhandenen Wirtschaftsraum für vorwiegend Viehhändler und Rentner vorübergehend eine Pizzeria zauberte – später verschwand dann dieser Herr wieder, worauf die Tochter Mathild Velhorn alias Magnapane einen gewissen Wacker heiratete und aus der nicht gerade gutbeleumdeten Pizzeria wieder ein gutbürgerliches Lokal machte, in dem es außer den gebräuchlichsten Alkoholica nur Pfälzer und Bratwürste und dergleichen zum Essen gab, was offenbar auch vollkommen genügte. Nur Samstag und Sonntag gab es auch Braten.

Bevorzugt heimgesucht wurde die vormals italienische Velhornwirtschaft jetzt wieder von Handlungsreisenden der niederen Klasse, älteren Handwerksburschen, pensionierten Landwirten, allerlei Arbeitslosen, ferner und vor allem von einer Putzfrau namens Frau Herzog, die, im ständigen Weißwein-Rausch, sich darauf kapriziert hatte, mit der Tageszeitung auf Fliegen einzuschlagen, aber nie eine traf – – und neuerdings ganz besonders von einem Rudel der sogenannten Chemiestudenten, jungen Männern zwischen 20 und 30, einer wilden, zum Teil furchterregenden, aber überwiegend doch harmlosen Horde, fast ein Dutzend Leute, die wiederum irgendwie emotional oder organisatorisch mehr oder weniger unter der Fuchtel des Kaufmanns Arthur Mogger standen, die diesbezüglichen Hintergründe sind mir bis heute nicht ganz transparent.

Ein dunkles, dämmriges, schummriges, ständig von allerlei Rauch-, Alkohol- und Krautschwaden durchfurchtes Loch – ja dieser erste Eindruck war und blieb der beherrschende. Vier Tischgruppen, der Reihe nach quer, ein Doppeltisch längs dagegengestemmt; zwischen Gästeraum und Küche ein altes untaugliches Klavier, auf ihm ein noch älterer Radiokasten. Ihn bedienend, auf einem Stuhl neben dem Tresen plaziert, stets dämmernd, die über dem italienischen Abenteuer alt gewordene Wacker-

Mathild, ein geschlechtsloses Häuflein von einem gleichwohl noch geldwilligen Menschen. »Ruhetag« gab es in diesem Lokal keinen.

Links in der äußersten Ecke hing ein Herrgott, genau über Herrn Leobolds Stammplatz, und hier finde ich die Symbolik schon fast zu trivial. Sonst war der Raum bilderlos. In einer Art Zwischenkammer zur Küche hin stand ein Farbfernseher, vor dem praktisch immer ein unvorstellbar dickes männliches Kind namens »Seppi« hockte. Der Kasten stand abgewandt zum Gästezimmer, von dort aus wollte offenbar niemand die buntflimmernden Bilder sehen.

Aus Gründen, die ich bis heute nicht ganz durchschaue, war der Gesamtraum, wie gesagt, in eine solch immerwährende Düsternis, ein Zwielicht, möchte ich meinen, gehüllt, daß einem ganz bange davon wurde und man jeweils bereits um 14 Uhr das elektrische Licht anschalten mußte. Das erlaubte dann, zur Not die Zeitung zu lesen und sein Spielkartenblatt zu entziffern, steigerte die Düsternis aber gleichsam ins Spirituelle.

Und noch etwas fiel mir auf: in der Straße hinter den Fenstern der Wacker-Wirtschaft schien es unaufhörlich zu nieseln – auch dann, wenn es draußen ganz trocken war!

Alfred Leobold, ich berichtete es schon, saß, und das sollte sich auch nie mehr ändern, mit geradezu beängstigender Konsequenz an seinem äußersten Eckplatz, während es, ganz im Gegensatz dazu, den alten Duschke, der hier auch ein und aus ging, praktisch an allen Tischen des Lokals herumtrieb. Ich habe meine Meinung zu Leobolds Eckplatz bereits abgegeben. Ein Kunstgriff, sich auch vor dem leisesten Luftzug soweit wie möglich zu schützen, der notgedrungen beim Eintreffen neuer Gäste auch dieses windgeschützte Gehöft streifen und überfächeln mußte. Gleichzeitig war sein Eckthron geeignet, ihn nicht nur sein Reich jederzeit vollständig übersehen zu lassen, er wehrte ihm auch drohende Lästigkeiten ab: wenn etwa Hans Duschke einmal ausrutschte und auf andere Gäste kippte, konnte es niemals ihn, Leobold, treffen. Nach meinen sonstigen Erfahrungen konnte das alles kein Zufall sein. An diesem Mann war eben alles symbolisch bzw. auf der anderen Seite bis ins Letzte auskalkuliert. Ein Lebensabend im Zeichen metaphysischer Raffinesse.

Im übrigen ist mir gerade ein neuer schlagender Grund eingefallen, warum ich Alfred Leobolds Leben und Sterben aufzeichnen muß. Ich meine, es ist doch einfach so, die einen veranstalten den Unfug, die anderen schreiben – berichtend oder analysierend – darüber. Das ist das Gesetz, nach dem wir antreten müssen. Wo wären denn sonst ein Hegel, ein Adorno, ein Brecht geblieben? Vermutlich hätten sie ohne das notwendige Maß innerweltlicher Dummheit ganz schön blöd aus der Wäsche geschaut! Und wären vielleicht sogar verhungert. Das kann mir als Hausbesitzer natürlich nicht passieren...

Was mir zuerst, in diesen verhangener werdenden Oktobertagen, von Alfred Leobolds neuem Wirkungskreis »Wacker-Mathild« ins Auge stach, war die Tatsache, daß etwa die Hälfte der wohl zwanzig Stammkräfte bereits um 10 Uhr oder 11 Uhr morgens das Lokal betrat, dort den ganzen Tag über verharrte und gegen 20 Uhr wieder verschwand, wortlos und ohne größeres Pathos hinauswackelnd.

Ein Teil der Mitarbeiter erschien gegen 14 Uhr und zog demgemäß erst gegen 22 Uhr wieder davon – ein ziemlich genau bemessener Achtstundentag, wie ich rasch erkannte. Nur ein paar Ausnahmemenschen, wie der noch gelegentlich werktätige Schreiner Wellner, erschienen gegen 16 oder 17 Uhr und gingen gegen Mitternacht wieder ihrer Wege.

Alfred Leobold, das hatte ich bald heraus, verfolgte einen besonders exakt bemessenen Turnus, allerdings während der ersten ihm noch verbleibenden Zeit sozusagen im Überstunden-System. Mit geringfügigen Ausnahmen, die dann stets durch dringende geschäftliche Affären wie TÜV, Kirchensteuerzahlen und sonstige Ämterangelegenheiten begründet wurden, erschien Leobold um 10.30 Uhr und ließ sich gegen 23.30 Uhr mit dem L 295 wieder nach Hause kutschieren. Das exakt vor der Eingangspforte der italienischen Velhornwirtschaft parkende, stets ein wenig schiefer als die benachbarten Fahrzeuge hingefeuerte Auto wurde für mich dabei zum zuverlässigsten Garanten, daß Alfred Leobold präsent sei, und ich also zu Besuch kommen konnte.

Und noch ein Grund fällt mir gerade ein, warum ich mich seinerzeit entschließen mußte, Alfred Leobolds letzte Tage zu beobachten und schriftlich festzuhalten. Denn wenn der Mann einst gestorben wäre, würde allenfalls noch Hans Duschke hin und wieder unbedacht über ihn herrasseln. So aber, unter meiner Ägide, kann die Spur von seinen Erdentagen nicht in Äonen untergehn, wenn sonst alles gut geht –

– doch Scherz beiseite. Ja, der beige L 295! Fast wie ein Symbol prangte er unter dem Wackerschen Wirtshausschildchen, dafür: daß das Leben noch am Laufen sei, eingeengt zwar und stark beschnitten, aber die Voluminosität des Fahrzeugs kündete gleichzeitig von Glanz und Gepränge, und gerade das windschief Hingeschleuderte verwies auf den Pfiff und Pfeffer dieser letzten Monate, und daß der Wagen ewig lange schon nicht mehr gewaschen worden war und immer verdreckter dreinsah, beleuchtete ja nur Alfred Leobolds entschiedene Abwendung von dümmlichem bürgerlichem Prestigedenken zugunsten eines Vergeistigten und Erdabgewandten –

– jedenfalls, was mich angeht, so trat ich meine Beobachterposition in den ersten Wochen gleichfalls sehr pünktlich um 10.30 Uhr an und verweilte dann durchgehend bei Alfred Leobold oder verließ ihn jeweils nur kurzfristig, etwa um Hans Duschke in seinem halbverwaisten ANO-Laden aufzusuchen, auch diesen wichtigen Informationsdraht warmzuhalten, und tatsächlich gelang mir kurz vor Allerheiligen ein hübscher Neuerwerb an Erkenntnissen: ein Rudel Menschen, offenbar verschiedene Käufergruppen, umstanden eines Tages das Teppich-Drehstudio und quatschten und deuteten verworren auf die unterschiedlichen abgeschmackt-kunterbunten Fliesen-Fleckelchen – Duschke aber stand im Hintergrund, stützte sich mit der Rechten auf den Kassentisch und brüllte plötzlich in das undurchsichtige Kunden-Gewusel hinein:

»Alles schön! Nicht wahr? Schön! Man kann sich gar nicht entscheiden!«

Oder ich wich gelegentlich schnell in unser Hallenbad oder die Sauna aus, mich möglichst fit zu halten für die erwartbaren schweren Stunden. Bis etwa Weihnachten aber saß ich, wie Alfred Leobold, praktisch immer in der »Wacker-Mathild«; erst nachher beschränkte ich mich auf eine Art von Stichproben, auf die Gründe komme ich zurück.

So schwanden hin die Tage. Übrigens war auch Hans Duschke immer häufiger Gast bei »Wacker-Mathild«, er kugelte meist gegen 19 Uhr in die Stube und schlingerte gegen 0.30 Uhr als letzter hinaus. Ein besonders faunischer Auftritt ist mir noch sehr gegenwärtig. »Du Büchs!« vernahm man von irgendwoher plötzlich seine runzelige, aber unwiderstehliche Stimme; offenbar quallte sie auf irgendeine Olga oder Karin oder sonstwas Wahnsinniges ein. »Machen wir morgen einen Frühschoppen? Ja? Einen Frühschoppen? Ich frage dich! Hör gut zu! Verstehst du mich bitte? Du kommst? Ja! Einen Frühschoppen, du Büchs! Wir werden einen Frühschoppen machen ... aaahh ...!«

Warum war ich nicht in Nepal geboren? Warum nicht in der Mongolei? Schlimmer konnte es dort auch nicht zugehen, hör mir doch auf!

5

Die Wacker-Herren, in Sonderheit Alfred Leobold und seine Chemiestudenten, setzten sich jeweils nach und nach zueinander, um spätestens 13 Uhr war fast immer der erste Acht-Mann-Tisch besetzt, gegen 18 Uhr waren es zwei, gegen 23 Uhr, bevor die ersten den Rückzug antraten, oft drei.

Manche dieser offenkundig unter allerlei Verschleppungen, Verschlampungen und überhaupt Verlotterungen leidenden Gestalten erschienen allerdings in so anständiger Kleidung, daß sie jederzeit in einer Bank hätten anfangen können zu arbeiten, ein gewisser Oeller Edi brachte sogar gelegentlich ein Aktenköfferchen mit: wie sich herausstellte, befanden sich darin seine Unterlagen, mit denen er dem Wacker-Kind »Seppi« beim Schulaufgabenmachen half, mitten im Lokal, wie ich von Alfred Leobold erfuhr: für zwei Weizenbiere.

Das Treiben der Chemieherren samt Herrn Leobold ist schwer zu beschreiben und noch schwerer zu deuten. Irgendwie schien es mir dreigeteilt. Sie nippten allesamt brütend Weizenbier in sich hinein und schwiegen, praktisch unterbrachen oft nur Neubestellungen die dröhnende Stille. Oder, was aber entschieden seltener vorkam, sie führten leise, verhaltene, anscheinend vollkommen interesselose, durchschnittlich dreiminütige Kurzgespräche über Themen der unterschiedlichsten Art und Herkunft, meist mit lokalem oder rein menschlichem Bezug. Oder aber sie verständigten sich fast wortlos auf das Spiel »Dreck«, das ich nie begriffen habe, gottseidank, ich vermute, das wäre mein endgültiger Ruin gewesen. Auch dieses Spiel, bei dem es um erstaunlich hohe Einsätze ging, verlief meist ruhig und heiter, besonders Alfred Leobold machte es sichtlich Spaß, und vor allem nach Verlustpartien schmunzelte er jeweils gnadenlos über sie hin. Wann würde er von dieser Gaststätte, von dieser Eck-Wirtshausbank aus, die Weltherrschaft antreten?

Getrunken wurde, wie erwähnt, beharrlichen Weizenbier, mit Ausnahme von Alfred Leobold, der ziemlich synchron zu jedem Weizenbier einen Sechsämter in Auftrag gab, ein Arrangement, das, ich mußte ja immer mittrinken, tatsächlich nicht übel schmeckt und es in sich hat; so daß Leobold meist zum Tagesausklang zwölf Weizenbiere (das entspricht sechs Litern) und ebenso viele Schnäpse zu begleichen hatte. Diesem Grundeinsatz gewann er allerdings zahlreiche, insgesamt freilich recht konstante Varianten ab. Nach jeder (meiner Beobachtung nach) vierten »Dreck«-Runde gab es Schnaps auch für die drei Kombattanten. Außerdem, zahlte einer der Herren oder ich Alfred Leobold einen Schnaps, bekam er postwendend mindestens zwei retour.

Von den Chemiestudenten zahlte, so viele brachte Alfred Leobold damals schon wohl nicht mehr hinunter, jeder im Durchschnitt 15 Biere. Ich weiß bis heute nicht, woher die Herren ihr

Geld bezogen. Hans Duschke vermutete einmal laut und brünstig, »das Lumpenpack versäuft über Honnef meine Steuergelder, die ich alter Mann hart verdienen muß, und wenn ich am Arsch daherkomme, muß ich alter Mann Teppiche rollen, und diese Burschen versaufen meine Arbeitskraft!« Und der Alte machte mit dieser These tagelang Krach. Und vergaß sie dann wieder. Und vertrank selber noch ganz andere Gelder. Daß ein Radaubruder wie dieser Duschke ausgerechnet in einer Stadt namens Seelburg leben muß!

Immerhin, auch mir gab das Wesen dieser jugendlichen Desperados natürlich zu denken, obwohl ich gleichzeitig wiederum den Urgrund gar nicht in Erfahrung zu bringen wünschte, allzu gähnende Leere hätte mich wahrscheinlich geblendet – aber eines Tages richtete ich, sonst war nur noch Alfred Leobold anwesend, doch das Wort an einen gewissen Luther Ferdl, wie das eigentlich mit ihnen zugehe, ob sie studierten, ihr Studium ausgesetzt hätten, oder wie oder was?

Jaja, er hätte früher schon studiert, sabberte Luther und schwang allzu erregt sein Bier hoch, aber dann sei das Geld ausgegangen, da habe er aufhören müssen.

Ob er später weiterzumachen gedenke?

»Jaja, wenn's ist, freilich.«

Chemie?

»Und Physik.« Irgend etwas stimmte da nicht.

Wie viele Semester er schon habe?

»Legal fünf.« Hinter dem dreisten Blick lungerte die Angst. Ich fand das sehr eindrucksvoll. Er hatte sagen wollen »ordentlich fünf« oder ähnlich. Aber die Faszination des Verbrechens, der Gesetzeslosigkeit gaunerte sich hier freudisch sogar noch ins Vokabular des Hochschulbereichs.

»Machen wir schon, Ferdl«, begütigte Alfred Leobold.

Alfred Leobold trug in der Zeit seines langsamen Ablebens fast immer eine rotbraune Lederjacke der allerbesten Qualität, darunter ein winzigkariertes Hemdchen und eine gesprenkelte Krawatte oder aber einen schwarzen Rollkragenpullover, der stark ins Vergeistigte und Kämpferische zugleich deutete; ich bin mir da bis heute nicht sicher. Die dünnen O-Beinchen umhüllte eine stets sorgfältig gebügelte dunkelgraue Gabardinehose, das Ganze wurde elegant abgeschlossen durch schwarze, spitz zulaufende Schuhchen. Mit Beginn des Advents erschien mein Freund in einem soliden, langabfallenden, blaugrauen Wintermantel, der seiner gebrechlichen Statur etwas überraschend Kompaktes, nahezu beamtenmäßig Robustes verlieh.

In der ersten Phase meiner verschärften Forschungen wurde mir klar, daß sich Alfred Leobolds Lieblingswörter immer mehr in den Vordergrund schoben, ja nahezu absolut die Herrschaft in seinem Sprachetat antraten, der sich weiterhin, systematischer und, wie mir schien, energischer als zuvor, reduzierte, Überflüssiges souverän abschüttelnd. Und ich stellte damals schon eine Tabelle derjenigen Wörter Herr Leobolds zusammen, denen er bevorzugt das Vertrauen schenkte und die seine Ausführungen wesentlich trugen:

> Geht in Ordnung
>
> Sowieso
>
> Einwandfrei
>
> Genau (gé-nau bzw. ge-náu)
>
> Ja (gespr.: »jjjaah«)
>
> Genau ja
>
> Prima
>
> Ganz prima
>
> Freilich
>
> Normal
>
> Hm
>
> Eventuell (gespr.: »evendöll«)
>
> Nie!
>
> Ach wo! (oder: ah wo!)
>
> O mei!

Wie man sieht, habe ich dieses Grundvokabular bereits etwas gegliedert. Die ersten zehn Wörter signalisierten zweifelsfrei Positives, eine bejahende, affirmative Einstellung zum allgemeinen

Leben. Nummer 11 und 12 standen für eher neutrale oder ambivalente Sachverhalte, deuteten auf ein gewisses Unentschieden, freilich mit schon leichter Neigung zum Guten, zum Geist des Optimismus. Gleichfalls der Ausruf »O mei!« tendierte nach beiden Seiten – einzig die Leoboldschen »Nie!« und »Ach wo!« drückten kategorisch Negation aus. Weil sie aber ihrerseits fast immer negative Sachverhalte betrafen – z. B. die Frage, ob »Wacker Mathild« eventuell morgen geschlossen sei –, nahm auch dieses wunderbar entschiedene »Nie!« durch doppelte Verneinung fast immer positiven Charakter an wie der ganze Kerl – ich habe einmal den Test gemacht und Alfred Leobold mit besorgter Miene gefragt, ob er sich etwa nicht wohl fühle, und sofort patschte ein saftiges »Nie!« zurück. Gleich darauf taperte mein Mann freilich auf den Abort der Velhornwirtschaft, um sich zu erbrechen. Das war die Dialektik.

»Evendöll«, das ohnedies ins Positive tendierende, über das ich schon vorne kurz referiert habe, gebrauchte Alfred Leobold meist in eleganten Satzkonstruktionen der Art: »Paß auf, Arthur, daß wir morgen evendöll wieder Karten spielen« oder einfach, seinen Wunsch auszudrücken, er wolle jetzt heimgehen: »Daß wir jetzt evendöll heimgehen.«

Eigenartig und fast undurchschaubar pretiös baute Alfred Leobold das »normal« in seine Sätzchen ein: »Und evendöll, Arthur, daß wir dann morgen normal nach Emhof brummen...« Ich dachte damals lang über die genaue Bedeutung dieses zunächst befremdenden »normal« nach, bin aber heute der festen Überzeugung, daß es als eine Art Hilfs-Adverb das längere und syntaktisch ungefügere »Geht in Ordnung« ersetzen sollte, um Satzungetüme einer Länge zu vermeiden, die Alfred Leobolds nachlassende Atemkräfte zweifellos überfordert hätten, der Art: »Und wenn es dann, Arthur, in Ordnung gehen sollte, daß wir auch wirklich nach Emhof fahren können« bzw. auch: »Ich hoffe, Arthur, daß es dann morgen in Ordnung geht, daß wir nach Emhof fahren, dann...« Frägt sich nur, warum Alfred Leobold dann nicht gleich das geliebte »genau« plazierte. Denn gegen den Satz: »Daß wir morgen genau nach Emhof brummen« wäre überhaupt nichts einzuwenden gewesen.

Von dem »genau« selber ging schon theoretisierend die Rede. Daß es nichts anderes als »grauenhaft« bedeutete – wie übrigens alle anderen Phonetika auch –, hat wohl mittlerweile der einfältigste unter meinen Lesern begriffen…

Voi che entrate usf. Kann man es mir verdenken, daß es, im Zuge solcher entscheidenden Analysen, mit mir damals immer mehr bergab ging? Ich spürte das sehr wohl, hatte aber meine ebenso moralische wie geistesgeschichtliche Verantwortung zu tragen, genau! Der ich mich immer mehr und widerstandsloser in das Gravitationsfeld Alfred Leobolds versenkte, verfing ich mich damals auch, treu und anhänglich wie nur einer, mich dem großen Meister immer mehr anzuschmiegen, ein zweites Mal und ganz haarsträubend in den Fängen des Alkoholischen. Das ging schon in Ordnung. Ich, der ich einst Jus und Musik studiert hatte – wie kann man eigentlich so etwas Dämliches hintereinander studieren! –, weihte diese wehen Tage ganz meinem Herrn: seinem Sterben beiwohnend, wollte ich ihm auch geistig nahe sein, dem Scheußlichen ins Auge zu sehen, meiner soliden bürgerlichen Existenz den Rücken zu kehren.

Ich trank über weite Strecken und so gut es ging parallel zu Alfred Leobold, und das war nicht wenig. Einmal trank ich mich sogar halbtot, hergemeuchelt freilich von einem Schlag aus anderer Richtung: von Hans Duschke erfuhr ich eines trübsinnigen Mittags, Sabine habe seinerzeit, vor knapp zwei Jahren, – wie die Zeit vergeht! – meinen wahrlich dem Schmerz abgewürgten Bittbrief an sie dem Fuhrunternehmer Schießlmüller zu lesen gegeben, die beiden hätten sich darüber krankgelacht, und auch in der Öffentlichkeit sei der Wisch zeitweise kursiert. Der Gipfel der Niedertracht war erreicht. Ein Akt erhabener Primitivität und Naturgemeinheit! Das mußte gefeiert werden! Ich glaube, ich erlitt eine richtiggehende Schnapsvergiftung und war tagelang tot.

»Prima, Moppel, daß du wieder da bist!« Ich wollte mich eine Zeitlang mit Kamillentee kurieren, aber mit sanfter Gewalt zwang mich Alfred Leobold zum Sechsämter zurück: »Da trink!« bat er zum wiederholten Male und deutete auf ein Fläschchen auf dem Tisch von Wacker: »Edel-Sechsämter. Viel besser als Sechsämter.« Zum Lächeln gereizt langte ich zu, zumal Alfred Leobold sofort zu einem neuen Schlag ausholte:

»Heinz«, wandte er sich an den Chemiestudenten Hümmer, »du kennst doch den Chines' aus der Gasfabrikstraß, freilich kennst du ihn, der was immer mit seinem Handwägerl...«

Non temer, amato bene.

Das Paralleltrinken machte Spaß. Noch vergleichsweise jung und kräftig, schüttete ich oft sogar, bestaunt von meinem Idol, noch etwas mehr in mich hinein als dieses. Ich sah mein Gegenüber in seiner phosphoreszierenden Düsternis an und wähnte wohlig mein eigenes Sterben vorwegzuleben. Mein bleich Lieb – als Spiegel meiner künftigen Existenz. Sehr, sehr schön! Glückliche Augenblicke, wenn Alfred Leobold immer wieder unerschrocken »Mathild, zwei Doppelte!« ächzte! Da dachte ich oft, ich redete zu mir selber.

Heute will es mir scheinen, daß das ein ausgemachter Schmarren war und ist...

Ich tat praktisch gar nichts mehr und hatte auch davon Abstand genommen, irgend Tätigkeit vorzuschützen, und merkwürdig, niemand nahm mir das krumm, niemand fand es auch nur befremdlich! Wenn ich nicht gerade Alfred Leobold beschattete und seine heiligmäßigen Sätze sammelte und analysierte, mir auch bei seinem Anblick in die eigene Seele zu staunen und zu glotzen, dann lag ich zu Hause, trank Schnaps und zur Abwechslung Kaffee wie ein Türke, sah sterbenswollüstig zum Fenster hinaus oder las hingerissen die Seelburger Tageszeitung:

»Arthur Mogger gibt bekannt«,

stand da tatsächlich und sündhaft inmitten der diversen Kleinanzeigen, täglichen Denkmälern konzessionierter Obszönität:

»Mädchenzimmer, komplett mit
Schrank, Bett und Nachtkäst-

chen in Hell, glanzpoliert
und preisg. Zu verkaufen …
Mod. Kombischrank in Nuß-
baum 250 cm … … …
Neuw. Schlafzimmer, kom-
plett mit Matratzen … … …
Schaumstoffe günstig, jede
Größe … … …
Arthur Mogger, Seelburg
Kugellagerstraße 5–9«

… aber auch auf den redaktionellen Seiten waren so merkwürdige, vernichtungsträchtige Sachen gedruckt und abgebildet, ich erinnere mich etwa eines Fotos mit dem Ministerpräsidenten Goppel, der, wohl zum Spaß, eine große Schultüte auf dem Kopf trug, ein echter Landesvater, sauber, gut gebaut, macht jeden Scheiß mit … Sicherlich mußte das alles sein. Wo kämen wir hin, wenn plötzlich ausgerechnet unsere Ministerpräsidenten gescheit würden? –

Am liebsten aber hörte ich Radio, die kunterbunten Nachmittagssendungen des Bayerischen Rundfunks. Tatsache ist, daß ich in dieser Zeit, zwischen 16 und 17 Uhr, bevor es wieder auf zu Alfred Leobold ging, mit einer gewissen und fortschreitenden Regelmäßigkeit an der täglichen Sendung »Für unsere ältere Generation« teilnahm und sie sehr genoß, Informationen und Musik für unsere Greise, die hanebüchensten unter dem Mantel von Humanität vertriebenen Vernebelungen, Verdrehungen und Heimtücken, unsere Alten mit Gewalt bei Laune zu halten und mit musikalischen Albernheiten auf Zack zu bringen (an dieser Stelle gilt meine besondere Abneigung Herbert von Karajan) – Infamien, Perfidien, wohin das Auge reichte und das Ohr sich neigte!

Immerhin, kein Vergleich zu der simultan im anderen Programm ausgestrahlten täglichen Folge »Club 16«, einem Kontinuum an krachenden musikalischen Gräßlichkeiten nebst jugendverderbenden Scheinaufklärungen. Denn schließlich würden wir alle einmal, wenn es gutging, alt, und man kann sich da zumindest rundfunktechnisch gar nicht frühzeitig genug in diesem Bereich umschauen und ein Plätzchen sichern – –

Spätestens 17 Uhr, wenn die tägliche Veteranensendung, dieses Altengelage, vorbeigerauscht war, lief ich dann wieder in die italienische Velhornwirtschaft, magisch-knechtisch angezogen, ein umgekehrter Lemming, der es nicht lassen kann, vom trockenen in das nasse Element zu krabbeln, im Allerseelenlichtlein, das Wacker Mathild aus Sparsamkeitsgründen über die Tische streute, meines trauten Freundes immer mehr verschwindendes Antlitz zu genießen.

In dieser Zeit brachte ich übrigens in Erfahrung, daß Alfred Leobold, der um diese Endphase herum meines Wissens bereits alle sonstige Nahrungsaufnahme verweigerte, während des »Dreck«-Spiels gelegentlich etwas in sich flößte, das sich als Gulaschsuppe herauskristallisierte, in die Leobold Senf gab, das Zeug lebhaft verrührte und dann schmerzdurchzuckten Gesichts, aber immerhin, hinunterwürgte. Bald sah ich noch etwas klarer. Das »Dreck«-Spiel war für Herrn Leobold jeweils aktueller Aufhänger, fünf Minuten nach Spielbeginn, ganz ähnlich wie schon seinerzeit in den Dolomiten, jenes Suppen-Senf-Gemisch in Auftrag zu geben, gewissermaßen war das Spiel der Schlüssel, der ihm den Magen öffnete. Ohne »Dreck«-Spiel ging es offenbar nicht mehr, – ein Rätsel, dessen psychologische Tiefe selbst mir Kenner und geschultem Deuter ungelöst blieb. Vielleicht machte ihn einfach der Zauber des Spiels die Schmerzen der Nahrungsaufnahme einigermaßen vergessen oder jedenfalls ertragen. Dunkel ist das Leben, ist der Tod. Man sterbe, wann man will.

Die Chemiestudenten! Diese Realitätsverweigerungssekretäre! Diese Niederlagenhauptverwalter und Katastrophenschutzingenieure! Ja, merkten diese Kreaturen, diese Satansbrut, diese Buchhalter der Finsternis denn gar nichts? War ihnen der Engel des Todes nicht einmal die Frage nach seinem Leiden wert? Warum er z. B. den Senfkot in sich hineinlöffelte?

Allerdings ließ Alfred Leobold auch immer wieder einmal und in sehr großen Abständen – getrieben offenbar von der Frühlingssehnsucht nach Duft und Farbe – größere Köstlichkeiten wie Kalbsbraten, Schnitzel oder Rippchen auffahren. Mehrmals war mir dabei die Beobachtung vergönnt, wie er jeweils ein winziges Stückchen Fleisch absäbelte, es tapfer in den Mund preßte und sodann den prachtvoll beladenen Teller an den nächsten Chemiestudenten weiterschob:

»Da. Iß. Prima. Ganz gut.«

Zärtliche Andacht wallt erneut auf, jetzt, da ich es niederschreibe. Mir hebt sich erregt die Brust, schmerzlich-wohlig, rascher fliegt der Atem. Was saß damals vor mir? Ein Märtyrer? Ein Erlöser? Das neue Menschenbild in Qual und Pein? Was? Dieses Gebräu von Durst, Schwachsinn und schlummernder Sanftheit?

»Da. Iß. Prima. Ganz gut.« – – –

6

Chemie! Warum brauten sie eigentlich ihren Sudel nicht selber, wenn sie die Wissenschaft schon beherrschten? Oder waren es rein theoretische Grübler, die da ihrer Disziplin nachgingen? Unleugbar, die schwefligen Brüder hatten auch mich zum Grübeln gebracht …

Alchemie und Alkohol! Alchimie alcoolique! War das nicht einmal ein und dasselbe gewesen …?

Zunehmend fand ich in dieser Periode inständiger Wacker-Hockerei aber auch Gefallen an den Mittwochs-Fernsehsendungen »Zimmermann jagt Nepper, Schlepper und Bauernfänger« sowie dem ZDF-Magazin von Gerhard Löwenthal, das Glück fügte es hin und wieder, daß die beiden Unauslotbarsten der Nation sogar noch hintereinander zu bestaunen waren! Fehlte als krönender Beschluß eigentlich nur noch ein Vortrag Oskar Zirngiebls über das Prinzip des Landes …

Und dann natürlich erst recht »XY«! Wunderbar! Das reinste aller Vergnügen! Diese traumhaftschönen Sätze! »Die Spuren Manfred Puruckers führen ins Eisacktal« – »Von der Kantonspolizei Attenzell gesucht« – »Entlarvung des Täters in Sigmaringen« –

»manipulierte Schnurrbärte« – »mehrere Zeugen in der Diskothek Rosenstüberl bezeugen«, Probleme mit Schäferhund-Ausfällen, ständige Fernrohr-Defekte, grauenhafte Entdeckungen im Gebirgsbach – wahrhaftig, XY rangiert noch vor Thomas Bernhard: aller Ramsch des Universums, der reine, ungetrübte, schrecklos durch alle Äonen der Dumpfheit stapfende Stumpfsinn, das wiedergefundene Paradies! Und dann, und dann: die aus ihren Amtsstuben aufgescheuchten Polizei-Esel, herrlich gelackt-verkommene Figuren, die wie Hilfsschüler ihren anklägerischen verbrecherfangwilligen Unsinn vom Blatt buchstabieren, sich dem hinterletzten himmelschreienden Humbug hingeben, ängstlich beäugt von XY, ob sie auch alles halbwegs richtig machten – und schließlich: das Firmament allesniederreißender Geistesgemeinheit und Seinsverfinsterung, die gaukelnde Sternennacht: die Unfaßlichen mit Namen Peter Nidetzki, Teddy Podkorsky, Werner Vetterli und – gepriesen sei der Name – Peter Hohl! Peter Hohl. Sii benedetto! Hätte ich nicht soviel mit Alfred Leobold zu tun, ich würde heute noch einen Peter Hohl-Fan-Club gründen. Aber alles geht eben nicht. Und jetzt Schluß damit und zurück zu einer etwas wehmütigeren Tonart!

Aber ich meine, ich erzähle das nicht für die Katz, sondern das ist die Lage der Nation…

Das Thema der Reisen nach Seattle, Prag und anderswohin hielt Alfred Leobold mir gegenüber bis zum Jahreswechsel treulich wach. Nächstes Jahr im März sei es soweit. Neu war, daß jetzt auch – und endgültig – einer der ärgsten, ja, wie sich später erweisen sollte, tückischsten Köpfe aus dem Chemiegesindel, der kleine Hümmer Heinz, mitkommen würde, den Glanz dichtzumachen.

»Prima Kerl!« klärte mich Leobold seufzend auf; eine der ganz wenigen Verfehlungen, die ich meinem sterbenden Schwan ein wenig übelnahm: so wahllos hätte er seine letzten Monate über seine »prima Kerls« auch nicht gerade versprühen brauchen, nachdem er immerhin schon einmal Kräfte wie Alois Sägerer und mich damit ausgezeichnet hatte. »Jjjaah, zuerst Seattle, dann Prag, dann Pilsen, Genua, Monterosso. Mensch, auf Offenbach möcht ich auch schon lang einmal! Und dann machen wir in Emhof ein Bratwurst-Fest, der Mogger spendiert auch was. Und dann Ceylon. Fahren wir nach Ceylon.«

Ceylon? Hm. Warum nicht gleich Valparaiso und die sogenannten mittelamerikanischen Bananenrepubliken?

Mitte Oktober gelangen mir zwei neue Entdeckungen. Eines Nachmittags in der Velhornwirtschaft, der Sterbeverein setzte sich diesmal aus Leber Heini, Stickel Herbert, Willfurtner Charly, Nübler Pit, Rückl Otto, Wiegler Werner, Alfred Leobold, mir und auch dem Gymnasiasten Binklmayr zusammen, nahm ich plötzlich wahr, wie inmitten des betäubenden, nur durch ferne Straßengeräusche getrübten Schweigens Alfred Leobold, Blick ins Niemandsland gerichtet, abermals summte und brummte – einer der in unseren Städten und Wirtshäusern ganz seltenen Fälle fast absoluter Stille brachte es an den Tag:

Es war kaum mehr eine Melodie zu nennen, was Alfred Leobold da herausbrachte. Hochinteressant! Hatte er noch vor einem Jahr, auf dem Höhepunkt des ANO-Lebens, die Kurzweise c-a-g, c-a-g herausgebrummt, so verkürzte nun der mit seinen Fingern spielende Ex-Geschäftsmann das Programm um einen weiteren Ton, es war wohl die Folge g-a, gelegentlich auch g-as, die Leobold da vortrug, unablässig ein Ton nach oben, einer nach unten, bis das Ganze endlich auf dem tiefen g liegenblieb.

Den Charakter der Weise würde ich heute mit »gedämpfte Lebensfreude« beschreiben, es war aber auch etwas Modernes, Elektronisches, Spannungsreiches nach Art der Wiener Schule dabei. Als ob er meiner Entdeckung gewahr geworden wäre, hörte Alfred Leobold nach etwa 150 Sekunden auf, rückte den Kopf energisch nach rechts, gleichsam einen flotten Blick zum Fenster hinaus auf den vorbeifließenden Stadtverkehr zu schleudern, ja mir gewissermaßen seinen trotz aller musikalischen Versenkung realitätsgewandten Grundcharakter vorzuführen. Gleichwohl, eine Stunde später hörte ich das Gesumme und Gebrumme schon wieder deutlich, ja in den nächsten Wochen und Monaten entwickelte ich geradezu ein Sensorium dafür, an dieser musikali-

schen Äußerung den Elendsgrad meines Freundes abzulesen. Klar!
Der Schmerz dröhnte und der Bemitleidenswerte verschaffte ihm
einen Resonanzboden:

> Tu come a'na Madonna
> Cante na ninna nanna
> Pe'n Angiulillo 'n croce
> Ca so senti 'sta voce ...
> Sta voce sulitaria
> Ca dint' 'a notte canta
> E tu, comm' 'a 'na Santa
> Tu sola, sola muore ...
> Chi si'? Tu si' 'a Canaria
> Chi si'? Tu si' l'Ammore
> Tu si' l'Ammore
> Ca pure quanno more
> Canta canzone nove
> ... Ggsiesu, ma comme chiove!

Jesus, was für ein Regen ... das Engelchen am Kreuz ... die
Stimme der Einsamkeit ... du bist die Liebe ... und stirbst in
Genua ... genau ...

»Seattle wird prima«, blies Alfred Leobold sein Leid in die Däm-
merstunde von »Wacker-Mathild«. Ob er mich auch so mochte?
Ceylon, offenbar, war schon wieder vergessen. Verklärung lastete
über dem Inferno. Lange würde ich das nicht mehr aushalten.

Eine zweite, ergänzende Beobachtung war mir zum Feierabend
des darauffolgenden Tages vergönnt. Aufgepeitscht durch die
Anwesenheit des Kaufmanns Arthur Mogger und seines neuen
Assistenten Werner Wiegler, kam es plötzlich am Tisch zu einem
erstaunlichen und fast einzigartigen Aufleben des Gesprächs, leidenschaftlich, als ob die traditionelle Abstinenz diese Chemiestudenten zu einem Schwall von Expression hetze, redete mit
einem Male sozusagen jeder mit jedem, das ging quer über den mit
etwa zehn Personen besetzten Tisch und hin und her, die unterschiedlichsten Themen in einem Aufwasch, ich glaube, es gab da

keinen, der seinen unnützen Mund gehalten hätte, auch ich quasselte roh und töricht mit – da hörte ich, wie gewissermaßen auf
dem Scheitelpunkt des Tohuwabohus Alfred Leobold mir zur Seite
einmal ganz leise, abschätzig und doch auch anerkennend »genau«
sagte.

»Genau.« Ich möchte beschwören, daß dieses vollends unverhoffte »genau« sich auf keinen der einzelnen Gesprächsbeiträge
bezog, sondern – wie soll ich es formulieren? – irgendwie eine
Würdigung der lebhaften Gesamtsituation zum Ausdruck brachte.
Ja, mir schien, es war sogar wie eine Huldigung an die Tatsache,
daß überhaupt noch geredet wurde, daß das Leben letzten Endes
doch freudig und überzeugend weiterging…

Dies Erlebnis wiederum brachte mich anderentags auf eine
Idee. Ich wollte, Alfred Leobold eine Freude zu machen, die stau-
bigen Chemiebrüder, die, wohl ermattet vom Vortag, wieder
bleich und reglos ihre Biermassen in sich hineinsogen, erneut
zum Reden bringen. Wie in Selbstversenkung begann ich also mit
Streichhölzern zu spielen, baute aus ihnen ein gleichschenkeliges
Dreieck zusammen, legte zwischen Spitze und Basis ein weiteres
Hölzchen in beliebiger Richtung, so daß zwei unterschiedliche
Teildreiecke entstanden waren – und hier begann ich meine Finte:

Das sei doch komisch, sagte ich halblaut vor mich hin und
betrachtete, Nachdenklichkeit mimend, mein Werk: da seien nun
zwei völlig unterschiedliche Dreiecke, die aber doch nach den
ewigen Gesetzen der Mathematik kongruent, gleich groß, sein
müßten, weil nämlich im gleichschenkligen Dreieck…

»Horch, Moppel«, unterbrach mich hier, Übles ahnend, Alfred
Leobold, »der Duschke erzählt gestern, daß du mit dem Alwin jetzt
immer Schach spielst. Prima.«

– aber ich ließ mich nicht aus dem Konzept bringen: Weil nämlich im gleichschenkeligen Dreieck zwei Winkel und die anlie-
gende Seite per definitionem gleich seien, die dritte Seite aber
hätten beide Dreiecke identisch. Die beiden kleinen Dreiecke
seien also mathematisch kongruent, und seien es doch wiederum
ganz evidenterweise nicht…

Scheinbar hilflos und abwartend betrachtete ich mein Rätsel-
werk. Würde das Lumpenpack, das doch zum Chemiestudium
immerhin Abitur haben mußte, anbeißen?

Es biß, und kräftig. Nach und nach erhob sich ein gewisses
Gequengel und Gezeter, dann, während Alfred Leobold – Zufall
oder Strategie – sich auf dem Abort zu schaffen machte, zog einer
nach dem anderen Kugelschreiber und irgendwelche Papierfetzel-
chen aus irgendwelchen Taschen oder aber forderte von Wacker
Mathild Rechnungsblöcke und dergleichen – man begann Striche
zu ziehen, wunderbar, es wurde das albernste halbgebildete Zeug
geäußert –

»Pythagoras«, kam es irgendwoher.

»Krampf!« rief jetzt bereits schön laut der Chemiestudent
Stickel, ein besonders ausgedörrter Mensch von zwei Meter Länge,
»das hat mit dem Pythagoras nichts zu tun. Wetten!«

»Nein, du mußt zuerst die Mittelsenkrechten ziehen, Charly«,
das war wohl Hümmer. Im Raum hingen Rauch, Dreck, Brühe und
eine gewisse alkoholische Süßlichkeit. Dieser Dampfkessel reißen-
der Verlungertheit! Warum gefiel es ihnen hier? Das Rätsel war
nicht zu lösen, aber immerhin mit einer Gegenfrage zu umkreisen:
Warum gefiel es *mir* hier so? Ach so, ich mußte ja einen beobachten usw. . . .

»Nie! Im gleichschenkligen Dreieck sind nur die Winkelhalbie-
renden gleich!« Das war Oeller Edi, der mir bisher immer den
intellektuell bedrohlichsten Eindruck gemacht hatte, aber damit
war es nun natürlich vorbei –

– jedenfalls waren alle diese melancholischen Figuren plötzlich
wie wahnsinnig vor Leidenschaft am Werkeln und Machen, – ich
hatte sie behext. Der Charme des Ranzigen lagerte über der italienischen Velhornwirtschaft, eine geballte Fuhre törichtester Ge-
dankenverblendung, ich glaube, unsere bundesrepublikanischen
Hilfsschulen müssen schleunigst ausgebaut werden –

– und einzig Alfred Leobold, den zu ehren ich das Experiment
ja veranstaltet hatte, beteiligte sich nicht an der allgemeinen Raserei. Nie! Sondern sah, wie ich von meinem Platz aus gut erken-

nen konnte, geradezu überirdisch souverän über die dampfenden Köpfe der ihn umsitzenden Brut hinweg, summte ein wenig, und doch – zauberhaft! – immer wieder beugte er ein wenig und fast mitleidig das käsige Köpfchen nach links und rechts hinab, sicheren Abstand freilich von den vollgekritzelten Papieren haltend und sich inhaltlich auf keine der erregt schwirrenden Thesen einlassend, allerdings nickte er gelegentlich diesem oder jenem aufmunternd zu. Es war gerade so, als ob ein besonders Erhabener und Hochgestellter in einer Mischung aus Strenge und demütiger Erlösernachsicht die lästigen Anstrengungen und Faxen des weit unter ihm herumkriechenden Ungeziefers verfolgte, ihm das Welträtsel enträtselt vorzulegen, damit man später mit einem »Geht in Ordnung« den allgemeinen Staatsgeschäften wieder freien Lauf lassen könne … eine Majestät, die außer mir keiner merkte, die selbst mir fast entgangen wäre, hätte mich nicht meine tiefe Empfindsamkeit und Gedankenschärfe am Ende noch zur Wahrheit vordringen lassen …

Das »Geht in Ordnung« war Alfred Leobold diesmal leider nicht vergönnt. Die Aufgabe blieb ungelöst, nach einer Dreiviertelstunde brachen die Herren erschöpft ab. Die Aufgabe sei unlösbar, verkündete ich fast feierlich. Ich wollte das Chemie-Gesocks nicht brüskieren, indem ich die Lösung in all ihrer existenzvernichtenden Simplizität bekanntgab. Denn natürlich weiß jeder 14jährige, daß der optische Trick darin besteht, daß die beiden in der Tat nicht kongruenten Dreiecke die zwei Lösungen der Dreiecks-Konstruktion darstellen. Bzw. umgekehrt: daß Dreiecke mit gewissen übereinstimmenden drei Stücken zwar im allgemeinen kongruent sind, daß es aber gelegentlich, wie hier, zwei Lösungen gibt.

Alfred Leobold aber nützte reizend die allgemeine Benommenheit der Chemie-Herren, bei der immerfort dösenden Wacker Mathild eine volle Runde Sechsämter in Auftrag zu geben, so der allgemeinen Kompliziertheit der Weltstruktur gleichsam sinnenhaft das Echo der Resignation kontrapunktisch entgegenhallen zu lassen, Bruder, Bruder, *die* Metaphern!

»Stickel«, sprach er einen der Gescheiterten mit dem Ausdruck generellen Lebensinteresses und wie um weitere Experimente von mir vorbeugend auszumanövrieren an, »was macht denn eigentlich die Evi? Hab's schon lang nimmer gesehen.« Es war, als hätte eine dezembrig verwitterte Sonne den bläulichen Schnee rosa überzuckert. Oh lasciate mi morir.

Am Abend brach, zusammen mit seinem Sekretär Wiegler, erneut Mogger herein, und Alfred Leobold, nach längerer Zeit wieder einmal, zusammen. Suchte mit dem Ellbogen immer wieder den Kopf in den mürben Handballen zu stützen, rutschte aber immer wieder mit dem Arm ab und plumpste mit dem oberen Körperteil über den Tisch.

»Mensch!« sagte Alfred Leobold, zerrte sich wieder hoch und fuhr mit den Fingern über die tränenden Augen.

»Mensch!« jauchzte der Zigeunerbaron Arthur Mogger, »jetzt kenn ich den Alfred vier Jahre. Und in all den vier Jahren, sooft ich den Alfredl abends getroffen hab, war er jeden Tag besoffen, Werner, das glaubst nicht!« Die blitzsauberen Zähne zwischen seinem Räuberbart zitterten vor Lust.

Der Sekretär Werner Wiegler glaubte es gern und lachte gackernd und anscheinend unersättlich. Jetzt sah ich es erst, daß der fuchsrot Behaarte an der Brust tätowiert war. Ein weiterer schmerbäuchiger Chemiestudent aus Moggers Clique wußte sich vor Begeisterung gleichfalls nicht zu fassen, es gelang ihm aber nur ein angestrengtes, wie ungeübtes »Ehè-ehe-eeee!«

»Arthur!« Alfred Leobold sah den Kaufmann trüb, ohne zu lächeln und geradezu anzüglich an. »Stimmt.« Etwas Neues: Alfred Leobold bekam den Schluckauf. »Stimmt genau. Fahrst mich heim, Arthur, bist so gut.«

»Freilich, Alfred!« Moggers idealistischer Ton speiste sich meiner Ansicht nach aus jenem Geist kaufherrlicher Kameraderie durch dick und dünn, der diesem Gewerbe so häufig ein trotz allem erfülltes Leben vorgaukelt.

»Prima, ganz prima.« Zwischen beiden Satzteilen stieß Alfred Leobold der Schluckauf hoch. Mogger und ein Chemiestudent trugen ihn in den L 295.

In einem gewissen Sinne, alles in allem ergänzte sich in diesen verflatternden Spätherbsttagen in der italienischen Velhornwirt-schaft die Einkehr des Beschaulichen mit durchaus munterer Dra-matik.

7

Für die stand schon der alte Unruhestifter Hans Duschke ein. Der Greis hatte etwas Neues entdeckt. Offenbar immer atemloser geschüttelt von Lebenslust und Ranküne, war der begnadete Senior-Krachmacher sowohl im »Seelburger Hof« als auch bei »Wacker Mathild« dazu übergegangen, sich solo und abgesondert von der restlichen jeweiligen Gesellschaft an Nachbartischen niederzulassen, von dort aus aber uns keineswegs mit seinem Gebell und Gewürge zu verschonen, sondern ganz im Gegenteil noch viel härter und boshafter seine Anklagen und Raunzereien herüberzuschleudern – erst nach einiger Zeit wurde mir der quasi ballistische Zweck des ganzen dubiosen Unternehmens einsich-tig: der scharrende Greis hatte von seinem Solo-Tisch aus nicht nur die bessere Übersicht über die komprimiert sitzenden Belei-digungsobjekte und den besseren akustischen Lärmschacht zum frontalen, winkelgünstigen Auswurf seiner Kanonaden; er konnte auch beim Plärren und Wettern ungehemmter mit den Armen fuchteln und mit dem Oberkörper herumwuchten, ohne daß er dabei Gefahr lief, sein eigenes Bierglas umzustoßen.

Offenbar hatte er da mal schlechte Erfahrungen gemacht. Wir nannten die Novität »Duschkes Schimpfbüro«.

Eines Abends, wohl Ende Oktober, gegen Mitternacht rauschte der tatenfrohe alte Mann in den »Seelburger Hof«, schnaufte dräuend durch alle Winkel des Lokals und setzte sich endlich, demonstrative Verachtung schon im Schritt und in den Mundwin-keln, an einen leeren Tisch, sein Schimpfbüro. Ziemlich krachend knallte er dabei eine Plastiktüte mit der Aufschrift ANO auf den Tisch. Etwas wohl Metallenes und jedenfalls Büchsenförmiges schimmerte durch die Tüte.

Wir waren etwa ein halbes Dutzend Leutchen, unter ihnen,

gleichsam als Gast, Alfred Leobold, der, wie erwähnt, »Wacker-Mathild« nur noch selten verließ, um so einen kleinen Ausflug zu unternehmen.

Tückisches Schnurgeln und Nasepfeifen im Schimpfbüro. Der abgewetzte Greis trug, wie jetzt meist, eine ockergelbe Jacke, die etwas zusehends Haltloseres, Nachkriegssüchtiges hatte. Der erste scheinbar tiefsinnige Schluck Weizenbier. Die Spannung wuchs ins Gewittrige. Ihre Auflösung retardierend, keuchte Duschke zum Geldautomaten, warf Münzen hinein, unsägliche Unruhe trieb ihn in sein Büro zurück. Äugte unheilvoll. Gehetztes Wild im Wald der Welt – gleich würde es zum Gegenangriff übergehen.

»Sie, Herr Duschke …«, rief Alfred Leobold schwach hinüber, da brach es aus:

»Ihr Arschgesichter! Ihr Super-Ärsche! Ihr meint, ihr habt den Leobold! Chrrn! Am Arsch! Erich! Moppel! Binki! Herr Leobold, Herr Lääwoohl ist am Arsch, in der Gosse … chrrn!«

»Ja, genau, Sie, Herr Duschke, in der Gosse, genau!« plänkelte Alfred Leobold geradezu ausgelassen. Seine gesamte Erscheinung atmete plötzlich leichten Sinn und hohen Mut. »Aber was haben S' denn in der Tüte da, Herr Duschke?«

Es entspann sich ein bemerkenswertes Duett.

»Vollkommen in der Gosse, Herr Leobold. Ich habe Sie damals gewarnt!« grölte der gräusliche Graukopf.

»Sowieso, Herr Duschke. Nein, in der Plastiktüte!«

»Wo?«

»Rechts neben Ihnen. In der Tüte.«

Duschke sah nach rechts, sah die Tüte und stellte sie samt Gerätschaft vom Tisch auf die Bank.

»Das wissen Sie doch selber, Herr Leobold. Die ANO-Geldbombe. Was soll der Quatsch? Ich bitte Sie!« Aber irgendwie war Hans Duschkes Stimme plötzlich ruhiger, friedsamer geworden, fast dankbar für das entgegengebrachte Interesse.

Alfred Leobold klärte uns nun fast wispernd darüber auf, daß dies die ANO-Geldbombe sei, die jeden Abend zur Bank gebracht werde, die Einkünfte des Tages abzuliefern.

»Reden Sie laut!« forderte Duschke, der sich in seinem Schimpfbüro doch ziemlich ausgeschlossen vorkam. »Ich habe das Geld, die Bombe, zur Bank gebracht. Was wollen Sie?«

»Läßt Ihnen der Brettfeger das jetzt selber tun?« rief Alfred Leobold zu Duschke hinüber. Brettfeger hieß der neue ANO-Chef.

»Selbstverständlich. Der ist heute früher nach Hause.«

»So. Prima. Das hätt's früher nicht gegeben!« rief Herr Leobold fast schneidend.

»Na und? Da haben Sie sie halt hingetragen.«

»Eben. Genau.« Duschkes Schimpfbüro schien plötzlich fast zur Anklagebank degradiert. Die etwas brenzlige Situation zu entschärfen, wollte ich nun wissen, ob noch Geld in der Bombe sei. Nein, das Geld sei abgeliefert, dies sei die Bankbombe schon für den nächsten Tag, erklärte Duschke fast würdevoll. 7000 Mark, ergänzte er, seien heute abgeliefert worden.

»Nicht viel«, sagte sehr abwertungsbetont Herr Leobold.

»Mehr haben Sie zu Ihrer Zeit – beziehungsweise ich zu Ihrer Zeit auch nicht gemacht, Herr Leobold! Herr Leobold! Ich bitte Sie!« Der Greis lachte knallig und verteidigungsbereit. Seine Stimme war ins gewohnte Rauhe hinübergeglitten.

»So? Prima«, kitzelte Alfred Leobold den ehemaligen Untertan.

Was nun aber sei, wollte ich, ebenso vermittelnd wie lauernd, wissen, wenn Herr Duschke auf dem Weg zur Bank eingekehrt wäre und die Bombe wäre gestohlen worden oder, tastete ich mich neckend nach vorn, er, Duschke, hätte die Bombe vergessen?

»Nie!« rief Duschke verächtlich.

Stand auf, trat an die Theke des »Seelburger Hofs« und kam überraschend mit zwei verlotterten Semmeln wieder, die er nun (ich habe so etwas noch nie gesehen) buchstäblich ineinander verknetete, als ob sie in Normalgröße zuviel Platz beanspruchten, und steckte dann das Semmelknäuel in die Plastiktüte zur Bombe. Es war wie eine Offenbarung.

»Die leere Büchse könnte ich natürlich jederzeit auch in den Hammerbach werfen«, sagte nun Hans Duschke, die sei natürlich nichts wert.

Jetzt sei sie aber nicht leer, sagte Alfred Leobold.

»Natürlich ist sie leer. Was wollen Sie?« Schon um 17 Uhr habe er, Duschke, das Geld zur Bank.

»Nicht leer«, beharrte Herr Leobold trotzig. Wie schön, ihn zur Abwechslung so kampfstark zu erleben! War es nicht fast wie eine Morgenröte, come l'aurora, was den alten ANO-Heroen da verjüngend umdünstete?

»Was?« rief Duschke nicht ohne Zorn.

»Naja«, antwortete Alfred Leobold und nickte mit dem Kopf. Das Fieber später Spottlust setzte die Mechanik in Gang.

»Leer!« rief Duschke, »wetten!«

»Genau. Wetten!« rief Leobold und streckte wie so oft zu ANO-Glanzzeiten Duschke die einladende Hand entgegen, »schlag durch, Moppel!«

»Um was wetten wir? Drei Schnaps jeder?« Duschke war entschlossen zugeeilt und ergriff die Hand.

Erstmals wurde ich gewahr, daß Alfred Leobold noch immer einen Ehering trug.

»Drei Schnaps, genau.«

Ich schlug durch. »Und jetzt geben S' mir einmal den Sack da.« Kernig, ja fast triumphal hob Alfred Leobold das dargereichte Säckchen auf den Tisch, öffnete es und klaubte die zwei verschrumpelten Semmeln ans Tageslicht.

»Da«, sagte Alfred Leobold, »nicht leer.«

»Na und?« Duschke war wirklich verwirrt. Ich übrigens auch.

»Nicht leer. Zwei Semmeln.«

»Was?« Jetzt saugte der Alte wie hilfesuchend Luft ein. »Die Semmeln? Was Semmeln? Herr Leobold, wir haben ...«

»Zwei Semmeln.«

»Oder zwei«, sagte, seltsam genug, Duschke.

»Genau.«

»Herr Leobold! Moppel! Erich! Ich bitte Sie, ich warne Sie!« Des Alten Stimme schwankte zwischen Brechen und Bersten. »Wir haben chrrnn gewettet, was in der Bombe ist. Unglaublich! Ich frage Sie, Herr Leobold, und nun vergessen Sie bitte alles, was früher zwischen uns war: Sind die Semmeln in der Bombe? Die Semmeln sind *nicht* in der Geldbombe ...!«

Es war eine atemberaubende Situation.

»Herr Duschke, Sie ...« Offensichtlich suchte jetzt Leobold Halt. Es war nicht länger zu leugnen, er hatte sich einfach mit seinem kleinen Scherz vertan.

»Ich warne Sie, Herr Leobold, Moppel, Hans Duschke, du bist Zeuge! Wir haben gewettet, was in der Bombe ist. Und ich frage Sie, Herr Leobold: was ist in der Bombe chrrnn?« Der Alte machte in der Art eines verzögerten Sprungwurfs beim Handball eine Pause und saugte voll an: »Chrrn. Ich sage es Ihnen, Herr Leobold. In der Bombe ist nichts. Kein Knopf. Kein Arsch! Ich warne Sie, Ich breche meine Beziehungen zu Ihnen ab. Ich ziehe Sie nicht mehr aus der Gosse! Wir haben nicht, nie gewettet, was in dem Sack ist, geschenkt, niemals! Sondern, was in der Bombe ist – klar? Arschklar! Natürlich weiß auch Hans Duschke, daß in dem Sack die Semmel ist, das ...«

»Und die Bombe sowieso«, beharrte Herr Leobold. Anscheinend gewann er doch noch die Oberhand. Der plärrende Patriarch wirkte unsicher.

»Natürlich! Und die Bombe! Semmel und Bombe! Sie zahlen, Herr Leobold, das garantiere ich Ihnen in hundert Jahren! Sie zahlen, bis Sie schwarz werden«, kreischte nun der seelenlose Alte grenzenlos, »bis an Ihr Lebensende zahlen Sie«, hier verlor Duschke eindeutig Format, »wir haben gewettet, was in der Bombe ist, und nicht, was außerhalb der Bombe ist! Chrrnn!«

»Prima«, sagte Alfred Leobold heiter, aber auch vielleicht ein wenig zu prätentiös, »dann haben Sie ja gewonnen. Ober, Kellner! Drei Schnaps für'n Herrn Duschke! Aber hintereinander!« ergänzte er fast mutwillig.

»Gaha, drei hintereinander«, sagte der Kellner Anton; er nahm die Wünsche, wie sie kamen.

»Die zahl ich!« versicherte Alfred Leobold, »Sie, Herr Duschke, was machen S' jetzt mit den Semmeln, wenn S' dann heimkommen auf Ihr Zimmer?«

»Die freß ich. Natürlich. Natürlich!« Die Erwartung der völlig unverdienten Schnäpse stimmte den Alten naßforsch.

»Also, Prost«, unkte Alfred Leobold lustig.

Man kann demnach nicht sagen, daß um diese Zeit herum nicht auch muntere Ereignisse den Seelburger Alltag belebt hätten. Andererseits, manchmal wurde mir bei Alfred Leobolds Späßen und Pikanterien doch recht ätzend und kratzend ums Herz. Ah, Don Alfredo! Aber letzten Endes fiel doch immer wieder ein unverhoffter Knalleffekt dabei ab. Spiele sind dazu da, daß sie verloren werden. Der Tod, das ist die kühle Luft. Zu einem neuerlichen spektakulären Auftritt zwischen den beiden früheren Teppich-Kollegen kam es am 31. Oktober. Ich holte, zur Abwechslung, wieder einmal Hans Duschke nach Geschäftsschluß bei ANO ab, doch Herr Brettfeger, der neue Filialleiter, ein ruhiger kleiner alter Spießer und (wie ich später erfuhr) wie Duschke leidenschaftlicher Geldautomatenspieler, teilte mir mit, sein Mitarbeiter sei schon weg. Ich entdeckte den Alten nebenan am Stehtresen der »Tiroler Weinstube«, wo er mit einem südlich aussehenden Herrn gerade – warum denn das auf einmal? – Campari trank und schon von weitem einen recht verwegenen Eindruck machte.

»Io Tedesco – Du Arschgesicht!« hörte ich ihn beim Eintreten den Fremden ankläffen. Gleichzeitig zuckte er vor Vergnügen, riß den Mund zu einem nimmersatt-breiten ächzenden Lachen auf und begann den etwa 45jährigen Mann an den Schultern zu kneten und dann immer wieder mal gegen die Brust zu schlagen.

»Wir beide bene Amici! Bene Amici! Molto bene! Hab ich recht oder nit, Mensch, Giulio!«

Ziemlich ohnmächtig schob der Fremde den Drangsalierenden ein wenig aus seiner Körperzone und winkte gottergeben ab. Vorsichtig gesellte ich mich zu der kleinen Gruppe. Der Giulio Genannte trug eine Lederjacke, die irgendwie einen sehr arbeitsamen, emsigen und doch auch dolce-vita-willigen Eindruck machte.

»Hah! Moppel! Ehrlich! Klasse!« Ein Begeisterungssturm der ungesündesten Art fegte mich in die Gemeinschaft. Stracks wurde ich zu einem Campari aufgefordert.

Der Fremde sah mich hilfeheischend an und legte dann zwei Hundertmarkscheine auf den Tisch. Hans Duschke schlug mit der flachen Hand drauf.

»Mensch, Giulio, ehrlich, das wußte ich nicht mehr, daß ich dir gestern 200 Mark geliehen habe!« schwelgte der göttliche Greis, »unglaublich! Wo war ich denn? Wo war denn das? Aber ehrlich, bist ein feiner Kerl, Giulio, trink! Trink auf Hans Duschkes Rechnung!«

Irgendwie war ich schon wieder sehr matt und verhärmt. Gegen die Berserkervitalität unserer Großväter kommt unsereins auf die Länge nicht an.

»Höre mal, da siehst…«, begann Giulio, drang aber noch nicht durch.

»Giulio, alter Italiano, Spaghetti! Moppel, hör zu!« sengte der Mundschenk der Gemeinheit, setzte plötzlich seine achtunggebietendste Miene auf und griff feurig zum Campariglas, schon lange bevor es seinen mörderischen Mund erreichte, schloß er die Augen.

»Da siehst«, nahm Giulio die Gelegenheit wahr, »unter welchen Zustände dir immer rumschleppst!« radebrechte der drahtige Italiener vorwurfsvoll-zärtlich, und vor allem die zärtliche Nuance entging Hans Duschke nicht.

»Giulio!« rief er und faßte, unerträglich dreist, diesen wie auch mich mit je einer Hand an der Schulter, ja er schob uns gewissermaßen zusammen, dann rülpste er und sah uns von unten herauf widerstandsvernichtend an: »Wir sind gute Freunde. Du Italiano – Ich Arschgesicht«, drehte er nun den Spieß korrekt um, »was heißt ›Arschgesicht‹ auf italienisch, Giulio?«

Der Ausländer dachte nach und zuckte südländisch-humoristisch die Schultern: »Viso stronzo?«

»Si, viso stronzo«, rief Duschke, »mio viso ronzo, ich bitte dich, ich bin ein alter Mann, ich gebe soviel Geld aus, ich leihe soviel Geld aus und ein, ist doch alles am Arsch. Stronzo! Ich habe nie Geld, das heißt, ich, verstehst du mich bitte?, ich habe immer Geld, Geld wie Heu!« jubelte das ranzige Viso stronzo empörend,

»nur nicht bei mir, aber ist doch dann schön, wenn man wieder eins zurückkriegt, ist doch Klasse! Prost, Giulio! Trinken wir noch einen! Oder, Moppel?«

Wir tranken noch zwei. Hans Duschke, glücksglühend, zahlte. Beim Weggehen bückte er sich nach einem Packen Papier zu seinen Füßen, der sich als ein Blumengebinde herausstellte und den Duschke entschlossen unter seinen Arm pferchte.

»Morgen, meine Mutter, Allerheiligen, der alte Duschke vergißt seine Mutter nicht, nie, nie, meine Mutter hat ein schönes Grab verdient!« schrie Duschke uns beide hart an, als hätten wir ihn an seiner Christenpflicht hindern wollen. »Nie vergißt der alte Duschke seine alte Mutter!« schrie der stechende Greis und baumelte in den Abend hinaus. Trotz vieler Duschkescher Bitten verabschiedete sich der Italiener. Eine angenehme Neubekanntschaft.

Duschke und ich schritten in Richtung »Wacker-Mathild« aus, der Alte spürbar bebend vor Leidenschaft, es morgen seiner Mutter zu zeigen. »Ehrlich!« schrie der rauhe Mann mehrfach mitten auf der Straße, zwischendurch schob er immer wieder wie in übergroßer Pfiffigkeit seine gelbe Zunge einen Zentimeter aus dem Mund und schmunzelte hochzufrieden über seine eigene Vehemenz. In der italienischen Velhornwirtschaft aber schleuderte er das Blumengebinde sofort und ungestüm in eine Sitzbankecke. Und das Carusello durstico tedesco ließ sich in eine andere plumpsen.

»Engel! Mathild! Ein Bier, bitte. Aber nicht zu voll!«

Und weiter walkte das Todes-Potpourri, in der Luft schwankte heute besonders warmer Brodem. Kaum hatte Hans Duschke seinen alten Widersacher Alfred Leobold in der Zimmerecke erspäht, war es wieder soweit, und leider kam es an diesem eigentlich der Beschaulichkeit eingeräumten Abend zu einem ebenso überflüssigen wie wahrhaft ungepflegten Auftritt zwischen dem grauköpfigen Sottisier und dem edlen Alfred Leobold. Hatte ihn die bevorstehende Freude an der Pietätsverrichtung so aus der Fassung geworfen? Weil ich sofort an einem anderen Tisch Karten zu spielen begann, bekam ich nur, seltsam fahrig, die Höhepunkte der Beleidigungen und Streiche zu hören.

»Und während ich alter Mann Teppiche rolle und jeden Tag fast umfalle«, keuchte dieses Bateau ivre schon bald nach dem Start auf Alfred Leobolds liebes, drei Meter entfernt schimmerndes Wachsgesichtchen ein, »sitzen Sie den ganzen Tag in dieser Scheiß-Kneipe, in dieser Uuuääh-Kneipe und saufen sich hundertmal den Arsch voll. Jeden Tag in dieser Kneipe!«

»Genau«, sagte Alfred Leobold deutlich, unschlagbar und ohne Ironie. »Und Sie, Herr Duschke …«

»Vergessen Sie bitte nicht, was Sie sagen wollten!« rief der Alte schlüpfrig und hätte erneut Furcht und Schrecken verbreitet, wenn hier überhaupt noch etwas zu den Herzen durchgedrungen wäre, »aber ich frage Sie eines: Wer wollte denn damals bei ANO, bei ANO jeden Tag dem alten Duschke kündigen? Wer? Doch nur Sie! Sie! Und wer hat den Leobold« – »Lääääwoohl!« heulte Duschke unbeschreiblicher als je zuvor – »wer hat den Leobold geschafft? Geschaßt? Geschafft?« – der Böse wußte offenbar nicht, was er wollte; infernalische Schwaden mochten in ihm brausen – »ich frage Sie, Herr Leobold? Wer? Keine Ausreden! Der alte Duschke war es!« Blitzschnell führte der Satanische sein halbvolles Glas zum Großmaul.

»Prima«, beschied nun Herr Leobold con sordino und sah weh vor sich hin; drang aber nicht in Duschkes wasserdichtes Herz vor.

»Zahlen Sie einen Schnaps, Herr Leobold! Ich habe Ihnen auch schon so oft aus der Patsche geholfen!« Eine besonders nichtswürdige Aussage. Der Lügner schluckte heftig Speichel.

»Sowieso«, hielt Herr Leobold verehrungswürdig stand und ließ gleichzeitig Duschke leerlaufen, »Mathild, für Herrn Duschke einen Sechsämter.«

»Ah! Danke, Herr Leobold, Prost!« Die Korruption erreichte immer tiefere menschliche Zonen. Diese wüste Koordinate aus letztmals aufflackerndem Krach und gleichwohl zügig verdämmerndem Leben! Hatte der zutiefst fragwürdige Greis es nicht einst mit seinem ganzen Sinnen und Trachten darauf angelegt gehabt, daß Alfred Leobold aus dem ANO-Laden weichen und hier trinken mußte? Warum schalt er ihn jetzt darum? Widersprüche der Greisenschaft!

»Prost, Herr Duschke.« Es kam leise, aber herzlich.

»Sind wir doch gute Freunde, oder nit! Herr Leobold?« setzte der ärgste der Teppichschneider seine Schamlosigkeiten fort.

»Oder nit? Ehrlich!« Der Unrat im Hirn des Alten funkelte phosphorisch.

»Einwandfrei.« Todesmut tönte nun schon fast zu perfekt aus Leobolds welken Lippen. Hatte er eigentlich noch Zähne? Und nippte an seinem Bier: bald würden die Behörden einschreiten müssen.

Doch der hemmungslose Groll des ehemaligen Untergebenen war noch längst nicht verflogen, seltsam, wie leicht herumzukriegen die Menschen sind: hatte nicht der Abend ganz harmlos fröhlich angefangen mit einem italienischen Kauderwelsch? Nach einer halben Stunde schlug Hans Duschke erneut zu. Begann fast winselnd, um dann zu einem explosiven Geschmetter aufzublühen:

»Der Leobold, der Lääwohl ist schon ein Hund.« Ein Fremder hätte gutmütige Freundschaft vermutet. Doch kampffertig hatte sich Hans Duschke zusammengeigelt, die verschränkten Arme wechselseitig von den Händen beschabt.

Zunächst, als rede er zu sich selber:

»Es ist unglaublich. Unglaublich. Hihihi. Und der alte Duschke muß arbeiten. Noch zwei Jahre ...«

Doch gleich darauf zum offenen Schlagabtausch erneut bereit:

»Ich frage mich oft, Herr Leobold, wie Sie das machen, das viele Schnapszahlen. Und selber trinken Sie ja auch nicht schlecht. Unglaublich. Ich könnte das nicht. Haben Sie so viel gespart? Hähähä!«

»Genau.« Leobold – die beiden saßen immer noch drei Meter auseinander – betonte diesmal nachdrücklicher als sonst die zweite Silbe.

»Oder zahlt das alles«, lockte, wie behilflich, der innerlich vor Wut und Genuß zugleich zitternde Feind, »zahlt das alles das

Arbeitsamt, die Arbeitslosenversicherung?« Tatsächlich machte Duschke die Bewegung des Geldzählens. »Ja?« Die Verletzungskraft des greisen Ockergelben erklomm die Sphäre des ewigen Schnees.

»Nie.« Leobold blieb kühl. »Alles Krankenkasse. Bin ja krank.« Ein putziger, herzzerreißender Satz.

Erneut ließ Duschke alle Schranken fallen, qualmend türmten sich die Felsen des Schreckens:

»Wissen Sie, Herr Lääääwohl, was Sie sind? Aaaah! Sie sind für mich das allergrößte Schwein, ein Super-Dreck-Schwein – nein, das nehme ich zurück, weil es nicht stimmt! Für mich sind Sie ein ganzganzkleines Würstchen, ein so kleines Würstchen sind Sie!« – und wuchtig lehnte sich der graue Mann über die Tischbarrikade und deutete auf ein Paar Pfälzer, das der Schreiner Wellner gerade aß und sich sehr erschrak – »so klein, Sie können noch so groß tun und den Typen und Mäzen machen und den Moppel und den Binki einfangen und alle! So klein sind Sie! Sie sind eine Super-Betrugs-Sau, chrrn! Aaah!«

Der Mund stand ihm aufgerissen wie einem verendeten Fisch, der heute trotzdem noch viel vorhatte.

Natürlich hatte Hans Duschke mit dem Würstchen letztlich recht. Doch woher kam das alles? Warum sagte der alte Mann das? Die niedertrachtsverseuchte, grauenhaftigkeitsdurchbebte Elementarranküne des verharschten Greises erschreckte mich mehr, als ich es jetzt beim Kartenspiel brauchen konnte. Ging die Welt zugrunde? Hatte die Hölle ihren trinkenden Boten ausgeschickt?

»Wollen S' noch einen Schnaps, Herr Duschke? Von der Krankenkasse? Zahlt.« Alfred Leobolds Heiterkeit wurde langsam schwer erträglich. Trotzdem, er hatte ihn schon:

»Ich meine ja nur, Herr Leobold, Herr Leobold, wir sind gute Freunde. Vergessen wir, was war.« Damit nahm Duschke auch die neue Offerte an. »Aber es gibt eben Dinge in der Vergangenheit, die ...«

»Prost, Herr Duschke«, brach Leobold die erwartbaren Idiotien ab, »prima Schnaps.« Und gleich als ob er sich mit lässiger Anmut

Kühlung zufächle, kippte Alfred Leobold seinen eigenen Sechsämter.

Es folgte ein relativ idyllischer Abendteil. Leider war der nicht
von Dauer. Duschke – möge ihn der Weltenherr dafür einst bestrafen oder belohnen – durchackerte leider wieder einmal einen
jener kostbaren Abende, da kein Muhammad Ali, kein Max
Horkheimer, kein Katsche Schwarzenbeck, nicht einmal sein Par-
teivorsitzender Brandt in der Lage gewesen wäre, ihn zur Räson zu
rufen oder zum Verlöschen zu zwingen. Kaum hatte ich mich wieder einigermaßen auf mein Kartenspiel konzentriert (die Ausfälle
des Alten hatten mich mindestens zehn Mark gekostet), da ging er
dazu über, im sicherlich begreiflichen Leid seiner Teppichexistenz
wieder einmal auf die Gruppe des Chemie-Geschwaders einzugei-
fern: das Honnef-Modell sei eine politische Gemeinheit und gehöre abgeschafft, denn was herauskomme, sei der Wacker-Saustall;
für seine bitteren Steuergelder aber säße »das ganze akademische
Gesocks hier den ganzen Tag in der Kneipe – der Leobold hat ja
wenigstens früher gearbeitet! – und trinkt und verblödet vor sich
hin, ihr Arschgesichter!«

Das letzte stimmte sicherlich. Ob die trinkenden Chemiestudenten, die jetzt vereinzelt aufmaulten und zurückkicherten,
tatsächlich über Honnef bei Laune gehalten werden, erscheint mir
trotz Hochschulreform und des sozialliberalen Grundzugs unseres
Regimes doch fraglich. Tatsächlich aber glaube ich, daß Hans
Duschke, würde er gezielt gelenkt, aufgrund seines großen Mund-
werks als politischer Kopf oft wesentlich mehr zu leisten ver-
möchte als so mancher verstockte Jungsozialist und als man es ihm
vielleicht zutrauen möchte...

»Honnef! Ah! Kohlen...«

Geld und abermals Geld. Das fügte sich freilich schlecht Duschkes sozialistischem Grundtenor. Der Gedanke an Geld – und sei's
in der Form von Schnaps – indessen erfüllte den Alten am Vor-
abend seines Friedhofsbesuchs so restlos, daß Baron Rothschild
selber nicht mithalten hätte können – der Italiener Giulio hätte
ihm die beiden Scheine nicht unter die Nase halten sollen, ihm

Lust zu machen. Wieder mußten wir unser schönes Kartenspiel unterbrechen. Diesmal drosch der unholdeste aller Alten, von Alfred Leobold aus dem Hintergrund emsig beäugt, auf Arthur Mogger ein, der sich, frisch hereingeschneit, zu Duschke gesetzt hatte und diesem erstaunlich gefaßt, ja fast besinnlich lauschte.

»Arthur, lieber Arthur«, heulte ein Wolf den anderen Schafspelz an, »du hast deine Büchs. Aber ich alter Mann…« War es der heraufdämmernde Allerheiligentag, der Duschke so weinerlich und jetzt auch noch so sexversessen stimmte? »Und ich sage dir bitte eines, Mogger, Hans Duschke heiratet die Büchs. Die Büchs hat Kohlen!«

»Ja, schon, Hans…« Ich verstand nicht, was Arthur Mogger zu bedenken gab.

»In einem halben Jahr sprechen wir uns wieder. In einem halben Jahr, Mogger! Ich warne dich…«

Mit dem letzten Satz war Duschke endgültig betrunken. Aber was sollte das? Ging es dem Nichtswürdigen nun um die Überwindung der Einsamkeit oder um die Kohlen? Oder letztlich, fiel mir überraschend schlank ein, um die Synthese, den Geldautomaten, wie vor Jahresfrist? Und was war das überhaupt für eine »Büchs«? Alfred Leobold, der das Gespräch gleichfalls verfolgt hatte, vertraute mir noch am gleichen Abend an, bei der von Duschke anvisierten Braut handelte es sich um die Witwe und 58jährige Mutter des Gymnasiasten Binklmayr:

»Aber die hat ganz andere«, flüsterte abschätzig Herr Leobold, »da ist doch der Oberst aus München.« Erstaunlich, erstaunlich, welches Wissen mein absterbender Freund noch in die Waagschale werfen konnte!

Ein letztes Duschke-Gekreisch an diesem Abend, diesmal war Erich Winter das verstörte Opfer:

»Es ist doch irre, irre, was ein alter Mann für einen Scheißdreck daherredet!« Ein Geräusch des Brodelns drang herüber. »Kennst du, Erich, den Maler Pechstein? Ich habe 1936 eine alte Jüdin in Stichworten kennengelernt. Ich rede von 36! Mensch, ich muß heim! Irre!«

Und die graue Rakete schoß zur Türe hinaus. Die Nacht spülte ihn weg.

Zurück blieb, wie zuerst Alfred Leobold bemerkte, das Blumengebinde für die noch ältere, aber tote Mutter. Wacker Mathild legte die Friedhofsgabe schützend hinter das Klavier. Mir berichtete man später, daß Duschke anderentags die Blumen abgeholt habe, allerdings habe er sie am Abend des Allerheiligentags (der mich selber, mir ein wenig Luft zu verschaffen, im Kino sah) wieder angeschleppt, und Tage später sei das ganze Zeug schließlich im Mülleimer des »Seelburger Hofs« gelandet. Wahrheit oder Übertreibung: Ich bin sicher, daß die tote Mutter den Willen des Sohns zu schätzen wußte. Denn lieb ist es ja doch, unser furioses Alterchen, weiß Gott.

8

Mitte November, ein trockener Tag dörrte übers wellige, zerzauste Land, überredete ich Alfred Leobold, den beklemmenden Trübsinn ein wenig zu lockern, zu einer nachmittäglichen Spazierfahrt mit dem beigen L 295, der damals schon, wie mir schien, geradezu synchron mit seinem Herrn dem verdienten Ende zustrebte. Leobold, vielleicht weil die Chemie-Herren gerade mal pausierten, erklärte sich fast freudig bereit – ein gut Teil habe ich ihn freilich in Verdacht, daß er zu dieser Zeit jede Freude ausschließlich mimte – und umklammerte behandschuht, aber bemerkenswert tapfer selbst das Lenkrad. Bald erreichten wir eine wäldliche Schenke, die Herr Leobold schon kannte und die er mir als erstklassige Möglichkeit empfahl, erstklassig Fleisch und Wurst einzukaufen, ganz prima. Er ging auch gleich selber mit gutem Beispiel voran und erstand in der Metzgerei des Wirtshauses einen ganzen Kartoffelsack ausgemachter Köstlichkeiten: Schnitzel, Koteletts, Geselchtes, Blut- und Leberwürste, Bratwürste, einen Berg Leberkäse. Er selber bringe ja »nichts mehr hinunter«, bemerkte mir gegenüber, und wahrscheinlich auf meinen verblüfften Blick hin, Herr Leobold ohne falsche Scham, aber die Eltern putzten es schon weg. »Die haben ja Zeit die ganze Woche, o mei!«

Ich fand die Vorstellung sofort berückend, wie Alfred Leobold, heimgekehrt, gönnerhaft und hochzufrieden, den beiden Alten beim Essen zusah. Himmel, es ist schon so! Wenn die Söhne es nicht mehr packen, schlagen die Alten zu! Das nenne ich wahre Vater- oder Mutterbindung oder was ...

Anschließend, in der Schenke, schmiedete mein armer Globetrotter wieder einmal sehnsüchtige Reisepläne. Das Wort Seattle kam zwar noch ein- oder zweimal zum Einsatz, aber mir wollte scheinen, Alfred Leobold hatte sich damals schon weitgehend von seiner Vision losgesagt. Es fielen vielmehr vermehrt Begriffe und Ödigkeiten wie Offenbach, Pursruck, Heilbronn, wo jetzt das Ehepaar del Torro lebe, die wolle er noch einmal sehen – ferner Ludwigsburg, Götzendorf und Kauerhof – dort sei es ganz besonders prima sowieso: insgesamt natürlich die gleichen unnützen Lichter wie Afrika, Seattle und Ceylon, und doch rührten die Namen mich bangdreist an ... nach der Elternliebe die Heimatliebe, der Wille zum Erdigen ...

Alfred Leobold berichtete auch, er werde jetzt demnächst doch zu seinem Bruder nach Forchheim gehen, den Prokuristen zu machen, oder aber er wechsle vielleicht auch nach Meran, er habe gehört, dort rede man auch Deutsch, auch dort sei ihm »in einem so einem Geschäft« Erhebliches in Aussicht gestellt worden. Ich bemerkte, daß ich nicht mehr genau zuhörte.

Plötzlich aber schlug Alfred Leobold in nochmals gewaltig aufflackernder Reiselust vor, ab jetzt doch einmal pro Woche hierher nach Erlheim in diese schöne Waldschenke zu fahren, »Bundeswehr ist auch oft da«, das sei gesund, sagte Leobold, meiner Taxierung nach überzeugt, und gab den vierten Bärwurz-Schnaps in Auftrag, die Spezialität des Hauses. Und außerdem könnten wir jedesmal das schöne Fleisch heimtragen, es sei das beste Fleisch überhaupt, »und deine Mutter ißt doch auch gern ein schönes Trumm Fleisch«, fuhr er grandioso fort.

Diese Atemlosigkeit! Es lief wie am Schnürchen: Und einmal könnten wir auch »alle« herausfahren und eine Schlachtschüssel essen, »ganz gut!«, und dann übernachten, und am nächsten Tag

»normal nach Schwend«, da kenne er eine prima Wirtin, die habe »vielleicht schon ein Zeug getrieben«, und abends dann nach Habsberg … und Mühldorf …

Erneut war Alfred Leobold ins Schwärmen geraten. Versunken in Chimären schüttelte er sich vor Bärwurz-Ekel. Das neue Tränkchen, vielleicht zur Überwindung, vielleicht zur Steigerung des Sechsämter eingesetzt, bewährte sich nicht. Trotzdem gelang Leobold bei der Begleichung der Rechnung ein Meisterstück: er krönte sie mit vier neuen Bärwurz-Bestellungen.

»Sie, Fräulein, die Rechnung. Und bringen S' uns gleich noch zwei Bärwurz!« Die Rechnung kam; mit zwei Bärwurzen.

»Geht in Ordnung, Fräulein«, Alfred Leobold sah an dem Papier vorbei: »Und dann rechnen S' jetzt noch zwei Bärwurz dazu. Da.« Und schob der Bedienung zehn Mark hin.

Die neuen Getränke kamen mit dem Wechselgeld von 3,20 Mark. »Sie, Fräulein, das rentiert sich jetzt gar nimmer, daß ich das einschieb. Geben S' uns davon noch zwei.«

Als die angebracht wurden, fragte Herr Leobold die Bedienung, ob er dann kurz in die Küche schauen könne, ob »evendöll« was da sei, was er noch mitnehmen wolle. Das wurde erlaubt. »Mensch, hat's da eine Hitze!« prustete der Schalk, als er eine Weile von Topf zu Topf gesprungen war, angeblich neugierige Blicke hineinzuwerfen – ein völlig origineller Zug: »Heiß«, jammerte er, »Sie, Fräulein, und dann brauchen wir noch zwei Bärwurz. Da hat's eine Hitze herin! Zwei, gell: zum Heimbrummen.«

Die würgende Todesnot! Und ich, hingerissen, trank alles mit.

Unser nächster Besuch in der Waldschenke, eine Woche später, war mit einigen Hindernissen verbunden. Ein langjähriger Bekannter aus Saarbrücken, der Sportdozent Hermann Sittner, besuchte mich genau an dem Tag, der für die Waldreise eingeplant war, zeigte sich vom angepeilten Ziel angetan, bat aber dringend darum, den Wagen ein paar Kilometer vor dem Dorf zu parken und den Rest zu Fuß zurückzulegen: so auch der Gesundheit zu dienen.

Alfred Leobold gefiel das von Beginn an nicht, er fuhr also voraus in die Schenke, wir schritten aus, plötzlich aber kam uns Herr Leobold durch den Wald wieder entgegengefahren und lud uns dringend ein, sofort zuzusteigen, »dann geht's schneller«. Verständnisinnig zwinkerte er uns zu. Sittner und ich bestanden trotzdem auf der kleinen Fußwanderung, also wendete Alfred Leobold den Wagen und fuhr wieder davon. 500 Meter später parkte Leobold erneut: Wir sollten jetzt einsteigen. Nein, wir würden lieber laufen, blieben wir hart, so daß Herr Leobold sich nach kurzer Überlegung wieder entschloß, zu wenden und, gleichsam als reitender Bote, langsam vor uns herzufahren, auf daß wir uns jederzeit besinnen und zu ihm einsteigen könnten.

In gewissem Sinn verriet ich wohl damals meinen Freund. Hermann Sittner erinnerte sich ein Jahr später des putzigen Nachmittags brieflich so: »Ich nehme wohl an, es handelt sich bei dem bedauerlichen Fall um jenen Herrn, der uns damals im November mit vielen Winkelzügen vom Spazierengehen abhalten wollte, angeblich am Vormittag schon in Erlangen oder Forchheim war, am Nachmittag in ländlicher Gegend viel Fleisch einkaufte und am Abend die Kartenfreunde in einer, wenn ich mich recht erinnere, Velhornwirtschaft nicht enttäuschen, gleichzeitig aber nach Wolfsbach fahren wollte zu einer Schlachtplatte mit französischen Gästen.«

Das mag gut sein. Ich hatte wohl nicht recht aufgepaßt und achtete damals Alfred Leobolds kleinerer und größerer Reisevorhaben nicht mehr so genau.

Viel Fleisch, das gleichfalls dürfte stimmen. Für die Eltern war sicherlich auch damals etwas abgefallen. Ein schönes Trumm. Indessen der Sohn dazu trank. »Dann geht's schneller.«

9

Ein letzter und höchst subtiler Grund, eine sehr stichhaltige Legitimation meiner Leobold-Beschreibung kam mir soeben, gerichtet an alle Zweifler und Kritiker. Ich verfasse und publiziere diese Schrift aus Rache. Ich hoffe, daß ich in meiner Eigenschaft als sein literarischer Agent alle die damit ärgern und werde bestrafen können, die Alfred Leobold zeitlebens nicht so scharf und inständig verfolgten wie ich, bzw. falls das zu unedel klingt: all denen möchte ich beweisen, was es mit Alfred Leobold tatsächlich auf sich hatte, die damals geschlafen oder – wie Hans Duschke – ihn fortwährend beleidigt und »toleriert« (Leobold) haben. Sie alle sollen das Buch dereinst beschämt aus der Hand legen. Dann jedenfalls wäre ich zufrieden und aufs Schönste belohnt, und das Ding hätte – auch ohne Witwe – seinen Zweck erfüllt.

Ich finde überhaupt, Rache an der Gesellschaft ist eins der zwingendsten literarischen Motive.

Mit Adventsbeginn stellten Alfred Leobold und ich unsere jüngste Wanderbewegung auch schon wieder ein und richteten unser Augenmerk ganz auf die Vergnügungen der städtischen Winterabende.

Mein romantisch-sentimentales Treiben steuerte damals zweifellos auf einen neuen und anstrengenden Höhepunkt zu. Um so dankbarer war ich für eine kleine amüsante Begebenheit, die sich exakt am 1. Dezember zutrug.

»Du, Moppel?« Am Telefon hing der Fuhrunternehmer Schießlmüller. Das war neu.

»Du, Moppel, ich hab da heut eine größere Sache vor …«

»Aha!«

»Ja, eine größere Sache, hm. Eine Bekannte von mir … mein Auto ist kaputt, ja. Kannst du mich heut abend zum Nürnberger Flughafen fahren?«

»Nein, kann ich nicht, Willi!« Ohne Angabe von Gründen. Ich hätte ihn einesteils sehr gern gefahren, auch noch dieses Abenteuer zu bestreiten, wollte aber andererseits die prickelnde Telefonsituation auskosten.

»Eine größere Sache, ja. Sicherlich!«

»Nein, kann ich nicht.«

»Hm.« Gut hörbar dachte er nach.

»Tut mir leid.« Ich sagte es etwas gegen meinen Willen.

»Ach so. Ja. Hm. Sicherlich. Also dann heute abend.«

Am Abend brütete der Fuhrunternehmer still zwischen den Chemiestudenten.

Und schon am nächsten Tag langte ich erneut zu. Bevor ich zu Alfred Leobold ging, setzte ich mich im »Seelburger Hof« zu einem Rentner aus dem Altersheim, irgendwie um diesen Todeskandidaten zu trösten oder etwas Ähnliches – der aber hatte das überhaupt nicht nötig. Er erzählte, er sei jetzt 83 Jahre und die ganze Welt könne ihn »im Arsch lecken«, er fühle sich soweit ganz wohl, nur leide er beim Sitzen unter einem, wenn ich es in meiner Hingerissenheit richtig verstanden habe, Hauptabszeß, um den sich kranzförmig zehn kleinere Satelliten gebildet hatten, acht davon habe er aber schon wieder weg, »jetzt geht's schon wieder«.

Der alte Herr, der bei diesem Bericht unheimlich schnell Frankenwein in sich hineinschüttete, stand jetzt auf, trat zur Musikbox und gleich darauf erklang Rocker-Musik durch den morgendlichen »Seelburger Hof«. Zeit, mich schleunigst in die italienische Velhornwirtschaft zu machen.

Es kam damals in der prallvollen Velhornwirtschaft auch zu einer sehr gelungenen Nikolaus-Feier, zu deren Beginn der alte Duschke, als Heiliger kostümiert, zuerst massiv auf den dicken Wacker-Buben »Seppi« einquakte und -drosch, und ebenso verdient, wenngleich lachend, bekamen Arthur Mogger und seine Chemiestudenten ihre Schläge ab. Als es dann dem windigen Heiligen gelang, von der geizigen alten Wacker Schnäpse herauszulocken, war Duschkes Freude unermeßlich. Der clevere Greis hatte genau berechnet, daß Wacker Mathild angesichts des Kindes den Nikolaus-Wunsch nicht abschlagen konnte. Die Sehnsucht nach immerwährendem Frei-Schnaps, sie mochte wohl einen alten Menschen völlig gefangennehmen und beherrschen.

Der zur gewöhnlichen Grauensgestalt rückverwandelte Hans Duschke erzählte dann im Jubel des Nikolaus-Triumphs zuerst einige recht dubiose Schwänke und Anekdoten aus seinen jungen Schauspielertagen, später, im Zuge verschiedener Poltereien, kam die Rede auf Alpträume, und schon hatte der Unbezähmbare die Regie wieder an sich gerissen.

»Alpträume!« lachte der boshafte Heilige, dem nun sogar vor
Erregung die Silberhaare zu wackeln schienen, »wenn ich einen
Alptraum habe – und ich habe viele Alpträume, viele! –, dann weiß
der alte Duschke, was er zu tun hat. Ich habe die Alpträume völlig
im Griff! Hah! Wenn im Traum, und das passiert mir immer wieder, irgend so ein Untier oder sonst eine blöde Sau auf mich zu-
rennt! Oder, Moppel, Heinzi, Otto, hör gut zu: wenn ich träume,
daß da so im Schlaf ein dicker großer Hund auf mich zukommt
und fletscht die Zähne«, und Hans Duschke fletschte unanständig
die Zähne, »dann denk ich mir immer im Traum – versteh mich
bitte! –, im Traum denk ich mir dann: geh nur her, du Arschgesicht, geh nur her, wenn du da bist, wache ich auf!«

Alfred Leobold, heute besonders warm und proper in seinem
Eck vergraben, schmunzelte gütig. »Ehrlich!« jubelte Duschke und
wiederholte prächtig seine umlachte Pointe: »Komm nur her, du
Arschgesicht!«

»Zu dem Hund?« fragte jetzt zweifelnd Alfred Leobold und
räkelte sich ein wenig.

»Freilich zu dem Hund!« rang der Alptraum-Rabauke und über-
fiel dann, schwer gestikulierend, den armen Herrn Leobold mit
einer langen, wütenden Interpretation bzw. Paraphrase seines
Witzes. Gehorsam nickte Leobold am Ende mit dem Kopf:
»So ist er, der Duschke, genau.« Er lächelte wund und ernst.
Einer von Alfred Leobolds geheimnisschwersten, raffiniertesten
Sätzchen.

Überhaupt verflogen die Vorweihnachtstage mit viel Kurzweil
im Rahmen eines regsamen Treibens und Geschaukels und unter-
haltsamer Geschichten auch im Hintergrund des Hauptgesche-
hens. So erzählte man sich eine nette Geschichte, wie der Kerzenhändler Lattern um die Luzifer-Tage herum von dem Chemiestudenten Josef (»Krawallo«) Bauer auf geradezu schmähliche Weise
hereingelegt und übertölpelt worden war. Als Lattern wieder einmal, vor kleinem Kreis, eines Abends im »Seelburger Hof« her-
umtrompetet habe, er sei eigentlich kein gewöhnlicher Kerzenhändler, sondern der Marquis von Challot bzw. ein Nachfahre aus

dem verstorbenen Geschlecht derer von Challot, soll jener mehr oder weniger zufällig herumgastierende Krawallo eingeschritten sein und kundgetan haben, er habe jetzt, nachdem er dauernd das habe anhören müssen, über das Challot-Geschlecht geforscht, tatsächlich gebe es die auch, nur seien es keine Grafen, sondern Zauberer gewesen. Jetzt soll Lattern zuerst reglos und entgeistert dagestanden haben, dann aber habe er Krawallo aufgefordert, das noch einmal zu sagen. Krawallo habe seine Forschungsergebnisse ganz gemütlich wiederholt, darauf sei, hörte man, Lattern wie ein Panther auf Krawallo zugesprungen und habe ihm mehrere Büschel Haare ausgerissen. Nun habe der bärenstarke Krawallo trotz seines zweifellosen Schmerzes Lattern fast gütig gepackt, hochgehoben und den Adeligen auf die Straße hinausgetragen. Am nächsten Tag, so berichtet Erich Winter, soll Lattern besonders brütend, einfältig und zähneknirschend im »Seelburger Hof« ge- hockt haben, und ihm, Winter, habe er »mit großen leeren und doch unheimlich falschen Augen« (Winter) vertraulich mitgeteilt, er sei zwar tatsächlich kein richtiger Marquis, aber ein Hugenotte.

Berichtet wurde mir auch ein schwerwiegendes Gespräch zwischen Hans Duschke, dem Gymnasiasten Binklmayr und dem Mogger-Assistenten Werner Wiegler nächtens in der Whisky-Bar über die Frage, wer von den Morlock-Mädels die Dümmere sei. Er, Binklmayr, erzählte dieser wichtig und blasiert, habe sich raus- gehalten, aber Wiegler soll einleitend geprahlt haben, Susanne sei »steif wie ein Stockfisch trotz gutem Körperbau«. Ein berufsbe- dingter Reflex Moggers? Nach erregten Stellungnahmen vor allem von seiten Duschkes habe man sich darauf geeinigt, Sabine müsse noch dümmer sein als Susanne. Denn Susanne halte sich wenig- stens mehrere »Stecher« (so soll es Wiegler formuliert haben), Sabine dagegen nur einen, und »der haut schon nimmer recht hin!«

Na, Wiegler, hoffentlich erfährt Arthur Mogger deine kessen nächtlichen Reden nie!

Gott sei Dank redete von mir niemand mehr …

Gierig trank ich weiter. Das fiebrig Mitreißerische dieser Afterexistenz, die zu führen ich mir gestattete! Oder um mit Alfred Leobold zu reden: ich hatte nun genug gearbeitet! Jetzt kamen erst mal andre dran. Sona Chitarra!

Die Morlock-Mädels sorgten übrigens ein paar Tage vor Weihnachten von sich aus gleichfalls für einen ungewöhnlichen Wind in der italienischen Velhornwirtschaft. Es hatten da am frühen Nachmittag, unabhängig von Alfred Leobold und mir, die wir traulich die Köpfe zusammensteckten, an einem anderen Tisch Hans Duschke, der alte Malitz und ein mir zunächst fremder, gleichfalls älterer Herr Platz genommen und ungehörig zu zechen begonnen, der Fremde aber, der von fern stark an einen Vertreter der Democrazia Cristiana erinnerte, stellte sich später als ein Herr Giermann heraus, Teppichverkäufer im Kaufhof und als solcher eine Art Pendant zu Hans Duschke.

Bereits gegen 18 Uhr vollzog das saubere Senioren-Trio einen ebenso schauerlichen wie begnadeten Lärm, ich glaube, dergleichen vermögen überhaupt nur unsere Alten aus sich herauszuholen. Gegen acht Uhr abends waren dann, begleitet lediglich von Arthur Mogger, die beiden Morlock-Mädels zur Tür hereingepurzelt – zugegeben, schwach und dennoch unappetitlich pochte es noch immer oder immer wieder mal in meinem Herzen, wenn die beiden auftauchten – und sie hatten rasch und, das muß ich sagen, hochtalentiert gewissermaßen jenen flackernden Frohsinn aufgegriffen und adaptiert, der vom Altentisch herüberbrandete und das Lokal verzauberte.

»Bei uns auf der teppichgeografischen Situation«, meldete Herr Giermann, schlug mit beiden Händen flach auf den Tisch und hatte offenbar schon einen sitzen, »befinden sich Arschficker, die von Tuten und Blasen keine Ahnung haben, leibhaftig keine Ahnung, mein lieber Hans!«

»Giermann«, erinnerte Duschke, während Malitz mit bedeutender Miene trank, »du kannst den Kaufhof von früher und heute nicht vergleichen, Giermann. Prost. Schön, daß du wieder einmal zu uns kommst.«

»Mein verehrter Schwager Hans« – der alte Malitz wollte offenbar etwas besonders Wirtschaftspolitisches sagen, doch der liebe Schwager wehrte knapp ab:

»Bums, da fiel die Lampe um!« sagte er wie zu sich selber, »ehrlich, Giermann, kommst du jetzt öfter? Klasse!«

Plötzlich wirkte Duschke überaus nüchtern und überraschend strich er sogar mit einem Taschenkamm das Silberhaar nach hinten. Ja, sah er nicht wirklich aus wie ein richtiger Père Noble?

»Mein lieber Hans«, salbte Giermann widerlich betrunken und selig, »wir sind Freunde« (und es klang wie »Froinde«) »ich werde die alten Zeiten nicht vergessen. Herr Malitz, ich kenne den Hans nun seit 1944. Mein bester Freund. Ich werde es nie vergessen, wie wir zusammen losgezogen sind, zuerst als Versicherungsinspektoren, dann im Saarland...«

»Prost, Max!« unterbrach Duschke kernig das seichte Gewieher. Drei Chemiestudenten schlichen finster, nein, fast weihnachtlich besinnlich herein und nahmen fast wortlos an unserem Jugendtisch Platz. Ein sanftes Gemurmel innerhalb der drei Alten griff Platz, es hörte sich an wie Seufzen.

»...wie wir losgezogen sind im Saarland als Partner, und haben die Holzböcke gejagt. Hahaha! Holzböcke gejagt, Hans!«

Damit war auch dieser Punkt geklärt. Max Giermann war der von XY-Zimmermann langgesuchte Partner von Hans Duschke! Und tatsächlich fegte der andere der beiden Ganoven das Thema rasch vom Tisch.

»Prost, Max, ehrlich! Kommst du jetzt öfter? Da guck!« deutete er nach rückwärts zu uns Jungen, »lauter Klasse junge Leute und Burschen, meine Freunde alles!«

Knarzend wandte sich Giermann herum und uns zu und erkannte wohl hier schon, daß zwei Frauen am Tisch saßen. Lüstern quiekte Sabine auf.

»Es würde mich freuen«, schwallte diese Holzbock- und Teppich-Ausgeburt, »wenn du, mein lieber Hans, mich deinen jungen Freunden vorstellen würdest.«

So geschah es, daß wir uns mit den Alten vermengten. Grundlos, vielleicht erschüttert durch die ständigen Emulsionen in unserem Land, begann ich mich zu betrinken, ab und zu Trost in Alfred Leobolds leidzerwühltem Antlitz suchend. Täuschte mich nicht alles, summte er auch wieder ...

Stunden später nahm ich wahr, daß Max Giermann (das ist keine Symbolik mehr, sondern die reine Namensobszönität) schon sozusagen hautnah an Sabine und Susanne herangepirscht war und auf sie einbalzte und die alten, schmalzigen, abstaubversierten Augen rollte. »Ich bin, meine Damen«, hörte man da beispielsweise, »Skeptiker wie Brecht und Einstein. Und ich bin immer gut damit gefahren. Hahaha!« Das machte mich so zornig und zerknirscht, daß ich plötzlich den Drang verspürte, Giermann komplette Unzurechnungsfähigkeit nachzuweisen, ich fühlte mich aber gleichzeitig zu müde, zu ausgelaugt, zu tot dazu. »Es würde mich freuen« – »froien«, sang der Teppich-August – »wenn ich Sie demnächst in meinem Hause zu einem Schlückchen Cognac empfangen dürfte, ich liebe junge Leute!« Der Alte schreckte vor keiner Schweinigelei zurück. Malitz, ihm gegenübersitzend, war wieder einmal mit offenem Munde eingenickt, offenkundig hatte er sich verausgabt, er trank aber, im Halbschlaf, ab und zu bestrickend aus seinem Seidelglas. Das Ende der Beamtenschaft. Sabine und Susanne, ohne daß Mogger eingeschritten wäre, äußerten lebhaftes Interesse, ja ein gewisses Entzücken. Warum schlug Mogger sie nicht zusammen oder wenigstens die eine? Wollte er sie beide abschieben an den alten und jetzt sogar schwitzenden Sittenstrolch? Wie hatte ich Schwerintellektueller diese beiden weiblichen Desperados nur ertragen können? Heute weiß ich, oder nehme es doch an, daß die beiden nur Vorstufen auf meinem Weg zu Alfred Leobold waren, ein letztes Anklammern an die Welt der Trivialsexualität, mein gelungener Abschied von allem, was ...

»Die ganze Brust voll Titten!« Das war Duschke. Weggeblasen aller Scheinadel. Ich wußte nicht, um was es ging. »Und da werden wir feiern, daß du nur so saufst!« Der Unerhörte äugte suchend in die Runde. Plötzlich mußte ich, sprachempfindlich, wie ich bin, wieder lachen. »Und Herr Leobold, Herr Lääwohl, Sie kommen auch, fünf Mark Unkostenbeitrag pro Mann und Nase, klar!«

»Jjjaah«, seufzte der müde Mann gelblich und lächelte Hans Duschke so kläglich einsatzbereit an, daß sogar dieser Grausame in sich zusammengeschrocken sein muß:

»Herr Leobold, vergessen wir bitte alles, was war!« grunzte Duschke mit Gefühl und unerbittlich, »wir sind Freunde. Auch wenn es manchmal nicht so aussieht, ich, ich bitte Sie! Vergessen wir, was war. Gehen wir von einem neuen Anfang aus. Ich mache Ihnen einen Vorschlag: 0:0. Ich schlage Ihnen ein neues 0:0-Verhältnis vor. Okay?«

»Jjjaah, Herr Duschke!« Alfred Leobold wehrte sich allzu wenig, und als er gar noch »0:0« nachsagte, beugte sich der berauschende Greis Duschke weit hinüber zu ihm in die Ecke, ergriff Leobolds Hand und schmatzte einen Kuß drauf. Die Flegeleien des Alten verloren jedes Maß. Giermann aber jonglierte rastelligleich mit der Aschenglut seiner Zigarre. Sein lustgesalbtes, ja lustzerfetztes Gesicht war erschreckend häßlich. Widerwillig mußte ich lächeln.

Leider ereignete sich dann an diesem Abend noch etwas äußerst Dummes, das sogar Herrn Giermann in den Schatten stellte. Auf dieser Erde, wenn wir uns nicht gerade hassen, wollen wir uns ununterbrochen lieben. Wenn wir uns nicht gerade mit Wut begehren, sind wir uns schnurzegal. Und wieder umgekehrt. Verstehe es, wer es kann, jedenfalls, weiß der Himmel warum, vielleicht hingerissen durch die Duschke-Leoboldsche Versöhnung, saß ich plötzlich neben Sabine, vielleicht auch, sie vor Herrn Giermanns Zugriff zu schützen, und, sicherlich benebelt, legte ich den Arm um ihre Schultern. Sabine ließ sich das nicht nur gefallen, sondern begann wohl auf einmal und träumend mit meiner rechten Hand zu spielen, kippte einen Sechsämtertropfen und biß mir dann unverhofft und heftig in den Zeigefinger, durch irgend etwas hingeschmolzen. Ich hätte diesen peinlich nach-sexuellen Vorgang vermutlich längst vergessen, hätte der Unfug nicht bösartige Folgen gezeitigt. Der Biß muß nämlich sehr heftig gewesen sein, am nächsten Tag fühlte ich eine Art pelzigen Schmerz in der Fingerkuppe und im obersten Glied, und als dieser – wir schrieben schon das neue Jahr – nicht verschwinden wollte, so daß der Verdacht auftauchte, der Schaden möchte gar bleiben, suchte ich zweimal einen Arzt auf, der den Defekt untersuchte, mir auch etliche Bäder und Einreibungen verschrieb und gut zuredete, der angebissene Nerv werde sich in spätestens zwei Monaten wieder regeneriert haben.

Das stimmte auch – nur flatterte mir plötzlich eine Rechnung von 80 Mark ins Haus. Natürlich konnte ich Sabine für ihren ungeschickten Liebesbiß nicht zur Verantwortung ziehen – ich überredete also Hans Duschke, der angeblich haftpflichtversichert war, sowohl Biß als Unkosten zu übernehmen. Tatsächlich nahm der verwegene Alte, früher selber in der Branche aktiv, den Versicherungsbetrug auf sich, ich gab Duschke die Arztrechnung – nur zahlte er nie, ja später stellte sich heraus, daß Duschke nie über eine Haftpflichtversicherung verfügt, sondern diese mit seiner Krankenversicherung verwechselt habe. Denn ein geschlagenes halbes Jahr später kam dann ein eingeschriebener Wisch ins Haus geflogen: die Rechtsanwälte Gold und Linhardt hätten, hieß es da, die Rechte des behandelnden Arztes übertragen bekommen und bäten mich einschließlich ihrer Gebühren und Unkosten um die Überweisung von 128,80 Mark.

Das war übrigens – weit nach Abschluß der Romanhandlung – mein letzter, allerletzter Kontakt zu Sabine. Gleich nach dem Fiasko schickte sie irgendwer nach Hamburg, und sie ward in Seelburg nur mehr selten gesehen. Man sollte Liebesbeziehungen tatsächlich straffer und unbarmherziger abbrechen, wenn sie an Linie verloren haben. 128,80 Mark! Und vor allem vermeiden, sie irgend später wieder hochzüngeln zu lassen. Der Effekt ist immer Schaden und Spott. –

Der Abend bei Wacker Mathild sah auch weiterhin einen strotzenden Duschke, einen hilflos balzenden Giermann, zwei hübsche Weiber und nicht zuletzt fünf schweigsame und offenbar grübelnde Chemiestudenten. Und Alfred Leobold preßte und preßte. Schön. Wie kam es aber dann, daß ich so verwühlt und traurig war?

War es die italienische Velhornwirtschaft? Dieser Schlauch, dieser funzelige Schacht zum Hades! Schlimmer konnte es auch dort nicht mehr zugehen! War es der sich anbahnende Verlust Alfred Leobolds? Waren es meine fast widerwilligen, nur die Gesundheit zur Not stützenden Spaziergänge durch unser schönes Seelburg? Diese gemeinheitsfunkelnde Gottesstadt! Diese Menschen! Diese Menschen über 30! Diese verschwindenden, verschimmelnden, zerbröselnden, aschgrauen Existenzberechtigten! Jeder Blick ein Tod. Die Verzweiflung, die sich – das sicherste Indiz! – immer dann gewaltsam Bahn bricht, wenn sie, um die 35, aber auch noch mit 50 und 60 Jahren, in der wahnwitzigen Hoffnung, noch irgend etwas Todhemmendes auszurichten, anfangen, sich azurblaue Trainingsanzüge mit Silberborten zu kaufen, Tonbandgeräte und Schmalfilmkameras, dem ADAC, dem Segelflugverein, der Höhlenforschung, dem Pferdesport sich in die Arme werfen, bevor sie endgültig unter die Erde rauschen – –

Ach was, Trainingsanzüge! Das ginge ja noch an! Wenn ich überfliege, was sich allein während der letzten drei Tage meiner ausklingenden Niederschrift alles über diese 50 000-Einwohner-Stadt hinweggewälzt hat – es ist, als säße man aufgepeitscht in einer vollends unglaubwürdigen Non-Stop-Klamotte im Bauernkino! Da brechen in der Strafanstalt Seelburg Verwirrung und Ratlosigkeit aus, weil ein Rudel Häftlinge, offenbar um sich die Zeit zu vertreiben, plötzlich zum mohammedanischen Glauben überwechselt, deshalb Gebetsteppiche und ähnliche Utensilien verlangt und so die Gefängnisverwaltung, ja das Innenministerium, das dem Pack ja kraft Grundgesetz die Freiheit der Glaubensausübung nicht abschlagen kann, in höchste Alarmstufe und Ausrüstungsschwierigkeiten versetzt. Da segeln zwei jugendliche Motorradfahrer mit gezählten 168 Stundenkilometern und jeweils 2,65 Promille durch die Seelburger Vorstadt, über die rote Ampel und natürlich sofort ins Grab. Da zieht auf dem Seelburger Marktplatz lauthals plärrend unser CSU-Abgeordneter Dr. Aingler gegen das »verbrecherische

Regime des Psychopathen Idi Amin Gaga« zu Felde, anstatt sich um die Probleme seiner Heimat und ihre keineswegs weniger schwarzen Seelen zu kümmern. Da rennt in der Stadt das 7jährige Kind von »Franz Gans«, Ivonne, auf einen zu, mit einer Freundin an der Hand, und sie frägt einen, wo »das Schnickschnack« sei – was das denn sei, will man wissen, das weiß sie eben selber nicht. Da erschlägt ein Landwirt den anderen hinter dem Wirtshausabort mit einer Mistgabel, weil dieser, wie die Heimatzeitung meldet, »blöd dahergeredet« habe. Da ... da prunkt erneut die Firma ANO mit dem zum Schlußverkauf ausgekochten Slogan »Einmal werden wir noch wach, heiße, dann ist Stein-Zeit-Tag«, was Herr Nock dann im Zeitungs-Beitext besonders nichtswürdig als »Teppiche zu Stein-Zeit-Preisen« erläutert.

Da erwirbt der 32jährige Kunstmaler Herbert Schedel – und ich weiß ganz genau, daß dieser Mann vollkommen bargeld- und vermögenslos ist – von einem Stadtrat für 4700 Mark eine einstöckige Häuserruine aus dem 12. Jahrhundert, zu allem Überfluß gar nicht fern von der italienischen Velhornwirtschaft »In der Brüh« – eben komme ich von einem Besichtigungs- und Neugierbesuch von dort zurück und treffe kaum die Tasten vor Erregung! Vor der Bruchbude herrscht da also bereits das lebhafteste Treiben, schaut man nicht genau hin, könnte man die Faxen für eine richtige kleine Baustelle halten, ein gewisser Robby mit Django-Hut und Rasputinbart, stemmt ein Brecheisen zwischen eins der ausgemergelten Fensterlöcher, dieser Chef des Umbauunternehmens, den ich bisher nur als Pop-Sänger bei Volksfesten kannte, erklärt einem nebenstehenden alten Mann im hellblauen Angestelltenkittel, wie »ehrlich ganz gut« das Haus jetzt würde, »wir machen dann alles drin« – der Alte, der offenbar zuerst nur (was ich besonders fatal finde) vom allgemeinen Interesse angezogen wurde und nichts mit dem Umbau zu tun hat, legt auch bereits einen Meterstab an die Fenster, gleichzeitig wackelt ein stoppelbärtiger, verrußter und vollends von Alkohol und Lebensgleichgültigkeit verklebter 45jähriger Stadtstreicher an und schleppt eine Firmenschildplatte »Glasbläserei Schröck um die Ecke« ins Haus, er setzt sich dann sofort in einen Schubkarren vor der Haustür und trinkt aus einer Flasche Bier, jetzt schaut ein sehr junger Mann mit schon deutlich verelendeten Zügen, verdeckt halb unter einem Strohhut, aus der Dachluke, gleich darauf aber aus dem Parterrefenster, auch er hat jetzt eine Bierflasche in der Hand, etwas rechts sehe ich jetzt einen Lastwagenanhänger voll mit Gerümpel und Schutt und Matratzen aus dem Haus, vor der Tür aber stehen riesige steinerne Grabkreuze, die, wie ich von Robby höre, zu einem Swimming-Pool »mit Sauna« umgebaut werden sollen, gestern herangeschafft von einer Kranfirma, freilich nicht ohne Hindernisse: denn der Kranfahrer habe auf dem Dorffriedhof von Äglsee zuerst zwei Stunden auf den Grabsteinbesitzer Schedel warten müssen, der zum bestellten Termin einer Schulfeier der Handelsschule mit dem Staatssekretär beigewohnt habe, offenbar als Zaungast – – und dann erzählte mir der Bauführer Robby noch dreist stumpen-rauchend, dieser Bauherr Schedel habe heute früh »wegen der ganzen Sachen, die er jetzt dauernd erledigen muß« einen kleinen Nervenzusammenbruch erlitten, aber jetzt sei er gerade zum Wirt des »Seelburger Hofs«, Rösl, gegangen, sich 100 Mark auszuleihen, damit er seine Baufirma auszahlen könne – – anscheinend glaubte dieser hirnverblendete Haufen Helfershelfer »In der Brüh« in einer Art Hypnose oder Massensuggestion tatsächlich, hier würde eine richtiggehende Häuserrenovierung statthaben. Ja, sahen denn diese sengenden Narren nicht, daß hier in Wirklichkeit nichts – nichts! im scinsphilosophischen Wortsinne nichts! – stattfand! Und daß allenfalls der Bauherr, das stand zu fürchten, auf betrü-gerischen Bankrott und die Nervenklinik obendrein zusteuerte!

Gott sei Dank war Schedels netter kleiner Spitz »Felix« zur Hand, ein sehr anhängliches kohlschwarzes und unschuldig mit ins Unheil gerissenes Tierchen, mit dem ich, mein Herzpoltern niederzuhalten, ein wenig auf der Gasse Polka tanzte. Ach, wenn wir unsere Kreatur mit ihren ehrlichen Augen nicht hätten! Bachs Orgelmusik, Schützens Motetten allein reichen nicht mehr hin, dem Leben, dem amokrennenden Energiegewürge in dieser Stadt Paroli zu bieten! Mein Gott, war es schon der postrationale Geist des 21. Jahrhunderts, was da dröhnend hereinschwefelte? Oder doch nur die letzten Schwaden und Fauchereien des 14., bevor ein gerechter Mann – am Ende doch ein Stalinist? – demnächst über dieses freiheitsverpestete Land Fraktur sprach und Gericht hielt?

Herrgottl von Biberach! Diese saurierzäh-mesozoisch abgebrühte, sturmgestählte, entfesselte, dröhnende Kardinalsnarkose! Ah! Sii maledetto! Im Souterrain, in den Gewölben der Katholizität und der Handelsblüte die ganze, schöne, abgestandene Pornografie des lauthals verglimmenden Daseins – – –

Und ich in meinem behaglichen Lotterleben schon damals immer voll dabei. Na prima! – Noch vor Weihnachten wurde Hans Duschke zum Vormund seines Schwagers Malitz ernannt, »und umgekehrt«, hieß es, das mag aber auch ein Spötter nur erfunden haben. Gleichfalls noch vor Abschluß des alten Jahres trug Alfred Leobold plötzlich einen Hut. Ich glaube, es war am 16. Dezember, als er mit ihm erstmals die italienische Velhornwirtschaft betrat. Ein graugesprenkelter Hut, der ihm tief übers verschwindende Gesicht rutschte und doch so weit dessen wesentliche Partien freigab, daß der Eindruck von etwas Festem, Entschlossenem, Gestähltem entsprang. Gedacht war der Hut vermutlich als Rüstung auf dem letzten Wegstück zum grauen Ziel, dem nahen.

In diesen Tagen steckte mir nämlich Hans Duschke, Leobold habe kürzlich ihm gegenüber geheimnisvoll davon gesprochen, »jetzt mit allem aufzuräumen«. Dabei, raunte Duschke böse, habe er, Leobold, in erster Linie seine geschiedene Frau im Sinne gehabt, die er nicht vergessen könne, »und jetzt, wo Karriere und Gesundheit im Arsch sind, schon gar nicht mehr, klar«, so spielte Duschke wieder einmal stirndurchfurcht den weisen Alten, und diesmal wohl zu Recht.

Das sei nämlich so, holte Duschke im »Seelburger Hof« aus und forderte mich auf, auszutrinken und gleichfalls noch ein Bier zu bestellen, da könne man besser plaudern: Die Scheidung habe Alfred Leobold sicherlich leicht erschüttert, aber noch habe er ja den großen Geschäftsführer und »Geldfritzen« spielen können, »der den anderen Schnaps zahlt«, flüsterte Hans Duschke, der diese Passion ja wohl am weidlichsten zu seinen Gunsten verwendet hatte, »der arme Hund, das ärmste Schwein, Prost, Moppel!« schwelgte Hans Duschke erkenntnisschwer und setzte seine Leidensmiene auf, die jedem Vater Moor Ehre gemacht hätte. »Aber dann hat sich seine Frau, die Büchs, wieder verheiratet, mit dem Arschgesicht, dem Swing oder Jatz oder wie er heißt, und das – das hat den Alfred erst richtig aus der Bahn geworfen, und dann, natürlich, war die Gesundheit am Arsch, und dann war der große Teppich-King im Arsch, da war er beruflich am Arsch, vollkommen!«

Hatte das, nach seinen eigenen Worten, nicht er, Duschke, auf dem Gewissen oder zumindest mitverschuldet? »Und jetzt, Moppel, ist alles am Arsch. Trinken wir einen Schnaps?«

Ein wenig ärgerte mich diese Duschkesche Anamnese und Diagnose: denn ich hatte mir das alles natürlich genauso und noch viel luzider zusammengereimt.

»Er hat seine Frau geliebt. Geliebt!« hob Duschkes Theaterorgan melodramatisch ab, »rührend!, rührend!« schrie Duschke begeistert, »nur, er wußte es vorher nicht. Seine Frau war der einzige Mensch, den er jemals geliebt hat. Das sagt dir der alte Duschke. Rührend! Am Arsch!«

Ich war ein wenig beleidigt, ja verstört. Lief das nicht darauf hinaus, daß Alfred Leobold mich betrog? Irgendwie. Ein merkwürdig diffuses, elektrisches Gefühl durchschüttelte mich. Ich kannte es ähnlich von Frauen her.

Wahrscheinlich war ich damals geistig wirklich nicht mehr sehr präsent. Buchstäblich gekränkt beschloß ich, mich über die Feiertage ein wenig von Alfred Leobold zurückzuziehen, mich den vielfältigen Festlichkeiten und Amusements des »Seelburger Hofs« zuzuneigen, welche dieser alljährlich um die Feiertage herum zu bieten hatte.

Tatsächlich, buntes Leben wogte wunderbar, die Lustigkeit wuchs himmelan. Ich erinnere mich, am zweiten Feiertag erreichten die trübseligen Vergnügungen ihren Höhepunkt. Wieder einmal sorgte der Kerzenhändler Lattern für den mächtigsten wind, ging tagelang überhaupt nicht mehr nach Hause, schlief, vom geldgierigen Wirt Rösl geduldet, unter den Tischbänken, um dann gleich wieder loszuhopsen und weiter zu trinken. Sprang wildfremde Gäste an, streichelte sie, lobte sie, zankte sie, redete sie nieder. Gegen Abend, am 26. Dezember, sah man ihn in einem Gespräch mit einem wohl durchreisenden Holländer, und diesem nationalitätsbedingt sehr durstigen Herrn gefiel der trinkende und randalierende Teufel offenbar ausnehmend gut. So daß sich beide bald tollwütig auf die Schultern patschten.

»Mein lieber Liebhaber«, schmeichelte Lattern der blonden Frohnatur, »ich bin der Marquis von Challot und ich befinde mich hier sozusagen auf der Geschäftsreise zum Papst, um diesem Herrn Papst sozusagen in notiger Stunde beizustehen und ihm geweihte Körnlein zu verkaufen, hou-hou!«

Der Holländer wollte wissen, wie sich das verhalte. Was es vor allem mit den geweihten Körnlein auf sich habe.

»Ich bin Geschäftsmann«, flunkerte Lattern mit inständigem Ernst und glaubte wohl in diesem Augenblick selber dran, »meine Jacht steht in Ancona und Venedig. Zuerst aber fahren meine Gattin und ich zum Papst, der ein alter Mann und schwach ist. Wir aber werden ihn retten und hochheben. Ullah gallibill Allah! Jawohl! Die Körnlein helfen ihm durch die Kraft des lothringischen Waldes und insbesondere des Waldschrats Klapustrata zur ewigen Seligkeit und zum irdischen Heil, zuvor aber dennoch zum Wiederbeginn von allem. Mensch, junger Mensch, mir wird so richtig zauberisch!« rief Lattern und sprang wie lauschend auf.

Was denn dem Papst fehle, wollte der Gast wissen. Lattern, wieder sitzend, dachte lange und brünstig nach:

»Denn der Papst ist schwach«, seufzte er dann, »er kann den Kelch nicht mehr halten, und deshalb geht der Kelch und der Kellner an ihm vorüber. Toni! Zwei doppelte Schnaps!«

»Gaha?« fragte der Kellner Anton und hielt die Hand ans Ohr.

»Zwei doppelte! Schnell. Spute dich!«

»Gaha.« Jetzt hatte er es begriffen.

»Der Papst kann nicht mehr so recht, junger Mensch«, fuhr

Lattern fort, »die Sünde der Menschenjagden an allen Fronten, und überall. Und besonders ihr hollische, ihr holländische Krüppel ... ihr ...!«

Der Angesprochene lachte herzlich, was Lattern zu einem bequemen Übergang verhalf.

»Darum höre, mein Volk und Sohn, Holländer-Lackel, paß auf: Ich verkünde dir große Freude: Zutzelt euch voll des Weines, wesgleichen daraus ein liederlich Leben folget, denn es gehet dem Menschen wie dem Vieh, und ihr Holländer seid ja die allergrößten Wildsäu! Der Schwede aber wird abgetan kraft der Kraft des Waldes. Wrschn! Wrschn! Es sei, wie es sei, suscipiat Dominus.«

Woher kam das? Von den Pfadfindern konnte das nicht mehr herrühren! Bestand doch ein heißer Draht nach Drüben?

»Unter dieser Situation aber werden wir singen, du lockerer junger Mensch, singen, auf daß der Papst doppelt gesunde und es weiter heiße: Wenn alle untreu werden, dann bleiben wir doch treu, jawohl!«

Der anspruchslose Holländer prustete erneut los und sah mich, zum Mitfeiern auffordernd, an. Drohend aber, gleich einem Rhesus-Affen im Tiergarten, äugte der Kerzenhändler über die ihn umlungernde, scheinbar tote Resthorde des »Seelburger Hofs«, daß diese nur ja nichts anstellte, was ihrem obersten Chef entgehen möchte.

»In dieser heutigen Situation«, fuhr Lattern wieder milder und fast tiefsinnig fort, »in questo situazione«, verbesserte er sich und glaubte sich wohl in Vatikanstadt, »geht es für uns alle darum, den Werwolf zu spüren und uns zu bereiten und dem Papst die Ehre zu erweisen und der heiligen Mutter Kirche mit der Ecclesia sancta. Und darum«, gluckste Lattern plötzlich schluchzend, »kriegt der Papst von mir geweihte Sachen und Körnlein viel der Zahl. Wir alle«, fuhr er lehrhaft sachlich fort, »müssen uns situationsbedingt auf die ... Hinterbeine stellen, geschlossen und ohne Widerrede. Ich aber gehe voran.«

Beschämend für sein Vaterland, aber der Holländer wußte nichts Besseres, als immerfort und zunehmend wahlloser zu kichern, als

Lattern nun tatsächlich versuchte, sich zwar nicht auf die Hinterbeine zu stellen, wohl aber einmal mehr, beide Beine über dem Kopf zusammenzuschlagen und sich in die Hodengegend zu beißen. Vielleicht lebte ein Teil derer von Challot einst von solchen Zirkusstückchen.

»Und das tut dem Papst auch gut, wenn sich einer ins Sackl beißt – das gibt viel Ablaß!« japste der beengte Turner, das Kunstwerk gelang aber nicht ganz.

Ich schlich mich nach draußen. Es schneite. Die Flocken fielen dicht und matschig. Ich versuchte mich ein wenig lyrisch zu stimmen, das Herz auszulüften – ja Pfeifendeckel, nichts ging. Der Schnellzug aus Nürnberg heulte in den Seelburger Bahnhof ein, dazu bimmelte das Glöcklein der Spitalkirche zäh auf. In einem Kino wurde der Film »Liebesgrüße aus der Lederhose« gezeigt. Warum ließ sich dieses Städtchen nicht einfach in St. Schweinsburg umtaufen? Wer erledigt eigentlich solche Umtaufereien? Der Papst selber? Hm, der war alt und schwach ...

Gegen 8 Uhr abends, als ich von meinem kleinen Auslauf zurückkam, muß Lattern zwischenzeitlich jemand beleidigt und gar der Unredlichkeit bezichtigt haben. Zusammengesunken, schwere Dämpfe von sich stoßend, saß er da, ein Bild des Jammers. Er fuhr mich sofort an:

»Mit euch Scheißern habe ich abgeschlossen die Situation. Ich, ich verdiene mit Kerzen Tausende. Was hat der Amigo gemacht? Der Amigo will die Gesellschaft nicht zum Schmierlappen machen und zum Bescheißen nötigen. Niemals!«

Was denn sei, wollte ich genußsüchtig wissen.

»Ich habe betrogen?« fuhr der Teufel hoch, »ich habe in meine Kassen was eingeschenkt? Nie! Jetzt bin ich glücklich. Dieser Zustand ist mir sehr erwünscht! Ihr kleinen Schweine! Ich bin ein normaler Mensch!«

Niemand halte ihn für einen Betrüger und Zauberer, tröstete ich Lattern amüsiert – traf es aber schlecht:

»Hör mir doch auf! Du! Du in deiner Situation! Da braucht man keinen Papst, wenn man als Betrüger beschissen wird. Du

Sozialist! Ich warne euch, ich warne euch alle! In meinem Kasten ist das Geld drin. Hüte dich! Du, du bist doch der unehrlichste Typ der ganzen Situation!«

Ein eigenartig schillerndes, fluoreszierendes Wort. Der Zufall stieß mich aber an diesem noch ruhigen Abend auf eine weitere Schwindelaffaire, die vor allem die Person Hans Duschkes in ein neues, äußerst diffuses Licht rückte. Hans Duschke mußte wohl schon in den Vormittagsstunden den Wirt Alois Rösl verheerend beleidigt haben, denn, nachdem ich mich vorsichtshalber von dem brütenden Teufel Lattern abgesetzt hatte und in den Salon des »Seelburger Hofs« gewechselt war, überfiel mich Rösl, mit vor Erregung noch immer weinerlich zitternder Stimme: ob ich denn wisse, wie das damals gewesen sei mit Duschke, wie er nach Seelburg gekommen sei und bei ihm Einlaß begehrt habe und sich Geld borgen mußte undsoweiter?

In groben Zügen kennte ich Duschkes jüngere Biografie, sagte ich neugierig geworden, denn diese Quelle hatte ich noch nicht angezapft.

»Theater! Theater!« ächzte Rösl, »der Mann hat nie Theater gespielt! Ja, in Bunten Abenden für die Kolpingsfamilie ist er vorn mit rumgehüpft, hat er jetzt getanzt oder gesungen oder was? Ja! Nichts!« Aber Duschke habe doch Schillers Spiegelberg, Shakespeares berühmte Narren und ganz erlesene Sachen gespielt! Die Neueröffnung machte mich fast schwindelig.

»Der alte Depp! Der konnte doch nicht singen! Und sich einen Text merken! Zuerst ist er hergekommen und hat hier im Hotel gewohnt, dann ist er gegangen, ambulant Socken zu verkaufen, dann Schokolade, dann Limousinen, dann«, überlegte Rösl und strich sich die erregte Hose glatt, »dann ist er eine Zeitlang verschwunden und hat alle Lumpereien gemacht« – hier spielte Rösl offenbar auf die Holzbock-Ära an –, »dann ist er wieder gekommen, hat die Anker-Wirtschaft durchgebracht, hat sich wieder Geld geliehen und hat mich gefragt, ob ich was für ihn wüßte. Dahergekrochen ist er auf allen vieren! Und heute redet er mich unverschämt an!«

Das war ja erstaunlich! Auch der Kellner Anton hatte sich inzwischen zu uns gestellt und lauschte, Beifall nickend, dem Report seines Herrn.

»Der Duschke! Dann hab ich zu ihm gesagt: ›Der Kaufhof stellt heute praktisch alles ein.‹ Der Kaufhof hat damals gerade aufgemacht. Die haben ihn dann genommen. Da ist er zuerst in die Lego-Abteilung gekommen, als Propagandist« – unglaublich, was es alles Unsinn auf der Welt gab! – »dann hat er im Betriebsrat versagt wegen seinem großen Maul und Suff, dann ist er zu Quelle, ja…«, hier ermattete Rösl und wechselte wie ein sich auslaufender Sprinter von einem Bein aufs andere.

»Und, nicht zu vergessen gaha«, übernahm da plötzlich der silberhaarige Kellner Anton das Kommando, offenbar entlud sich auch da ein lang angestauter Haß gegen den Gast Duschke, »die Schwindelfirma gaha, wie hat 's jetzt wieder geheißen?«

»Ja! Intertour-Europ! Das war noch zuvor. Das muß 55 gewesen sein«, sprang Rösl erneut ein, »wo sie alle mitgemacht haben, alle, wie sie dawaren!«

Ich platzte fast vor Sensationsgier. Was denn diese »Schwindelfirma« verkauft habe oder vertrieben?

»Nichts! Das ist es ja: nichts!« Rösls Stimme war zunehmend von Begeisterung getragen, hier endlich und rücksichtslos auspacken zu dürfen. Der Kellner Anton nickte bestätigend und auch ein wenig neidvoll. »Nichts! Die sind von Wirtshaus zu Wirtshaus, haben dort gewohnt und gegessen und getrunken und haben den Wirtschaften Schilder angedreht. Und auf den Schildern ist dann gestanden: Intertour-Europ. Sonst nichts. Das hieß dann, daß Intertour-Europ das Wirtshaus weiterempfiehlt. Sonst gemacht haben sie nichts!«

»Bis dann der ganze Schwindel in die Luft geflogen ist, gaha«, ergänzte der Kellner Anton und schüttelte, wie um das bittere Ende aller unsauberen Geschäfte zu versinnbildlichen, die rechte Hand aus.

Diese Firma müsse aber doch etwas geboten haben, beharrte ich. Ich wollte noch mehr hören.

»Nichts!« riefen Wirt und Kellner wie aus einem Munde, und der Kellner fuhr, als ob er eine Last, die er lange nicht losgeworden sei, endlich abwerfe, fort:

»Nichts, gaha. In ganz Deutschland nichts. Ich war ja auch kurz dabei. Die größten Schwindler waren, in Seelburg, der Gertner Toni, der Pfredler Willi und der Müller Ernst. Duschke?« lachte Anton extrem abschätzig, »nur ein kleiner gaha Fisch. Die anderen waren die raffiniertesten. Die haben praktisch nichts gemacht. Die haben's am raffiniertesten angepackt. In Liechtenstein gaha war der Hauptsitz. Das liegt in der Schweiz.«

Großartige Neueröffnungen! Zogen sie einem nicht, in taumelmachender Brisanz, den Erdboden halbwegs gesicherter Erkenntnis der Duschke-Biografie unter den Füßen weg? Da mochte ja noch Heiteres zum Vorschein kommen! Ich würde sofort, wäre Alfred Leobolds Lebensweg erst abgeschlossen, drangehen und mich erbarmungslos an die exakteren Recherchen machen.

Dieser Duschke! Dieser alte Zwieback!

Sowie ich mich davonmachte, sagte Rösl hinter dem Tresen zu seiner Gattin:

»Es wär und es dings und es ist, ja!«

War denn in diesem Kulturkreis alles verwunschen und in Nostradamus' Hand? Nostr' alme condannate…

II

Unser Alter brachte indessen schon am anderen Tage neue und spektakuläre Informationen aus der italienischen Velhornwirtschaft.

Es sei dort, über die Feiertage, das Gerücht aufgetaucht, Alfred Leobold habe Heinz Hümmer, den Chemiestudenten, für 2000 Mark engagiert, Kontakt zu einem Neger aufzunehmen, der seine geschiedene Frau töte.

»Die Sau stech ich ab«, soll Herr Leobold vor mehreren Zeugen geäußert haben, und dies sei ihm 2000 Mark wert. Er, Duschke, habe das von Hümmer Heinz, der nun seinerseits Alfred Leobold mit einer Anzeige gedroht habe, er, Leobold, ruiniere seinen, Hümmers, Ruf, indem er, Leobold, ihn, Hümmer, als dermaßen »bestechlich« hinstelle. Das hatte Duschke wiederum, wie er mehrfach raunte, von Hümmer Heinz persönlich.

»Und das schönste!« lachte der Runzelige, »und das will auch der Mogger gehört haben, das mit den 2000 Mark hat er nicht gehört, aber das hat er gehört: der Leobold hat gesagt: ›Zuerst bring ich mich um und dann bring ich sie um.‹ Jetzt hat der Mogger, erzählt er mir, gesagt: ›Umgekehrt, Alfred! Wenn schon, dann mußt zuerst sie, dann dich umbringen!‹ Da hat Leobold«, nicht ganz ohne Gefühl, aber überwiegend lustig schleuderte Hans Duschke den Kopf hin und her, »hat der Alfredl angeblich geantwortet: ›Oder umgekehrt!‹«

Das Ausmaß der psychisch-mentalen Verwüstungen in unserem Regierungsbezirk nahm, kaum war man ein paar Tage weg vom Fenster, kettenreaktionell und gleichsam von selber zu. Mein Urlaub war vorbei. Es half nichts, ich mußte wieder in die italienische Velhornwirtschaft, die letzten Genüsse in mich aufzusaugen.

Alfred Leobold saß, am frühen Vormittag, wie immer hinter einem Weizenbier und wurde anscheinend gerade von Mogger belästigt, der ihm, so viel ich mitbekam, einen Handel mit Belgiern aufschwätzen wollte.

Anhaltend lächelnd schien mir Alfred Leobold noch quirliger, ja aufgewühlter als sonst. Ob ich schon gehört hätte? Nein, log ich. Arthur Mogger putzte an seiner Brille.

»Die behaupten«, berichtete Alfred Leobold seltsam eifrig, ja vielleicht sogar ein wenig freudig erregt, »ich will meine Frau wegrichten. So ein Krampf! Nie! Schau einmal, Moppel, das wäre doch ein Krampf! Genau. Das kann ja gar nicht wahr sein, weil ich« – Alfred Leobold machte eine kleine Atempause und dachte nach – »weil ich ja gar nicht, Arthur, wüßt', wieviel Arsen ich nehmen müßt'. Und der Hümmer Heinz kann ja da gar nicht die Wahrheit sagen, weil jeden Augenblick, Moppel, die Tür aufgehen kann, und der Duschke kommt rein.«

Das war wahr. Und ein so langer, fast allegro vorgetragener Satz war Alfred Leobold schon lange nicht mehr gelungen. In meinem Kopf ging alles durcheinander, und ich trank einen doppelten Sechsämter. Hümmer Heinz hatte also ...

»Alfred!« brüllte Mogger orkanisch, »laß dich von den Ganoven nicht verblöden ... ah: verblödeln, die wüßten doch gar nicht, die Deppen, wo sie einen Revolver herkriegen!«

»Genau«, sagte Leobold ängstlich und lächelte wieder betäubend, »und außerdem hätt' ja meine Frau nichts davon. Und der Duschke kann ja gar nichts wissen, weil erstens war er besoffen und zweitens ...«

Hier versagte Alfred Leobold und ließ einen schmelzenden Seufzer fallen. Wie sauber rasiert er wieder war!

»Genau«, schloß Arthur Mogger mutig. Wollte er ihn auf diese Weise in den Handel mit den Belgiern zerren?

»Ruf ruinieren, behauptet er«, plapperte Alfred Leobold noch immer seltsam erregt fort, »schau, Arthur, der kann doch überhaupt keinen Ruf verlieren, der Heinz, wie willst denn einen Nackerten ausnehmen?« Der Scherz war offenbar gut vorbereitet, und Alfred Leobold wiederholte ihn. »Moppel, schau, ich wüßt' wirklich nicht, wieviel Arsen ich reintun müßt'. Ich eß jetzt einen Preßsack, vielleicht wird's mir dann besser, aber ich pack ihn nicht.«

Ich gab es auf, hier irgendetwas verstehen zu wollen. Das neue Jahr begann mit einem langgezogenen Tag in der italienischen Velhornwirtschaft, trüb und verstümmelt wie jeder im alten. Es galt einfach dazusitzen und auszuharren, bis der Abend heraufzöge, das war nun mal die Spielregel, ob mit oder ohne Mord, ich sah es ein ...

Die alte Frau Herzog las zum Weine in der Tageszeitung, Inserate. Gar die Moggers? Warum fragte sie ihn dann nicht gleich selber, was er aus seiner Firma zur noch runderen Gestaltung ihres Lebensabends zu bieten hatte? ... Die alte Mathild Wacker war kurz eingenickt ... schön, schön ... wenn das nur gutginge – –

Zwischen Mogger und Leobold war jetzt von einer Wanderausstellung, entweder in Padua oder in Vohenstrauß, ich hab es nicht genau kapiert, die Rede, nein, Vohenstrauß war es, wo man den Waldlern italienische Babygarnituren andrehen wollte. »Die Karin« (ich weiß nicht, welche) sei auch schon hinten, und ständig war davon die Rede, jetzt dann mit Herrn Leobolds L 295 gleichfalls nachzufahren, um den Gewinn zu kontrollieren, weil, nach Mogger, jener Karin nicht zu trauen sei bzw. diese sei »zu dumm zum Kassieren« – es kamen aber unterdessen immer mehr Chemie-Banditen zur Tür hereingeschwärmt, ein zweiter Tisch füllte sich und strahlte eine Art raunende Bewegung aus, plötzlich kam auch der Kerzenteufel Lattern hereingestürzt, irgend jemand zerrte Alfred Leobold zum Dreckspiel, der Kaufmann Mogger hatte jetzt anscheinend mit dem Schreiner Wellner ein Geschäft abzuwickeln, denn sie setzten sich an einen Privattisch und tuschelten zäh und anhaltend, der Teufel Lattern bellte mehrmals verzweifelt »Hou hou!«, die Chemiestudenten aber schwelten geradezu in Versunkenheit und schwiegen fast bewundernswert tapfer das neue Jahr an und kauten an ihren Weizenbiergläsern … als ob ein Netz sie hielte, zusammen und gefangen, verhangen und verschlungen, begütlich und gemütlich, ein Netz aus Durst und Äther … gesponnen aber aus den Fäden der reinen gußeisernen Lieblosigkeit … Dieses verwegene und verwogene Gelichter oder vielmehr Gedunkel … Herrlich, wie systematisch diese jungen Menschen fortfuhren, sich kaputtzumachen!

Selbstmord nebst Mord. Bzw. umgekehrt. Hatte wirklich die Stunde geschlagen? Eine Korrektur? Wollte mein Schmerzensmann wirklich zur Waffe greifen, wie ich es im geheimen oft für ihn erwogen hatte? »Damit's schneller geht«? Reichte ihm das flotte Tempo des Sechsämters nicht mehr aus?

Gegen 14.45 Uhr legte Alfred Leobold bedachtsam sein Blatt zur Seite, bat Röckl Otto darum, »aufzuheben«, wischte sich gleichgültig über die Augenbrauen und trat zur Gruppe Wellner-Mogger: »Geh weiter, Arthur, fahren wir, bevor's heut eventuell finster wird.«

Mezza voce, aber auch fast militärisch. Nein, ich kann nicht sagen, daß dieser Satz mich wie ein Blitz gestreift hätte, das wäre übertrieben und zu theatralisch. Eher stimmt schon dies, daß eine Woge von wildem und schwammigem Weh gegen mein Herz klatschte. Schauerliche Schwäche überrann mich gleichzeitig in der Verstandesregion.

Chemie, Handel und Tod. Irgendwie demütig, kleinlaut und mit schreiend schlechtem Gewissen stand ich auf, zahlte und machte mich mit dem finsteren Vorsatz heim, dem Alkohol auf ein hübsches Weilchen streng zu entsagen. Das Experiment »Trinken« war eindeutig mißglückt.

»Bleib halt noch da, Moppel!« jammerte mir der Kerzenteufel nach.

Nein – tut mir leid, Lattern!

Ich denke, hier kam wohl viel zusammen. Die befremdliche Struktur des Leobold-Satzes, seine grause Tiefensymbolik. Dazu die Düsternis der vorangegangenen Mordpläne und Dementis, ihre völlige Undurchschaubarkeit. Vielleicht auch ein gut Teil Eifersucht auf die Gattin, die plötzlich und mir unerwartet wieder in Alfred Leobolds Geistesleben getreten war. Die Tatsache, daß gerade das neue Jahr begonnen hatte. Körperliches Mißvergnügen, ja Elend. Vielleicht aber war es vor allem doch der nachgerade hellsichtige Vorsatz, nüchtern Alfred Leobolds Vollendung zu genießen, heilignüchtern, mit Hölderlin zu reden. Und endlich: irgendeine kathartische Wirkung sollte meine bevorstehende Schrift ja nicht nur auf meine Leser, sondern auch auf mich selber ausüben, döste es mir wohl jäh durch den Kopf, es war mir, vermute ich, ohnedies schon lange nicht mehr ganz klar, warum ich seit drei Monaten so tollwütig trank...

Oder war es einfach so, daß ich mich in Grund und Boden schämte?

»Geh weiter, Arthur, fahren wir, bevor's heut eventuell finster wird.«

O bleib, geliebter Tag! Befremdlich nicht nur, welche Emulsion an sich streitenden Seelenregungen ein solcher Satz in unserem verworrenen existentiellen Haushalt anzurühren vermag; noch verblüffender seine Wirkung. Ich nahm meinen Rückzug vom

Alkohol viel ernster, als ich es wohl selber erwartet hatte. Und retirierte deshalb auch sofort und klug aus der Wacker-Sphäre, freilich, getrieben von Sehnsucht, nicht vollkommen, man kennt das ja aus der Welt der ordinären Liebe. Ich wollte gewissermaßen den Abgang meines Freundes wach, ein wenig von fern, sozusagen durch die tränende Brille und – um offen zu sein – vielleicht auch möglichst emotionslos erleben. Wundersamerweise überhaupt nicht geschwächt durch die plötzliche alkoholische Enthaltsamkeit, war ich bereit, das Finale gefaßt, vorurteilsfrei und im Rahmen jener kritischen Grundgesinnung zu erwarten, welche die Passionen heilt und dennoch klammheimlich weiter unterm Herzen birgt. So. Und damit verschwinden nicht nur die beiden tauben Schwestern endgültig aus dem Roman, es fliegt auch die reizende Witwe aus dem Schlußtext, als motorische Kraft hat sie über 250 Seiten hinweg gute Dienste getan. Und es verschwinden vor allem die läppischen Wehwehchen und Imponderabilien des Erzählers, der eben sehen muß, wo er bleibt, und der mir schon lang genug auf die Nerven geht. Fahren wir also unter so veränderten Vorzeichen in unserer Glanzgeschichte fort. Vorhang auf für eine objektive Abschilderung von Alfred Leobolds letzten Erdentagen!

12

Das heißt, zuerst kam mir wohl wieder etwas sehr Subjektives entgegengebrummt. Nach einer Woche traf ich Arthur Mogger, ich kam gerade wegen einer Sache mit meiner Leibrente vom Amtsgericht, im Bahnhof.

Warum ich seit Tagen nicht mehr in die Velhornwirtschaft komme, grunzte der Kaufmann, ausgesprochen kameradschaftlich und stöhnend vor Kraft. »Warst doch sonst immer drin!«

Ich schützte eine Krankheit meiner Mutter vor.

»Ich möcht bloß wissen, was der Alfred hat«, rief der Kaufmann in den lebhaften Bahnhofsverkehr hinein und grüßte beschwingt einen Beamten, – »ich weiß gar nicht, was los ist mit ihm, dem Alfred! Einen Tag sagt er, die Alte schießt er ab, den anderen Tag sagt er, sich schießt er zusammen. Der weiß nicht, was er will, Moppel! Was will er denn jetzt eigentlich?«

Verblasen und nicht ganz aufrichtig sagte ich, man solle ihm das doch um Himmels willen ausreden!

»Mach ich ja!« dröhnte der festliche Mensch rücksichtslos, »mach ich ja, Moppel! Alfred, sag ich, Alfred, da machst der Frau keine Freud und dir schon gleich gar nicht. Laß das, Alfred, sag ich, such dir eine neue Frau, bist doch ein sauberer Bursch und Geld hast auch, wenn du keine Zeit hast, such ich sie dir, Alfred! Und laß doch die andere laufen! Ist doch gleich, sag ich. ›Nein‹, sagt er, ›Arthur, die Sau stech ich ab.‹ Ich sag zu ihm: Alfred, sei gescheit…«

Daß er ihm eine Frau besorgen wollte, rechne ich Mogger heute, trotz allem, hoch an. Für den »sauberen Burschen« hätte ich ihn freilich gern in den Bauch getreten.

»Der soll das Trinken aufhören, der Alfred«, sabberte ich extrem dämlich.

»Meine Rede!« keuchte Mogger, »du sagst es. Der soll anständig trinken wie die anderen auch. Der Werner und der Otto und der Pit und alle…«

Ich verreiste, zur Besinnung, für eine Woche nach Südfrankreich. Zurückgekehrt, suchte ich Hans Duschke auf, der zur Abwechslung wieder mal auf einer Woge seliger Kameradschaftlichkeit schwamm. »Moppel!« rief der Liebliche, »schön, dich wiederzusehen, du Lümmel! Wo warst du denn? Ah, Sudfrankreich! Bordeaux! Hah, Loire, echte Klasse…!«

Dämpfend manövrierte ich den Graukopf hin zu Aktuellem. Er trug heute übrigens ein besonders kunterbuntes Kombinationsgewand mit viel Rosa- und Lila-Tönen, die ihm etwas abgeschmackt Popiges verliehen, ja er sah gerade aus wie ein Papagei. Aber auch blühend und kerngesund – anscheinend schob er bei ANO jetzt eine besonders ruhige Kugel.

»In der Wacker-Mathild«, Duschke seufzte schwer und lüstern, »bei der Wacker-Mathild geht es zu, das glaubst du gar nicht. Der Leobold hat jetzt wirklich einen Revolver gehabt, ehrlich, mit dem er seine Frau, die attraktive Sau, umlegen will. Jetzt war aber der Revolver in seinem Auto, und die Chemie-Lümmel sind mit dem Auto am Wochenende nach Emhof gefahren wegen irgendwas, und wie sie wieder zurückkommen, ist der Revolver weg. Unglaublich, hab ich recht oder nit? Ah!« lachte der ANO-Ara fröhlich, um dann humoristisch geheimnisvoll fortzufahren: »Und weißt du, was das Schönste ist? Der Leobold, als der Revolver noch da war, hat doch den Revolver über den Hümmer Heinz von einem Neger besorgen lassen, weißt du doch! Und jetzt, hör gut zu! Ich, der alte Duschke, denke mir nichts und spreche den Leobold drauf an. Und er, der Leobold – streitet alles ab. Der Revolver ist alter Familienbesitz, sagt er mir ins Gesicht. Ich sage zu ihm: ›Herr Leobold, machen Sie ja keinen Unsinn! Erschießen Sie die Büchs nicht! Das ist die Sache nicht wert!‹ Weißt du, was er macht, Moppel? Er zieht mich mit seinen dünnen Ärmchen, verstehst du mich bitte, mit seinen dünnen Ärmelchen ganz nahe an seinen Kopf heran, besoffen war er auch schon, schluckt ein paarmal und sagt: ›Sie, Herr Duschke, ich kann ja meine Frau gar nicht erschießen, weil ich den Neger gar nicht kenn!‹ Sagt er, Leobold, mir ins Gesicht, höh!«

Und vergiften konnte er sie nicht, weil er nicht wußte, wieviel Arsen zu nehmen sei. Trotzdem, ich vermochte Duschkes Fröhlichkeit nicht recht zu teilen. Obgleich ich keineswegs nur Mitleid und Sorge um meinen Freund empfand. Wenn ich meine Gefühle aus dieser Zeit recht erinnere, dann würde ich sie als eine Art ausdrucksunfähiger Wehmut einerseits beschreiben, einer sanft glühenden Hoffnung andererseits, daß nun alles möglichst schnell zu Ende gehen möge. Bei aller Leidenschaft, irgendwie hatte ich es, es war Ende Februar, satt – man versuche mich bitte zu verstehen. Mir schien, ich hätte mich nun genug an alldem gesehen, Zauber und Schrecken – zu schweigen von dem literarischen Motiv, daß der projektierte Roman praktisch schon geschrieben stand und nur noch auf die Finalstretta wartete.

Darf ich es so zusammenfassen? Alfred Leobold lebte nun schon gar zu lange … ein zweifellos fürchterlicher Gedanke, geboren noch dazu von seinem heftigsten Verehrer, fast Liebhaber, aber so wollten es wohl die Gesetze der Psychopathologie, für die ich nichts kann.

Addio, Don Alfredo, fa core! Gefühlswärme und Feuilletonismus gehen, gefördert durch das Bedürfnis nach Zeitvertreib, oft die obskursten Legierungen ein. Anfang März wagte ich mich vorsichtig wieder einmal in die italienische Velhornwirtschaft. Alfred Leobold saß, in keuscher Trübseligkeit, in seinem gewohnten Eck und spielte mit drei jungen Gaunern »Dreck«. Das Murmeln und Plätschern der Einsamkeit. Draußen warf der Frühling verheißungsvolle Zauberkringel an die Fensterscheiben, ihr Tanz verirrte sich in Herrn Leobolds leere, vergilbte Hautsäcke, niederschmetternd.

»Ah, der Moppel!« hauchte Leobold gleißend und mit wie gewohnt hohem Seelenadel, sein Blick umhüllte mich warm. »Horch, ich hab mir schon gedacht, es ist was, weil man dich nimmer sieht. Der Mogger Arthur hat mir's schon erzählt, daß er dich getroffen hat, prima...«

Wir nickten uns innig zu. Dies Kribbelnde! Zermalmende! Hastig beruhigte ich den heiligsten aller Männer, der, augenscheinlich unter Aufbietung aller seiner Kräfte, die Karten hielt. Mozarts Lacrimosa umwedelte mein Gemüt, diese schon jenseitigen $^{12}/_8$-Halbton-Tapser. Sah so ein Mörder aus? So graziös? Wie Tränenschimmer des Frührausches diese Augen hold verklärten! Das gemarterte Gemüt noch immer mit spitzfindigen Kartenproblemen belastet! Und noch immer, Mord hin, Selbstmord her, der eiserne Wille, Sechsämter in sich hineinzuträufeln!

Ich mußte mich selber, erinnerungsschwer, sehr zurückhalten. Der Schutzwall des Wacker-Nebels. Wie feuchtes Gedünst im Hochgebirge die Felsriesen nur teilweise dem erhabenen Blick freigibt, begrenzten die Rauchschwaden der Chemievertreter die Schreckenswahrheit des Leoboldschen Kopfmassivs. Ein verletztes Haupt verbirgt sich gern, ehe es verschwindet. Und hingeschmolzen erneut beobachtete ich, wie der Dornenmann drei Minuten nach einem der genossenen Schnäpse mühsam sich hochwand, die

Hand vor den Mund preßte und – träumte er dabei schon vom anderen Leben? – auf den Abort zukroch. Hinein und heraus. Systole und Diastole. Ehrfürchtig verdrückte ich mich zwei Stunden später wieder, Lastendes im Hirn.

Das schamlose Sirren der in sich verschanzten Ewigkeit. »Otto gibt, Ferdl!« war der letzte lautlose Satz, der mich in diesem Lokal je erreichte. –

In dieser Zeit hörte man viel und sogar Erregendes über gewisse Eskalationen des Moggerschen Gewerbebetriebs. Es ging die Rede zwar auch von einem Offenbarungseid, gleichzeitig aber von einem Bootskauf in Monte Carlo, er und Mogger, erzählte der Schreiner Wellner glaubhaft, hätten das angepeilte Objekt auch schon besichtigt, hätten aber dann doch Abstand genommen:

»Zu wenig Boot für zuviel Geld!« faßte der Schreiner zusammen.

Und die Internationalität wuchs, auch unabhängig von Leobolds Seattle-Plänen. Arthur Mogger hatte, ich traute zuerst meinen eigenen Augen nicht, über seinen Gemischtwarenladen ein Schild »Atelier Mogger« anbringen lassen, dahinter in einer Art Rumpelkammer thronte der rostige Sekretär Werner Wiegler hinter einem fast gleichfarbigen orangenen Telefon, und Erich Winter hatte irgendwoher in Erfahrung gebracht, Mogger habe auch Briefbögen drucken lassen, auf denen zu lesen stünde: »Arthur Mogger, Atelier Seelburg, Geschäftsverbindungen München, Padua, Kairo, Nairobi, Caracas« – freilich »ohne Akzent leider bei Carácas«, lachte Erich Winter, »und als Bank hat er bloß die Volksbank Seelburg draufdrucken lassen«.

Metaphysik schwärte durch diese Stadt. Zwei Wochen später ereignete sich ein abermaliges Wunder, diesmal wieder aus Alfred Leobolds Trickkiste. Anläßlich eines Bilderbuch-Frühlingstages kroch die Belegschaft der Velhornwirtschaft, der ganze Chemieunrat, aus seinem Loch und fuhr mit mehreren Wagen zu einem etwa acht Kilometer entfernten Dorf namens Zant, einem wunderschön gelagerten Flecken zwischen zwei bewaldeten Höhenrücken mit Blick auf Eichendorffsche Ferne.

Lauer Wind flaute übers frischgrüne Land, als ob es noch halb schliefe, lag es da, von Felsblöckchen silbrig gesprenkelt. Man veranstaltete in einem kleinen Wirtsgarten, in einer Art Lichtung oder Waldschneise, ein Picknick, zwanzig Mann prall hingegossen an die schon nahezu unvertraute Natur, eine undeutliche, ätzende Sonne fuhr über die Szene – und ich erinnere mich eines Bildes, wie es Hans Thoma nicht bezaubernder hätte malen können: Es saßen auf einer Birkenbank links und rechts je einer der Chemieburschen samt irgendeiner Karin, in der Mitte aber Alfred Leobold, ausgesetzt dem warmen Sonnenschein, mild und schrecklich inhaltslos vor sich hinlächelnd. Das Zwinkern des Todes.

Lange und verstohlen sah ich hin, als aber die Pärchen aufgesprungen waren, Wahnwitz in den Freizeitgesichtern, setzte ich mich vorsichtig zu dem verhuschten Mann, ihm vielleicht ein paar Fragen zu stellen, vielleicht auch nur generelle Solidarität zu beweisen, die Unterhaltung aber wollte, wie unter übergroßer Spannung leidend, gar nicht vorangehen – so daß ich mich auf ein prickelndes, ja atemberaubendes Schweigen kaprizierte. Saß ich neben einem Mörder? Einem Selbstmörder? Denn irgendwas, lieber Alfred, mußte doch geschehen!

»Da schau, der alte Mann«, deutete Herr Leobold plötzlich auf einen sagenhaft betagten Greis und lächelte sardonisch. Der Methusalem kam im schwarzen Kittel und Hütchen mit Hilfe eines kräftig ausschlagenden Spazierstocks agil auf eine der provisorisch aufgestellten Bierbänke zugekrochen, fetzte zügig eine mitgebrachte Bierflasche auf den Holztisch und eröffnete frank ein Gespräch mit seinem Gegenüber, einem Chemiestudenten, der sogar, wie naturberauscht, seinen Oberkörper entblößt hatte.

»Da schau, der alte Mann«, wiederholte Herr Leobold modrig und scheinbar entrückt, zog sein Lächeln ein und schüttelte gleichsam mißbilligend den leicht geröteten Kopf.

Was damit sei, fragte ich heiter, aber schwermütig zurück. Irgendetwas umwölkte sich und überanstrengte mein Gemüt. Ich hatte nichts Eiligeres zu tun, als mein Herz klopfen zu lassen.

»Naja, der alte Mann ... unglaublich ...«, wiederholte Herr Leobold abermals und schwieg artistisch. Drehte graziös gleichgültig den Kopf zur Seite und wünschte das Thema anscheinend nicht weiter zu verfolgen. Die summende Schwäche: g-a, g-as, g-a. Schmetterling, aller Wesen gute Nacht! Ich mußte an Brennesseln denken. Unglaublich, fünf Meter links grünten sie. Herrgott, wie schön war doch mein Leben!

Der Rest ging unter im Gelärme der Duschkes, Binklmayrs und Chemiekonsorten. Es waren aber auch der Fuhrunternehmer Schießlmüller sowie der Bleistifthändler Dammler mit von der Partie, die beiden sorgten zum Sonnenuntergang für den aller-größten Stumpfsinn. Es muß dem wohl eine Art Streit um kom-merzielle Dinge vorausgegangen sein, ich bekam nur noch die Brocken des Schlusses mit:

»Das ist doch scheißegal«, sagte Schießlmüller, und von der Dorfuhr schlug es fünf.

»Das will ich ja gar nicht sagen«, erwiderte laut und eindring-lich Dammler, »daß mir das nicht scheißegal ist, Willi, mir ist das natürlich auch scheißegal, Willi, verstehst du mich?«

»Naja, ist ja scheißegal«, rief Schießlmüller und versuchte, zum Bier greifend, dem wohl ein Ende zu machen.

»Naja, eben, natürlich!« echote Dammler.

Ich finde, hier wäre es angebracht gewesen, daß Hans Duschke mit Vehemenz »Arschgesichter!« dazwischengeschmettert hätte. Daß bei uns, in dieser vergaunerten Nation, jedes Kleinod von lin-der Trauer, von efeubehangener Kirchhofstille einem Hexenkessel an Gemütsverfinsterung und Hirnzerstörung geopfert werden mußte! Konnte man Alfred Leobold nicht ruhiger, ehrfürchtiger sterben lassen?

Ein paar Tage später erzählte der Gymnasiast Binklmayr, Herr Leobold sei am gestrigen Samstag nur für eine Stunde in der ita-lienischen Velhornwirtschaft gewesen, und zwar für die Fernseh-Sportschau – und dies im schwarzen Anzug mit Krawatte. Zuvor, habe Leobold berichtet, habe er geschlafen, jetzt trinke er ein Bier und dann lege er sich gleich wieder ins Bett. Warum er, Leobold, zu dieser Stippvisite mit Sportschau dann einen schwarzen Anzug angezogen habe, habe er, Binklmayr, gefragt. Ach, habe Leobold geantwortet, das Zeug müsse auch aufgetragen werden.

Bevor er uns verließ, bescherte er uns noch mit drei, vier Kostbarkeiten. Alfred Leobolds 40. Geburtstag wurde, wie man hörte, zuerst mit großem Pomp in der Velhornwirtschaft begangen, später gesellte sich das Geburtstagskind auch noch in den »Seelburger Hof« zu uns, auch diesen Teil der Stadt – unbegreifliche Güte – mit Jubelschnaps zu verwöhnen.

Alfred Leobold, deswegen von allen Seiten lauernd gratuliert, schwamm in matter Seligkeit und spendete Sechsämter gleichsam willenlos nach allen Seiten. Ich mochte ihm nicht weh tun und trank auch ein paar mit.

Die idealische Stille im Wesen dieses Mannes. Kaum hatte Alfred Leobold seiner Pflicht genügt, lehnte er sich wie ausgelaugt und mit sich selber zufrieden zurück. Manifestationen irgendwelcher Dankbarkeit womöglich auszuweichen. Um so inbrünstiger, lauter und diabolischer sang Hans Duschke und schüttete das feurige Zeug in sich hinein und ließ die buntscheckigen Blasen des Lebens steigen.

»Logisch!« krähte der vergilbte Furioso der Gemeinheit plötzlich und rücksichtslos irgendwohinein und nur darauf bedacht, seinem Rausch irgendwelche Töne zu verleihen (und ich erinnere mich, daß mich speziell die Färbung des Wortes »logisch« zu »lugisch« mit Mutlosigkeit erfüllte) – »denk an meine Worte, Schätzchen! Was Hans Duschke jetzt sagt, geht in die Geschichte ein, alles klar, chrrn! Wenn die SPD, die FDP – – Büchsen! Ach was!« – der Alte trank Alfred Leobolds Geburtstagsschnaps weg – »ihr macht alle einen Fehler, ihr Burschen – –!«

Das war zweifellos irgendwie richtig. Und trotzdem: Beobachtet man die knatternde Gottlosigkeit vor allem auch der Greise in unserem Lande, dann ist man heute tatsächlich geneigt, dem katholischen Gedanken wieder die Ehre zu erweisen. Ich hätte gern schnell geweint. Aber schon walkte es weiter, immerzu und immerfort: »Adolf, du Arsch! Wo ist Franz Gans? Adolf –!!«

Vielleicht wäre das Welträtsel gelöst, wenn wir wüßten, warum unsere Greise immer so brüllen. Wann würde dieser Alte fauchend und rauchend mit einem unvorstellbar gräßlichen Fluch in die Hölle fahren?

Zuletzt aber empfand selbst Duschke wohl sogar noch etwas der Dankbarkeit und allgemeinen Menschlichkeit Verwandtes und flehte »Herrn Läääwoohl« wieder einmal unerträglich um eine Art Mannesworts im Sinne gerechter Wiedergutmachung der alten Mißstände an: das im ANO-Laden sei ja alles gar nicht so gemeint gewesen, »irgendwo haben wir ja uns doch ganz gut verstanden, Herr Lääwoohl, oder nit?« – und dergleichen Dämonien mehr.

Alfred Leobold, ziemlich peinlich angerührt, aber uneinholbar in sein Geburtstagsglück versunken, nickte mehrmals und kalmierend »ja« und »genau«, und dann fand er eine meines Erachtens wunderbare Replik:

»Sie, Herr Duschke«, gackerte Alfred Leobold so schamhaft wie schelmisch, »sag halt ›Alfred‹. Alle sagen ›Alfredl‹. Herr Duschke, sagen halt Sie auch ›Alfredl‹.«

»Prost, Alfred!« jauchzte unser Saint du Mal geisterhaft und ruderte in Wollust.

»Geht in Ordnung«, toastete der Gebenedeite sagenhaft zurück.

Selten verbanden sich Großmut und Chuzpe eindringlicher auf dieser Erde. Wie doch der äußerste Ruin aus diesem einstmals lächerlichen Menschen einen edlen, adligen, anbetungswürdigen gedrechselt hatte! Wie wütend die gurgelnde Not einen Schwall von Sanftheit und Güte auf ihre verwahrloste Umgebung verspritzte!

Und noch immer kein Ende. Auch Alfred Leobolds vorletzter mir bekannter Auftritt ersteht mir im Dunst von Verklärung vor der Erinnerung. Der Unstern der Osterfeierlichkeiten hatte eine Art Kartenturnier im »Seelburger Hof« ausgebrütet, gräßlich, ich bin aber dem Unstern insofern dankbar, als er mich ein weiteres Mal in die Geheimkammern meines Freundes geleitete. Alfred Leobold und ich watteten gegen einen Dummkopf namens Holzmann, der sich gleichwohl für den führenden Crack hielt und dessen allergrößtes Begehr es anscheinend war, seine Meisterschaft

so lange zu kaschieren, bis ihm die Gunst der Stunde den um-
werfenden Beweis zuspielen würde. Partner Holzmanns war ein
mir unbekannter, in die Tiefenschichten des Spiels noch sehr
uneingeweihter junger Herr – der aber tatsächlich für Holzmann
das Glück an den Tisch zerrte. Nach einem gewonnenen Spiel
fragte er nämlich seinen Partner, ob er (tatsächlich eins der ver-
zwicktesten Probleme beim Watten) das richtig gemacht habe:
er habe zwei Achten und zwei Könige gehabt – und die Könige
angesagt. Ob das gut gewesen sei?

Holzmann atmete tief und mit Wonne durch. »Freilich, schau,
freilich, das ist so«, rief er in den Freiraum, »du mußt ja bedenken, daß einer von den vier Königen – der Max – Trumpf von Haus
aus ist, so daß nur noch drei Könige Trumpf werden können –
dagegen bei Achtern vier. Jetzt ist natürlich die Chance, daß dein
Partner noch Trumpf kriegt, bei Königen geringer als bei Achtern,
weil ja bloß drei Könige im Spiel sind, aber vier Achter. Aber du
mußt ja bedenken, daß das für die anderen, unsere Feinde, auch
gilt, jetzt wenn du also zwei Achter hast, dann ist die Chance, daß
die anderen auch zwei Achter haben, dann heißt es 2:2. Wenn du
aber Könige sagst, dann ist zwar für mich die Chance auch geringer, verstehst? Daß ich einen König hab, aber die anderen können miteinander garantiert nur noch einen König haben, dann
heißt es also 2:1 für uns, klar? Und deswegen war's auf jeden Fall
besser, daß du die Könige angesagt hast, klar.«

»Er kann natürlich«, sagte nach vielleicht einer Sekunde Pause
Alfred Leobold leise, aber fest, »auch Achter sagen.«

»Nein! Niemals!« Ich habe selten einen Menschen so am Spieß
schreien hören, nicht einmal Hans Duschke. »Könige muß er
sagen, Könige!« Ein würgendes Einatmen. »Denn – ich hab's doch
grad erklärt – wenn er Achter sagt, dann ist ja die Chance, daß ihr
zwei Achter habt...« – und den ganzen würdelosen Schleim noch
einmal von vorne.

Alfred Leobold hörte geduldig zu, nickte mehrmals verdrieß-
lich, aber konziliant mit dem Kopf und wies dann unanfechtbar
darauf hin, daß es auch so sein könne:

»Schau, wenn dein Mann Könige sagt, dann kannst du bloß noch einen haben. Wenn er aber normal die Achter sagt, dann kannst du eventuell, schau, vielleicht noch zwei haben.«

»Aber die Wahrscheinlichkeit! Die Wahrscheinlichkeit!« krähte fernerhin markerschütternd Holzmann und wirbelte herum. Wie ein Mensch doch rasch über dieser Wahrscheinlichkeit den Boden der Selbstachtung unter den Füßen verliert! »Die Wahrscheinlichkeit ist, daß ihr zwei die Achter habt bzw. einer von euch die Achter hat, bzw. die Wahrscheinlichkeit ist doppelt so groß, als daß ich sie hab, weil ihr doppelt bzw. zwei seid, und ich bin bloß einer!«

»Genau«, beschloß Alfred Leobold con bravura e sentimento. Es war das letzte Mal, daß ich ihn das liebliche Wörtchen aussprechen hörte.

Zum Abschluß des Turniers eröffnete Alfred Leobold dem zum Watten wieder einmal gastierenden Alois Sägerer, er habe seinerzeit in München leider die »Seerose« nicht besuchen können, weil geschlossen gewesen sei.

»Aber das hab ich doch damals dauernd zu dir gesagt, Alfredl!« quiekte Sägerer und hob, wohl betrunken, den Zeigefinger.

Leobold zuckte feucht und samten mit den Schultern. »Ja mei, Sägerer«, sagte er. Dann, müde, aber emsig, malte er einen letzten Regenbogen glänzender Reisen und sonstiger Veranstaltungen. »Wir« führen jetzt bald, hörte ich ihn bestrickend zu Erich Winter seufzen, zu einem Frühlingsfest in die Haßfurter Gegend, wo »der Hans« lebe, dann schon am 8. Mai zu einem Preisschafkopf nach Rottendorf, im Sommer mit dem Reitclub nach Ungarn zum Plattensee, dann zum Sommernachtsfest der Garnison nach Eichelberg sowieso ... der Erwin fahre auch mit ... ganz prima ...

Das Leben macht zu weich, zu hart. Ich hörte nicht mehr genau hin. Ahnung flüsterte mir ein, daß meine Recherchen abgeschlossen seien, daß Alfred Leobold vollkommen ausgeplündert sei, daß nur noch der krönende Clou fehle. Ja, in mir keimte auch zuletzt sogar der Verdacht, daß Herr Leobold mich, uns alle veralbere. Jedenfalls: Prachtvolle Geistesabenteuer hin und her – ich mußte mein Romänchen abrunden, tut mir leid. Das Warten aufs Ende, meine vielleicht unbewußte Spannung verquälte mir sogar den schönen Aprilmonat, unlustig, verdrückt, renitent leistete ich geistig und strategisch noch viel weniger als die vielen im Alkoholtaumel verschwelgten Beobachtungsmonate vorher – wenngleich wiederum gerade die Langgezogenheit meines Romanschlusses eindeutig für die absolute Wahrhaftigkeit dieser Schrift einsteht ... Ein neues, schöneres Leben einzuleiten indessen fehlte mir die Kraft, solange nicht die alte Phase niet- und nagelfest abgeschlossen war. Aber schon schleppte Hans Duschke eine weitere Geschichte an, die sich vor ein paar Tagen zugetragen habe. Einige der Chemiestudenten, berichtete der Alte aufgekratzt im »Seelburger Hof« mir und dem benommen lauschenden Transport-Tropf Schießlmüller, hätten neuerdings die Angewohnheit, Sonntagnachmittag zum Kegeln in den »Buchberg-Keller« zu gehen. Man sei also gegen Mittag bei Wacker-Mathild gesessen, da seien drei Chemiestudenten los, da habe er, Duschke, zu Leobold gesagt: »Los, Herr Leobold, kommen wir nach! Die Karin kommt auch mit!« Diese nämlich sei auch dabeigesessen. Da habe Leobold gesagt, er wolle lieber hierbleiben, weil er so schwach auf den Füßen sei, er könne nicht laufen, das Auto aber, den L 295, hätten die Zoller Hilde und die Grete, also müsse er, Leobold, dableiben. Da habe er, Duschke, Leobold vorgeschlagen – »wir waren alle schon besoffen, Moppel, kannst du dir vorstellen!« –, ihn mit dem Leiterwägelchen von der alten Wacker hinzuziehen, die Frau habe nichts dagegen, er, Leobold, brauche sich nur hineinzusetzen. Das habe Leobold zwar eingeleuchtet, grinste Duschke, dann habe er aber gesagt, er könne sich wegen seines Rufs – »wegen seines Ruuufs!« heulte Duschke – nicht so durch die Stadt fahren lassen. Man habe aber dann doch einen Ausweg gefunden, nämlich Leobold in das Wägelchen plaziert und einen alten Sack über seinen Kopf gestülpt – so sei es losgegangen, die Karin und er, Duschke, hätten gezogen, durch das Schotten-Tor hinaus, den Bäckerberg hoch, und Leobold sei immer ganz steif und brav und fest in seinem Wägelchen gesessen, den Sack über dem Kopf, und als man schon fast den Berg hinauf und am Ziel gewesen sei, hätten er, Duschke, und Karin das Gefährt mutwillig losgelassen, das sei dann natürlich den Berg hinunter und im Halbkreis den Randstein hinauf und endlich an die Mauer des Dreieinigkeitsfriedhofs geprallt. »Die Karin und ich natürlich lachen, wir gehen hin – da sitzt er ganz fest in seinem Wägelchen, am Arsch, und tut den Sack noch immer nicht runter, sondern fragt uns – unglaublich! –, ob wir jetzt da sind. ›Sind wir da, Herr Duschke?‹ fragt der Leobold! Höhö! Ah!«

Von Lebenslust gepeinigt, seufzte Duschke mächtig durch, und der vermessene Veteran knallte sogar den linken Handballen in die gelbe Wange, äugte zur Zimmerdecke und pfiff, Ratlosigkeit mimend, auch noch flott vor sich hin. Mir gefiel, was immer der Alte mit ihr belegen und beweisen wollte, die windige Geschichte überhaupt nicht. Das Symbolische rauschte nun schon gar zu dick und einfältig daher, so daß es sogar ein Esel wie Duschke, und nicht bloß ich, mitkriegte! Und übrigens war es überhaupt noch nicht ausgemacht, wer von den beiden, Leobold oder Duschke, als erster Einzug in das Schattenreich halten würde! Dieser alte Affe! Unglaublich, mit welchen abgeschabten Scherzen und armseligen Vergnügungen unsere 60jährigen am Rande der Grube ihre Sonntagnachmittage zu verbringen pflegen!

In dieser Zeit des existentiellen Mißmuts, ja einer tückischen Weltverfallenheit trudelte mir wieder einmal rettend mein alter Freund Oskar Zirngiebl, der philosophische Lebemann aus der Wallfahrerwohnung, in den grübelnden Kopf. »Ah, Moppel, ah, Klasse!« griente der Wohner, als ich bei ihm anläutete, und die das Weltall durchstreifende Langeweile blähte seine riesigen Nasenflügel auseinander.

Und tatsächlich gelang es dem Schwerenöter ein drittes Mal, mich wundersam zu trösten und dem Leben neu zu schenken. Ich fand, während Oskar Zirngiebl Eier einkaufen ging, nämlich in der Küche des alten Raisonneurs bzw. der Tanten einen etwa 4 x 30 Zentimeter großen Papierstreifen, offenbar das abgeschnittene Stück eines Zeitungsrandes, auf dem Fetzen aber stand, in einer Schönschrift, die nicht nur diesem 43jährigen Esel, son-

dern jedem zehnjährigen Schüler Ehre bereitet hätte, das folgende
(I bis IV von links nach rechts):

I. Zur Zeit beste deutsche Mannschaft mit denen, die zurück-
traten

II. Zur Zeit beste deutsche, mögliche Mannschaft

III. Die besten deutschen Fußballer überhaupt (aller Zeiten)

IV. Die beste Weltelf überhaupt (aller Zeiten)

Entzückt wendete ich den Zettel um und las:

I.
     Held   Müller   Grabowski
     Overath   Netzer   Hönöß
  Breitner   Bonhof   B'bauer   Vogts
     Maier

II.
     Hölzenbein   Müller   Hönöß
     Breitner   Netzer   Bonhof
  Vogts   Körbel   B'bauer   Dietz
     Maier

Zu dem Namen Müller führte dabei ein Pfeil, an dessen Spitze
die Worte standen: »wenn er wieder spielt!« Gleichzeitig war über
dem Wort Müller ein Fragezeichen gemalt.

III.
     Schäfer   Seeler   Müller   Rahn
     F. Walter   Haller
  Schnellinger   Weber   B'bauer   Vogts
     Maier

IV.
     Gento   Pele   Eusebio   Garrincha
     Di Stefano   Haller
  Facchetti   Moore   B'bauer   Schnellinger
     Jaschin

Finis Operis. Zirngiebl fecit. Welch ein geheimnisvolles Dasein!
Später, mit einem anderen Kugelschreiber, hatte Zirngiebl »Gar-
rincha« durchgesäbelt und »Cruiff« darüber geschrieben. – Ich

meine, obwohl »Hoeneß« zweimal falsch geschrieben war; obwohl es zuerst »Die Stefano« geheißen hatte; obwohl ich selber lieber Hölzenbein in der besten deutschen Mannschaft (aller Zeiten) gesehen hätte (freie Bahn den Technikern! Urwaldläufer wie Breitner sind ein Todesurteil für die Zukunft des deutschen Fußballs) – ich glaube, ich habe Oskar Zirngiebl, nachdem ich das Schriftstück errafft hatte, sehr warm die Hand gedrückt: Ich will gar nicht von grafischen Feinheiten wie »B'bauer« reden oder dem klugen Schachzug, Di Stefano ins Mittelfeld zurückzubeordern – insgesamt zeugte das Werk von jenem philosophischen Geist, jener meditativen Versenkung, der Beharrlichkeit des Denkens und der Planung, des Orientierungsrahmens in objektiv regressiver Epoche (Gerold Tandler!) und des schwindenden Lebens – ach, was weiß ich alles, jedenfalls erzählte ich nun Zirngiebl grundlos, ich würde jetzt wieder, den Intellekt zu schulen, mehr Schach spielen, und zwar, weil ich meist mit dem Altkommunisten Alwin Streibl spielte, bevorzugt das sogenannte Albins Gegengambit, das zwar bei ernsthaften Turnieren nicht mehr gepflegt werde, aber sehr reizvolle Pointen gestatte...

»Wer?« fragte der Bonvivant und räkelte sich auf seinem Sofa, und dann noch zweimal: »Wer? Wer, Oskar? ... ah: Moppel?«

Helles Entzücken trieb mich ins italienische Eiscafé, ja ich spielte sogar mit dem Gedanken, mir wieder mal eine Frau anzulachen, Zeit würde es ja...

Zwei Tage später wurde es erneut ernst. Zusammen mit Erich Winter und seiner neuen Freundin Helga Niwea brach ich auf zu einer Exkursion nach Rothenburg ob der Tauber, eine Inspektion unseres gemeinsamen Freundes Dr. Horst Fäckel vorzunehmen, welcher damit als letzter Wirrkopf und Trinkfreund gerade noch rechtzeitig in meinem Roman einläuft bzw. stolpert. Denn dieser junge Arzt und Vollbluttrinker erwies sich anläßlich einer Führung durch den mittelalterlichen Stadtkern als äußerst schwankende Gestalt, dabei kehrte er unter dem Vorwand, das müßten wir alles gesehen haben, in jede zweite Restauration ein und erzählte uns, daß seine großen Vorbilder Kopernikus und Virchow seien, gleichzeitig schwätzte er aber andauernd von einer Frau Moll, und immer wieder Frau Moll, die sich dann endlich als die Wirtin eines Touristenlokals offenbarte, keineswegs den einzigartigen Eindruck ausstrahlte, den ihr Dr. Fäckel, offenbar vollkommen verzaubert, angedichtet hatte, und diese Frau Moll war also schließlich das fehlende Stück zum Triptychon mit Virchow und Kopernikus.

Gegen zwei Uhr früh – und dies Ominosum, diese neuerliche verstörende Symbolik ist auch der einzige Grund, das Zusammentreffen mit dem Pathologen zu erwähnen – berichtete uns Dr. Fäckel in seiner Privatwohnung schwer lallend und den Unterkiefer ebenso kämpferisch wie mephistophelisch und akademisch nach vorne und wieder zurückschiebend, in das Rothenburger Krankenhaus würden jetzt immer häufiger »pubertierende Jugendliche mit insuffizienten Suicidversuchen, ja?« eingeliefert, die es dann eben zu retten gelte, kicherte Dr. Fäckel gespenstisch. Er, Fäckel, habe die »Burschen und Madeln und so, ja?« dann immer »negativistisch behandelt«, d. h., sein großes Vorbild sei Virchow, ein »ganz exzellenter Mediziner, ja?«, bzw. die Sache sei, und Dr. Fäckel zwang ein halbes Zahnputzglas Calvados in den Kopf, so:

»Das hat mich sehr geängstigt, als ich vorhin auf der Straße urinieren wollte. Zuerst – ja? – sind zwei Rolladen runtergeklappt – es gibt ja Psychopathen, ja? – und dann das Türkenehepaar! Vollkommen degeneriert! Die Frau Moll mag mich gut leiden, aber ihr Hund hätte mir bald einmal einen Arm weggerissen, ja? Dann kannst«, gluckste Dr. Fäckel, offenbar in seine Vision verrannt, krampfhaft, »nimmer trinken! Ahi! Ahi! Ahi! Die Frau Moll ist eine sehr nette Frau, ja? Und auch als Wirtin. Der Schäferhund beißt vier- oder fünfmal im Jahr Gäste, und wir Ärzte müssen dann die Wundversorgung machen. Ich weiß gar nicht, warum, aber in letzter Zeit kommen immer Fälle von insuffizienten Suicidversuchen auf die hiesige Ärzteschaft zu, wir machen dann Nachtdienst, ja?«

Nach dem Frühstück, Dr. Fäckel war bereits wieder grob betrunken, verfluchte er die ambivalente Wirkungskraft des Alkohols. Er sei, entfaltete Dr. Fäckel, gut für schöpferische Leistungen, aber auch oft tödlich für Süchtige, genierte sich dieser Medizinmann nicht zu verkünden. Ich brannte darauf, hierzu etwas zu sagen, aber Dr. Fäckel gestattete es nicht:

»Früher, in meiner Studentenzeit und dann natürlich als Medizinalassistent, dachte ich«, sagte der Arzt und schob den Unterkiefer rücksichtslos nach vorn und verdrehte die Augen zum Himmel, »ich bin alkoholisch glashart. Ich war davon überzeugt, ich bin ihm gewachsen. Glashart! Aber«, jetzt kniff Dr. Fäckel das linke Auge zu und ließ deshalb mit Schwung den Unterkiefer gleichfalls nach links hinaufschnellen, »ich bin nicht glashart. Heute weiß ich es.«

Haltlos kicherte der junge Arzt. Das sollten seine Abschiedsworte sein. Wir machten uns nach Hause zu den Glasharten. Der älteste und zweifellos härteste polterte gegen 22 Uhr in den »Seelburger Hof«, an seinem teppichgestählten Arm schwer hängend der herrliche Dulder Alfred Leobold. Der indessen noch das Zeug für einen artigen, ja von einer gewissen Integrations- und Weltdeutungskraft schimmernden Satz aufbrachte, klagend bezogen auf den sofort wie vergiftet im Lokal herumtosenden Hans Duschke:

»Jetzt hat er mir so fest versprochen, der Duschke«, reckte mir Alfred Leobold smorzando und gleichsam hilfesuchend seine welken Ärmchen entgegen und blinzelte mit pfiffiger todkranker Miene in Richtung auf den entwurzelten Chevalier infernal, »daß er, wenn ich noch mit rein geh, nicht schreit. Und da«, sagte der Seraphische gelassen und con dolore und wies auf den Saturnalischen, »schau ihn an.«

Ecce homo. Der letzte Satz Alfred Leobolds, der mein Ohr erreichte. Ein Taxi schaffte den Hinfälligen gleich darauf weg.

Anderentags verreiste ich wieder nach Italien, gewisse private Studien fortzuführen. Heimgekehrt nach einer knappen Woche, hielt mir meine Mutter den Seelburger Kreisanzeiger unter die Nase. Ich empfand sofort und brühwarm opernhaft. Es war wie der windelweiche, schaurige und doch ästhetisch schöne Schrei, den Pekings Volk ausstößt, wenn sich die kleine Liù in Puccinis »Turandot« erdolcht.

ERSCHOSSEN AUFGEFUNDEN

Seelburg (po). Am Freitag gegen 16 Uhr fand ein Landwirt aus Heinzhof in seinem Wald nordöstlich der Ortschaft einen Pkw. Der Bauer war sehr überrascht, als er durch die zertrümmerte Scheibe einen toten Mann am Steuer sitzen sah. Der Landwirt verständigte sofort die Landpolizei. Ermittlungen ergaben, daß es sich bei dem Toten um den 40jährigen geschiedenen Kaufmann A. L. aus Seelburg handelt. Der Mann, der schon längere Zeit abgängig war, brachte sich einen Schuß in die rechte Schläfe bei. Als Tatmotiv kommen familiäre Gründe in Frage. Seine Frau ließ sich von ihm scheiden und hat wieder geheiratet. Damit wurde er nicht mehr fertig, heißt es in dem Pressebericht der Kripo.

Ich bitte um Verzeihung, aber mein erster vernünftiger Gedanke war, daß vier Tempus-Fehler auf 19 Druckzeilen selbst für einen Redakteur eine beachtliche Leistung darstellen. Erst gegen Abend war es soweit, und ein viertelstündiges Tränenrinnsal brach sich Bahn. Die schlüpfrigsten, abgetakeltsten Gefühle. Mein Herz pochte laut, und meine Verzweiflung erfüllte mich mit sattem Genuß. Das wiederholte sich dann vor dem Einschlafen. Etwas Sehnsuchtähnliches ließ mich des Toten Namen wimmern. Der beherzte Teil meiner Seele rauschte durch wirre, brodelnde Halberinnerungen – mehrfach trumpfte Alfred Leobold lebhaft mit Grün-As, und einmal sah ich ihn im Krankenhaus, von wo er dann sofort zur Bundeswehr eingezogen wurde. Gleichzeitig gelang mir aber ein verzweifelt alberner Traum, über eine schon einmal kurz erwähnte Monika Viel, der ich bei dieser Gelegenheit und anläßlich eines Sportfests in einem Wirtsgarten einen Heiratsantrag machte, der nicht einmal ganz übel aufgenommen wurde …

Tatsächlich träumte ich dann drei Tage hintereinander von dem Toten und fuhr im Schlaf mehrfach, Grauenhaftes vor den Augen, hoch. Schön, ich hatte schon befürchtet, daß überhaupt nichts kam.

Es war vollbracht. Am Tage meiner Rückkunft war Alfred Leobold beerdigt worden, in aller Stille: die Familie des Toten hatte mit 7.30 Uhr eine geradezu undenkliche Zeit gewählt, vielleicht um das zu befürchtende Eintreffen rabiater oder sonstwie betrunkener Freunde und Kollegen am offenen Grabe zu verhindern. Trotzdem wollte es die Kolportage, daß – nach Aussage der alten Frau Leobold gegenüber der alten Frau Schießlmüller, die es an ihren Sohn weitergab – nach Abschluß der Beerdigung der alte Malitz auf die leidtragende Mutter zugetreten sein und in singendem Tonfall gesagt haben soll: »Frau Leobold, was macht Ihr Sohn? Frau Leobold, auf und davon?«

Wahrscheinlich hatte sich Malitz zum Hohen C hinaufgeschraubt. Weil die alte Frau Leobold unfähig ist, einen solch gemeinen Reim zu erfinden, wird es wohl stimmen.

Alfred Leobold liegt heute etwa vier Meter Luftlinie entfernt von jenem Plätzchen hingestreckt, das voraussichtlich, sofern ich italiensüchtig nicht im Mittelmeer ertrinke, einmal auch meine letzte Ruhestätte abgeben wird. Nachdem dieser Roman jetzt praktisch fertig ist, spräche eigentlich nichts dagegen, daß ich bald wieder in Herrn Alfredls Nähe vorstoße.

Am Montag der folgenden Woche erschien im Seelburger Kreisanzeiger eine Todesanzeige, die sich ausschließlich auf den Text beschränkte:

DER HERR
SPRACH DAS GROSSE AMEN
ALFRED LEOBOLD †
15. 3. 1934 – 8. 5. 1974

Zwei Gedanken, erinnere ich mich, wollten mir bei der Lektüre dieses Textes nicht aus dem Sinn – ich weiß nicht, ob sie besonders gehalt- oder auch pietätvoll sind. Zum ersten wollte mir scheinen bzw. wuchs sich vorübergehend zur fixen Idee aus, daß es auf dieser Welt zwei Möglichkeiten gibt, mit einigermaßen sensationellen Empfindungen in einen menschlichen Körper einzudringen: den Beischlaf und die Kugel in den eigenen Kopf. Und zweifellos hatte Alfred Leobold, vor dieser theoretischen Alternative einer letzten kleinen Freude, gewandt wie je die interessantere, die spannendere gewählt. Zum zweiten aber verstehe ich trotzdem nicht ganz, warum er nicht wenigstens noch die Fußballweltmeisterschaft abgewartet hatte.

13

So hatte er also die Gestaltung seines Todes arrangiert. Im Lindgrünen, bei zärtlicher Radiomusik. Ob er mich auch nur halb so gern gemocht hatte wie ich ihn?

Selbstverständlich wurden in den nächsten Tagen und Wochen, zur Zeit des Rücktritts von Willy Brandt, noch zahlreiche Fakten, Vermutungen, Gerüchte und sonstige Hergangsversionen im Zusammenhang mit dem Ableben von Alfred Leobold laut. Dicke Empörung gegaukelt wurde vor allem hinsichtlich des mutmaßlichen Verkäufers der Tatpistole, die, so hieß es, eindeutig von dem Kaufmann Arthur Mogger stammen soll. Mogger soll, so trug mir der Gymnasiast Binklmayr zu, in diesem Zusammenhang in der italienischen Velhornwirtschaft sinngemäß gesagt haben, erstens habe er dem Alfred die Waffe überhaupt nicht verkauft, und wenn, dann im Hinblick darauf, daß er die Gattin habe wegrichten wollen, der Alfred, und genau dies habe er, Mogger, immer wieder dringend und »unter Zeugen« abgeraten. Und außerdem zeige er jeden an, der so etwas behaupte.

Stimmen kann weder das eine noch das andere, denn der Gymnasiast Binklmayr schwört Stein und Bein, er habe selber gesehen, wie Mogger Alfred Leobold die Pistole verkauft habe, und zwar schon im Februar, diese aber – und etwas Ähnliches hatte ich ja auch schon gehört – sei, inzwischen in Alfred Leobolds Auto-Handschuhfach verstaut, von Arthur Mogger wieder zurückgeklaut worden, als Mogger einmal Leobolds Dienstwagen für eine Fahrt nach Padua oder wohin ausgeliehen habe. Mogger, ohne diesen Vorwurf, der aber von Werner Wiegler scharf bestritten wird, in der Sache direkt zurückzuweisen, gibt an, außerdem sei es nicht Padua, sondern Schönsee gewesen.

Insofern oder jedenfalls irgendwie tauchte fast gleichzeitig der Verdacht auf, der ehemalige Chemiestudent Hümmer Heinz habe über einen Mittelsmann die Pistole besorgt, wie wiederum Binklmayr wissen will: für fünf Flaschen Bourbon-Whisky – für 25 Flaschen sei dann die Waffe an Alfred Leobold weitergereicht worden. Hümmer Heinz soll das unter Androhung, er mache jeden »eiskalt«, der das sage und behaupte, und insofern bin ich als Romancier natürlich auch indirekt gefährdet, nachdrücklich innerhalb der italienischen Velhornwirtschaft bestritten haben, aber nach Meinung des dabeisitzenden Hans Duschke, wie dieser mir Wochen später flüsterte, nicht energisch genug, »und ich komme vom Theater, Moppel, und kenne alle die Tricks«. Und Duschke lächelte gekonnt jesuitisch und im Stil des Pater Domingo aus Schillers »Don Karlos«, den Duschke seinerzeit gleichfalls mit besonderem Erfolg dargeboten haben will.

Ziemlichen Schrecken verbreitete das Gerücht, wiederum über die Mutter Schießlmüllers eingeschleust, Mutter Leobold habe eine Art Vormerkbuch ihres Sohnes gefunden, in dem feinsäuberlich alle seine privaten Schuldner eingezeichnet seien. Nach Aussage Schießlmüllers soll es sich dabei um etwa 30 Namen und Beträge zwischen 13 und 886 Mark handeln, und etliche Herren und »Weiber«, soll die alte Frau Leobold betont haben, würden sich ganz schön dumm anschauen, wenn sie es demnächst gerichtlich mache.

Wesentlicher wohl, aber vollends ungeklärt, ist, warum Alfred Leobold nur sich und nicht, wie geplant, auch gleich seine Frau miterschoß. Hier kommt es noch heute zu einer totalen Konfusion der Zeugenstimmen. Fest steht nur, daß die Firmung der älteren Leobold-Tochter eine führende Rolle gespielt haben muß. Hier beglaubigen mehrere Eingeweihte übereinstimmend, Alfred Leobold habe sich schon Tage vor seinem Verschwinden öffentlich dagegen gewehrt, daß ihm nun als neuer Akt von Repressalie seitens seiner Ex-Gattin der Zugang zur Firmung seiner Tochter verweigert worden sei, angeblich auch unter dem Druck des neuen Stiefvaters – nachdem ihm, Leobold, wie bei gleicher Gelegenheit bekannt wurde, kurz zuvor schon erstmals die Winterzeugnisse seiner Töchter nicht zur Einsichtnahme vorgelegt worden seien.

An diesem Tag, der Firmung, einem Montag, einen Tag nach meiner letzten materiellen Begegnung mit Alfred Leobold, soll es nach übereinstimmender Aussage fast aller in den Fall Eingeweihter zu einer Begegnung zwischen Alfred Leobold und seiner geschiedenen Gattin gekommen sein. Der Teppichmann Duschke will nun – übrigens als einziger! – über ein Telefonat mit der Leobold-Mutter (!) von der Existenz eines Abschiedsbriefes Alfred Leobolds an die Eltern wissen. Darin habe Leobold mitgeteilt, er habe seine Frau am Vormittag in der Garage deshalb nicht erschossen, weil ... bzw. im letzten Moment, soll Alfred Leobold geschrieben haben, sei ihm praktisch eingefallen, daß ja die zwei Kinder nichts davon hätten, wenn ihnen neben dem Vater auch gleich die Mutter weggeschossen würde. Deshalb erschieße er, habe Leobold geschrieben, logisch nur sich selber – und zwar, nach Duschke, sofort, also noch am Montag. Duschke will sogar, hochdramatisch seufzend, wissen, Leobold habe gleichzeitig noch um Verzeihung gebeten, ja, Monate später, im Rausch, erweiterte Duschke seinen Ruhm dahingehend, daß Leobold in dem Abschiedsbrief auch ihn, Duschke, noch extra habe grüßen lassen.

Diese sowieso, aber auch alle anderen Angaben sind nur unter Vorbehalt glaubhaft, nachdem Duschke auch gleichzeitig meldet, am späten Abend des fraglichen Montags Alfred Leobold noch einmal angetroffen zu haben. Er, Duschke, sei gerade, so gegen Mitternacht »oder wann«, heimgetippelt, plötzlich habe der beige Opel Kapitän Alfred Leobolds neben ihm angehalten, Leobold habe den Kopf aus dem Fenster gestreckt und gesagt »Servus, Hans« (es muß da also in den letzten Tagen seines Lebens tatsächlich so etwas wie eine neue Verkehrsebene zwischen den beiden ANO-Feinden sich angebahnt haben) – und ob er, Duschke, mit ihm, Leobold, noch wohin gehe. Als er, Duschke, freundlich abgelehnt hatte – »ich war müde wie eine Sau« –, habe Leobold »kurz nachdenklich« vor sich hin auf die ganze Straße geschaut und dann »in so einem ganzganzmerkwürdigen Ton, verstehst du mich bitte« zu ihm, Duschke, gesagt: »Also, Servus, Hans.« »Servus, Alfred«, habe er, Duschke, nichtsahnend »und doch irgendwie, als ob ich was geahnt hätte«, zurückgegrüßt, da habe Leobold erneut nachgedacht und noch einmal gesagt: »Also, Servus, Hans, jetzt seh'n wir uns lang nimmer, lang nimmer.« (Rhythmus und Syntax Leobolds stimmen, insofern könnte Duschkes Bericht doch irgendwie wahr und nicht ganz geträumt sein.) Wieso? habe er, Duschke, erstaunt zurückgefragt: morgen sei man doch bei Mathild! »Nichts«, habe Leobold geantwortet, »lang nimmer.« Er, Duschke, versicherte der Alte, habe gleich ein ganz komisches Gefühl gehabt und etwas gedacht, bzw. er habe sich natürlich gar nichts gedacht, und erst jetzt falle es ihm auf, aber auch schon damals...

Usw. Diese elegante Version kann aber zumindest zeitlich ebenso wenig stimmen wie die Abschiedsbriefgeschichte, auch wenn deren Sentimentalität für ihre Wahrscheinlichkeit spricht. Sondern, wenn man von Montag als dem Firmungs- und Todestag ausgeht, kann Duschke Leobold allenfalls noch in der Nacht von Sonntag auf Montag begegnet sein, was aber wiederum kaum zutreffen kann, denn, wie schon berichtet, verließ Alfred Leobold unter meinen eigenen Augen, vom Geplärr Duschkes enttäuscht, den »Seelburger Hof« schon gegen halb 11 Uhr, um mit dem Taxi heimzufahren, indessen Duschke, wie ich mich genau entsinne, noch bis gegen 1.15 Uhr sitzen blieb, einen nahezu außerirdischen Krach machte und – eine wichtige Erinnerungskrücke! – zuletzt sogar noch (o dummdreiste Symbolik!) »Bums, da fiel die Lampe um!« schmetterte. Worauf ich selber Hans Duschke mit dem Wagen nach Hause fuhr. Korrekt sein könnte Duschkes theatralischer Stimmungszauber allenfalls dann, wenn in der gleichen Nacht er und Alfred Leobold unabhängig voneinander noch einmal ausgerückt wären und jene umflorte Begegnung inszeniert hätten.

Da aber auch das Abschiedsidyll Duschkes zumindest in wesentlichen Zügen geträumt oder eingebildet ist – ein Herr Wieser, Seelburger Polizeibeamter und Schwager Schießlmüllers, soll diesem unter der Hand gesteckt haben, Alfred Leobold habe in der Garage sehr wohl auf seine Frau gezielt und abgedrückt, was die

Frau dann sofort der Polizei gemeldet habe, was auch durch die
der Polizei bekannte Tatsache gedeckt wird, daß man später in
Alfred Leobolds zerschossenem L 295 zwei Pistolen entdeckt hat,
eine funktionierende (die des Negers bzw. Hümmers?) und eine
defekte (Moggers? Leobolds Familienbesitz?) – da Hans Duschke
offenbar auch diesen Schmarren geträumt hat, dürfte sich der
Gesamtvorgang nach allen halbwegs glaubwürdigen Zeugenaussagen so abgespielt haben:

Alfred Leobold sitzt von Sonntag vormittag 11 Uhr bis 21 Uhr
in der italienischen Velhornwirtschaft, trinkt acht Weizenbier und
neun Sechsämter (Aussage: Wacker Mathild) und gewinnt beim
»Dreck«-Spiel 53,80 Mark (Aussage: Wellner und Wiegler). Gegen
18 Uhr legt er in einer Kartenpause unbedingten Wert darauf,
von Hans Duschke einen Band des Klavieralbums »Sang und
Klang«, den dieser aus unbestimmten Gründen mit sich führt, »als
Memory« (Leobold) geschenkt zu bekommen (Zeuge: Mogger).
Duschke gibt es ihm schließlich (Zeuge: Binklmayr), das Buch
wird später tatsächlich auf dem Rücksitz des Todesfahrzeugs gefunden (Aussage: Schießlmüllers Schwager). Duschke, der von
diesem Vorgang nichts mehr weiß, das Buch aber tatsächlich ver-
mißt, soll nach der Überreichung gesagt haben: »Wozu braucht
der einen Sang und Klang?« (Zeuge: Binklmayr). Zusammen mit
Duschke verläßt Leobold gegen 22 Uhr die Velhornwirtschaft und
stößt zu uns in den »Seelburger Hof« (Zeuge: ich), trinkt ein Bier,
bestellt ein Taxi und fährt offenbar heim.

Tags darauf wird – eine Sensation – Alfred Leobold den ganzen
Tag über nicht bei Wacker gesehen (Zeuge: Wacker u. a.) – was
allein Duschkes nächtliche Begegnung unglaubwürdig macht. Am
späten Vormittag bedroht Alfred Leobold seine Frau in einer
Garage mit der Pistole (Aussage: die Frau), die Pistole versagt, die
Frau rennt zur Polizei. Alfred Leobold flüchtet (Aussage: Schießlmüllers Schwager). Die Möglichkeit eines sodann verfaßten Ab-
schiedsbriefs (Aussage: Duschke) ist gering. Ohne noch irgendwo
nachweislich in Seelburg einzukehren, um eventuell einen doppelten Sechsämter zu trinken, fährt Alfred Leobold normal in jenen

Wald bei Zant, in dem wir alle neun Wochen vorher einen bunten Nachmittag verbrachten, einwandfrei und bei welcher Gelegenheit Alfred Leobold zu mir die Worte »Schau, der alte Mann« gemurmelt hatte. Er nimmt – wahrscheinlich – aus dem Handschuhfach die intakte Pistole, läßt – wahrscheinlich – das Schönste aus dem Schleim seines Lebens an sich vorbeigleiten, macht in die Hose (Zeuge: der Schwager), schaltet das Radio im Auto ein (Zeuge: der Schwager), überlegt, korrigiert, verwirft, überlegt nochmals, legt an und trifft sowieso – ich vermute, zu seiner eigenen Überraschung – genau.

Epitaph I

Der KL-Häftling kannte ein ganzes System der Mimikry gegenüber der SS. Die überall in Erscheinung tretende Tarnung lief unter der Marke »Alles in Ordnung!«   (Kogon, Der SS-Staat)

… die künstlerische Offenbarung zu feiern, die ein Teppich-
fabrikant in einem bezahlten Theater durch bezahlte Schauspieler
einem zu Tisch geladenen Publicum vermitteln ließ.

(Karl Kraus, Die Fackel 2/1899)

Epitaph II

Am 18. Mai, genau am Tage von Alfred Leobolds Bestattung, erschien in der Frankfurter Allgemeinen Zeitung die folgende Glosse (Alle Hervorhebungen von E. H.):

Genau

RS. Nicht alle Wörter, die modisch werden, verschwinden so rasch wieder, wie sie eines Tages aufgeschossen sind. Einige halten sich mit der Zählebigkeit des Unkrauts. Auf diese Feststellung antworten gewiß nicht wenige – *jubelnd-bestätigend,* daß wir ins Schwarze getroffen haben – mit »Genau!«. Das Wort hat sich zu etwas entwickelt, was wohl ein gesprochenes Ausrufezeichen genannt werden kann. Das wäre noch nicht schlimm. »Genau« klingt gewiß kräftiger, nachdrücklicher als etwa: So ist es! Sie sagen es! Jawohl! Richtig! *Getroffen!* Schlimm ist nur wieder einmal das massenhafte Auftreten einer Vokabel nicht nur bei passenden, sondern auch bei unpassenden Gelegenheiten. Wer einmal darauf achtet, wie oft und wozu ein Gesprächspartner »Genau!« sagt, der wird bald dazu kommen, jedesmal zusammenzuzucken oder sich gar noch selbst dabei zu erwischen, daß er ebenfalls »Genau!« sagt. Auch Sprachseuchen sind ansteckend. Oder nicht? Genau!

Am 25. Mai veröffentlichte die F. A. Z. dazu einen weiterführenden Leserbrief:

»Genau«-Sager

Natürlich hat Hermann Ruelius »ins Schwarze« *getroffen,* indem er sich zur Freude der Sprachglossenliebhaber des »Genau« annahm (F. A. Z. vom 18. Mai). Daß es die »Zählebigkeit des Unkrauts« hat, ist schon dadurch bewiesen, daß bereits 1969 in der »Modenschau der Sprache« von der Sprachglossenredaktion der F. A. Z. eine »Genau«-Glosse aufgenommen wurde.

Nach reicher Erfahrung mit »Genau«-Sagern muß ich feststellen, daß es sich hier direkt um eine Sprach- oder Verständigungsbarriere handelt. Je besser und gezielter ich frage oder anmerke, je häufiger schallt mir das »Genau« entgegen. Damit ist aber nun erst mal Schluß. Ich fühle mich verprellt und muß erneut Initiative einsetzen, denn *»Genau«-Sager sind bequem und ganz selten bereit, von sich aus das Gespräch fortzusetzen.* Ja, man muß leider sagen, daß die meisten schon denkfaul sind. Sie warten auf das Herantragen eines neuen Themas. Das einzige Positive, was man von den »Genau«-Sagern erwähnen kann, ist, *daß sie fröhlich sind und sogar noch fröhlicher werden bei der x-ten Wiederholung des geliebten Wortes.* (Ich zählte bis zu 16mal!)

Ich habe mir schon den Kopf zerbrochen, wie ich dem »Genau« begegnen kann, und versucht, das Gespräch zu beginnen, indem ich das Gegenteil von dem sagte, was ich sagen wollte. Aber dieser Weg führt nicht weit und ist außerdem mühselig. Das »Genau« kommt garantiert bald wieder auf den Plan, so wie beim zähen Unkraut das Jäten nichts nützt. Goethes Rat »Wenn du eine weise Antwort verlangst, mußt du vernünftig fragen«, der bestimmt ebenfalls fürs kleine Gespräch gelten sollte, denn er sprach ja auch mit seinem Gärtner, hilft heute nicht mehr. *Wir müssen mit »Genau« leben* und uns an den Gesprächen delektieren, in denen das grassierende Wort nicht vorkommt.

Das Beste ist, »Genau« nicht zu genauzunehmen!

Christianne Kleinknecht

Münster/Westfalen

Am 29. Mai griff die F.A.Z. das Thema erneut in einem Leserbrief auf:

Genau-Psychologie

Zur Glosse »Genau« in der F.A.Z. vom 18. Mai darf ich vielleicht einen psychologischen Gesichtspunkt hinzufügen, der den häufigen Gebrauch des Wortes »genau« weiter erklären könnte: Das Wort klingt zwar als bloße Bestätigung dessen, was der andere eben gesagt hat. In Wirklichkeit aber ist es eine Selbstbestätigung dessen, der das Wort »genau« als Antwort gibt. »Das, was du da sagst, ist genau das, was ich auch gesagt hätte, vielleicht sogar noch treffender.« *Erst durch mein »genau« bekommt das, was der andere gesagt hat, sein Gewicht.*

Dadurch wird die durch mein »genau« als klug bezeichnete Aussage des anderen eigentlich herabgesetzt, ich eigne mir das Gesagte als meine Aussage an, und dadurch bin ich der Überlegene, bestätige mich selbst – und darauf kommt es mir an.

Dr. Ludwig Wirz, Euskirchen

Am 12. Juni schlug mit Adolf Hansel aus Hanau ein weiterer kluger Kopf zu:

Wirkung

Mit Freude lese ich immer die Sprachglossen in der Frankfurter Allgemeinen Zeitung. Ihre »Genau«-Glosse vom 18. Mai hat mir eine kleine Alltagsszene ins Gedächtnis zurückgerufen, die sich tatsächlich zugetragen hat und an die ich mich noch heute mit einem gewissen *Schmunzeln* erinnere:

Ein biederer Bürger geht zur Behörde, um eine Bescheinigung zu erbitten. Er schildert der weiblichen Bediensteten umständlich und schwerfällig sein Anliegen. Sie sieht in einer Namenskartei nach und fragt ihn höflich: »Sind Sie Herr Karl Müller?«

Antwort: »Genau.«

Frage: »Sie wohnen Schäfergasse 3?«

Antwort: »Genau.«

Frage: »Geboren am 1. April 1953?«

Antwort: »Genau.«

Frage: »Ihre Frau heißt Anna, geborene Fischer?«

Antwort: »Genau.«

Ob dieser stereotypen Antworten hatte sich bei der Bediensteten etwas aufgestaut.

Die gewünschte Bescheinigung wurde ausgestellt, der Bürger geht zur Tür und sagt: »Auf Wiedersehen!«

Der Bediensteten entfährt darauf: »Genau!«

Ein besonders scharfer Reflektor meldete sich am 22. Juni ausgerechnet aus Hannover:

Aus dem Englischen

Zum Thema »Genau!« ist, soweit ich die Äußerungen dazu von verschiedenen Seiten verfolgt habe, bisher nicht erwähnt worden, was zwar diese Floskel nicht entschuldigen, wohl aber ihre Herkunft erklären könnte. Meines Erachtens handelt es sich bei »genau« um eine der vielen Redewendungen, die *nach dem Kriege* aus dem Englischen *zu uns eingewandert* sind. Ich zitiere hierzu aus Cassell's German and English Dictionary, Ausgabe 1955, die verschiedenen Bedeutungen der Adverbialform »exactly« (wörtlich »genau«) »eben, gerade« und dann weiter »ganz richtig! ja!«, also im Englischen eine zweite Bedeutung, die dahin paßt, wo im Deutschen heute das »genau« oft fälschlich gebraucht wird.

Hans Vogelsang, Hannover

Daraus kann man wohl ersehen, daß hinter der F.A.Z. wirklich der intellektuelle Teil Deutschlands steht.

Epilog

»Unsere Staatsform ist die Republik.
Wir dürfen machen, was wir wollen.«
(Robert Walser,
Fritz Kochers Aufsätze)

»Dem gleich fehlet die Trauer.«
(Hölderlin, Mnemosyne)

Mitte September sagte die Gastwirtin Fränzi, Besitzerin des ländlichen Lokals, in dem Alfred Leobold immer größere Fuhren Fleisch eingekauft und Bärwurz weggetrunken hatte, zu dem am frühen Nachmittag kurz Einkehr haltenden Kerzenhändler Lattern: »Sie, das mit dem Leobold hätt' es aber auch nicht gebraucht, Sie!« Che m'ha rubato l'amante mio ... e chissà mai se ritornerà ...

*

Er, Mogger, sagte Arthur Mogger, habe es ja immer gesagt: »Alfred, hab ich gesagt, wenn du sie, die Alte, erschießt, hat sie nichts davon und du auch nicht, hab ich gesagt, Alfred, wenn du dich selber erschießt, ist es deine Sach, Alfred!« sagte Arthur Mogger anläßlich eines Faschingsfests im Jahr nach den Mai-Ereignissen.

*

L'amico infelice, dove? Amico infelice, rispondi! Mi sento morir — —

*

Der Gymnasiast Binklmayr und der Transportunternehmer Schießlmüller erzählten eines Tags freudig und lachend, sie seien heute nachmittag am Grabe Alfred Leobolds gewesen und hätten ein Fläschchen Sechsämter draufgeschüttet. Damit er da unten nicht verdurste, kicherte schauerlich der Gymnasiast, der doch in der Schule zumindest die Antigone des Sophokles durchgenommen haben mußte, und Schießlmüller sah gefühlvoll in die Ferne:

»War ein guter Kerl, der Alfredl.« Die Instinktlosigkeit, die Intellektualgegengesinnung, die verrohungsgesättigte Intellektualverrottung kennt in dieser tödlichen Nation keine Barrieren mehr.

*

Dorme, Firenze! Dorme, o mare, voca, voca – –

*

Das Leben zischt weiter. Im Frühherbst waren aus der Belegschaft der italienischen Velhornwirtschaft gleichzeitig der Chemiestudent Herbert Stickel und der jetzige Autowiederverkäufer Werner Wiegler hinter einer gewissen Karin her, die damals einem Siemens-Ingenieur namens Yace gehörte. Stickel schwor, »wenn der Werner die Karin auch nur anlangt, jag ich ihn mit einem Sprengsatz in die Luft!« Von Wiegler war gleichzeitig zu hören, wenn Stickel nicht sofort seine Finger von Karin lasse, »maure ich ihn hundertprozentig bei lebendigem Leib ein«.

Lachender vierter war der Gymnasiast Binklmayr, der einen unachtsamen Augenblick der drei benutzte, Fräulein Karin sich für drei Tage unter den Nagel zu reißen. La vita è inferno.

*

Te voglio, te voglio tanto bene, te voglio ben assaie … Tu si' l'Ammore …

*

Um die Allerseelentage fand, auf der Suche nach Lustgewinn in diesen kleinen Körperchen, in der italienischen Velhornwirtschaft »Wacker Mathild« ein dreitägiges geselliges Beisammensein statt, in dessen Verlauf über 1100 Sechsämtertropfen, 46 Flaschen Sekt und zirka 870 Weizenbiere verzehrt wurden. Der ehemalige Chemiestudent Otto Röckl wurde in der Nacht des dritten Tages in eine Nervenheilanstalt eingeliefert, kam aber bald wieder frei und sitzt seither wieder täglich in der italienischen Velhornwirtschaft.

*

Te voglio, te sento, te chiamo, te penso – –

*

»Und so ist's so bitter, wenn der Mensch, unter den gemeinen Herzen der Erde verarmend, durch das edelste doch nichts wird als zum letztenmal unglücklich.« (Jean Paul)

*

L'amore d'Alfredo perfino mi manca – – –

*

Die Festansprache bei der Allerseelen-Feier in der italienischen Velhornwirtschaft hielt der Marquis und Kerzenteufel Lattern, der damals dem Revolutionär Lenin geradezu verstörend ähnlich wurde:

»... Man muß sich dessen bewußt sein: wir sind jetzt im Dezember. Das ist eine sehr schnucklige Zeit. Ich will mich neben euch setzen und die Hand fühlen. In Griechenland steht das Militär bei Fuß. Ich bin der Abgeordnete Marquis von Challot. 1475 haben wir den Westflügel des Schlosses verkaufen müssen. Der Jakobiner war sehr hart gegen uns. Der Kerzenhandel aber blühet immerfort. 41872. Ich vergesse euch nicht, nie! Drangsaliert euch nicht! Ihr fasziniert mich treu. Hou-hou! Aus den Löchern blitzt es. Das Fernweh lernt uns heftig und abermals kennen. Wenn alle untreu werden, so bleiben wir doch treu. Wir sind Trommler und Gassenficker. Ich aber bin die Geburtshelferin der Eintracht. Das Dash ist zu teuer, aber es geht schon noch.

Ich tu nichts, ich mach nichts. Nur raus mit der Wahrheit! Bei griechischer Musik darf man nicht lügen, Mogger, das gilt auch für dich! Wenn das Fähnlein winkt, ist alles zu spät. Schön. Der Name ist Maria Farantouri. Der Papst! Der Papst? Da lache ich wie eine Hex': Harr-harr! Nein, die Situation ist nicht danach. Das Haus ist bewohnbar, auch wenn es noch etwas pflockt. Das Ausland liebt uns nicht, aber wir können es noch weit bringen. Die Wiener Schlawiner werden wir wissen zu hindern. Bei Faschismus denk ich immer an Herrn Metz seinen Hund. Der ist einmal ganz blöd über die Straße gerannt, da hat der Metz gesagt: ›Ja mei, er hat halt keine Schul'‹ . . .

Seid nicht einfältig! Ich verfüge über Kerzen von 90 Kilogramm Dichtigkeit. Ich bin mit einer zufrieden, die meine Frau ist. Wie war der Name? Detlev? Edi? Ferdl? Ich hab die Besorgung, mich kann man nicht mehr zurückholen. Hütet euch! Das Leben, wie's halt die Politik so spielt, ist ein Fanatismus, das uns kein Vorbild sein kann. Es gilt der Umpolung. So laute das offizielle Parteiprogramm. *Ich möchte mich retten, aber es geht nicht mehr.* Es ist eine Bilanz dazwischen. Eine insgesamt sehr kraftvolle Situation!«

Der Kaufmann Mogger holte den Zauberer vom Tisch herunter, besonders fanatisch lachte Hans Duschke.

Der Schreiner Wellner verlor beim Kartenspielen einen Herz-Solo mit Contra, Re, Sub, Hirsch und drei Bauern für 192 Mark. Wellner, damals arbeitslos, zahlte sofort aus. Am zweiten der Festtage kam es zu einem Handgemenge zwischen dem Neger »Robinson«, dem neuangeschafften Diener Arthur Moggers, und dem als Sekretär wegen Unredlichkeit gerade entlassenen Werner Wiegler. Wiegler wurde von dem Neger verprügelt, hätte aber seiner Meinung nach »gewonnen«, wenn er nicht »besoffen wie hundert Neger« (Wiegler) gewesen wäre.

Noch heute schwärmen breite Kreise der Seelburger Jugend von dieser Veranstaltung. Wie unkt doch Peter Handke? »Das Opfer hätte sich gefreut, wenn es das noch erlebt hätte.«

Erläuterungen

*Zusammengestellt von Herbert Lichti
und Eckhard Henscheid*

Die Erläuterungen verstehen sich nicht als philologisch-wissenschaftlicher Kommentar nach dem Standard etwa neuerer deutscher Klassikerausgaben. Sondern vor allem als praktische Lesehilfe. Ein Leser und der Autor haben sie nach besten Kräften zusammengestellt, nämlich nach möglichst aufopfernder Erinnerungstätigkeit. Angesichts des unübersehbaren Zitat- und Verweis- und Anspielungscharakters der TrilogieRomane schien uns die Mühe lohnend.   H.L./E.H.

Geht in Ordnung –
sowieso – –
genau – – –

Eichendorff: Aus dem Gedicht ›Zwielicht‹.   6

Thomas Bernhard: Aus dem Roman ›Watten‹.

Jean Paul: Aus dem Roman ›Titan‹.

Die Spur von ihren Erdentagen: Zitat aus ›Faust II‹ von Goethe.   9

Totalität: Halbzitat aus Georg Lukács' ›Theorie des Romans‹.

Beiden Schwestern: Anspielung u. a. auf die im folgenden erwähnten 10
beiden Schwestern der Stifter-Erzählung als auch vor allem auf die
mehrfach erwähnten vier Schwestern in Italo Svevos Roman ›Zeno
Cosini‹.

Seelburg: Fiktive Stadt. Als Modelle dienten vor allem Amberg und, 11
in weit geringerem Maß, Regensburg.

Namens Rösselmann: Vgl. ›Die Vollidioten‹, Anm. zu S. 14 f.

Gewissen italienischen Roman: ›Zeno Cosini‹ von Italo Svevo, der für
diesen Roman stilistisch und motivlich vielfach Modell stand. Über
Svevo veröffentlichte E. H. 1971 ff. auch zahlreiche Rundfunk- und
Zeitungsaufsätze (FAZ, Frankfurter Rundschau, Weltwoche usw.).

Mozart: Susanna in der Oper ›Hochzeit des Figaro‹.   14

Edith Mathis: Schweizer Sopranistin.

Charmes des unverdorbenen Bürgerkinds ... versöhnen scheint: Fast wörtliches
Zitat aus dem Adorno-Aufsatz ›Huldigung an Zerlina‹.

Puccinis Mimi: Aus der Oper ›La Bohème‹ (vgl. ›Die Vollidioten‹,
S. 46 u. a.).

Mirella Freni: Italienische Sopranistin.

Meiner weiblichen Idealgestalt: Vgl. ›Die Vollidioten‹, S. 46.

Ahimè ... morir: Zitat aus ›La Bohème‹, 3. Akt.

Madame Arnoux: Frauengestalt aus Flauberts Roman ›Education sen-
timentale‹.

Dialektik der Aufklärung: Nonsens-Zitierung von Max Horkheimers und Theodor W. Adornos ›Dialektik der Aufklärung‹.

Lauretta: Frauengestalt aus G. Puccinis Oper ›Gianni Schicchi‹.

15 *Lutterscher Prägung:* Vgl. ›Hoffmanns Erzählungen‹ von J. Offenbach.

Seelburger Hof: Nach dem Modell des »Bayerischen Hofs« in Amberg, aus dem 1982 dann ein McDonalds-Lokal wurde. Die Gernhardt-Zeichnung (vgl. Beiheft im 2. Band der Romane der Werkausgabe) hält sein typisches Interieur ein wohl letztes Mal fest.

Rhapsodie in Blue: Klavierstück von George Gershwin.

16 *Butterfly-Schnulze »Mädchen…«:* Aus Puccinis Oper ›Madame Butterfly‹.

17 *Marquis von Challot:* Phantasiename.

18 *Konrad Lorenz:* ›Das sogenannte Böse‹ und anderswo.

Eine reizende junge Witwe: Vgl. Eröffnungskapitel von Dostojewskis Roman ›Onkelchens Traum‹ und Anm. zu ›Vollidioten‹ S. 11.

19 *Christine Strunz-Zitzelsberger:* Verschlüsselt für mehrere reale Frauen. Vgl. Anm. zu ›Vollidioten‹ S. 11 und 126.

In der Schublade herumliegende…: Vgl. Dostojewskis ›Onkelchens Traum‹.

21 *Dynamische Rentenreform:* Halb-Nonsens-Anspielung auf den Wahlkampf 1969.

Genscher… Strauß… Leber: Deutsche Politiker der 70er Jahre.

22 *Carlo Bergonzi:* Italienischer Tenor. Vgl. E. H., ›Verdi ist der Mozart Wagners‹, 1979, dort: Widmung des ›Maskenball‹-Aufsatzes.

Kaum haben sie … Ärztekittel: Wörtliches Zitat aus Thomas Bernhards Roman ›Das Kalkwerk‹.

Willy Brandt: Brandt trat im Mai 1974 als Kanzler zurück.

23 *35. Lebensjahr:* In Wirklichkeit stand der Autor zeit der Romanniederschrift im 34. Lebensjahr, zeit der Handlung im 31.

24 *ANO:* In Wahrheit: ARO. Ano ist lat.: Im Arsch.

Herr Lebe wohl: Vorwegnahme des Lebewohl-Motivs von S. 200 und S. 293 (Beethovens Les-Adieux-Sonate). 25

XY-Zimmermann: ›Nepper, Schlepper, Bauernfänger‹, Sendung des ZDF von Eduard Zimmermann. 28

Maria Cebotari: Deutsche Sopranistin der 20er Jahre ff. 29

Spiegelberg: Figur aus Schillers ›Räuber‹.

Shakespeareschen Narren: Etwa ›Was ihr wollt‹.

Ehe in Dosen: Nicht zu belegen, offenbar Nachkriegsklamotte. Vgl. E. H.: ›Roßmann, Roßmann...‹, 1982, S. 110.

Porgy and Bess: Oper von G. Gershwin. 30

Initzer: Wiener Kardinal im Dritten Reich. 31

In der Luft...: Wahrscheinlich aus einer Operette.

Quelle: Fürther Großversandhaus. 32

King-Kong: Fiktiver menschenähnlicher Film-Gorilla. 36

Franz Gans: Micky-Maus-Figur.

Stingl: Präsident der Bundesanstalt für Arbeit in den 70er Jahren.

Es waren zwei Königskinder: Deutsches Volkslied. 40

Galantuomo: Edelmann; Anspielung auf ›Don Giovanni‹. 42

Bellezza: Schönheit. Vgl. Schluß der Trilogie: »O divina Bellezza«, siehe ›Mätresse‹, S. 509. 44

Rudolf Zeitler: In Wahrheit: Rudolf Meßmann. 48

Brunzkarter: Bayrisch-idiomatisch für den fünften Spieler, der auf-hebt, wenn einer der vier anderen austreten geht. 49

Strauß: Vgl. Straußens Sonthofener Rede 1975.

Lindes Wellenschlagen: Zitat aus Eichendorffs Gedicht »Nacht ist wie ein stilles Meer«. Mit diesem Zitat schließt auch das 3. Kapitel der ›Mätresse des Bischofs‹. 57

Marcuseschen Verstand: Eher komische Anspielung auf Herbert Marcuse und seine Formel »befriedetes Leben«.

Carstens: Karl Carstens, CDU-Politiker, später Bundespräsident.

58 *Menschenvernichtende Tendenz:* Halbzitat aus dem Umkreis der Aktivitäten der Baader-Meinhof-Bande.

Verloren, verloren, Annabel Lee: Nonsens-Zitat aus dem Gedicht von Poe.

Heideggerisch gesprochen ...: Halb-Nonsens bzw. Tonfall-Adaption.

Bürgerliche Rechtsgeschichte: Fiktiver Unsinn. Das Folgende auch anspielend auf den Jura-Studenten Zeno Cosini aus Italo Svevos Roman.

Benn oder Montale: Gottfried Benn, Eugenio Montale: Lyriker des 20. Jahrhunderts.

59 *Gesetz vom 31.12.75:* Nicht fiktiv.

61 *Musetten- oder Grisettentollheit:* Musette: Figur aus Puccinis ›Bohème‹. Vgl. ›Die Vollidioten‹, S. 46 u. a.

62 *Die lange Wimper ...:* Zitat aus Adalbert Stifters Erzählung ›Zwei Schwestern‹.

64 *Alten Tschechow:* Aus der Erzählung ›Eine langweilige Geschichte‹.

65 *Fernseh-Abteil:* Dieses Spezifikum des »Seelburger« bzw. »Bayerischen Hofs« wird nochmals im großen Stil gewürdigt in der Erzählung ›Der oder das Fernseh‹ in ›Ein scharmanter Bauer‹, 1980.

Frings: Josef. Kölner Kardinal.

67 *Rembrandts Mann mit dem Goldhut:* Berühmtes Gemälde, in Wahrheit: »Goldhelm«.

Schreiber: Münchens Polizeipräsident.

De Sica: Vittorio. Italienischer Filmschauspieler.

69 *Minister Jaumann:* Anton. Bayerischer Wirtschaftsminister.

70 *Donau-Main-Kanal:* Verbindet Donau mit Main. Politisches Streitobjekt noch der 80er Jahre.

Streibl: Bayerischer Minister für Umweltfragen: Vgl. ›Mätresse des Bischofs‹, S. 391.

71 *Il mio solo pensiero:* Zitat aus Puccinis Oper ›Tosca‹. Mein einziger Gedanke. Vgl. ›Mätresse‹, S. 288.

Anderen: Zentraler Begriff aus dem Spätwerk Max Horkheimers. Vgl. 72
dazu E. H.: ›Wie Max Horkheimer einmal sogar Adorno hereinlegte‹, 1983, S. 69.

Zerlina: Frauengestalt aus Mozarts ›Don Giovanni‹. Vgl. Anm. zu
S. 14.

Helena: Antikes Schönheitsideal.

Blanziflor: Mittelalterliches Schönheitsideal.

Musik kann nach Schubert ...: Korrektes Schubert-Zitat. 73

Law and Order: Gesetz und Ordnung. Amerikanische Politparole 76
noch der 70er Jahre.

Frankfurter Privatdozent ... Gamsbardt: Verschlüsselt für Robert Gern- 77
hardt. Vgl. ›Die Vollidioten‹, Anm. zu S. 105.

Causeur: Plauderer.

Thomas Mann: Anspielung auf seine Definition der Liebe als »Rüh- 78
rung und Lust«, vor allem im Josephs-Roman.

Gottfried Keller ...: Nonsens-Anspielung auf Kellers Brief an H. Hettner über die »Dialektik der Kulturbewegung«.

Die Schwester dem Gatten ...: Halbzitat aus Schillers Gedicht ›Die Bürg- 81
schaft‹.

Altötting: Oberbayerischer Wallfahrtsort. 82

Ulla galli: Freie Phantasie aus dem Koran. Siehe 6. Kapitel des 84
Romans.

Der Rausch der klatschenden ...: Halb-Zitat aus Offenbachs Oper ›Hoff- 85
manns Erzählungen‹. Vgl. S. 130.

Gerhard Stoltenberg: CDU-Politiker. 90

Ich bin so unsentimental ...: Vom Ich-Erzähler fälschlich Kafka zugeschrieben. In Wirklichkeit zitiert hier Kafka im Brief an Felice Bauer
nur die Stelle eines Briefs, den Theodor Fontane seinerseits an eine
Freundin schrieb.

Der Tod ist ... Deutschland: Zitat aus Paul Celans ›Todesfuge‹. 91

Jonny Buchardt: Deutscher Volkshumorist der 70er Jahre.

92 *Faust I:* »Christ ist erstanden« und »Die Erde hat mich wieder«.

99 *Nonplusultra — Sinequanon:* Hier halbunsinnig verwendet.

100 *David Hamilton:* Zeitgenössischer Teenager- und Modefotograf.

101 *Ich fordere den Leser auf ...:* Halbzitat aus Dostojewskis ›Der Jüngling‹. Vgl. ›Die Vollidioten‹, S. 11.

102 *Fiume:* Jugoslawische Hafenstadt. Anspielung auf Italo Svevo.

105 *Antinomie von Recht:* Fiktiv. E. H. hat nie dergleichen geschrieben.

106 *Goethesche »Und wenn ...«:* Korrektes Zitat aus Goethes ›Wilhelm Meister‹.

Mezzopiano: Halbleise. Der »Kavaliersbariton« kehrt wieder in der Gestalt des F. Knitter in der Erzählung ›Franz Kafka verfilmt seinen Landarzt‹ in ›Roßmann, Roßmann ...‹, 1982.

108 *Come una Madonna:* Wie eine Madonna. Vorwegnahme eines späteren Romanmotivs. Vgl. S. 294.

Altkommunisten Alwin Streibl: Epische Antizipation des Alwin Streibl aus der ›Mätresse‹, wo Streibl zur Hauptperson avanciert.

Fischer ... Kortschnoj ... Karpov: Führende Schach-Großmeister der 70er Jahre.

Drachenvariante: Spielart der Sizilianischen Verteidigung.

Cherchez la femme: Suche die Frau.

109 *Göteburger Variante:* Spielart der Sizilianischen Partie.

Christopher Isherwood: In dem Roman ›Leb wohl, Berlin‹.

O Susanna, wie ...: Anspielung sowohl auf den Schlager wie auf ›Hochzeit des Figaro‹: »O Susanna, wieviel Schmerz du mir machest«. Vgl. 3. Romanteil, S. 263f.

110 *Müde Hoffnung:* Zitat aus Eichendorffs Gedicht »Damals ganz zuerst am Anfang«. Versteckte Eichendorff-Zitate finden sich dann vor allem in der ›Mätresse‹.

113 *Ich führte mich relativ gut auf:* Zitat aus ›Zeno Cosini‹.

Bald prangt ...: Zitat aus der ›Zauberflöte‹ von Mozart.

Zwei Schwestern: Aloysia und Constanze Weber, nachmalige Mozart.

Eichendorff … großen Glück: Ungenaues Zitat aus dem Gedicht ›Schöne 114
Fremde‹.

Mailuft wogte…: Halbzitate aus G. Flauberts Roman ›Madame Bovary‹.

Tosca: Von Puccini.

Nietzsches bekanntes…: »Wenn du zum Weibe gehst, vergiß die Peitsche 115
nicht«.

Come se fosse l'ultima ora del nostro amor: Und wenn es die letzte Stunde 118
unserer Liebe wäre. Vgl. E. H., ›Verdi ist der Mozart Wagners‹, 1979.

Con slancio: Mit Schwung – Verdis Vorschrift bei dieser Tenorarie.

Bums, da fiel die Lampe um: Wahrscheinlich aus einer neueren Ope- 119
rette.

Trojanerinnen: Seinerzeitiger Fernsehfilm von Walter Jens. 121

Mußte man da nicht … quietschen vor Entzücken: Zitat aus Dostojewskis 122
Roman ›Die Dämonen‹.

Freudschen Konnex: Freuds immer wieder variierte These, Kultur baue 123
sich auf Triebunterdrückung bzw. Triebverzicht auf. Thematisiert
auch durchgehend und expressis verbis in der ›Mätresse des Bischofs‹.

Wie der Engländer sagt: to spend. 124

George Bernard Shaw: Anspielung auf Shaws Wort, jeder anständige
junge Mensch sei einmal Revolutionär gewesen.

Erich Mende: Deutscher Politiker. Trat von der FDP zur CDU über.

Aida-Finale: »O terra, addio…«. Vgl. ›Die Mätresse des Bischofs‹, 128
Romanfinale.

Erziehung Susannes: Das Motiv der »Erziehung« ist von Italo Svevo 129
zitatadaptiert, v. a. aus dem Roman ›Zeno Cosini‹.

Jenem italienischen Roman: ›Zeno Cosini‹.

Rien ne va plus: Nichts geht mehr. 130

Une Automate! Une Automate!: Zitat aus J. Offenbachs ›Hoffmanns
Erzählungen‹. Vgl. S. 85 und S. 159.

Mi sento morir: Floskel aus zahlreichen italienischen Opern: Ich glaube, ich sterbe. Vgl. E. H., ›Das Ohimè und Ahimè‹ im Opernführer ›Verdi ist der Mozart Wagners‹, 1979.

131 *Médisance:* Lästerung, Verleumdung.

132 *Alice Schwarzer:* Deutsche Feministin, ehemalige ›pardon‹-Kollegin von E. H.

Toujours ... à tout prix: Immer ... um jeden Preis.

Germaine Greer: Amerikanische Feministin. Autorin von ›Der weibliche Eunuch‹.

Montherlant: Im Roman ›Erbarmen mit den Frauen‹.

134 *Königin der Nacht:* Figur aus der ›Zauberflöte‹ von Mozart.

137 *Die laue Nacht ... ff:* Halbzitate aus Flauberts ›Madame Bovary‹.

138 *Annelies Kupper:* Deutsche Sopranistin.

Ariadne-Arie: Aus der Oper ›Ariadne auf Naxos‹ von Richard Strauss.

139 *Angefeuerter Franz Josef Strauß:* Strauß soll in der Nacht der Kuba-Krise 1962 volltrunken gewesen sein.

140 *Savoir vivre:* Lebenskunst. Thematisiert auch in den beiden anderen Trilogie-Romanen, vor allem in Gestalt diverser »Privatiers«.

Hamlets Sein ...: Aus dem großen Hamlet-Monolog.

142 *Ach, das Leben ...:* Halbzitat aus Jean Pauls Roman ›Titan‹.

144 *Schwarz vom Unglück ...:* Zitat aus einem Kafka-Brief an Felice Bauer.

146 *Sokratisch-teiresiatisch:* Anspielung auf den Seher Teiresias und auf den »Weisen« Sokrates.

147 *Gerontologie:* Greisenkunde.

148 *Visio beata:* Seligkeitsanschauung: Begriff aus der katholischen Theologie. Hier: Glücksvision.

Blödsinnig vor Schläfrigkeit: Halbzitat aus einem Kafka-Brief an Felice Bauer.

Affaire d'amour: Liebesaffaire.

150 *Induktion und Deduktion:* Wissenschaftliche Verfahrensweisen, hier

vollkommen unsinnig verwendet. Vgl. den modellidentischen Text ›Sein und Wesen‹ in ›Ein scharmanter Bauer‹, 1980.

Black-Power-Leute: Militante Negerbewegung in den USA der 70er 151 Jahre.

Neapolitanische Canzone: Genauer Titel »Core 'ngrato« – undankbares 154 Herz; motivisch zentral verwendet auch in ›Die Vollidioten‹ sowie in der ›Mätresse‹.

Finito d'amor: Ende der Liebe.

Final-Allegretto: Musikalisch: bewegter Schlußsatz.

Hilfstruppe: Anspielung auf Dostojewskis Roman ›Der Idiot‹, in dem 155 anläßlich eines großen Menschenauflaufs von einer solchen »Hilfstruppe« die Rede ist.

Der alte Possenreißer: Wörtliche Anspielung auf den alten Karamasoff 156 in Dostojewskis Roman ›Die Brüder Karamasoff‹ (Kapiteltitel).

Banalolitas und La Triviatas: In Anlehnung an ›Lolita‹ (Nabokov) und 157 ›La Traviata‹ (Verdi).

Den makabren Vergleich: F. J. Strauß' Apo-Tiere-Identifikation aus dem 158 Jahr 1969.

Automaten: Siehe Anm. zu S. 130.   159

Trinculo: Figur aus Shakespeares ›Der Sturm‹.   160

Lesbisch, lesbisch…: Wahrscheinlich aus einer Operette.   162

Cameliendame: Anspielung auf V. Hugo und G. Verdi (La Traviata, 164 s. S. 157).

Eines strahlenden Kopfwehs: Zitat aus einem Brief Kafkas an Felice 166 Bauer.

Vor die Hunde gegangen: Anspielung auf Kafkas ›Forschungen eines Hundes‹.

Max Brod: Bezogen auf dessen Kafka-Buch.

Nicht ganz frei war…: Anspielung auf Kafkas Verhältnis vor allem zu Felice Bauer.

Männlichem Imperialismus: Die Kampf-Formel »Male Chauvinism« der amerikanischen Frauenbewegung der 70er Jahre. Vgl. ›Die Vollidioten‹, S. 38.

167 *Geschichte dieses glänzenden Handelshauses:* Zitat-Anspielung auf den Titel eines Kapitels von Svevos ›Zeno Cosini‹.

168 *Gebrauchswert ...:* Zitat aus ›Das Kapital‹ von Marx.

169 *Nil admirari:* Sich über nichts wundern. Stoiker-Maxime.

170 *Strohblonden Heino-Kopf:* Gemünzt auf den deutschen Schlagersänger Heino.

171 *Jean Marais:* Französischer Filmschauspieler.

172 *Steinitz, Capablanca, Bronstein, Tal:* Berühmte Schachspieler.

Gefühl der Humanität: Kant-Zitat. Vgl. K. Vorländer, ›Kants Leben‹.

174 *Döpfner ... Graber ...:* Bayerische Bischöfe von München und Regensburg. Beide finden indirekt in der ›Mätresse‹ wieder Verwendung.

177 *Das bekannte Brentano-Wort:* Aus dem Gedicht ›Sprich aus der Ferne‹.

178 *Dulcinea:* Chimärische Frauenfigur aus Cervantes' ›Don Quixote‹.

183 *Sic transit gloria mundi:* So vergeht der Ruhm der Welt.

186 *Cum grano salis:* Mit einem Körnchen Wahrheit.

187 *Warenzirkulation:* Marxscher Terminus, in den 70er Jahren popularisiert.

Pudel ... Neufundländer: Anspielung auf den im Büro gastierenden Hund im analogen Kapitel von Svevos ›Zeno Cosini‹.

Bürstel: Bayrisch: koitieren. Vgl. »Bürstel Karin« in ›Dolce Madonna Bionda‹, 1983, und ›Roßmann, Roßmann ...‹, 1982.

189 *Ketten der Sexualität:* Halbzitat aus Schopenhauer.

190 *Bell' Adorata:* Schöne Angebetete: Zitat aus ›Don Carlo‹ (Verdi).

Nome amato: Geliebter Name: Zitat aus der Gilda-Arie aus Verdis Oper ›Rigoletto‹.

194 *Proustisch:* Anspielung auf M. Prousts Erinnerungstechnik (»Madeleine-Erlebnis«). Vgl. Beginn des Romans ›Die Mätresse des Bischofs‹, S. 8.

Im Stil eines Mannes: Zitat aus dem analogen Büro-Kapitel von ›Zeno Cosini‹.

O mein Papa: Schlager aus den 50er Jahren.

Der alte Hexenmeister: Beginn von Goethes Ballade ›Zauberlehrling‹. 195

Vom Baume schütteln: Gemeint: vom Zaune brechen. 196

Ich werde heute nacht…: Travestie der Worte Christi am Kreuze. 197

Die Todesfuge: Gedicht von Paul Celan. Vgl. S. 91. 199

Der typisch Schopenhauersche Wille…: Nicht ganz ernst gemeinte An- 200 spielung auf Schopenhauers ›Welt als Wille und Vorstellung‹. Die Schopenhauer-Motivik kehrt verstärkt wieder in ›Die Mätresse des Bischofs‹.

Beethovens Les-Adieux-Sonate: Die »Lebewohl«-Sonate op. 81a in Es-dur beginnt mit der Tonfolge g-f-es. Vgl. S. 25.

Wohlauf die Luft…: Studentenlied, Text: V. v. Scheffel. 201

Roll me over: Amerikanisches Folklorelied.

Der Pole trinkt galant…: Aus Millöckers Operette ›Der Bettelstudent‹. Vgl. ›Die Vollidioten‹, S. 38.

Die Majestät…: Trink-Couplet aus der ›Fledermaus‹ von Johann Strauß.

Libiamo, libiamo: Trinklied aus Verdis Oper ›La Traviata‹.

Pietà: Darstellung Mariä mit Jesu Leichnam auf dem Schoß, z. B. bei 202 Michelangelo. Vgl. S. 257.

Bild-Zeitung: Meldung vom 19. 6. 1975. 203

Lieblinge der Nation…: Wörtlich wiedergegebene dpa-Meldung aus 208 dem Jahr 1965. Der hier erwähnte Produzent W. Rademann zeich- nete 10 Jahre später für die ›Schwarzwaldklinik‹ verantwortlich.

Naturgemeinheit … Intellektualinfamie: Leicht parodiertes Vokabular von 209 Thomas Bernhards Romanen. Vgl. 3. Romanteil, wo die Bernhard- Stilparodien stellenweise zunehmen.

Freund Clemens Brentano…: Siehe S. 177.

Marcuses »großer Weigerung«: Nonsens-Anspielung auf die bekannte 210 Parole des Philosophen Herbert Marcuse der 70er Jahre. Vgl. S. 57.

215 *Non temer, amato bene:* Konzertarie für Sopran von Mozart. Sie wird im 3. Romanteil nochmals als Motiv aufgegriffen (S. 288).

Leise rieselt der Schnee: Deutsches Volkslied.

In dulci jubilo: Barockes Weihnachtslied.

219 *Crescendo:* Anwachsende Stimme.

Con brio: Feurig.

223 *Freuds Wille...:* Vgl. Sigmund Freud, ›Totem und Tabu‹ u. a. Popularisiert wurde die »Vaterlose Gesellschaft« durch Aufsätze von A. Mitscherlich.

Ökologischen Krise: Umweltkrise, Modethema der 70er Jahre.

226 *Steinernen Gasts:* Anspielung auf Mozarts Oper ›Don Giovanni‹.

227 *Des »Spiegel«:* Gemeint ist das deutsche Nachrichtenmagazin.

231 *Mixed-Media:* Terminus aus der Medienindustrie der 70er Jahre. Motiv auch massiert in der ›Mätresse des Bischofs‹, 4. Teil.

232 *Mit Brecht zu reden:* Lied der Polly aus der ›Dreigroschenoper‹.

Ins Zwielicht geratenen Staatsminister: Die Heubl-Affaire aus dem Jahr 1976. Betraf u. a. dessen Unfallflucht in alkoholisiertem Zustand.

Das kaum für anderer Leute Ohr...: Anspielung an Kafkas Kurzprosa ›Gib's auf‹. Vgl. dazu auch: E. H.: ›Roßmann, Roßmann...‹, 1982, S. 137.

Capriccio: Heiteres musikalisches Spiel.

236 *Miles Davis:* Amerikanischer Jazz-Trompeter.

Fräulein Birgit Majewski: Figur aus ›Die Vollidioten‹.

Flaubertgleich: Anspielung auf Gustave Flauberts episches Prinzip des »mot juste«.

Memory: Erinnerung; hier: Vorwegnahme von A. Leobolds Tod.

Im Sinne Freuds: Vgl. S. 123.

Geschlagen zwar, doch nicht vernichtet: Zitat-Anspielung auf Hemingway. Vielfach zitiert und variiert dann in der ›Mätresse des Bischofs‹.

237 *Schafkopf, Watten ... Dreck:* Deutsche Kartenspiele.

Freund Hein: Der Tod. 238

Gasthaus des Tenors...: ›I Due Foscari‹ in Busseto bei Parma. In Wirk- 239
lichkeit unternahm E. H. eine solche Reise dorthin erst 1977.

Malermeister Strauch: Anspielung auf die Hauptfigur von Thomas Bern- 240
hards ›Frost‹.

Elfentanz ... Mittsommernachtstraum: Anspielungen auf Shakespeare und 244
Mendelssohn.

Das Andere...: Anspielung auf Max Horkheimer. Vgl. S. 72.

Campill: Dorf in den Dolomiten. Nochmals aufgesucht in ›Die 246
Mätresse des Bischofs‹.

Fiorenza: Anspielung auf das durchgehende Toscana-Motiv der Trilogie, die auch in Florenz schließt.

Fausto di, oh gioia: Glücklicher Tag, o Freude. Zitat aus Verdis Oper
›Don Carlo‹.

Tegernsee im »Bräustüberl«: Berühmtes Bierlokal. 247

Während sich der Hut noch eine Weile: Zitat aus einem Nabokov-Roman. 248

Ah che bell' aria fresca: Ah, welch schöne frische Luft. Zitat aus der 249
neapolitanischen Kanzone ›I' te furria vasa‹.

Hölderlin ... edelmütig: In dem Gedicht ›Mnemosyne‹ (vgl. Motto 250
S. 371).

Vernichtung war der Naturzweck: Zentrales Zitat-Motiv der Romane von 251
Thomas Bernhard.

Heraklitmäßig: Panta rhei – alles fließt. 252

Am Gardasee ... Riva: Vgl. Anm. zu ›Die Vollidioten‹ S. 127. Die Er- 253
zählung ›Franz Kafka verfilmt seinen Landarzt‹ (in: ›Roßmann, Roßmann ...‹, 1982) spielt partiell in Riva.

St. Ulrich: im Grödnertal. 254

Seiser Alm: Größte europäische Alm. Zwischen Gröden und Bozen.

Langkofel: Berühmter Dolomiten-Berg.

Seceda: Bergmassiv im Grödnertal. 255

Nach den Gesetzen Hegels: Allgemeine Anspielung auf Hegels Dialektik.

Italo Svevo: Zitat aus ›Zeno Cosini‹.

256 *O dolce notte, scendere:* O süße Nacht, steig hernieder. Zitat aus Verdis Oper ›Ein Maskenball‹.

Ah! non lasciarmi: Ach, verlaß mich nicht. Zitat aus Mozarts Oper ›Don Giovanni‹.

L'ora fatale è suonata: Die Stunde des Schicksals hat geschlagen. Zitat aus Verdis ›Don Carlo‹.

257 *Dolorosa:* Die Schmerzensreiche. Vgl. das Motiv der Lacrimosa und das der Pietà in diesem Roman S. 202.

Caro mio ben: Mein sehr Geliebter. Das berühmte Lied von Giordano.

258 *O gaudio supremo:* O höchste Freude. Zitat aus Verdis Oper ›Don Carlo‹.

Ah no, no, no pianger, corragio: Nicht weinen, Mut! Zitat aus einem italienischen Emigrantenlied.

Va bene, va benissimo: Gut, sehr gut. Halbzitat aus ›Don Giovanni‹.

Hemingway: Berühmt für seine kurzen, kunstlosen Sätze. Vgl. ›Die Mätresse des Bischofs‹, wo das thematisiert ist.

259 *Seattle:* Stadt an der amerikanisch-kanadischen Grenze.

Pertisau: Dorf am Achensee in Tirol.

263 *Und würdevoll trumpfte er...:* Zitat aus Dostojewskis Roman ›Die Dämonen‹, dort bezogen auf S. Trofimowitsch.

264 *O Sabina, Sabina, quanta pena mi costi:* Wieviel Schmerz du mir kostest. Zitat aus ›Figaros Hochzeit‹ von Mozart. In Wirklichkeit: »O Susanna, Susanna...«.

Alois: Hans Eckhard Alois Henscheid.

Der Wald rauschte immerfort: Topos aus Eichendorffs Prosa. Vgl. ›Mätresse‹, S. 258. Das Motiv des immerfort Rauschenden findet sich verstärkt wieder in ›Dolce Madonna Bionda‹, 1983.

265 *Sterngekränzt:* Halbzitat aus Brentano: »Sterngeschlossener Himmelsfrieden«.

260 *Vernichtung und Verwesung:* Anspielung auf Thomas Bernhards Prosa.

Französische Verteidigung: Vgl. ›Mätresse‹, S. 377. Die folgende Partie ist inzwischen in einem Spiele-Buch von Eugen Oker abgedruckt – neben einer Partie von Capablanca gegen einen damaligen Billard-weltmeister.

Der Welt melden Weise nichts mehr: Zitat aus dem Nornenvorspiel von 267 R. Wagners Oper ›Götterdämmerung‹.

Spassky ... Fischer: In der ersten Turnierpartie 1972 nahm Fischer den Bauern auf h2 und verlor die Partie.

Aljechin ... Tartakower: Berühmte Schachspieler der Vorkriegszeit. 268

Nur das Vernünftige ...: Berühmtes Hegel-Zitat. Vgl. Hegel-Anekdoten 269 in E. H.: ›Wie Max Horkheimer einmal sogar Adorno hereinlegte‹, 1983.

Luis Trenker: Südtiroler Bergsteiger und Faktotum.

Faustsche Schlafverjüngung: Anspielung auf den Beginn des Zweiten Teils von Goethes ›Faust‹.

Seerose: Lokal in München-Schwabing. 273

Kaisergarten: Lokal in München-Schwabing.

Smorzando: Sterbend. 274

Humbert Humbert ... Lolita ...: Anspielungen auf ein Zitat aus V. Nabo- 276 kovs Roman ›Lolita‹.

Licht meines Lebens ...: Zitat aus ›Lolita‹. 277

Gottes vermutlich auserwähltem Sohn ...: Anspielung auf das nun durch-gehende Leoboldsche Ecce-homo-Motiv.

Hing ein Herrgott: Das Ecce-homo-Motiv des 3. Romanteils. 279

Die Spur von seinen Erdentagen ...: Zitat aus Goethes Faust II. Vgl. 281 S. 9.

Verschleppungen und Verschlampungen ...: Zitat aus Thomas Bernhards 282 Roman ›Korrektur‹.

Honnef: Deutsche Stipendien-Förderung. 284

Freudisch: Gemeint ist der berühmte Freudsche Versprecher.

Advent: Das Erlöser-Motiv Alfred Leobolds. 285

Beamtenmäßig Robustes: Anspielung auf Kafka und manche seiner Prosa.

287 *Voi che entrate:* Zitat aus Dantes ›Göttlicher Komödie‹: »Ihr, die ihr hier eintretet, laßt alle Hoffnung fahren«.

288 *Non temer, amato bene:* Vgl. Anm. zu S. 215.

290 *Dunkel ist das Leben, ist der Tod:* Zitat aus G. Mahlers ›Lied von der Erde‹. Vgl. ›Die Vollidioten‹, S. 130 ff.

Man sterbe, wann man will: Zitat aus Jean Pauls ›Titan‹.

Realitätsverweigerungssekretäre ...: Halbzitate aus Thomas Bernhard.

291 *Peter Nidetzki ... Peter Hohl:* Um 1974 Mitarbeiter von Zimmermanns ZDF-Sendung.

293 *Eine Melodie:* Vgl. Anm. zu S. 25 und S. 200.

294 *Tu come...:* 2. Strophe der Canzone ›Chiove‹. Vgl. S. 108 und 154.

Jesus, was für ein Regen ...: Kurzübersetzung der Canzone.

298 *Oh lasciate mi morir:* Zitat aus einer altitalienischen Arie.

304 *Ah, Don Alfredo:* Zitat aus Verdis Oper ›La Traviata‹.

Io Tedesco ... bene Amici: Ich Deutscher ... Gute Freunde.

306 *Carusello durstico:* Italienischer Eigenbau: Durstiges Karussell.

307 *Bateau ivre:* Das Trunkene Schiff. Titel eines Gedichts von Rimbaud.

310 *Muhammad Ali:* Schwergewichts-Boxer der 60er und 70er Jahre.

Katsche Schwarzenbeck: Vorstopper von Bayern München und Weltmeister 1974.

315 *Ich verfasse ... diese Schrift aus Rache:* Halbzitat aus dem Vorwort von Svevos Roman ›Zeno Cosini‹.

320 *Sona Chitarra:* Töne, Gitarre. Zitat aus einer neapolitanischen Canzone.

321 *Père Noble:* Edler Vater. Die den Roman durchziehenden Dutzende von Titulierungsvarianten Hans Duschkes gehen auf das Kapitel »Der alte Possenreißer« in Dostojewskis ›Die Brüder Karamasoff‹ zurück.

Rastelligleich: Rastelli: italienischer Zauberkünstler. 323

Dr. Aingler: In Wirklichkeit Dr. Heinrich Aigner, MdB aus Amberg. 325

Ah! Sii maledetto!: Sei verdammt! Zitat aus italienischen Opern, z. B. 328
Verdis ›Rigoletto‹.

Vater Moor: Aus Schillers ›Die Räuber‹. 329

Ich verkünde dir große Freude usw.: Halbzitat aus der Bibel. Vgl. ›Mä- 331
tresse‹, S. 364–375, wo auch andere Teile der Latternschen Rede als
halbes Selbstzitat wiederaufgegriffen werden.

Denn es gehet dem Menschen … Vieh: Zitat aus den Sprüchen Salomonis.

Suscipiat dominus: Aus der katholischen Liturgie: Der Herr nehme das
Opfer an.

Wenn alle untreu werden: Pfadfinder-Fahrtenlied.

Ecclesia sancta: Heilige Kirche.

Nostr'alme condannate: Unsere Seelen sind verdammt. Zitat aus Verdis 335
›Don Carlo‹.

Mezza voce: Mit verhaltener Stimme. 338

Heilignüchtern … Hölderlin: Zitat aus Hölderlins Gedicht ›Hälfte des 339
Lebens‹.

O bleib, geliebter Tag: Zitat aus R. Strauss' Oper ›Daphne‹.

Finalstretta: Kurzer, effektvoller, schneller Schluß. 342

Addio, Don Alfredo, fa core: Ade, Herr Alfred; nur Mut. Zitate aus 343
Verdis ›La Traviata‹.

Mozarts Lacrimosa: Aus dem Requiem.

Wie Tränenschimmer … verklärten: Erweitertes Zitat aus Millöckers ›Der
Bettelstudent‹.

Ein verletztes Haupt … verschwindet: Zitat aus Jean Pauls Roman ›Titan‹.

Systole und Diastole: Einatmen und Ausatmen. Goethesche Termini. 344

Schmetterling, aller Wesen gute Nacht: Zitat aus einem Gedicht von Nelly 346
Sachs.

Die idealische Stille: Zitat aus Jean Pauls Roman. 347

348 *Saint du Mal:* Böser Heiliger.

Wütend ... Sanftheit ... Güte: Halbzitat aus Svevos Roman ›Senilità‹; wiederaufgegriffen in der ›Mätresse‹, S. 301.

349 *Max:* Herz-König beim Watten.

350 *Con bravura e sentimento:* Mit Bravour und Gefühl.

Das Leben macht zu weich, zu hart: Zitat aus Jean Pauls ›Titan‹.

353 *Finis Operis. Zirngiebl fecit:* Ende des Werks. Zirngiebl hat es gemacht.

354 *Lieber Hölzenbein:* Vgl. ›Die Vollidioten‹, S. 161 ff.

Gerold Tandler: CSU-Generalsekretär der 70er Jahre.

Albins Gegengambit: Schach-Eröffnung.

355 *Insuffiziente Suicidversuche:* Ungenügende Selbstmordversuche.

356 *Der herrliche Dulder:* Zitat aus Homers ›Odyssee‹, bezogen auf Odysseus. Vgl. ›Die Vollidioten‹, S. 136.

Chevalier infernal: Höllenfürst.

Ecce homo: Seht, welch ein Mensch. Bibelzitat und Nietzsche-Titel.

357 *Es war vollbracht:* Christi Worte am Kreuz.

359 *Rücktritt von Willy Brandt:* Im Mai 1974.

371 *Che m'ha rubato:* Der mir meinen Liebsten geraubt hat, und er kehrt nie zurück. Zitat aus einem italienischen Auswandererlied.

L'amico infelice ...: Aus einer altitalienischen Arie.

Antigone ... Sophokles: Dort zentral das Motiv der Pietät Toten gegenüber.

372 *Intellektualgegengesinnung:* Halbparodie des Vokabulars von Thomas Bernhard.

Dorme, Firenze ... dorme o mare: Zitate aus zwei italienischen Canzonen: Schlafe, Florenz; schlafe, Meer, rufe, rufe.

La vita è inferno: Das Leben ist die Hölle. Zitat aus Verdis Oper ›Macht des Schicksals‹. Vgl. ›Mätresse‹, S. 504.

Te voglio ...: Kleine Montage aus zwei Canzonen: Dich mag ich, dich mag ich sehr, du bist die Liebe.

Te voglio: Aus der italienischen Canzone ›Passione‹: Dich mag ich, dich fühle ich, dich rufe ich, dich denke ich.   373

Jean Paul: Aus ›Titan‹.

L'amore d'Alfredo: Zitat aus Verdis ›La Traviata‹: Die Liebe Alfreds fehlt mir.

Maria Farantouri: Griechische Folklore-Sängerin, Interpretin von Mikis Theodorakis.

Dash: Deutsches Waschmittel.

Hütet euch: Schlußzeile aus Eichendorffs Gedicht ›Zwielicht‹, das den   374
Roman als Motto eröffnet.

EDITORISCHE NOTIZ

GEHT IN ORDNUNG – SOWIESO – – GENAU – – –, geplant zuerst als Hörspiel ab 1974, niedergeschrieben 1975/76, veröffentlicht (vorerst ohne die Zeichnungen von Robert Gernhardt) um die Jahreswende 1976/77, dürfte wohl der falschestgelesene, bestenfalls teilrichtig gelesene, unter den Romanen des Verfassers sein – aus dem nämlichen Grund war er wohl der erfolgreichste, der legendärste und abermals legendenbildendste. Grob geschätzte zwei Drittel der Leser lasen bloß Suff und (sekundär) Sexualquatsch aus ihm heraus, buntes, ungefüges, vulgäres und bestenfalls romantisch »verworrenes« (Jean Paul, der Mottogeber) Treiben nach Maßgabe der schon vor ihrem Start allerlei diffuse Erwartungen weckenden siebziger Jahre; im Einzelfall etwas Kapitalismuskritik in der Art der fast totalitär dominierenden Literatur der Zeit; zumeist aber nur stark euphemistische romanliche pro-domo-Bestätigung eines eigenen euphorisch halbverklärten Lebensabrisses; kaum die simultane Kritik dieses Lebensgefühls; eines sozusagen relaxten jenseits der moralischen Rigidität der noch nachwirkenden sechziger Jahre mit ihrer Studentenbewegung und ihrer eingebildeten spätmarxistischen Revolte.

Wenig, scheint's, wurde zumindest zu Beginn an solchen ja tatsächlich wirksamen Hintergrunds-Implikationen mitgelesen – geschweige denn die Kunstgestalt des Romans, sich konstituierend etwa aus Eichendorff-, Dostojewski- und Romantiker-Zitaten und Tonfall-Anspielungen; oder etwa die Übernahme der speziellen Italo Svevoschen »Zeno Cosini«-Romanstruktur, ihres vormals (1928) neuartigen Durchbrechens des linearen Erzählens zugunsten eines komplex-perspektivischen.

Mühen gab es auch schon im Terminologischen. Ein »satirischer Roman«, wie die *FAZ* 1977 befand, ist der Mittelband der Trilogie sicherlich gerade nicht – ebenso wie das von mehreren Rezensen-

ten schnell gezogene und damals wie noch heute probate Schildchen »Provinz« im meist lobend gemeinten Sinne einer alt-neuen
Romanthematik, der Restauration eines Interesses von besonderer
Dignität nicht besonders triftig ist. Wenn auch nicht gänzlich
unrichtig und irrelevant. Beschwer machte meist auch das offen-
bare Neben- und Ineinander von Spaß und Beklemmung (die »Be-
troffenheit« war auch zu hören, war aber damals schon verboten).
»Kichersalven zur Lage der Nation« (*FR*-Rezension 1977) wurden
als ihre letzte Echostation vom Autor ebenfalls nicht unbedingt
gerne gehört – noch ungerner freilich das längst gemeinplätzig im
Hals steckengebliebene Lachen.

Die metaliterarische, abermals arg kultische Famabildung rund
um den Roman war dagegen insgesamt so übel nicht, trug manchmal rührende und übers pur Sympathetische durchaus wünschens-
werte Züge: ob es sich da um Trierer Fan- und Expertenclubs
handelte mit romanbezüglichen Fragekatalogen von 20 Punkten,
von denen der Roman-Verfasser auf Anhieb selber nur 12 beant-
worten konnte; oder um »Alfred Leobold« benannte VW-Käfer in
Nürnberg; oder um Kölner Kunstpostkarten mit ANO-Teppich-
laden-Motiven. Zumal der Buchtitel wurde damals sprichwörtlich,
fast wie Volksgut. Sei's als Kneipenname, sei's als wörtlich über-
nommene Werbung der Firma Siemens-Nixdorf (Geobit, Fach-
messe für Informationssysteme, Leipzig 1998), sei's als Kommentar von Hanns Joachim Friedrichs in der ZDF-Sportschau ca. 1979:
»Geht in Ordnung, sowieso, genau!«

Buchverständnisfördernd war und ist derlei nur in Maßen. Insgesamt blamierten sich Germanisten und Rezensenten an ihm,
dem Roman, gehörig, ja ungehörig. Ausnahmen gab es, bei Kriti-
kern wie bei lesenden Kollegen. Wiederum Herbert Rosendorfer
artikulierte in *Rogners Magazin* bei diesem trilogiezentralen Tripelroman die seines Erachtens neuartige, fast noch singuläre Erfas-
sung einer allerdings schwer begrifflich zu fassenden aktuell-futu-
ristischen infantilen »Plastikwelt«; Dieter E. Zimmer elaborierte
in der *Zeit* das »Firnishafte« des begriffslos unsere moderne Welt
überziehenden thematischen »Schwachsinns« – der Trilogie-Rah-

mentitel war dabei nie als ein ganz offizieller gemeint, er hat Robert Gernhardt zum Vater, und er war fraglos kommerziell ebenso nützlich wie auf der anderen Seite Mißverständnisse a priori fördernd: Gemeint war – jedenfalls vom Trilogie-Verfasser, der es wissen muß – die komplette Spanne, das ganze Spektrum vom Alltagsunfug über den mitunter eindeutig medizinischen Dachschaden bis hin zum Metaphysisch-altreligiösen des Lebens selber, vornehmlich im letzten Buch der Trilogie. Erfreulich gut und genau gelesen und verstanden wurde von verschiedenen Lesern und Rezensenten die »Berg-Berg«-Passage im Südtirol-Kapitel des letzten Romanteils: sowohl als ein spätbeckettisches Tondokument von Sprachminimalismus und Weltverkleinerung; als auch im Sinne eines sprachsymbolischen Übergangs von den noch Lebenden in ein schon zu uns herüberwehendes Totenreich.

Ob der Roman bloß für »zumindest die 70er Jahre epochal« war/ist, wie später der *Bremer Weserkurier* wähnte, das entscheide die Zukunft selber samt dem neuen und ja stark erneuerungswilligen Kanzler. Aber bitte nicht die Germanistik und nicht die Kritikerbranche! Höchstens der Lesungskritiker Ernst Günther Bleisch. Der lobte nämlich am 2. Mai 1977 im *Münchner Merkur* am Roman so heißblütig wie eiskalt vor allem dies, sein Schauplatz sei »Schwabing, wo es am schwabingsten ist«.

Stilistische und verwandte Nachbesserungen fanden – und dies gilt für die gesamte Trilogie und Werkausgabe – nicht statt; z. B. die wahren Kolonnen falscher oder z. T. auch absichtlich dubioser Konjunktive bleiben, nach Goethes Weisung, wie sie nun mal sind. In winzigen Dosen wurde in der Groß- und Kleinschreibung geändert, soweit das vor allem der Verklarung diente. Sowie da, wo offenbar über mehrere Schreib-, Druck- und Korrekturetappen hinweg Blindheits-Blackouts, im Roman genannt »Hirnschwurbel«, walteten: Wenn etwa im 4. Kapitel der »Vollidioten« statt dem sinnigen »Schuldner« der »Gläubiger« dasteht, wurde stillschweigend korrigiert.

Obwohl es wiederum im Fall des ohnehin stark dialektisch operierenden Herrn Kloßen keine so große Rolle spielt.   E. H.